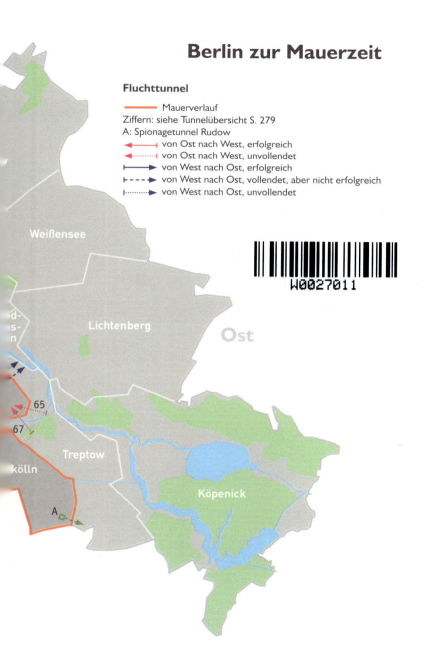

Die Fluchttunnel von Berlin

Das Buch

Seit das SED-Regime im August 1961 die Berliner Mauer errichtete, gab es immer wieder Versuche, mittels in den märkischen Sand gegrabener Tunnel die tödlichen Sperranlagen zu überwinden und die Freiheit zu erlangen. Der erste Tunnel entstand gleich 1961, der letzte 1985. Insgesamt waren es mehr als sechzig Fluchttunnel, durch die über 300 DDR-Bürger nach Westberlin gelangten. Es gab spektakuläre Aktionen, Verrat und bitteres Scheitern, weil die Stasi Wind bekommen hatte. Ein regelrechtes Katz-und-Maus-Spiel zwischen Tunnelbauern und Staatssicherheit entstand, unter zunehmend erschwerten Bedingungen für die Fluchtwilligen.
Die beiden Autoren, exzellente Kenner der Berliner Stadtgeschichte, legen die erste gründlich recherchierte Gesamtdarstellung der Berliner Fluchttunnel vor. Sie haben Zeitzeugen und Beteiligte befragt, die einschlägigen Akten der Stasi ausgewertet und sämtliche Tunnel dokumentiert, darunter bisher völlig unbekannte. Karten und unveröffentlichte Fotos ergänzen das Buch, das sich einem der dramatischsten Kapitel in der Geschichte der deutschen Teilung widmet.

Die Autoren

Dietmar Arnold, geboren 1964, Mitbegründer und Vorsitzender des Vereins »Berliner Unterwelten«, widmet sich der Erforschung und Dokumentation unterirdischer Bauten in Berlin und betreibt eine sehr erfolgreiche Dauerausstellung.
Sven Felix Kellerhoff, geboren 1971, Historiker, Absolvent der Berliner Journalisten-Schule. Seit 1993 als Journalist mit Schwerpunkt Zeitgeschichte tätig. 1999 bis 2002 verantwortlicher Redakteur für Wissenschaft bei der *Berliner Morgenpost*, 2002/2003 für Kultur. Seit 2003 leitender Redakteur für Zeit- und Kulturgeschichte der *Welt* und *Welt am Sonntag*.

Dietmar Arnold
Sven Felix Kellerhoff

Die Fluchttunnel von Berlin

List Taschenbuch

Besuchen Sie uns im Internet:
www.list-taschenbuch.de

Dieses Taschenbuch wurde auf FSC-zertifiziertem Papier gedruckt.
FSC (Forest Stewardship Council) ist eine nichtstaatliche, gemeinnützige
Organisation, die sich für eine ökologische und sozialverantwortliche
Nutzung der Wälder unserer Erde einsetzt.

Ungekürzte Ausgabe im List Taschenbuch
List ist ein Verlag der Ullstein Buchverlage GmbH, Berlin.
1. Auflage November 2009
© Ullstein Buchverlage GmbH, Berlin 2008/Propyläen Verlag
Alle Rechte vorbehalten
Konzeption: semper smile Werbeagentur GmbH, München
Umschlaggestaltung: bürosüd° GmbH, München (unter Verwendung
einer Vorlage von Morian & Bayer-Eynck, Coesfeld)
Titelabbildung: ullstein bild – AP (oben); Klaus Köppen (unten)
Lektorat: Hans-Ulrich Seebohm
Satz: LVD GmbH, Berlin
Gesetzt aus der Janson
Papier: Munkenprint von Arctic Paper Munkedals AB, Schweden
Druck und Bindearbeiten: CPI - Clausen & Bosse, Leck
Printed in Germany
ISBN 978-3-548-60934-8

Inhalt

Einleitung 7

Die unterirdische Grenze 17
Die frühen Tunnel 37
Untertagebau Heidelberger Straße 67
Konfrontation in Mitte 94
Großprojekte an der Bernauer Straße 117
Der »Köppen-Tunnel« 151
Rund um Berlin 175
Die späten Tunnel 191
Die Tunneljäger 213
Verdrängte Erinnerung 234

Anhang

Abkürzungen 256
Anmerkungen 257
Quellen und Literatur 273
Danksagung 278
Übersicht der Fluchttunnel von Berlin 279
Bildnachweis 288

Einleitung

»... der Wühltätigkeit den Weg verlegen«

Genau um 1.05 Uhr morgens gingen die Lichter aus. Auf einmal lag in der warmen Sommernacht vom 12. auf den 13. August 1961 das Brandenburger Tor im Dunkeln. Bisher war der weltweit bekannteste der rund achtzig Kontrollpunkte zwischen dem sowjetischen Sektor der früheren Reichshauptstadt Berlin und den drei Sektoren der Westmächte USA, Großbritannien und Frankreich stets hell angestrahlt gewesen. Nun also Dunkelheit. Nur Schemen waren zu erkennen, die durch das klassizistische Wahrzeichen der längst geteilten Stadt in Richtung Westen rollten. Nach wenigen Metern stoppten sie. Gestalten in Uniform huschten zwischen den großen dunklen Schatten hindurch. Ungefähr gleichzeitig, nur sechs Minuten nach dem Blackout, unterbrach der Ost-Berliner Rundfunk sein Programm für eine Sondermitteilung:

> »Die Regierungen der Warschauer Vertragsstaaten wenden sich an die Volkskammer und an die Regierung der DDR mit dem Vorschlag, an der Westberliner Grenze eine solche Ordnung einzuführen, durch die der Wühltätigkeit gegen die Länder des sozialistischen Lagers zuverlässig der Weg verlegt und rings um das gesamte Gebiet Westberlins eine verlässliche Bewachung gewährleistet wird.«

Tatsächlich zogen in diesen Minuten nicht nur am Brandenburger Tor, sondern rund um alle westlichen Sektoren Berlins insgesamt rund zehntausend ostdeutsche Volkspolizisten sowie Einheiten von Nationaler Volksarmee und vor allem bewaffnete Arbeiter auf, sogenannte Betriebskampfgruppen. In vorderster Linie waren mit Ausnahme der Schützenpanzer am Brandenburger Tor fast nur

Männer zu Fuß und mit Sturmgewehren im Einsatz. Sie legten rollenweise Stacheldraht aus, begannen noch bei Dunkelheit, in den Asphalt der Straßen Löcher zu meißeln und Pfosten aufzustellen. Auf Trümmergrundstücken in Mitte und anderen Bezirken nahe der Sektorengrenze fuhren Panzer der NVA auf, meist alte T-34 aus dem Zweiten Weltkrieg. Im Hintergrund standen zusätzlich sowjetische Soldaten mit modernen Panzern bereit, um gegebenenfalls mit schweren Waffen einzugreifen.

Der Coup gelang: Befehlsgemäß um »X+30 Minuten« war an vielen Stellen Berlins die Sektorengrenze abgesperrt. Zuerst wurden die bisher als Übergangspunkte genutzten Kreuzungen abgeriegelt. Dann legten die Machthaber in Ost-Berlin die zwischen Ost und West verkehrenden S- und U-Bahnlinien still. Erst jetzt, 49 Minuten nach der »Stunde X«, registrierte die West-Berliner Polizei, dass an der Demarkationslinie seltsame Dinge vor sich gingen. »13. August 1961, 1.54 Uhr: Polizeirevier Spandau teilt mit, dass der S-Bahn-Zug aus Richtung Staaken in Richtung Berlin auf sowjetzonales Gebiet zurückgeführt wurde«, notierte Oberkommissar Hermann Beck in sein Wachbuch. Der diensthabende Beamte im Lagezentrum der West-Berliner Polizei am Tempelhofer Damm wusste nichts recht anzufangen mit dieser Mitteilung, ebenso wenig mit der nächsten: »1.55 Uhr: Einstellung des S-Bahn-Verkehrs am Bahnhof Gesundbrunnen in beiden Richtungen.«

Beck konnte nicht ahnen, dass er mit seinen Notizen einen welthistorischen Augenblick dokumentierte. Der Ministerrat, die einflusslose Regierung der DDR, hatte am Vorabend der »Stunde X« in streng geheimer Sitzung formal beschlossen:

»Zur Unterbindung der feindlichen Tätigkeit der revanchistischen und militaristischen Kräfte Westdeutschlands und West-Berlins wird eine solche Kontrolle an den Grenzen der Deutschen Demokratischen Republik einschließlich der Grenze zu den Westsektoren von Groß-Berlin eingeführt, wie sie an den Grenzen jedes souveränen Staates üblich ist. Es ist an den Westberliner Grenzen eine verlässliche Bewachung und eine wirksame Kontrolle zu gewährleisten, um der Wühltätigkeit den Weg zu verlegen. Diese Grenzen dürfen von Bürgern der Deutschen Demokratischen Republik nur noch mit besonderer Genehmigung passiert werden. Solange West-Berlin nicht in eine entmilitarisierte neutrale Freie Stadt verwandelt ist, bedürfen Bürger der Hauptstadt der Deutschen Demokratischen Republik für das Überschreiten der Grenzen nach West-Berlin einer besonderen Bescheinigung. Der Besuch von friedlichen Bürgern Westberlins in der Hauptstadt der Deutschen Demokratischen Republik (das demokratische Berlin) ist unter Vorlage des Westberliner Personalausweises möglich.«

Mit anderen Worten: West-Berlin, das letzte Tor zur Freiheit für Untertanen der SED-Diktatur, wurde abgesperrt.[1]
Die Berliner Mauer ist historisch einzigartig. Zwar hat es andere Städte gegeben, die im 20. Jahrhundert geteilt wurden – Jerusalem zum Beispiel, Belfast, die zypriotische Hauptstadt Nikosia oder Mitrovica im Kosovo. Doch nirgends wurde die Absperrung derartig konsequent vollzogen wie in Berlin – wenn auch nur für DDR-Bürger unterhalb des Rentenalters. In Jerusalem waren zwar von 1948 bis 1967 Juden vom Besuch ihrer wichtigsten Heiligen Stätte, der Klagemauer, ausgeschlossen, doch ansonsten war die teilweise zugemauerte Grenzlinie zwischen der Altstadt und West-Jerusalem über Kontrollpunkte in beide Richtungen zu passieren. Auch die seit 2003 errichtete Sperranlage zwischen Israel und dem palästinensischen Westjordanland kann, an bestimmten Kontrollpunkten und mit Genehmigung der israelischen Behörden, passiert werden; sie dient vor allem dem Zweck, islamistische Terroristen am ungehinderten Einsickern in ihre »Zielgebiete« zu hindern. In Belfast trennen »Friedenslinien« genannte Sperrzäune und Mauern Stadtteile, die entweder fast ausschließlich von Katholiken oder von Protestanten bewohnt werden. In Nikosia zieht sich zwar seit 1974 die »Green Line« mitten durch die Stadt wie einst in Berlin, doch mit der Zeit wurden fünf Grenzübergänge für den Personenverkehr geöffnet, und im April 2008 wurden schließlich die Sperren an der Haupteinkaufsmeile von Nikosia, der Ledra-Straße, ganz abgebaut. In Mitrovica schließlich ist eine Mauer unnötig, denn hier markiert der Fluss Ibar die Linie der Teilung zwischen der kleineren, von Serben bewohnten Nordseite und dem fast ausschließlich albanischen Süden.

In Berlin dagegen wurde die gesperrte Demarkationslinie für 28 Jahre, zwei Monate und 28 Tage militärisch gesichert. An dieser Grenze wurde scharf geschossen, wurden mehr als 130 Menschen getötet, nur weil sie der Herrschaft der SED entrinnen und ihr Leben in Freiheit leben wollten. Rund um West-Berlin gab es zwar weder Minensperren noch die berüchtigten »Selbstschussanlagen«. Dennoch galten auch an der Berliner Mauer eindeutige Befehle. Schon am 22. August 1961 hielt der Protokollant des SED-Politbüros eine unmissverständliche Anweisung des SED-Chefs Walter Ulbricht fest. Nach dem Mauerbau hatte West-Berlins Regierender Bürgermeister Willy Brandt an die DDR-Grenzsoldaten appelliert: »Schießt nicht auf die eigenen Landsleute!« Ulbricht stellte dazu laut Protokoll fest: »Manche sagen, Deutsche können doch nicht auf Deutsche schießen. Auf die Deutschen, die den deutschen Imperialismus vertreten, werden wir schießen. Wer provoziert, auf den wird geschossen!« Und da jeder, der die Linien zwischen der Bundesrepublik einschließlich West-Berlin und der DDR nicht anerkannte, automatisch als Vertreter des Imperialismus galt, der den »Dritten Weltkrieg« auslösen wolle, war das eine klare Anweisung. Entsprechend wurde gleich am folgenden Morgen zum ersten Mal scharfe Munition an alle DDR-Soldaten im Grenzdienst ausgegeben – bis dahin hatten nur Offiziere und Streifen zur Überwachung der eigenen Leute darüber verfügt.

Drei Wochen später erging der »Befehl über die Gewährleistung der Sicherheit an der Westgrenze der DDR vom 14. September 1961«. Er legte unter anderem fest: »Auf Deserteure ist das Feuer sofort zu eröffnen, d. h. ohne Anruf und Warnschuss. Auf Flüchtlinge, die sich der Festnahme durch Flucht in die Bundesrepublik zu entziehen versuchen, dürfen nach einem Warnschuss gezielte Schüsse abgegeben werden.« Und am 6. Oktober 1961 erließ der Verteidigungsminister der DDR, Heinz Hoffmann, eindeutige »Bestimmungen über den Schusswaffengebrauch für das Kommando Grenze der Nationalen Volksarmee«. Sie legten fest: »Wachen, Posten und Streifen der Grenztruppen der NVA an der Staatsgrenze West und Küste sind verpflichtet, die Schusswaffe in folgenden Fällen anzuwenden: […] zur Festnahme von Personen, die sich den Anordnungen der Grenzposten nicht fügen, indem sie auf Anruf: ›Halt! Stehen bleiben! Grenzposten!‹ oder nach Abgabe eines Warnschusses nicht stehen bleiben, sondern offensichtlich versuchen, die Staatsgrenze der DDR zu verletzen, und keine andere Möglichkeit der Festnahme besteht.«[2]

Damit wurde jeder Versuch, die Berliner Mauer zu überwinden, zum lebensgefährlichen Abenteuer. Doch beiderseits des Todesstreifens gab es Menschen, die sich mit der Sperrung nicht abfinden wollten. Sie suchten nach möglichst risikoarmen Schlupflöchern; in West-Berlin entstanden binnen weniger Tage nach dem 13. August 1961 verschiedene Gruppierungen von Fluchthelfern. Im Osten dagegen waren es vielfach Initiativen von Bürgern, die nahe der Grenze wohnten, arbeiteten oder aus anderen Gründen Kenntnis über geeignete Fluchtmöglichkeiten hatten. Oft gingen Familienangehörige und Bekannte trotz des Risikos mit. Für ein Leben in Freiheit nahmen sie alle mitunter seltsame Wege in Kauf: Mal mit einem schweren Zug, mal mit einem gepanzerten Lkw wurde die Grenze durchbrochen, mal mit einer selbst gebastelten Seilbahn oder auf einer Hochspannungsleitung überwunden. Doch die spektakulärste und aufwendigste Art zu fliehen war der Weg unter der Mauer hindurch. In den ersten Monaten war die Kanalisation ein häufig genutzter Weg, den die DDR jedoch rasch verschloss; dann schlug die Stunde der Fluchttunnel von Berlin.

Bis dahin hatte es gelegentlich Versuche gegeben, aus einem Gefängnis oder einem Lager durch Graben eines Tunnels zu entkommen, doch in Berlin entstand in den Jahren 1962 bis 1964 eine regelrechte Tunnelkonjunktur, die völlig beispiellos war. Annähernd siebzig Tunnel von Ost nach West oder von West nach Ost wurden ernsthaft gegraben, doch nur etwa jeder Vierte davon brachte tatsächlich Flüchtlingen die Freiheit. Immerhin mehr als 250 DDR-Bürger krochen unter der Erde »nach drüben«, aber weitaus mehr bezahlten ihre Hoffnung auf die Flucht mit teilweise langjährigen Haftstrafen; wie viele Lebensläufe die gnadenlosen Vernehmer des MfS im Untersuchungsgefängnis Berlin-Hohenschönhausen gebrochen haben, weiß bis heute niemand.

Viele der Tunnel waren improvisiert und wurden mit einfachsten Mitteln gegraben: enge Röhren, die jederzeit einbrechen und Tunnelgräber oder Flüchtlinge lebendig begraben konnten. Doch diese Gefahr war beherrschbar – im Gegensatz zu den Maßnahmen der Gegenseite. Mit ungeheurer Energie und Bösartigkeit verfolgten Grenztruppen und vor allem das Ministerium für Staatssicherheit die Tunnelgräber. Die Akten, die meist von der für die Überwachung der »bewaffneten Organe« zuständigen MfS-Hauptabteilung I oder von den Ermittlern der MfS-Hauptabteilung IX angelegt wurden, dokumentieren den unbedingten Willen des DDR-Staatsapparates, möglichst jedes Schlupfloch, auch unter dem »antifaschistischen Schutzwall« hindurch, zu stopfen.

Dabei griffen sie auch bewusst zur Gewalt: Einsatzkräfte wurden so indoktriniert, dass sie in den Tunnelbauern mordlüsterne Terroristen sahen, auf die man lieber sofort schoss, als sie festzunehmen. Auf diese Weise verloren im März und im Juni 1962 zwei West-Berliner Tunnelgräber ihr Leben. Und als die Stasi trotz vielfältiger Versuche einen der erfolgreichsten Fluchthelfer nicht zu fassen bekam, entwarfen Geheimdienstoffiziere einen perfiden Plan, der einerseits den Tod der Zielperson und ihn begleitender Flüchtlinge anstrebte und andererseits wohl auch als Vorlage für einen Propagandafeldzug dienen sollte. Offenbar bekam ein Stasi-Mann Gewissensbisse und kappte die Zündschnur zur vorbereiteten Sprengladung; wer das gewesen war, bekam das MfS anscheinend nie heraus. Die von Erich Mielke so vehement eingeforderte »Tschekisten-Ehre« hatte nicht gereicht, diesen Stasi-Mann zum Mörder zu machen.

Jedes Buch hat einen Ausgangspunkt. Im vorliegenden Fall waren es sogar zwei. Die beiden Autoren, die sich unabhängig voneinander schon lange mit Zeugnissen der Zeitgeschichte im Untergrund Berlins beschäftigten, kamen ungefähr gleichzeitig auf die Idee, sich mit dem historisch einmaligen Phänomen der Berliner Fluchttunnel zu beschäftigen. Einmal war es eine zufällig bei einer Standardrecherche in der Behörde der Bundesbeauftragten für die Stasi-Unterlagen, kurz BStU oder einfach Birthler-Behörde, aufgetauchte Kopie. Sie stammte offensichtlich aus einer Kartei des MfS, in der alle bekannten »Tunnelschleusungen« – also erfolgreiche Fluchten unter der Erde –, alle »versuchten Tunnelschleusungen« – die gescheiterten, abgebrochenen oder verratenen Versuche dazu – sowie unzählige »Hinweise« auf mutmaßliche Aktivitäten unter dem Pflaster verzeichnet waren. Zum anderen meldete sich ebenfalls zufällig ein Zeitzeuge, der über Monate hinweg an einem bis dahin völlig unbekannten Fluchttunnel gearbeitet hatte und sensationelle Bilder von dieser Arbeit besaß. Aus diesen beiden Anstößen ist das Buch »Die Fluchttunnel von Berlin« entstanden.

Obwohl das Thema alles hat, was ein großer Stoff der Zeitgeschichte braucht – Helden, Verräter, Opfer und jede Menge Dramatik –, gab es bislang keine nennenswerte Beschäftigung mit dem Gesamtphänomen der Fluchttunnel von Berlin. Wenige Ausnahmen bestätigen diese Feststellung: Ein autobiographischer Bericht über den berühmtesten aller Stollen, den »Tunnel 29«, ist lesenswert, außerdem eine wissenschaftliche Detailstudie über einen verratenen Tunnel an der Bernauer Straße. Über das Areal mit den meisten Fluchttunnelversuchen überhaupt, die Heidelberger Straße zwischen Treptow und Neukölln, existiert bislang nur eine wirre Darstellung, die Stollen in die Freiheit für DDR-Bürger mit Friedhofsumbettungen und dem Schleusen von Wirtschaftsflüchtlingen ins wohlhabende Europa verquickte. Immerhin gibt es schon eine hervorragende Darstellung der altruistischen und der kommerziellen Fluchthilfe vor allem der sechziger und siebziger Jahre, sodass dieser Aspekt und auch die Frage, inwieweit Fluchthilfe als Widerstand gegen die SED-Diktatur zu bewerten ist, im vorliegenden Buch nicht mehr behandelt werden mussten.[3]

Zeitgeschichte ruht immer auf mehreren Säulen: den Erinnerungen von Zeitzeugen, zeitgenössischen Berichten der Presse und den archivierten staatlichen Akten, soweit sie denn zugänglich sind. Alle drei Quellengattungen sind gleichberechtigt in dieses Buch eingeflossen, auf keine davon könnte man verzichten, obwohl jede ihre eigenen Schwierigkeiten mit sich bringt. Erinnerungen von Zeitzeugen sind unverzichtbar, vermitteln doch nur sie jene Empathie, die verständlich macht, warum sich Menschen oft wochenlang unter Lebensgefahr und oft über die körperliche Leistungskraft hinaus durch den Untergrund »gewühlt« haben, um ihre Familie und Freunde in den Westen zu holen oder mit ihren Verwandten und Bekannten in die Freiheit zu gelangen.

Andererseits hatten die damals an Fluchttunnelbauten beteiligten jungen Männer (es handelte sich weit überwiegend um junge

Männer) in der Regel Wichtigeres zu tun, als ihre eigene Arbeit zu dokumentieren. Es gibt nur von wenigen Stollen Fotos oder gar Filmaufnahmen aus der Bauphase. Viele Tunnel sind nur durch die Stasi-Akten dokumentiert. Schließlich irren sich naturgemäß Zeitzeugen mitunter; nur der Vergleich ihrer Erinnerungen mit weiteren Quellen erlaubt eine Annäherung an die Realität.

Andere Probleme bringt die in der Zeitgeschichte unverzichtbare Auswertung journalistischer Berichte mit sich. So engagiert und ehrlich viele Reporter seinerzeit recherchiert haben: Es finden sich Missverständnisse ebenso wie bewusste Verfälschungen zum Schutz von Informanten und Zusammenhängen; auch manche wahrscheinlich von der SED oder dem MfS angeregte oder unterstützte Diffamierung springt ins Auge, selbst wenn es dafür naturgemäß nur höchst selten schriftliche Belege gibt.

Drittens schließlich bilden auch die Akten, sowohl die der West-Berliner Polizei wie die des MfS und des Grenzkommandos Mitte in Ost-Berlin, stets nur Ausschnitte der Wirklichkeit ab. Manche nachweislich gelungenen Fluchttunnel finden sich nicht oder nur marginal in den MfS-Akten. Erschwerend kommt hinzu, dass den Nutzern aufgrund des geltenden Gesetzes über die Benutzung des Stasi-Unterlagen und der komplizierten Auslegung dieser Regeln durch die BStU stets nur Teile von Akten vorgelegt werden – und nicht allen Nutzern dieselben Ausschnitte. Diese Praxis hat ihren Grund in berechtigten Forderungen des Datenschutzes und der informationellen Selbstbestimmung als Grundrecht jedes Bürgers, allerdings ebenso in lange überholten Sorgen aus der Frühzeit der deutschen Einheit und einer heute häufig zugunsten ehemaliger Stasi-Täter wirkenden Tendenz in der Rechtsprechung. Da viele Akten des MfS nur mit geschwärzten Namen vorgelegt werden, sind vielfach Zusammenhänge nur mithilfe anderer Quellen aufzuklären. Dabei ist es oft nicht einmal schwer, die Namen von Fluchthelfern und Tunnelgräbern zum Beispiel aus Zeitzeugenberichten oder Presseartikeln zu erschließen. Die Autoren haben sich dazu entschlossen, trotzdem in großem Umfang Namen durch Pseudonyme zu ersetzen; sie sind in jedem Fall *kursiv* gesetzt. Keinesfalls sollen geschützte Persönlichkeitsrechte von Betroffenen, also Stasi-Opfern im weiteren Sinne, verletzt werden.

Anders ist es bei hauptamtlichen Mitarbeitern des MfS und überführten Inoffiziellen Mitarbeitern, den zu Recht berüchtigten Spitzeln des IM-Netzes. Ihre Namen darf die BStU laut Stasi-Unterlagen-Gesetz herausgeben, denn ihre Anonymisierung wegen Datenschutz, so sah es der Gesetzgeber seit 1991 immer wieder, würde der Aufarbeitung der Verbrechen des SED-Staates zuwiderlaufen. Leider hat sich jedoch – durch gewissenlose Rechtsanwälte und mindestens völlig überforderte Richter – eine Situation ergeben, in der Stasi-Täter gegen ihre identifizierende Nennung klagen können, wobei teilweise exorbitante Kosten entstehen. Daher mussten sich Autoren und Verlag entscheiden, die Namen sämtlicher untergeordneter Täter des MfS, der Grenztruppen und der Volkspolizei zu kürzeln. Auf diese Weise sind die fast ausnahmslos juristisch nie zur Verantwortung gezogenen Handlager der kommunistischen Diktatur klar unterschieden von aus Gründen des Persönlichkeitsschutzes mit Pseudonymen genannten Opfern des SED-Regimes..

Dieses Buch kann angesichts des entsprechend dem geltenden Stasi-Unterlagen-Gesetz noch stark beschränkten Zugangs zu den Hinterlassenschaften des MfS zwangsläufig noch kein Endpunkt sein. Aber es ist, fast ein halbes Jahrhundert nach dem Mauerbau und der Hochzeit der Fluchttunnel Anfang der sechziger Jahre, der Versuch, aus den derzeit zur Verfügung stehenden Archivalien und Interviews mit Zeitzeugen ein Gesamtbild des Phänomens der unterirdischen Flucht von Berlin nach Berlin zu zeichnen. Es ist unwahrscheinlich, aber nicht auszuschließen, dass weitere, bislang völlig unbekannte Fluchttunnelprojekte existierten. Weitere Informationen und Zeitzeugen, die sich bisher nicht geäußert haben, gibt es auf jeden Fall.

Die Aufarbeitung des SED-Unrechts hat, knapp zwei Jahrzehnte nach der friedlichen Revolution in der DDR und dem von den Bürgern erzwungenen Fall der Mauer, noch ungezählte Desiderate. Für die Fluchttunnel von Berlin sollen wenigstens die meisten Wissenslücken durch dieses Buch geschlossen werden.

Berlin, Juni 2008   Dietmar Arnold
                                                 Sven Felix Kellerhoff

Die unterirdische Grenze

Spaltung vor dem Mauerbau

Berlin war nicht erst seit dem 13. August 1961 eine gespaltene Stadt. Die wichtigen Kommunikations- und Versorgungssysteme waren bereits seit Jahren getrennt. Das Stromnetz wurde schon zu Beginn der Blockade im Juni 1948 unterbrochen – auf Anordnung der Sowjets. Als Grund wurden wie bei der Sperrung sämtlicher Zufahrtswege von Westdeutschland in die Westsektoren Berlins »technische Schwierigkeiten« angegeben.

Schrittweise ging die Teilung der Stadt weiter. Kurz nachdem am 21. Februar 1949 im Ostteil der Stadt die Rohrpost wieder für den öffentlichen Betrieb freigegeben worden war, unterbrach die Ost-Berliner »Hauptverwaltung Post und Fernmeldewesen« die Verbindungen zwischen Ost und West. Angeblich »dienten die Leitungen unlauteren Elementen dazu, über die Sektorengrenzen hinweg Verbotenes, aber Eiliges zu schleusen«. Anders als bei der U-Bahn kam es bei der Rohrpost zu keinerlei Vereinbarung über einen »Transitverkehr«; die Direktverbindungen über die Sektorengrenze wurden nie wiederhergestellt.

Nur wenig später traf es die Gas- und Wasserversorgung: »Am Sonnabend wurden von den Kommunisten die Gasag und die Berliner Wasserwerke, zwei der wenigen städtischen Betriebe, die noch eine gemeinsame Verwaltung hatten, gespalten. Besonders kennzeichnend für die Methode des Stadt-Sowjet und seiner Befehlsgeber ist der Fall der Wasserwerke«, berichtete der West-Berliner *Tagesspiegel* Ende März 1949. Was die Gasversorgung anging, schnitten sich die Ost-Berliner Behörden allerdings ins eigene Fleisch, denn vier der sechs Berliner Gaswerke lagen im Westteil, von den beiden Werken im Osten war eines wegen dringender Reparaturen oft außer Betrieb. So lagen nun viele Straßen im sowjetischen Sektor der Stadt im Dunkeln, da das Stadtgas für die Laternen fehlte.

Die Trinkwasserversorgung wurde 1952 geteilt. Das Telefonnetz ereilte ein ähnliches Schicksal. In der Nacht vom 26. zum 27. Mai 1952 wurden alle an der Sektorengrenze gelegenen Leitungen gekappt – mit einer bemerkenswerten Begründung: »Das drahtgebundene Fernmeldewesen, das zunächst noch alle Teile der Stadt miteinander verband, missbrauchten westliche Stellen zur Desinformation der Bürger und Dienststellen im Ostteil sowie zur Verständigung mit ihren hier stationierten Agenten.« Zwei Jahrzehnte lang konnte man nicht mehr von Tiergarten nach Mitte oder von Zehlendorf nach Köpenick telefonieren; ähnlich bei der Telegrafie: Die westlichen Alliierten richteten in ihren Sektoren eigene Ämter ein und machten sich vom Haupttelegrafenamt in der Oranienburger Straße in Ost-Berlin unabhängig. In einem Klima gegenseitigen Misstrauens wurde das einheitliche Postsystem der Stadt zerschlagen.[1]

Von einer Spaltung verschont blieb vorerst die Kanalisation. Anfang 1955 gab es allerdings beim West-Berliner Senat ernsthafte Überlegungen, was passieren könnte, wenn sich das ändern würde: »An der Sektorengrenze brauchte man nur die 16 Schieber der Rohrverbindungen zu schließen. West-Berlins Fäkalien müssten dann in die Gewässer geleitet werden. Von der Verseuchung der Havel und Spree bis zur Überfüllung der Krankenhäuser wäre es dann nur noch ein kleiner Schritt.« Man plante daher, in West-Berlin drei neue Klärwerke zu bauen. Die *Berliner Morgenpost* hielt jedoch eine Unterbrechung des Abwassersystems durch die DDR für wenig wahrscheinlich: »Die Verschmutzung der Flüsse und die damit verbundene Seuchengefahr würde in diesem Falle die Sowjetzone in gleichem Maße treffen wie West-Berlin. Bei der panischen Angst der Sowjets vor Epidemien würde die rote Garnison Potsdams Hals über Kopf das Feld räumen.« Beinahe hämisch fügte das Blatt hinzu: »Im Übrigen würde der erste Schlag dieser Spaltung das ›Regierungsviertel‹ in Ost-Berlin treffen. Die Rohre in der Wilhelmstraße stehen nämlich unter West-Berliner Kontrolle. Beim Schließen der Schieber würde den Herren Grotewohl und Ulbricht in kürzester Zeit das Wasser bis zum Hals stehen.«

Jedoch begann die DDR bereits Mitte der fünfziger Jahre damit, auch die Kanalisation systematisch zu sichern: Auf Initiative der Berliner Stasi-Verwaltung ließ die Volkspolizei ab 1954 in grenzüberschreitende Abwasserkanäle Gitter einbauen. Polizisten und Mitarbeiter der Groß-Berliner Wasser- und Entwässerungswerke (Ost) kontrollierten sie regelmäßig. Die westlichen Entwässerungswerke wurden darüber nicht informiert; das erste Gitter entdeckten West-Berliner Kanalarbeiter im Februar 1955 unter der Gleimstraße zwischen Wedding und Prenzlauer Berg. Kurz darauf wurden zehn weitere Sperrgitter in Abwasserkanälen mit Flussrichtung West-Berlin festgestellt. Im Dezember 1960 waren »bereits 24 begehbare Entwässerungskanäle, die die Entwässerungsnetze von Ost- und West-Berlin miteinander verbinden, durch eingebaute Gitter im Bereich der Sektorengrenze für den Reinigungsbetrieb unterbrochen. Es handelt sich hierbei um 18 Kanäle mit Fließrichtung Ost-West und um sechs Kanäle mit Fließrichtung West-Ost.«[2]

Die Mauer unter der Erde

Kurz vor der endgültigen Grenzschließung überprüfte die Stasi im Juni und Juli 1961 die bereits vergitterten Kanäle im zukünftigen Sperrgebiet systematisch. Die in weiten Bereichen abgeriegelte Kanalisation war somit der heimliche Vorläufer des folgenden Grenzausbaus. Mit dem Einbau weiterer Gitter und dem Vermauern von Kanälen wurde die unterirdische Grenze verstärkt. Nur wenig später ordnete der zentrale Stab der am Mauerbau beteiligten Kräfte unter Leitung Erich Honeckers eine noch massivere Sicherung der Kanalisation an. Bei einer erneuten Inspektion am 13. und 14. September 1961 hatte man festgestellt, dass es immer noch ungesicherte Kanäle gab. Außerdem ließen viele der älteren Gitter eine Flucht zu, weil sie erst einen halben Meter über der Kanalsohle begannen und untertaucht werden konnten.

Am 22. September übernahm deshalb die Verwaltung Groß-Berlin der Stasi »in eigener Verantwortung« die unterirdische

Sperrung. Die Stellen seien entweder vorerst mit Stacheldraht zu »sichern« oder zu vermauern, und zunächst sei vor jede Absperrung ein Posten zu stellen. Nach diesen Sofortmaßnahmen baute man neue Sperrgitter ein. Sie bestanden aus Eisenrohren, in denen ein in Fett gelagerter gehärteter Stahlkern lag. Er würde, sollte jemand das Rohr zu zersägen versuchen, in Rotation versetzt und so der Säge keinen Angriffspunkt bieten. Zwischen Eisenrohr und Stahlkern plante man das Einziehen von Klingeldraht, der mit einer Alarmanlage verbunden war; zudem sollten Warnschilder den Einbau von Hochspannungskabeln vortäuschen. Bis zum 15. November 1961 waren 41 Kanäle so verschlossen. Selbst Rohre mit weniger als fünfzig Zentimetern Querschnitt hatte man gesperrt. Im Hinterland der Sektorengrenze ließ die Stasi eine zweite Gittersperre einbauen – mit zementgefüllten Stahlrohren, damit sich Metallsägeblätter schneller abnutzten. Der Einbau erfolgte durch ausgesuchte Mitarbeiter der Ost-Berliner Wasser- und Entwässerungswerke.

Im Dezember 1961 zog sich das MfS formal wieder von der Aufsicht über die unterirdische Grenze zurück. Nun wurde »die Absicherung des Kanalsystems der gemeinen Grenzsicherung nach West-Berlin« gleichgesetzt und den inzwischen gebildeten Grenztruppen und der Stadtkommandantur unterstellt.

Auch im Abwassernetz verschärfte sich stetig das Grenzregime. Gemessen an den Dimensionen der oberirdischen Sperranlagen um West-Berlin war die Sicherung der Kanalisation zwar unkompliziert. Dennoch war die Vergitterung der Abwasserkanäle erst der Anfang. Zur Überwachung und zum Ausbau der Sperranlagen in der Kanalisation wurde eine nur aus Unteroffizieren zusammengestellte Spezialeinheit gebildet, die unter der Bezeichnung »Zug für besondere Aufgaben/Kanalisation« anfangs der Stadtkommandantur, ab 1971 dann direkt dem Grenzkommando Mitte unterstellt war, um im gesamten Stadtgebiet eingesetzt werden zu können. Auch die Stasi schaltete sich wieder ein und nahm schon 1964 den zwischenzeitlich gebildeten »Kanalisations- und Tunnelzug der Nationalen Volksarmee« unter ihre Regie.[3]

Die im Herbst 1961 eingebauten Gitter mussten bereits nach wenigen Jahren wieder ersetzt werden, weil sie aufgebogen werden konnten. Nun kamen etwas dünnere Rohre zum Einsatz, in denen aber Signaldraht sowohl beim Sägen als auch Verbiegen Alarm auslöste. Mitte der siebziger Jahre gingen die Grenztruppen dazu über, Sperren aus Eisenbahnschienen einzuziehen, vor denen parallel ein »Plaste-Rohr« einzementiert war. Darin befand sich ein Kabel mit einem Quecksilberschalter, der bei der geringsten Lageveränderung ein Alarmsignal auslöste. Zudem wurde der Einstieg in die Kanalisation in Grenznähe erschwert, und zwar mit verschließbaren Zwischendeckeln, elektrischen Signalschaltern unter den Schachtabdeckungen oder engen Betonröhren, um den Querschnitt der Schächte zu verkleinern. Einige Kanäle mauerte man auch einfach zu. Schließlich wurden sogar Rohre mit nur dreißig Zentimeter Durchmesser gesichert, durch die sich kein Mensch je hätte winden können. Der ständige Ausbau führte allerdings zu immer neuen Schwierigkeiten, die eine sichere und hygienische Abwasserentsorgung behinderten. Deshalb unterhielt der VEB Wasserversorgung und Abwasserbehandlung eine eigene Brigade für Kanalisationsarbeiten in Grenznähe.[4]

Fluchten durch die Kanalisation

Bis zur massiven Vergitterung der Rohre im Herbst und Winter 1961 war die Kanalisation ein wichtiger Fluchtweg; trotzdem sind nur wenige Details bekannt, denn die West-Berliner Presse verzichtete in ihren Artikeln bewusst auf Einzelheiten, und auf östlicher Seite wurden Kanalisationsfluchten meist erst im Nachhinein registriert. Daher gibt es keine genauen Zahlen, aber allein unter der Gleimstraße zwischen Prenzlauer Berg und Wedding konnten etwa 150, unter der Alten Jakobstraße von Mitte nach Kreuzberg bis zu 200 Menschen fliehen.

Schon kurz nach dem Bau der Mauer, zu Beginn des neuen Schuljahres Anfang September 1961, entdeckten Ost-Berliner Jugendliche den ersten bekannten Fluchtweg durch die Kanalisation. Vier Oberschüler öffneten in der Nacht vom 11. zum 12. September 1961 in der Alten Jakob- nahe der Sebastianstraße einen Kanaldeckel und konnten von hier aus durch einen 1,60 Meter hohen Mischwasserkanal zwischen Mitte und Kreuzberg »ohne besondere Vorkommnisse nach West-Berlin« gelangen. Dieser Fluchtweg wurde später als »Glockengasse 4711« bekannt – eine Anspielung auf den Geruch, den jeder verströmte, der sich hier durchgezwängt hatte. Der West-Berliner Verfassungsschutz informierte eine studentische Fluchthelfergruppe an der Freien Universität Berlin, die als »Reisebüro« bekannt wurde. Diese Organisation brachte durch diesen Kanal um die 180 DDR-Bürger in den Westen; der frühere Fluchthelfer Burkhart Veigel besitzt eine Liste mit 134 Namen von Flüchtlingen, die diesen Weg benutzten.[5]

Der Kanal unter der Alten Jakobstraße avancierte schnell zur unterirdischen Hauptfluchtroute. Er hatte den Vorteil, dass er, dem Straßenverlauf folgend, zwei leichte Knicke machte. So konnten die Grenztruppen den etwa 500 Meter von der Mauer entfernt liegenden Einstiegsschacht nicht sehen. Der Ausstieg im Westen befand sich rund 300 Meter von der Grenze entfernt in einer verlassenen Gegend und war ebenfalls nicht einsehbar. Während die Ost-Berliner Schüler bei ihrer ersten Erkundung des Kanals noch ungehindert in den Westen gelangen und eine unbekannte Zahl von Flüchtlingen schleusen konnten, stellten die FU-Studenten fest, dass der Kanal nun mit einem Gitter versperrt war.

Außerdem gab es kurz dahinter entlang der Stallschreiberstraße einen Querkanal, in dem sich Volkspolizisten verstecken konnten. Wenn sie die Studenten entdeckt hätten, wäre es einfach gewesen, sie festzunehmen.

Nach ein paar Tagen Arbeit gelang es, das Gitter so weit aufzusägen, dass ein Mensch hindurchpasste. Das »Reisebüro« begann nun, diesen Fluchtweg in größerem Stil zu nutzen. Die Logistik wurde immer aufwendiger, vor allem wegen der Information über Boten, sogenannte Läufer: »Dramatische Szenen spielten sich in Ost-Berlin ab, weil man natürlich versuchte, möglichst viele Flüchtlinge in diese Tour zu ›packen‹, sodass die Benachrichtigung oft ungewöhnliche Wege nahm. So mussten zwei Studentinnen unter irgendeinem Vorwand aus der laufenden Vorlesung herausgeholt werden, obwohl die Flucht dann erst am Abend stattfinden sollte. Aber der Läufer wollte an diesem Tag noch viele andere Flüchtlinge benachrichtigen, und während der Tour, die man ihm zusammengestellt hatte, gab es einfach keine Möglichkeit, die Studentinnen ein zweites Mal, z. B. zu Hause, aufzusuchen.«

Die Fluchthelfer hatten sich spezielle Haken besorgt, mit denen sie die schweren Gullydeckel wegheben konnten. Über den trotzdem schwierigen Einstieg in die »Glockengasse 4711« berichtet Burkhart Veigel weiter: »Relativ spät am Abend fuhren zwei Mitarbeiter der Organisation, beide Studenten an der TU Berlin, mit einem Motorroller, einer Vespa, in den Osten, ›Langer‹, ein westdeutscher Bergbaustudent, der bis 24 Uhr wieder im Westen sein musste, und Dieter Wohlfahrt, ein Österreicher […]. Zur Vorbereitung der Fluchtaktion fuhr ›Langer‹ zuerst ein Auto, das einer der ersten Flüchtlinge bei seiner Flucht durch den Kanal zurückgelassen hatte, so an den Kanaldeckel heran, dass der nicht mehr einzusehen war, die Flüchtlinge also weder direkt beim Einstieg gesehen noch beschossen werden konnten. Dann wuchteten ›Langer‹ und Wohlfahrt den Deckel zur Seite.«

Die Flüchtlinge mussten sich nun in genau festgelegten Gruppen zusammenfinden. Der Einstieg begann erst bei Einbruch der Nacht und nahm oft viel Zeit in Anspruch. Jede halbe Stunde folgte eine neue Gruppe. Der jeweils Letzte musste auf die Folgegruppe warten und beim Einstieg helfen. »Langer« fuhr direkt nach Anlaufen der Aktion über den nur drei Querstraßen entfernten Grenzübergang Heinrich-Heine-Straße zurück in den Westen, um dort wartende Fluchthelfer zu benachrichtigen. Diese stiegen nun in den Kanal hinunter, um die Flüchtlinge am durchgesägten Gitter in Empfang zu nehmen und ihnen den Weg zum Ausstieg zu weisen.

Überwacht wurde die Aktion von einem Posten im Treppenhaus des Wohnhauses Stallschreiberstraße 39, von wo aus man bei besonderen Vorkommnissen sofort Alarm auslösen konnte. Dieter Wohlfahrt, der als Österreicher bis zwei Uhr nachts in Ost-Berlin bleiben durfte, hielt sich auf der Ostseite versteckt und beobachtete den Einstieg der Flüchtlingsgruppen, ohne Kontakt mit ihnen aufzunehmen. Er sollte bei Gefahr potenzielle Flüchtlinge warnen und konnte sein Versteck verlassen, ohne von der Straße her gesehen zu werden. Waren alle Flüchtlinge eingestiegen, verschloss er den Kanaldeckel wieder. Dies geschah immer nach Mitternacht; dann kehrte auch er über den Übergang Heinrich-Heine-Straße in den Westen zurück.

Das Unternehmen war riskant: Einmal stieg »ein pechschwarzer Afrikaner zusammen mit seiner Freundin in den Kanal ein, da die alleine Angst hatte (er hätte die Grenze ja auch ›normal‹ am Übergang überqueren können). Um ihr dann noch mehr Mut zu machen, vielleicht auch, weil er einfach so war, ging er dann der ganzen Gruppe voraus und rief immer laut das Losungswort ›Sonntag‹. Das war auch gut so, denn die Helfer am Gitter hätten sicher sonst was mit ihm gemacht, denn sie waren schon total überrascht, als im Schein ihrer Taschenlampen ein gar nicht auf ihrer Liste stehender Farbiger auftauchte.«[6]

Sobald eine Flüchtlingsgruppe das durchsägte Absperrgitter überwunden hatte, entstand eine neue Gefahr: »Noch im Kanal, aber froh, endlich im westlichen Abwasser zu planschen, löst sich die Spannung der Gruppe regelwidrig in freudigem Lärm.« Der Fluchthelfer *Hans Hoffmann* berichtete: »Die Leute dachten: Nach uns die Sintflut.« Das größte Risiko gingen die beiden »Deckelmänner« ein, die für das Öffnen und Verschließen des Kanaleinstieges in Ost-Berlin verantwortlich waren. Bei einem Scheitern der Aktion hätten sie kaum eine Chance gehabt, in den Westen zurückzugelangen.

Die stinkenden Flüchtlinge wurden am West-Berliner Ausstieg von Helfern in Empfang genommen und sofort zu einem Studentenwohnheim gebracht, wo sie duschen konnten und neue Kleidung bekamen. Aus Sicherheitsgründen versteckten sie sich noch einige Tage, bevor sie ins Aufnahmelager Marienfelde wechselten.

Für die Fluchthelfer, die im Abwasserkanal warteten, war die ganze Sache noch unangenehmer. Damit sie nicht stundenlang gebückt in der 1,60 Meter niedrigen Kloake stehen mussten, verkeilten sie als Sitzgelegenheit ein Holzbrett in dem eiförmigen Kanal, unter dem eine »zähe, übel riechende, ammoniakhaltige Flüssigkeit träge in Richtung Westen« quoll. Anfangs hatten die Fluchthelfer nur Turnschuhe. Aber nachdem die West-Berliner Behörden begriffen hatten, was vor sich ging, sorgte Innensenator Joachim Lipschitz dafür, dass sie »über das Wasserschutzamt hohe Gummistiefel bekamen, sodass wenigstens ihre Kleidung nicht mehr so sehr verschmutzt wurde«.[7]

Im Herbst 1961 gelangen auch durch zwei andere Kanäle größere Fluchtaktionen. Unter der Gleimstraße von Prenzlauer Berg in den Wedding flüchtete unter anderen der spätere Tunnelbauer Ulrich Pfeifer in den Westen.

»Wir haben so bis um halb zwei Uhr nachts gewartet, bis es auf der Straße ruhig war. So lange standen wir in einem Hauseingang. Wir beiden Männer haben dann erst einmal diesen Deckel mit Hilfe von Haken aufgemacht. Das ist ja oben ein schwerer gusseiserner Deckel, und unten drunter ist noch ein Blechdeckel, so eine Art Laubfang. Das musste man alles rausnehmen. Dann ging es los. Ein anderer Mann ist als Erster eingestiegen, dann nacheinander die vier Mädchen. Wir waren alle so im gleichen Alter, zwischen 20 und 25 Jahren. Ich bin als Letzter hinterher und habe dabei dem Mädchen vor mir fürchterlich auf die Finger getreten. Sie hatte die Hand noch auf der Leitersprosse und ich bin ihr so richtig draufgetreten. Sie stöhnte ein bisschen, na ja, und dann sind wir durch. Ich hörte noch, wie der Deckel oben zuging.«

Ungefähr 200 Meter hatten die sechs unter der Gleimstraße vor sich. Am Anfang hatte der Kanal eine Höhe von 1,30 Meter, die Flüchtlinge mussten also gebückt gehen. Weiter Richtung Wedding wurde er dann aber immer höher. Es handelte sich um einen alten, gemauerten »Hauptsammler«, in dem Ab- und Regenwasser zusammen abgeleitet wurden. Pfeifer empfand das als »eigentlich sehr ekelhaft, aber das spielte in dem Moment keine Rolle. In der Ferne sahen wir schon das Aufblitzen einer Taschenlampe. Wir wussten ja, dass Studenten auf der Westseite in der Kanalisation sind und uns erwarten.«

Doch noch eine Schwierigkeit mussten die Flüchtlinge überwinden, denn der Gleimstraßenkanal gehörte zu jenen, die schon in den fünfziger Jahren gesperrt worden waren. Das Gitter hatte aber Bodenfreiheit. Pfeifer nahm es sportlich: »Wenn man nicht allzu dick war, konnte man durchrutschen. Man musste also wirklich auf Deutsch gesagt in die Scheiße tauchen.« Der Kanal machte dann einen Knick und war so von Osten aus nicht mehr einsehbar. Am Ausstieg empfingen Studenten die Flüchtlinge, die sofort mit einem VW-Bus abtransportiert wurden. Durch den Gleimtunnel dürften etwa 150 Personen in den Westen gelangt sein.

Die Freundin von Ulrich Pfeifer hatte allerdings weniger Glück als er: Da noch Hunderte anderer Fluchtwilliger vor ihr auf der Warteliste standen, kam sie erst einige Wochen später an die Reihe – als der Staatssicherheit dieser Weg schon bekannt war. Von der Gruppe, in der sie mitgehen sollte, wurden zwei beim Einsteigen festgenommen. Sie selbst konnte mit den anderen Wartenden noch entkommen, wurde aber wenig später verhaftet und im Dezember 1961 in einem Schauprozess zu sieben Jahren Haft verurteilt. Das Schlupfloch war Anfang November endgültig verschlossen worden: »Am Gleimtunnel konnte beobachtet werden, wie Vopos und Arbeitskommandos damit begannen, Gitter in die Kanalisationsschächte einzubauen«, berichtete der *Tagesspiegel*.[8]

Auch unter der Straße Esplanade (Pankow/Prenzlauer Berg) gab es einen zur Flucht geeigneten Regenwasserkanal, der unter die Grüntaler Straße im Wedding führte; hier war *Hans Hoffmann* als »Deckelmann« eingesetzt. Dabei kam es zu einer dramatischen Situation: Eine Flüchtlingsgruppe hatte sich in einer nahe gelegenen Laubenkolonie versammelt, begegnete jedoch unweit des Einstiegsdeckels »einer Schar junger Männer, die dort mitten in der Nacht ohne erkennbaren Grund herumlungerten und nicht daran dachten, das Feld zu räumen. Eine halbe Stunde wechselten die beiden Gruppen misstrauische Blicke, bis ein Kontaktläufer vom ›Reisebüro‹ das Schweigen brach und direkt fragte, was acht DDR-Twens so früh am Morgen zwischen den Gartenlauben zu suchen hätten. Zögernd räumten die Jungen der anderen Gruppe ein, dass auch sie durch den Esplanade-Tunnel nach Westen kriechen wollten.«

Durch Mundpropaganda in West wie Ost wurde der Regenwasserkanal unter der Esplanade schließlich so bekannt, dass die verschiedenen Fluchthelfergruppen im Westen sich gezwungen sahen, Quoten auszuhandeln. Mit steigender Nutzung wuchs zudem das Risiko, entdeckt zu werden. Daher blieb das Esplanade-Schlupfloch nur knapp zwei Wochen »geheim, dann rissen

Volkspolizisten die Deckel auf und setzten verstärkte Kanalgitter ein«.[9]

Eine weitere Kanalisationsflucht gab es unter der Wollankstraße von Pankow nach Wedding. Der Einstieg soll sich in der Florastraße auf Ost-Berliner Gebiet befunden haben; Näheres darüber ist nicht bekannt. Vier Männern soll es im Herbst 1961 gelungen sein, unter der Bergstraße von Mitte zur Gartenstraße nach Wedding zu gelangen. Ebenso soll sich in Kleinmachnow die halbe Boxerstaffel des Sportclubs BSG »Motor Teltow« durch eine offene Röhre ins westliche Zehlendorf abgesetzt haben.

Von einer weiteren »Flucht durch den Gully« im Bereich Chausseestraße berichtet der *Spiegel* sehr dramatisch:

»Um Mitternacht rutschen der 22-jährige Schaffner und der 21-jährige Maler mit zwei 14-jährigen Mädchen unweit des Walter-Ulbricht-Stadions in die Kanalisation. Stundenlang kämpfen sie sich durch jauchige Abwässer, glitschige Rohre und Stacheldrahtverhaue voran. Dann kommen sie nicht mehr weiter. Im Schein ihres letzten Streichholzes sehen sie vor sich eine Mauer. Über sich entdecken sie einen Gullydeckel; der Schaffner späht durch den Grill. Er flüstert: ›Wir sind ja schon im Westen …‹ Doch der Gullydeckel lässt sich nicht öffnen – er ist eingefroren. Mit dem letzten Streichholz stecken sie das Taschentuch eines Mädchens in Brand und schieben die Fackel durch den Grill. Fünf Minuten später tauen West-Berliner Feuerwehrmänner den Deckel auf.«

Was an dieser Geschichte wahr ist, muss offenbleiben.

Ein Regenwasserüberlaufkanal mit einer Höhe von rund zwei Metern zwischen Potsdamer Platz und dem Lützowufer wurde von dem späteren Tunnelexperten Harry Seidel erkundet. Er fuhr vom Lützowufer aus mit einem Schlauchboot hinein. Der Kanal führte sauberes Wasser und wäre eigentlich ideal als Fluchtweg geeignet gewesen, war allerdings im Osten schon so fest vergittert, dass ein Durchkommen sehr aufwendig und schwierig gewesen wäre. Zudem lag das Gitter schon relativ weit hinter der Sektorengrenze. Dazwischen gab es im Grenzgebiet noch einige Kanaldeckel, durch die man den Kanal hätte sperren und einen

Rückzug in den Westen verhindern können, wenn am Gitter Alarm ausgelöst worden wäre. So schied auch diese Möglichkeit aus.[10]

Die »Glockengasse 4711« unter der Alten Jakobstraße flog in der Nacht zum 13. Oktober 1961 auf. Volkspolizisten entdeckten an diesem Tag die letzte Flüchtlingsgruppe. Laut *Spiegel* wurden die Fluchtwilligen mit Tränengas »aus den Gullys« getrieben. Burkhart Veigel, einer der anwesenden Fluchthelfer, berichtete anderes:

»Dieter Thieme organisierte den Fluchtweg über die Kanalisation vom 8. bis zum 12. Oktober. Dann passierte, was man natürlich immer befürchten musste: Mitternacht war vorüber, Thieme hatte schon eine ganze Reihe von Flüchtlingen aus dem Kanal geholt, er stand gerade im Treppenhaus des Eckgebäudes an der Grenze und konnte das Ganze beobachten, als plötzlich ein Wagen vorfuhr, einige Vopos heraussprangen, alle sichtbaren Kanaldeckel aufrissen und sich mit der Maschinenpistole im Hüftanschlag seitlich an die Öffnungen stellten. Thieme raste zurück zum Ausstieg, um seine Freunde im Kanal zu warnen, denn die standen ja auf Ost-Berliner Gebiet und sollten offensichtlich festgenommen werden. Aber zum Glück stiegen sie nach den letzten Flüchtlingen dieses Tages gerade aus dem Schacht, als Thieme ankam. Er schlich wieder zum Ausguck im Treppenhaus. Aber da passierte gar nichts mehr: Die Vopos standen bis morgens um sechs Uhr da, keiner traute sich, in die Kanalisation einzusteigen, dann wurden alle Deckel geschlossen.«

Laut Veigel waren »bei der letzten Tour zwei ›Fremde‹ mit durchgegangen«, die offensichtlich den Einstieg der Flüchtlinge beobachtet hatten. Sie begriffen, dass man hier die DDR auf direktem Wege verlassen konnte. Nach Einstieg der letzten Flüchtlinge hatte der Fluchthelfer Dieter Wohlfahrt den Deckel wieder verschlossen und sich auf den Weg zum Grenzübergang und zurück nach West-Berlin gemacht.

Die beiden unangemeldeten Nachzügler öffneten den Gullydeckel erneut und stiegen hinunter. Allerdings konnten sie ihn von innen nicht mehr richtig verschließen, sodass der Einstieg halb offen blieb.

Kurz darauf trat dann die Volkspolizei in Aktion. Die letzten Flüchtlinge hatten dennoch Glück: Sie verirrten sich in der Kanalisation, da sie noch vor dem aufgesägten Gitter in den Querkanal unter der Stallschreiberstraße abbogen. Als sie merkten, dass die Volkspolizei die Aktion entdeckt hatte, verhielten sie sich ruhig und schlichen, als niemand in den Kanal hinunterstieg, am frühen Morgen zum geöffneten Sperrgitter, stiegen hindurch und gelangten dann im Westen zum Ausstieg.

Im Kanal wurden, wie die Fluchthelfer bei einem Erkundungsgang feststellten, wenig später zwei massive, hintereinander liegende Gitter aus Eisenbahnschienen eingebaut. Zusätzlich installierte die Volkspolizei Mikrofone im Kanal, um »auffällige Geräusche« erfassen zu können. Damit war dieser Fluchtweg endgültig versperrt.

Kanalisationssperren wurden am 6. November 1961 zwei Männern zum Verhängnis, die unter der Heinrich-Heine-Straße in den Westen zu gelangen versuchten. Die West-Berliner Zeitung *Der Abend* meldete:

»Im letzten Augenblick vereitelten heute früh gegen 6 Uhr 20 Posten am Grenzübergang Heinrich-Heine-Straße gegenüber dem Bezirk Kreuzberg eine Flucht durch die Kanalisation. Zwei unbekannte Männer waren unter der Erde bereits bis auf fünf Meter an den Grenzübergang vorgedrungen, als sie entdeckt wurden. Vopos warfen, wie die West-Berliner Grenzposten beobachteten, Tränengasbomben in die Kanalisation. Darauf mussten die beiden Flüchtlinge an die Oberfläche klettern und sich festnehmen lassen.«

Die DDR-Grenzorgane lernten aus diesen Erfahrungen: Durch eine hermetische Verriegelung der Berliner Unterwelt war für die nächsten 28 Jahre nur noch Ratten der unterirdische Grenzübertritt durch die Kanalisation möglich, wie der *Tagesspiegel* im Rückblick bitter bemerkte.[11]

Der Spiegel 1962 über Fluchthilfe und Fluchthelfer
»Unternehmen Reisebüro«

Auf abenteuerlichen Wegen, teils über und teils unter Tage, flüchteten seit dem 13. August rund 5000 DDR-Bürger durch Ulbrichts Mauergrenze nach West-Berlin. Jeder achte von ihnen schaffte den Sprung in die Freiheit nur mit Hilfe einer West-Berliner Studentengruppe, die sich unter dem Decknamen »Unternehmen Reisebüro« uneigennützig dem Menschenschmuggel widmete. DER SPIEGEL enthüllt erstmals Einzelheiten über die Fluchtwege und die Arbeitsweise der westlichen Fluchthelfer, die nach dem 13. August Tunnel gruben, Abwasserkanäle öffneten, Pässe fälschten und Passierscheine druckten, um die Mauer zu durchlöchern. Der Bericht wird im Einverständnis mit »Unternehmen Reisebüro« veröffentlicht und schildert nur Aktionen, die bereits abgeschlossen sind. Jeder Hinweis auf heute noch begehbare Fluchtwege ist vermieden worden. Der Bericht enthält keine Angaben, durch die Fluchthelfer in Ost- oder West-Berlin gefährdet werden könnten. […]

In West-Berlin ansässige Studenten jeder Couleur – Sozialisten, Burschenschafter, Christdemokraten und politisch Indifferente – hatten sich zu dem konspirativen Ziel zusammengeschlossen, die kommunistischen Schanzen rund um West-Berlin zu unterlaufen.

Die Kämpfer der akademischen Mauer-Einheitsfront verschrieben sich einem bis dahin in Mitteleuropa nur aus Abenteuerromanen bekannten Dienstleistungsgewerbe: Sie schmuggelten Menschen aus der östlichen in die westliche Hälfte der Welt. Sie schmuggelten, aber sie wollten keinen Profit.

Um den eingemauerten DDR-Insassen aus ihrem Käfig herauszuhelfen, fälschten sie Pässe, bauten Tunnel, durchsägten Gitter in den Kloaken unter der Berliner Sektorengrenze.

Eine der erfolgreichsten Gruppen firmierte unter dem Decknamen »Unternehmen Reisebüro«. Sie schleuste über 600 DDR-Bürger zum Selbstkostenpreis nach West-Berlin. Wie alle anderen Gruppen, die sich zum unterirdischen Kampf gegen die

Mauer formierten, musste auch »Unternehmen Reisebüro« ohne amtliche Unterstützung auskommen. Weder der West-Berliner Senat noch die Bundesregierung hielten es für opportun, die riskante, von den Studenten weniger aus patriotischen denn humanitären Beweggründen geleistete Arbeit mit Steuergroschen zu unterstützen. *Der Spiegel* vom 28. März 1962

Fluchten durch die U-Bahn

Von der Abriegelung der Sektorengrenze waren auch U- und S-Bahn betroffen. In einer Bekanntmachung des DDR-Verkehrsministeriums vom 12. August 1961, die am folgenden Tag veröffentlicht wurde, hieß es für die U-Bahnlinie C (heute U 6): »Die Bahnhöfe Walter-Ulbricht-Stadion, Nordbahnhof, Oranienburger Tor, Französische Straße und der zur Linie gehörende Bahnsteig des Bahnhofs Stadtmitte werden für den öffentlichen Verkehr geschlossen.« Für die heutige U-Bahnlinie 8 wurde festgelegt: »Die Züge die U-Bahnlinie D durchfahren das demokratische Berlin ohne Halt«; betroffen waren hier sechs Stationen. Im Nord-Süd-Tunnel der S-Bahn wurden vier Bahnhöfe geschlossen. Einzig der S- und U-Bahnhof Friedrichstraße war fortan Bahnhof und Grenzübergangsstelle; die von den Westlinien befahrenen Bahnsteige wurden hermetisch abgeriegelt.

Die stillgelegten Stationen verwandelten sich in »Geisterbahnhöfe«, die Züge fuhren hier ohne Halt durch. Statt wartender Fahrgäste standen wachsame Volks- und Transportpolizisten auf den Bahnsteigen, an den Grenzbahnhöfen Grenzsoldaten in den gesperrten Stationen. Trotzdem kam es zu Zwischenfällen: Ein Volkspolizist wollte im Bahnhof Stadtmitte »auf einen durchfahrenden Zug aufspringen. Linientreue SED-Genossen rissen ihn zurück«, meldete die *Bild*-Zeitung am 20. September 1961. Nun verlangte Ost-Berlin, dass westliche Züge die geschlossenen Stationen mit dreißig Stundenkilometern zu durchfahren hätten, damit niemand aufspringen konnte; im Fahrplan war nur das halbe Tempo vorgesehen. Schließlich einigten sich U-Bahnfachleute in Ost- und West-Berlin auf eine Geschwindigkeit von 25 Kilometern pro Stunde.

Weitere Fluchtversuche durch die Bahntunnel kamen höchst selten vor, waren mitunter aber erfolgreich: So gelangten Ende 1961 drei Brüder des späteren Tunnelgräbers Rudolf Müller über einen Notausstieg der heutigen U8 in den U-Bahntunnel, stoppten einen Zug aus dem Westen und ließen sich in die Freiheit mitnehmen. Auch klingelte 1964 bei *Martin Wagner*, dem Revierleiter in der Polizeiwache Prinzenstraße in Kreuzberg, eines Tages das Telefon. Der Anruf kam vom Apparat des Polizeipostens im U-Bahnhof Moritzplatz, dem ersten Halt der U8 nach Unterquerung des Ostsektors. Doch statt des wachhabenden Kollegen meldete sich eine unbekannte Stimme. In sächsischem Dialekt wurde *Wagner* gefragt, warum der Posten nicht besetzt sei. *Martin Wagner* ahnte, dass etwas nicht stimmen konnte; mit zwei bewaffneten Kollegen eilte er in den U-Bahnhof hinunter. Im Postenraum am Ende des Bahnsteigs saß nun statt des eingeteilten Polizisten, der gerade einen Plausch mit dem Bahnhofsvorsteher der BVG in dessen Abfertigerhäuschen hielt, ein Unteroffizier der NVA-Grenztruppen. *Wagner* brachte ihn sofort zur Polizeiwache. Damit vom nahe gelegenen Grenzübergang Heinrich-Heine-Straße niemand etwas mitbekam, zog man dem DDR-Grenzer eine Jacke des West-Berliner Zolls über.

Doch schon wenig später wurde *Wagner* erneut in den Bahnhof gerufen. An der Grenze im Tunnel standen nun zwei aufgeregte junge Grenzsoldaten. Sie fragten, ob ihr Unteroffizier aufgetaucht sei. *Wagner* antwortete: »Das kann ich Ihnen nicht sagen. Aber es steht Ihnen frei, selber nachzuschauen. Sie können ja auf unsere Seite hinüberkommen.« Den jungen Grenzern standen fast die Tränen in den Augen, denn sie wussten, dass sie eine gehörige Strafe zu erwarten hatten, falls sie ohne ihren Vorgesetzten zurückkehren würden. Völlig verzweifelt entschlossen sie sich, *Wagners* Angebot anzunehmen, legten ihre Waffen auf der Ostseite im Tunnel ab und kamen ebenfalls herüber.

Keine dreißig Minuten später wurde der Revierleiter ein drittes Mal in den U-Bahntunnel gerufen. Diesmal allerdings war eine große Gruppe von bewaffneten Grenzsoldaten im Tunnel, die ihn feindselig anstarrten. Ein höherer Offizier trat schließlich an *Wagner* heran und meinte auf einmal ganz freundlich: »Sie können mir ruhig sagen, ob hier drei von den Unseren rüber sind. Dann können wir diesen Vorfall wenigstens schnell abschließen.« Doch der West-Berliner Polizist hielt sich an seine Dienstanweisung und antwortete nur: »Das kann ich Ihnen nicht sagen.« Sofort verschwand das Lächeln aus dem Gesicht des Grenztruppen-Offiziers, der auf dem Absatz kehrtmachte. Ein weiterer Offizier dagegen zischelte *Wagner* kaum merklich zu: »Vorsicht – Stasi«, bevor er ebenfalls den Rückzug antrat.

Einem weiteren Grenzer gelang es am 9. April 1966, vom U-Bahnhof Bernauer Straße aus durch den Tunnel in den nahe gelegenen französischen Sektor zu laufen. Tödlich endete dagegen der Versuch des Ost-Berliner Tankwartlehrlings Ottfried Reck, durch den Nord-Süd-Tunnel zu fliehen. Reck war von einem DDR-Gericht wegen sogenannter staatsgefährdender Hetze zu einer Bewährungsstrafe verurteilt worden.

>»Um dem SED-System zu entkommen, wollte er am 27. November 1962 zusammen mit einem weiteren jungen Mann die Grenze nach West-Berlin überwinden. Als die beiden Jugendlichen gegen 18.30 Uhr in der Gartenstraße das Gitter eines S-Bahn-Lichtschachts aufbrechen wollten, wurden sie von Grenzsoldaten entdeckt und beschossen. Während der zweite junge Mann ins Hinterland entkommen konnte, erlitt Ottfried Reck zwei tödliche Schüsse in den Oberkörper. Der 17-Jährige wurde in das Volkspolizei-Krankenhaus gebracht, wo er gegen 21.30 Uhr seinen schweren Verletzungen erlag.«[12]

Selbst wenn Reck unbemerkt durch das Einstiegsgitter in den S-Bahntunnel hineingelangt wäre, hätte er kaum Chancen gehabt: Unmittelbar nach dem Mauerbau begann man auf Ost-Berliner Seite, die Tunnel gegen Fluchtversuche zu sichern. So wurden einige Dutzend Meter vor der Sektorengrenze, die mit einem an den Tunnelwänden aufgetragenen weißen Balken markiert war, sogenannte GV-Matratzen (auch als »Stalinrasen« bekannt) zwischen den Gleisen verlegt; die Abkürzung GV stand für »Grenzverletzer«. Sie bestanden aus mit spitzen Dornen versehenen Matten aus Stahlarmierungen. Züge konnten ungehindert darüber hinwegrollen, ein Flüchtling hätte sich im Dunkeln unweigerlich und sehr schmerzhaft festgetreten. Um ein Balancieren über die seitlich verlaufende Stromschiene zu verhindern, wurde hier die Isolierung entfernt; 780 Volt Gleichstrom hätte niemand überlebt. Kurz vor der Sektorengrenze konnten Rollgitter heruntergefahren werden, was nach Betriebsschluss regelmäßig geschah. Außerdem stutzte man an den Grenzbahnhöfen die Bahnsteigkanten, damit niemand im toten Winkel, der zusätzlich mit großen Spiegeln einzusehen war, entlangkriechen konnte. Als weitere Schikane lagen an einigen Stellen zwischen den Gleisen Bohlen, unter denen sich elektrische Kontakte befanden, die bei Betreten sofort Alarm auslösten.

Damit von außen niemand über die Notausstiege in die Tunnel gelangen konnte, wurden bereits ab 1962 fast sämtliche Notausstiegsgitter zugeschweißt – entgegen allen Sicherheitsvorschriften. Das DDR-Verkehrsministerium stellte lapidar fest: »Laut Bau- und Betriebsordnung für Untergrundbahnen sind mindestens alle 300 Meter Bahnhofszugänge bzw. Notausstiege gefordert. Dieser Forderung wird zur Zeit an elf Stellen nicht entsprochen.« Unter diesen Bedingungen hätten die Tunnel eigentlich nicht mehr befahren werden dürfen.

Mitarbeiter der (Ost-)Berliner Verkehrsbetriebe (BVB) und der Reichsbahn sorgten nur noch gelegentlich während der nächtlichen Betriebspausen für Instandhaltung in den Tunneln. Die Wachposten auf den vereinsamten Bahnsteigen sahen sich dagegen jährlich Hunderten »Konfrontationen mit dem Klassenfeind« in den vorbeirollenden Zügen ausgesetzt – von westlichen Zeitungen, die auf die gesperrten Bahnsteige geworfen wurden, über Zurufe und Zuwinken bis hin zu Beschimpfungen und handfesten Drohungen. Penibel zählten die DDR-Behörden derartige »besondere Vorkommnisse«. Neben solchen von der Trapo verzeichneten recht harmlosen Vorfällen wurde auch mit einer scharfen Waffe auf das Postenhaus der NVA-Grenzer im S-Bahnhof Potsdamer Platz geschossen – am 15. September 1971 aus einer vorbeifahrenden S-Bahn. Eine Kugel traf den Sehschlitz, durchschlug die Glasscheibe und verfehlte einen Grenzposten nur knapp.

»Besondere Vorkommnisse«

Erfasste Vorkommnisse auf den Geisterbahnhöfen (1969–1972):

Jahr	Vor- komm- nisse insg.	Zei- tungs- würfe	Nahrung-/ Genuss- mittel	Zu- rufe	Win- ken	Bewer- fen	Foto gra- fien	Dro- hun- gen	Auf- forde- rungen	Ano- nyme Anrufe
1969	798	676	45	11	5	32	16	6	4	3
1970	567	498	34	-	-	20	6	-	2	7
1971	522	408	42	2	-	49	16	-	2	3
1972	778	523	101	25	33	42	21	19	8	6

Quelle: Polizeihistorische Sammlung

Aber nicht nur die trotz Teilung der Stadt weiter befahrenen U-Bahntunnel wurden genau überwacht; selbst entlegene unterirdische Stellen, sogar die in Berlin häufigen »Blinden Tunnel« sollten perfekt abgesichert werden. Unter der Dresdener Straße ist, auf Höhe des Alfred-Döblin-Platzes, bis heute noch ein Stück der Mauer unterirdisch erhalten: Auch hier wurde nach 1961 ein Durchgang vermauert. In die Vermauerung wurde eine zwei Zentimeter starke Stahlplatte eingelassen, und auf der Ostseite war die Mauer zusätzlich mit unter Putz verborgenen Signaldrähten gesichert.[13]

Fluchtversuche allerdings waren allen Sperrungen zum Trotz nicht völlig zu verhindern, wie Dieter Wendt bewies. Mit seinem Cousin, dessen Frau und ihrem Sohn gelang ihm am 8. März 1980 eine aufregende Flucht durch den Waisentunnel. Als BVB-Mitarbeiter am Bahnhof Friedrichstraße hatte er durch einen besonderen Eingang abseits der Grenzkontrollen Zugang zur West-Berliner U-Bahn. Dort hätte er jederzeit, ohne Aufsehen zu erregen, in einen Zug Richtung Westen einsteigen können; das wollte er aber mit Rücksicht auf seine Verwandten nicht tun. Auch die Grenzbahnhöfe schieden von vornherein für dieses Vorhaben aus; dort durfte sich Wendt auch als BVB-Mitarbeiter nur unter Aufsicht der Grenzposten bewegen.

Als Ausgangspunkt wählte er daher den für Ost-Berliner frei zugänglichen Bahnhof Klosterstraße. Die vier Flüchtlinge kamen hier gegen 18 Uhr mit der U-Bahn an. Als niemand hinsah, sprang die Gruppe von der Bahnsteigkante und verschwand im »Klostertunnel«, einem aus den fünfziger Jahren stammenden Verbindungstunnel. Ihr Ziel: der Tunnel der West-Berliner U-Bahnlinie 8 zwischen Jannowitzbrücke und Heinrich-Heine-Straße. An der Spree-Unterfahrung war jedoch das stählerne Schott der Wehrkammer heruntergelassen. Dieter Wendt wusste, dass diese Stelle nicht ständig kontrolliert wurde, und ließ seine Verwandten dort warten. Er selbst machte sich auf den Weg, um über die Bahnhöfe Alexanderplatz und Jannowitzbrücke von der anderen Seite her verschlossene Verbindungstüren zu öffnen. Durch den Maschinenraum der Wehrkammer gelangte er zu jener Luke in der Tunneldecke, unter der seine Angehörigen warteten. Eine verschlossene Tür mussten sie noch vorsichtig aufbrechen; Wendt untersuchte den Raum vor Betreten mit einem Spiegel auf mögliche Signaldrähte. Schließlich gelangten alle unentdeckt durch eine weitere Verbindungsstrecke des Netzes, den Waisentunnel, zur U-Bahnlinie 8.

An einer sicheren Stelle im Tunnel warteten die Flüchtenden darauf, »per Anhalter« von einer West-Berliner U-Bahn mitgenommen zu werden. Als BVB-Mitarbeiter wusste Wendt, welches Signal die Züge zum Anhalten bringen konnte. Unsicherheit blieb jedoch: Was, wenn der BVG-Zugführer die Flüchtenden zurückweisen würde? Doch alles ging glatt. Wendt schwenkte seine rote Signallampe, und der Zug hielt tatsächlich an. Auf seine Frage »Könnten Sie uns mitnehmen?« antwortete der BVG-Mann: »Rein und hinlegen.« So gut es ging, versteckten sie sich im engen Führerstand.

Es war 20.41 Uhr, als die Bahn wieder in Richtung Kreuzberg anfuhr; den Fahrgästen dürfte die kurze Fahrtunterbrechung kaum aufgefallen sein. Doch noch musste der U-Bahnhof Heinrich-Heine-Straße durchquert werden, der letzte Bahnhof auf Ost-Berliner Seite. Hier konnten die Grenzer den Fahrstrom unterbrechen, wenn sie einen Verdacht hegten. Doch nichts geschah: Gegen 22.15 Uhr saßen die vier Flüchtlinge in einem Neuköllner Polizeirevier. Wegen möglicher Auswirkungen auf den unterirdischen Transitverkehr wurde diese Flucht bis 1989 geheim gehalten; die beiden BVG-Zugfahrer wurden aus Sicherheitsgründen sogar auf andere, nur durch West-Berlin führende Strecken versetzt. Es sollte allerdings die einzige Flucht dieser Art bleiben.[14]

Die frühen Tunnel

Die Anfänge

Welcher Fluchttunnel als Erster gebaut wurde, wird sich wohl nie eindeutig klären lassen; zwei Stollen kommen in Frage. Erstens ein Tunnel von Kleinmachnow nach Düppel im Bezirk Zehlendorf, der an einem »Grundstück am Bahnhof Düppel« gegraben worden sein soll. »Vierzehn Jugendliche« legten ihn an, und zwar von der DDR nach West-Berlin. Allerdings war die Flucht am 12. Oktober 1961 nur teilweise erfolgreich, denn nach Angaben eines Geflüchteten gelangten nur fünf der Beteiligten in den Westen, während neun festgenommen wurden.

Gesichert sind diese Angaben allerdings nicht; über den gleichen Tunnel berichtete nämlich ein anderer Zeitzeuge:

»Direkt südlich der Straße ›An der Stammbahn‹, die parallel zum Grenzstreifen verlief, in unmittelbarer Nähe zum Düppelpfuhl, einem kleinen See, steht noch heute das Gebäude, aus dem völlig unbemerkt ein Fluchttunnel gegraben wurde. Dieser ist unter der Straße hindurch gegraben worden, unterquerte noch die zum Osten gehörenden Grundstücke, die nördlich der Straße lagen, das Bahngelände und muss dann in der sich anschließenden Kleingartenkolonie auf West-Berliner Gebiet herausgekommen sein. Der Tunnel dürfte eine Länge von über fünfzig Metern gehabt haben. Die Aktion fiel auf, weil sich mittags eine ›lärmende Hochzeitsgesellschaft‹ in dem Haus zusammenfand. Mit einbrechender Dunkelheit wurde es dann auf einmal merkwürdig still; so still, dass dies auch einem Grenzposten in der Nähe auffiel. Bei einer Kontrolle des Grundstückes fanden die Grenzer die Tür des völlig verlassen wirkenden Hauses unverschlossen vor. Als sie dann den Keller kontrollierten, entdeckten sie neben den dort aufgetürmten Sandmassen ein Loch im Kellerboden – den Einstieg in den Tunnel.«

Merkwürdigerweise taucht dieser Tunnel in den sonst akribisch geführten Unterlagen der Staatssicherheit nicht auf. Auch die West-Berliner Presse registrierte diesen Tunnel nicht.[1]

Über den anderen als erster Fluchttunnel von Berlin in Frage kommenden Stollen, den »Pankower Friedhofstunnel«, war Ende März 1962 im *Spiegel* eine stark ausgeschmückte Darstellung zu lesen: »Gemessenen Schritts betritt eine Trauergemeinde den Friedhof an der Fischerstraße[*] im Ost-Berliner Bezirk Pankow: drei Männer mit Zylinder, zwei schwarzverschleierte Frauen. Es ist Donnerstagabend, Ende September 1961, 18.30 Uhr.«

Die Details dieses Berichts dürften frei erfunden sein: Erstens wären Zylinder und Verschleierung wohl zu auffällig gewesen, und zweitens passt das genannte Datum nicht, denn zu dieser Zeit holten West-Berliner Fluchthelfer Flüchtlinge vor allem mit gefälschten Pässen und durch die Kanalisation in die Freiheit. Trotzdem begründete der *Spiegel*-Bericht den Mythos, der erste Fluchttunnel sei schon im September 1961 benutzt worden.

Weiter heißt es in dem Artikel: »Die Trauernden legen zwei Kränze auf einem Grab nahe der westlichen Friedhofsmauer nieder, die zugleich die Staatsgrenze der DDR markiert: Jenseits des Stacheldrahts, an dem alle 15 Minuten eine Doppelstreife der Volkspolizei patrouilliert, liegt – schon auf dem Boden des West-Berliner Bezirks Reinickendorf – der S-Bahnhof Schönholz.«

Im Einstiegsloch direkt an der Friedhofsmauer wartete einer der Fluchthelfer, der »Strippenkriecher«. Seine Aufgabe war es, von Westen aus durch den 25 Meter langen und nur knapp 60 Zentimeter breiten Stollen bis zum Einstieg im Osten zu robben. Zur Sicherheit benutzten die Fluchthelfer eine einfache, aber sehr wirkungsvolle Methode: An einem Bein des »Strippenkriechers« war eine Schnur befestigt, die bis in den Schuppen reichte, von dem

---

[*] Gemeint ist die Kurt-Fischer-Straße (bis 1951 Bismarckstraße, seit 1992 Hermann-Hesse-Straße). Kurt Fischer, geb. 1900, war im November 1949 zum ersten Chef der Deutschen Volkspolizei ernannt worden, aber bereits im Juni 1950 verstorben.

aus der Tunnel vorgetrieben worden war. Ein Späher auf dem Dach überwachte den Grenzstreifen und gab per Klopfzeichen Alarm, sollte sich ein Posten nähern. Ein weiterer Fluchthelfer zog dann an der Schnur, und der »Strippenkriecher« verhielt sich ruhig, bis die Gefahr vorüber war. »In diesem Fall verharrte die Trauergruppe noch einige Minuten leidgeprüft am Grab. War die Luft rein, kletterten die Kranzträger in die Röhre.«

Eine schöne Geschichte, jedoch nur journalistisch erdacht, wie die Zeitzeuginnen Waltraud Niebank und Brigitte Wachtel, die beide den Friedhofstunnel nutzten, um in die Freiheit zu gelangen, zu berichten wissen. Der Tunnel wurde von West-Berliner Studenten der TU gegraben. Bis zum 19. Dezember 1961 konnten hier insgesamt 28 Menschen sicher in den Westen gelangen, bis der Tunnel aufflog. Schuld daran trug, wie sich beide Zeitzeuginnen erinnern, eine junge Ost-Berlinerin, die diese Fluchtmöglichkeit mit ihrem einjährigen Kind nutzte. Sie ließ ihren Kinderwagen in Nähe der Grabstätte stehen, der dann die Aufmerksamkeit der Grenzpolizei erregte und letztendlich zur Entdeckung des Stollens führte.

Für Waltraud Niebank war der »Friedhofstunnel« die letzte Chance, in den Westen zu gelangen. Acht Tage vor dem Mauerbau hatte sie den West-Berliner Lothar Niebank geheiratet; die Ost-Berliner Behörden stellten ihr sogar eine offizielle Umzugserlaubnis aus. Am 13. August 1961 fuhr das junge Ehepaar nach Ost-Berlin zu Waltrauds Eltern, »um die letzten Formalitäten des Umzugs zu erledigen. Mit den Worten, es herrsche Kriegszustand, und was zuvor genehmigt worden sei, gelte jetzt nicht mehr, wird die Umzugserlaubnis vor ihren Augen zerrissen. Im Krieg, werden die beiden belehrt, sei es normal, dass Ehepaare getrennt seien.« Lothar Niebank musste ohne seine Frau in den Westen zurückfahren. Waltraud bat in Ost-Berlin das Rote Kreuz und das DDR-Außenministerium um Hilfe, doch erfolglos. Auch Briefe an Walter Ulbricht und die sowjetische Botschaft blieben unbeantwortet.

Schließlich kam Lothar in Kontakt mit Fluchthelfern, die ihm schnell und unbürokratisch halfen: Seine Frau sollte sich »mit Grabschmuck auf den Pankower Friedhof begeben«. Lothars Onkel informierte sie persönlich. Am Morgen des 18. Dezember 1961 fand sich Waltraud an der beschriebenen Grabstelle ein. Sie »zittert, obwohl sie drei Lagen Kleider übereinander trägt. Plötzlich öffnet sich die Grasnarbe. Aus dem Dunkel ruft eine männliche Stimme: ›Spring‹. Und Waltraud springt [...]. Dann beginnt sie durch den Sand im befestigten Tunnel zu kriechen. ›Ich hatte Todesangst, der Tunnel kam mir endlos vor.‹« Schließlich gelangte sie durch den »Pankower Friedhofstunnel« in den Westen.

Knapp eine Woche nach der glücklichen Flucht wurde »der Tunnel von Grenzpolizisten entdeckt und bewacht. Zwei Frauen, die ihn am 29. Dezember 1961 benutzen wollen, gehen den Wächtern ins Netz. Sie werden wegen ›Passvergehens‹ zu je zwei Jahren und drei Monaten Gefängnis verurteilt.« Das MfS vermerkte in seinem Schlussbericht:

> »In dem vorliegenden Ermittlungsverfahren wird der Beweis angetreten, dass das Anlegen von unterirdischen Stollen von Westberlin aus in das Gebiet der Deutschen Demokratischen Republik zu einer Methode bei der Organisation des Menschenhandels geworden ist und in jedem Fall die aktive Unterstützung von Angehörigen der Westberliner Stummpolizei* findet. Dabei gehen sie ohne Rücksicht auf die allgemein gültigen Gesetze der öffentlichen Sicherheit der Bürger vor und missachten, wie das vorliegende Untersuchungsergebnis beweist, selbst die minimalsten Regeln des Anstandes und der Pietät.«[3]

Die Stasi entdeckte den Stollen nach Aktenlage am 21. Dezember 1961; er wurde noch am gleichen Tage »liquidiert«. Angeblich war »ein Grenzpolizist bei einem nächtlichen Patrouillengang auf dem Friedhof plötzlich in ein 1,60 Meter tiefes Loch gestürzt, das mit getrocknetem Efeu bedeckt war«.

West-Berliner Fluchthelfer hatten offensichtlich trotzdem vor, den Tunnel erneut zu nutzen, doch bei diesem Versuch gerieten am 29. Dezember die beiden Frauen in die Fänge der DDR-Behörden. Dennoch wurde das Tunnelbauwerk noch nicht ganz aufgegeben. Von der Abteilung II der Berliner Stasi-Verwaltung er-

---

* Abgeleitet von Johannes Stumm (1897–1978), West-Berliner Polizeipräsident von 1948 bis 1963; im DDR-Jargon auch zu »StuPo« abgekürzt.

hielt die »1. Grenzbrigade« der Bereitschaftspolizei, Abteilung Aufklärung, nur einen Monat später den Hinweis, dass an dem Tunnel wieder gegraben werde – mit dem Ziel, »den Ausgang, welcher bisher auf dem Friedhof II in Berlin-Pankow herauskam, auf eine andere Stelle zu verlegen«.

Wenig später, ab der Nacht zum 1. Februar 1962, stellten Streifen dann mehrfach unter der zum Todesstreifen gewordenen Bahnhofstraße (heute: Am Bürgerpark) »unterirdische Klopfzeichen« und scharrende Geräusche fest, »die auf eine vermutliche unterirdische Arbeit schließen lassen«. Zudem wurden am Ausgangspunkt des Tunnels, dem Lagerschuppen, verdächtige Personen beobachtet, darunter auch Mitglieder der West-Berliner Bereitschaftspolizei. Am 5. Februar ging dann ein detaillierter Bericht eines IM ein, in dem es hieß: »Ich kenne noch weitere Personen; bei diesen handelt es sich um zwei Brüder *Meier*. Diese Personen stehen in Zusammenhang mit dem Tunnelbau in der Wollankstraße, dazu gehört auch ein Westdeutscher.« Der Informant zeigte sich gut unterrichtet: »Diese Bande hat vor, von diesem Tunnel aus eine Abzweigung zu graben, sie kommen aber trotzdem im gleichen Gelände, etwas daneben, heraus.«

Allerdings funktionierte die Informationsübermittlung zwischen Stasi, Kripo und Grenzbrigade nicht reibungslos. So kritisierte Major G. von der MfS-Abteilung Aufklärung, dass ihm Berichte der Kriminalpolizei vorenthalten worden seien, die Hinweise enthielten, dass bereits seit Oktober 1961 an einem Tunnel »im Gebiet Pankow« gebaut worden sei. Aus zwei Akten, von deren Inhalt G. am 5. Februar 1962 nur mündlich erfuhr, solle zudem ersichtlich sein, »welcher Personenkreis am Bau dieses Tunnels tätig war«. In der »Aussprache« wurden weitere Details über die Fluchthelfer mitgeteilt und über abgehörte Telefonate berichtet: »Man benutzte dabei die Worte ›Geh doch mal Oma Schröder besuchen, die würde sich freuen. Du weißt schon, wo das ist, an dem großen weißen Stein.‹ Als Kennwort will man ständig das Wort ›Professor Brugsch‹ gebraucht haben.« Kritisch folgerte der Bericht: »Der Aufklärungsabteilung wäre viel Zeit erspart geblieben und die Bearbeitung hätte zielstrebiger erfolgen können, wenn uns das vorhandene Material zur Kenntnis gegeben worden wäre.«

Im Gegensatz zum ersten Friedhofstunnel, durch den, wie ein »West-Berliner MfS-Spitzel« am 12. Januar 1962 mitteilte, angeblich »über 100 Personen [...] in den Westen gelangt« seien, war der Versuch der Fluchthelfer, diesen Weg durch eine Abzweigung zu reaktivieren, nicht mehr von Erfolg gekrönt. Zwar erreichten die Tunnelgräber den Ostsektor und kamen hinter einer Urnengrabstelle heraus, wie Fotos der Stasi beweisen, doch konnte wohl niemand den Stollen zur Flucht benutzen.

Im Osten war man über das Projekt im Bilde: Grenzpolizisten öffneten »bei Dunkelheit« den Einstieg, und »Mitarbeiter der Aufklärung nahmen eine Überprüfung« des Bauwerkes vor. Glücklicherweise war zu diesem Zeitpunkt kein Fluchthelfer im Tunnel. Im Abschlussbericht heißt es dazu: »Ausgangspunkt des Tunnels ist der Holzschuppen der Samenhandlung Gellert. Vom bestehenden Tunnel Abzweigung zum Friedhof, Ende Urnengrabstelle Marita Liedtke. Länge ca. 30 Meter. Tunnel wurde zweimal zugeschüttet.« Zwei der »Teilnehmer« hätten bereits am »Wollanktunnel« mitgearbeitet, außerdem seien vier weitere Personen an dem Projekt unmittelbar beteiligt gewesen. Ein West-Berliner Bereitschaftspolizist, »ca. 28 Jahre, 1,65 Meter groß, hellblondes, welliges nach hinten gekämmtes Haar« mit »schmächtiger Gestalt« fiel der Stasi ebenfalls auf.[4]

Die Geschichte der Fluchtstollen am Pankower Friedhof war damit noch nicht beendet. So verzeichnete die Stasi mit Datum vom 15. Juni 1962 eine weitere »versuchte Tunnelschleusung« durch einen von West-Berlin aus gegrabenen Stollen, die durch »operative Maßnahmen« unterbunden wurde. In den Stasi-Akten findet sich zudem eine gelungene Tunnelschleusung der »Gruppe Keuch«, die ebenfalls von West-Berlin aus einen Tunnel nach Schönholz zum Friedhof hinüber vorgetrieben hatte. Im Dezember 1962 wurde dieser Stollen durch »Zuschüttung« zerstört; Weiteres ist nicht bekannt.

Aber selbst in den nächsten Jahren wurde es in dieser Ecke im Norden Berlins nicht ganz ruhig: Am 20. Mai 1963 verhinderten Grenzpolizisten an der Bahnhofstraße, nun zum Todesstreifen umfunktioniert, abermals eine Tunnelflucht, die von der Westseite her unter Ausnutzung eines »Teils eines alten Tunnels« ins Werk gesetzt wurde. Im Juni 1965 und im Februar 1978 gingen

bei der Stasi dann noch einmal Hinweise über Tunnelbauten
»vom Gellertschuppen zum Friedhof Pankow III« ein, die sich allerdings nicht bestätigen lassen.[5]

Der »Wollanktunnel«

Erich Honecker, damals Sekretär des Nationalen Verteidigungsrates der DDR, bemängelte in einem Brief an Innenminister Karl Maron, der »Friedhofstunnel« sei als »›Anschauungsobjekt für das subversive Verhalten des Gegners‹ propagandistisch nicht genügend ausgeschlachtet« worden. Das wurde umgehend nachgeholt – bei der Entdeckung eines Fluchttunnels unter dem S-Bahnhof Wollankstraße. Auf einer internationalen Pressekonferenz am 1. Februar 1962 wurde vor Ort und unter Teilnahme von DDR-Verkehrsminister Erwin Kramer die »Agentenschleuse« öffentlich vorgeführt. In eigens herbeigeschafften Schaukästen präsentierte man Beweisstücke: »Als Lichtquelle benutzten die verbrecherischen Elemente Pertrix-Anhängerlampen. Eine dieser Lampen befindet sich noch im Tunnelgang«, hieß es auf einer Exponatenbeschreibung. Die Vitrinen enthielten auch eine Axt, zwei Hämmer, eine Brechstange, eine Blechdose mit Nägeln, Schaufeln, diverses Bauholz und Keile sowie Taschenlampenverpackungen und Flachbatterien »westlicher Herkunft«, die »zu Beleuchtungszwecken bei der Tatausführung benutzt wurden«. Auch »leere Zigarettenschachteln und anderer Unrat« wurden zur Schau gestellt, was zeigen sollte, »wie sicher sich die Wühlmäuse fühlten«.

Besonderes Augenmerk legte man auf eine »Faustskizze« mit Winkelberechnungen und einen beschädigten Notizzettel, der zurückblieb, »als die Verbrecher überstürzt das Weite suchten«. Darauf war zu lesen: »Liebe Schwerarbeiter! [Lei]der keine Platten! […] Mann heute Abend wechseln. Wechsel erfolgt gegen 24 Uhr. Drei Mann Wache, kein 4.! Ulli, Peter, Hannes! So long […]«

Es war ein merkwürdiger Pressetermin. Während »es den Ostjournalisten gestattet wurde, Film-, Foto- und Funkaufnahmen zu machen«, durften Pressevertreter aus West-Berlin weder Kameras noch Tonbandgeräte mitbringen. Jeder ihrer Schritte wurde von Grenzern mit Maschinenpistolen überwacht, der Einstieg zum Tunnel blieb ihnen zudem »aus Sicherheitsgründen« untersagt. DDR-Staatssekretär Otto Winzer, der Stellvertreter des Ministers für Auswärtige Angelegenheiten, sandte am gleichen Tag ein Protestschreiben an den »Befehlshaber der französischen Besatzungstruppen in Westberlin«, in dem er dramatischen Protest erhob: »Der Stollenbau führte zur Senkung der Bahnanlagen und damit zu einer akuten Gefahr des S- und Fernbahnverkehrs, einschließlich der über diese Strecke geleiteten französischen Militärtransporte. In skrupelloser Weise wurde mit dem Leben und der Gesundheit der Reisenden gespielt.«[6]

Am folgenden Tag berichteten blockübergreifend fast alle Berliner Tageszeitungen über das Geschehen. Die Schlagzeile im *Neuen Deutschland* lautete: »Westagenturen müssen eingestehen: Stollen – Werk von Banditen«. Die Ost-Berliner *BZ am Abend* titelte: »Zugkatastrophe gerade noch vereitelt! Senatslautsprecher deckten Wühlmäuse«. In der Tat stand Ende 1961 an der Wollankstraße eine Lautsprecheranlage, mit der westliche Nachrichten über die Grenze hinweg nach Ost-Berlin verbreitet wurden. Aber derlei war auch an anderen Stellen der Sektorengrenze beiderseits üblich. Die »Beschallung« wurde nach Anwohnerprotesten eingestellt, könnte aber tatsächlich, wenn auch unbeabsichtigt, Arbeitsgeräusche der Tunnelgräber beim Durchstemmen von Mauerwerk übertönt haben. In dem ausführlichen Artikel der *BZ am Abend* hieß es weiter: »Spione unterminierten S-Bahnhof Wollankstraße. Frevelhaftes Spiel mit dem Leben der Reisenden. Die Gangster kamen mit Lastwagen zum Tatort.« West-Berliner Zeitungen konterten: »SED-Propaganda um Flüchtlingstunnel. Pankower Märchen um ›Agenten und Diversanten‹ – Senat: Lüge«. Es brach ein regelrechter Pressekrieg aus. Die DDR legte am 6. Februar nach mit einem ausführlichen Wochenschaubericht unter dem Titel: »Das Spiel mit dem Feuer – Westberliner Provokateure trieben einen unterirdischen Stollen unter den S-Bahnhof Wollankstraße«.[7]

> **DDR-Propaganda über den Wollanktunnel**
>
> *Gefährliche Provokation an der Staatsgrenze der DDR*
> Ein neues eklatantes Beispiel für die friedensgefährdende Rolle der Westberliner Frontstadt-Politik ist am 1. Februar 1962 auf einer internationalen Pressekonferenz in Berlin enthüllt worden. Vor in- und ausländischen Journalisten, darunter Vertreter westdeutscher Zeitungen, informierte der Minister für Verkehrswesen der DDR, Erwin Kramer, auf dem Gelände des S-Bahnhofes Wollankstraße über die ungeheuerliche Tatsache, dass Westberliner Banditen unter gröbster Verletzung der Staatsgrenze der DDR durch die Gewölbe dieses Bahnhofs ein Stollensystem vorgetrieben haben. Durch die Anlage dieses Stollensystems sollten Agenten und Diversanten von Westberlin in das Gebiet der DDR eingeschleust werden.
>
> ADN-Bildagentur *Zentralbild* vom 2. Februar 1962 –
> Beschriftung der Pressefotos

Was hatte sich ereignet? Ein »diensttuender Reichsbahnangestellter« stellte in der Nacht vom 26. auf den 27. Januar 1962 auf dem Bahnsteig des S-Bahnhofs Wollankstraße eine Absenkung fest. Am nächsten Tag gegen 17 Uhr hatte sich daraus eine »trichterförmige Erdsenkung« von einem Meter Tiefe entwickelt. Man vermutete zunächst einen Wasserrohrbruch, doch dann teilte der Bahnhofsvorsteher telefonisch mit, dass gegen 20.30 Uhr ein Student auf dem Bahnsteig erschienen sei und gesagt habe: »Es ist eine Schweinerei, hier bauen sie einen Tunnel durch nach Ost-Berlin und wollen in einem Fabrikgelände herauskommen. Durch diesen Tunnel wollen sie Arbeiter holen.«

Gegen 23 Uhr begaben sich zwei Ost-Berliner Bereitschaftspolizisten der Aufklärungsabteilung zum Stützpunkt der Transportpolizei (Trapo) an der Bornholmer Straße. Zwei Stunden später wurden zwei Trapo-Offiziere zum Ort des Geschehens beordert. Sie mussten die Fernbahngleise bis zum S-Bahnhof Wollankstraße entlanglaufen, da die S-Bahn seit der Grenzschließung nicht mehr am Bahnhof Bornholmer Straße hielt. Im Bahnsteig fanden sie ein Loch, das inzwischen etwa 1,20 Meter tief war. Der Bahnhofsvorsteher informierte sie: Der gesamte Bahnsteig war auf der westlichen Seite durch Gewölbe unterbaut, die leer stünden und nicht vermietet seien. Die Gewölbe seien nur von der schon auf West-Berliner Gebiet gelegenen Nordbahnstraße her erreichbar, die Eingänge verschlossen. Der Bahnhof selbst einschließlich des davor liegenden Bürgersteigs der Nordbahnstraße gehörte bereits zur DDR. Jedoch waren die Absperrungen auf der östlichen Seite des Bahndammes errichtet worden, sodass die S-Bahn weiter von West-Berliner Fahrgästen benutzt werden konnte.

Der Bahnhofsvorsteher hatte beobachtet, »dass etwa gegen 20 Uhr acht bis zehn Jugendliche – vermutlich Studenten – aus einem dieser Torbogen kamen. Zum gleichen Torbogen führen Sandspuren heraus.« Um 22.48 Uhr sei dann ein blauer Lkw, um 23.08 Uhr ein grüner und dann gegen 0.49 Uhr nochmals ein roter Lkw mit Brettern beladen aus dem S-Bahnbogen herausgefahren, um 23.20 Uhr zudem ein Volkswagen, in dem »Jugendliche in Zivilkleidung saßen«. Noch in der gleichen Nacht öffnete der Bahnhofsvorsteher zusammen mit einem Ost-Berliner Bereitschaftspolizisten »auf Weisung« den Torbogen. Sie stellten fest, dass von den Gewölben aus »in drei Fällen unmittelbar an der Stützmauer in Richtung Demokratisches Berlin mit Schachtarbeiten begonnen wurde. In zwei Fällen hatte man offensichtlich Versuche unternommen, und im dritten Fall schachtete man senkrecht ca. zwei Meter in der Tiefe 1,50 x 2,00 Meter im Durchmesser einen Schacht bis unter die Stützmauer« und von dort aus weiter Richtung Osten.

Wie weit der Schacht vorangetrieben war, konnten die Kontrolleure vorerst nicht feststellen, da er »mit altem Gerümpel zugestopft« war. Auch »Sandmassen« wurden zunächst nicht vorgefunden, woraus sie erst einmal schlossen, dass der Aushub abgefahren wurde. Dabei hätten die Kontrolleure nur in den drei hintersten der 14 Gewölbe nachschauen müssen, wo der angefallene Erdaushub abgekippt worden war.[8]

Während DDR-Verkehrsminister Kramer am 1. Februar der »Weltpresse« die »von Westberlin angelegte Agentenschleuse« präsentierte, begann die Stasi mit intensiven Untersuchungen, und der Generalstaatsanwalt der DDR leitete ein Ermittlungsverfahren ein, das vor allem auf die »Feststellung der am Bau [...] beteiligten Personen« sowie der »Initiatoren und Geldgeber für diesen Anschlag gegen die Staatsgrenze der DDR und gegen die Anlagen der Reichsbahn« zielte. Wenig später ging ein am Bau beteiligter West-Berliner Student ins Netz, weitere Verhaftungen folgten. Die Stasi-Fahnder waren offenbar verärgert, dass die Fluchthelfer in der Nacht der Entdeckung noch seelenruhig ihre Materialien, darunter große »Mengen wertvollen Nutzholzes«, abtransportiert hatten.

In einem Zwischenbericht vom 13. Februar 1962 zeigte sich das MfS dann bestens über die Baukosten (8000 Westmark) und über den beteiligten Personenkreis informiert, bei dem es sich »um finanziell minderbemittelte Personen (z. B. Studenten der Westberliner Universitäten sowie asoziale und arbeitsscheue Elemente) handelt, die in keiner Weise über die Möglichkeit verfügen, ein solches Unternehmen zu finanzieren«. Unter den Studenten habe sich auch ein »Bergbaustudent« der Technischen Universität befunden; »ein organisierendes Zentrum« lokalisierten die DDR-Fahnder in »Berlin-Dahlem, Ihnestraße 22«, also dem Studentenwerk der Freien Universität, »das sich mit dem Bau von Agentenschleusen in die DDR beschäftigt«. Gegen drei Studenten sollte öffentlich gefahndet werden. Gleichzeitig sei ein »Fahndungsersuchen an den Generalstaatsanwalt beim Kammergericht in Westberlin« zu leiten. Im Schlussbericht wurden als Hauptorganisatoren mit Detlef Girrmann und Bodo Köhler zwei »Funktionäre der ›Freien Universität‹ Berlin-Dahlem« sowie die Gebrüder Franzke »als mehrmals vorbestrafte Elemente« genannt. Laut Stasi-Akten wurde der Tunnel am 6. Februar 1962 »liquidiert«. Der Bericht endete mit der Feststellung: »Der Stollen Wollankstraße brach von oben durch Nachrutschen der Erde ein und musste stillgelegt werden, ohne dass jemals eine Person geschleust wurde.« Allerdings waren weder Girrmann noch Köhler und auch nicht der dritte Kopf der studentischen Fluchthelferorganisation an der FU, Dieter Thieme, an diesem Tunnel beteiligt. Diese Verbindung bestand nur in den Köpfen der Stasi-Ermittler.

Die Tunnelgräber hatten beim Unternehmen Wollankstraße

sehr viel Glück: Sie hatten nicht berücksichtigt, dass es sich bei dem Bahndamm um eine Sandaufschüttung, nicht um natürlich gewachsenen Boden handelte. Ihr Ziel, ein Fabrikgebäude in der Pankower Schulzestraße, »erreichten sie nie. Nach rund dreiwöchiger Arbeitszeit stürzte der Tunnel fünf Meter hinter der Einstiegsstelle ein. Die zur Absicherung eingebauten Bretterwände und Holzstempel waren zu schwach.« Sicher hätte es auf Seiten der Tunnelgräber Verschüttete und wahrscheinlich auch Tote gegeben, wäre zu diesem Zeitpunkt jemand im Stollen gewesen. Der Zugverkehr allerdings war niemals gefährdet, selbst wenn der Erdeinbruch direkt unter einem Gleis erfolgt wäre. Erstens hätte das Schwellen- und Schienensystem die Last eines darüberrollenden Zuges verteilt, und zweitens war der Tunnel viel zu klein, um einen Schienenstrang zu destabilisieren.[9]

Ein wahres Fluchtwunder

Der »Wollanktunnel« war für das DDR-Regime ein propagandistischer Glücksfall – galt es doch, eine weitere peinliche Schlappe wettzumachen: Gerade einmal eine Woche zuvor war im Norden Berlins 28 Menschen die Flucht durch einen Tunnel gelungen, der von dem Vorort Glienicke/Nordbahn in den Reinickendorfer Ortsteil Frohnau hinübergegraben wurde.

Ausgangspunkt war das Haus der Familie Becker. Es lag direkt an der Ostseite der Oranienburger Chaussee und war durch den Bau der Mauer in unmittelbare Grenzlage geraten. Das Grundstück mit der Hausnummer 13 konnte zwar noch über den Bürgersteig erreicht werden, aber unmittelbar am Bordstein wurde bald nach dem 13. August 1961 der erste Stacheldrahtzaun gezogen. Die Chaussee wandelte sich zum Todesstreifen; Sand wurde verteilt, um Fußspuren nachvollziehen zu können. Der gegenüberliegende Bürgersteig wurde von zwei weiteren Stacheldrahtzäunen umschlossen, zwischen denen Grenzpolizisten zusätzliche Stacheldrahtrollen verlegt hatten, um ein Durchkommen unmöglich zu machen. Westlich des letzten Stacheldrahtzauns lag ein neun Meter breiter Geländestreifen, der noch zur DDR gehörte. Hier verlief nach sechs Metern ein Lattenzaun älteren Datums. Erst dann begann der französische Sektor Berlins.[10]

Am Montag, dem 18. Dezember 1961, kamen die Brüder Erwin und Günther Becker gemeinsam von der Arbeit nach Hause. Doch kaum hatten sie die Tür geöffnet, hörten sie aus dem Keller ein dumpfes Klopfen und Hämmern. Sie eilten die Treppe hinunter und fanden ihren Bruder Bruno damit beschäftigt, mit Hammer und Meißel ein Loch in die Kellerwand zu schlagen. Sie brauchten ihn nicht zu fragen, »was er da mache«. Die drei Brüder setzten sich erst einmal auf ein Bier in die Küche, um die Lage zu besprechen.

Bruno verteidigte die Idee, durch einen Tunnel zu flüchten, während Erwin skeptisch war: »Wenn wir uns den Weg durch den Stacheldraht schneiden, kommen wahrscheinlich die meisten von uns durch, selbst wenn einer oder zwei erwischt oder erschossen werden. Und was blüht uns mit einem Tunnel? Die Vopos werden uns graben hören, darauf kannst du dich verlassen, und wir werden eingelocht – oder Schlimmeres –, mit uns alle Bekannten, die von dem Tunnel gewusst haben, und wahrscheinlich noch viele dazu, die nichts gewusst haben.«

Die Brüder beschlossen, vor dem Bau eines Tunnels einen zweiten Fluchtversuch durch den Stacheldraht zu wagen. Den ersten Versuch einige Wochen zuvor hatten sie gar nicht erst angetreten, da wegen eines Grenzdurchbruchs einige hundert Meter weiter südlich plötzlich die Streifen verstärkt worden waren. Klar war jedoch: Das Leben auf der falschen, der sozialistischen Seite des Stacheldrahts hatten die Brüder Becker satt. Sie wohnten seit 1950 in dem kleinen Haus vor der Stadt, an der Grenze zu West-Berlin. Ihr Vater war 1945 in sowjetischer Kriegsgefangenschaft gestorben, die Mutter musste ihre sechs Kinder alleine durchbringen. Der älteste Bruder zog irgendwann nach Dortmund, die drei anderen Brüder fanden gute Jobs und verdienten für ostdeutsche Verhältnisse überdurchschnittlich, eine Schwester arbeitete bis August 1961 als Friseuse in West-Berlin. »Um Politik kümmerten sich die Beckers nicht viel und wollten nichts weiter als in Ruhe gelassen werden.«

Nach der Abriegelung West-Berlins aber wurde für sie das Leben in der DDR unerträglich: Bruno sollte zur Armee eingezogen werden, Günther wurde von einem Arbeitskollegen gedrängt, Kollegen anzuzeigen, die sich abfällig über die DDR äußerten, und ihre Schwester wurde als ehemalige »Grenzgängerin« misstrauisch beäugt, weil sie von »kapitalistischer Dekadenz« angesteckt sein könnte. Vor allem aber bekamen die Beckers hautnah mit, wie das Grenzregime immer weiter ausgebaut wurde. Jeden zweiten oder dritten Abend klopften Volkspolizisten an die Haustür, ließen sich die Ausweise zeigen und kontrollierten hin und wieder sogar das Radio. Wäre ein West-Berliner Sender eingestellt gewesen, hätte dies schlimme Folgen gehabt. Schließlich ging das Gerücht um, dass alle an der Grenze Wohnenden umgesiedelt und ihre Häuser abgerissen werden sollten, um die Grenzanlagen zu verbreitern. Als DDR-Bürger ahnten die Beckers, dass gerade die übelsten Gerüchte am ehesten wahr zu werden pflegten.

Ihren zweiten Versuch, die Grenzsperren oberirdisch zu durchbrechen, wollten die Beckers am 13. Januar 1962 wagen, einem Sonnabend. Auch das Ehepaar *Schwarz*, dessen vier Töchter alle in West-Berlin lebten, sollte mit dabei sein. Kontakt hatten sie nur noch, wenn ihre Kinder auf einer Anhöhe in Frohnau standen und hinüberwinkten. Aber Frau *Schwarz* durfte nur noch mit dem Fernglas hinsehen; ein von den Grenzern bemerktes Zurückwinken hätte schlimme Folgen haben können.

Vater *Schwarz* und Günther Becker hatten Vertrauen zueinander, und so wurde dem Ehepaar angeboten, sich dem Fluchtversuch anzuschließen; ebenso der Familie *Müller*, die mit Gerda Becker bekannt war. *Arthur Müller* hatte vor dem Mauerbau mit seiner Frau und der achtjährigen Tochter nach West-Berlin umziehen wollen, wo er als Heizungsingenieur arbeitete. Seinen Besitz hatte er schon in den Westen geschafft, als die Grenze dichtgemacht wurde.

Die drei Familien warteten die Dunkelheit ab. Hin und wieder leuchteten patrouillierende Posten mit ihren Taschenlampen sogar in die Fenster des Hauses. Kurz vor Mitternacht schlichen Herr *Schwarz* und Mutter Becker nach draußen, um die Lage zu peilen. Sie standen vorne im Garten, als plötzlich eine Grenzstreife auftauchte, und konnten sich nur noch auf den gefrorenen Boden werfen, um nicht entdeckt zu werden. Zu ihrem Pech blieben die

Posten vor dem Grundstück stehen und unterhielten sich auf Sächsisch. Als die Vopos endlich weitergingen, war Frau Becker einem Nervenzusammenbruch nahe: »Wir schaffen es nie!«[11]

Da nun alle überzeugt waren, dass eine Flucht über den Todesstreifen zu gefährlich sei, führten die Brüder Becker *Schwarz* und *Müller* in den Keller und zeigten ihnen die beschädigte Wand. *Schwarz* verstand sofort: »Natürlich – ein Tunnel!« Nach eingehender Beratung beschlossen die fünf Männer, sich am folgenden Montag krank zu melden und mit dem Stollenbau zu beginnen. Frühmorgens, noch vor Sonnenaufgang, ging es los. *Müller* hatte eine elektrische Bohrmaschine mitgebracht, die sich aber als zu laut erwies, sodass den ganzen Tag »reihum mit Hammer und Meißel« gearbeitet wurde, um die stabile Kellermauer zu durchbrechen.

Nach drei Tagen hatten sie erst ein sechzig Zentimeter breites und 1,20 Meter hohes Loch durch die vierzig Zentimeter starke Wand aus stabilen lasierten Ziegeln gebrochen. Dahinter stießen sie auf Sand und Lehm, und der Tunnel machte rasch Fortschritte. Doch wohin mit der Erde? Die Idee, hinten im Garten einen alten Pumpenschacht aufzufüllen, wurde schnell verworfen, denn die Grenzposten hätten den Erdtransport bemerken können. Also bauten die Beckers, *Müller* und *Schwarz* aus Brettern im Keller Verschläge und schütteten den Aushub dahinter. Für die Beleuchtung sorgte der Elektriker Bruno: Alle paar Meter schloss er eine neue Lampe an. Zum Erdtransport, der mit der Tunnellänge immer schwieriger wurde, verwendeten sie eine alte Holzkiste, an der an beiden Seiten Stricke festgemacht wurden. War die Kiste gefüllt, ertönte das leise Kommando »Voll!«, die im Keller Arbeitenden zogen sie aus dem Gang heraus und schütteten den Sand hinter die Verschläge. So ging es stundenlang: »Nichts war zu hören als das schwere Atmen der Männer und das leise Kratzen, mit dem sich die Schaufeln in den Sand gruben.«

Am Freitag unterquerten sie nach ihren groben Berechnungen den ersten Stacheldrahtzaun. Im Tunnel, nur gut einen Meter unter der Oranienburger Chaussee, hörten sie sogar die Schritte und Stimmen der Vopos. Damit die Maulwürfe nicht ihrerseits gehört werden konnten, installierten sie ein Warnsystem: Die Tunnelbeleuchtung wurde so umgebaut, dass man sie über einen Schalter im Erdgeschoss ein- und ausschalten konnte. Gerda Becker, die von einem Fenster aus den Grenzstreifen beobachtete, löschte von nun an das Licht im Tunnel, sobald sich eine Streife näherte. Meist dauerten die Arbeitspausen im Tunnel nur wenige Minuten. Aber einmal wurde Frau Becker hinter dem Fenster, das nur knapp fünf Meter vom Gartenzaun entfernt war, von zwei jungen Grenzern bemerkt und angerufen: »He, was machen Sie da am Fenster?« Doch Gerda reagierte geistesgegenwärtig: »Mir meine Hausarbeit überlegen.« Es entwickelte sich ein kurzes Gespräch; einer der Grenzposten lachte: »Wenn ich fertig bin, komme ich rein und mache mit Ihnen ein bisschen Hausarbeit. Mein Kamerad kommt auch. Wie wär's?« Gerda antwortete ruhig: »Kommen Sie nur. Das wird Ihre Vorgesetzten interessieren!« Es tönte noch zurück: »Ach, so eine sind Sie«, dann zogen die Grenzposten weiter. Erleichtert schaltete Gerda das Licht wieder an.

Unten im Tunnel kamen die Männer nun gut voran, doch wurde die Luft immer schlechter. Aus Sicherheitsgründen mussten alle Türen und Fenster des Kellers verschlossen bleiben. Und bald führte nur noch ein schmaler Gang zur Tunnelöffnung, da sich links und rechts der Abraum türmte. Derjenige, der vorn im Stollen arbeitete, hatte ständig das Gefühl zu ersticken: »Wir hatten kaum Luft zum Atmen!« Während der erste Teil des Stollens noch durch Bretter abgestützt war, verzichteten die Tunnelgräber später auf Versteifungen. Zum einen war nicht mehr genügend Material vorhanden, zum anderen kostete das Aussteifen Zeit. Die Bodenverhältnisse schienen stabil genug, und aus statischen Gründen wurde der Stollen jetzt rund gegraben.

Doch ganz sicher konnte niemand sein, und am Sonnabend, dem 20. Januar, kam es dann beinahe zur Katastrophe: Bruno Becker grub gerade, »als er von einer Sandlawine nahezu verschüttet« wurde. Zudem traf ihn etwas hart am Kopf. Gerda gab sofort Alarm: »Um Gottes willen, schnell! Ein Zaunpfahl ist eingebrochen; der Stacheldraht hängt herunter, die Vopos sehen das sofort, wenn sie kommen!« Die Tunnelgräber reagierten prompt. Von unten schoben sie den Zaunpfahl nach oben, bis der Stacheldraht wieder in »normaler« Lage war. Dann stützten sie den Pfahl ab und gruben um die provisorische Konstruktion herum weiter.[12]

Zwei Tage später glaubten sich die Beckers im Westen. Zum

Testen drückten Bruno und Günther einen Stab durch die Tunneldecke nach oben, doch Gerda gab abermals Alarm. Zwei Vopos waren im Anmarsch. Schnell wurde der Stab wieder eingezogen. Der Tunnel reichte jetzt zwar knapp drei Meter hinter den letzten Grenzzaun. Doch würden die Flüchtlinge völlig ohne Deckung sein, wenn sie nun nach oben stießen. Sofort machten sich die Männer wieder an die Arbeit, um drei weitere Meter zu graben. Als sie am Abend die Arbeit einstellten, waren sie sich sicher, nun an der richtigen Stelle herauszukommen: westlich des Lattenzauns, der noch aus der Zeit vor dem Mauerbau stammte.

Am nächsten Tag – Dienstag, dem 23. Januar 1962 – erreichte die Spannung ihren Höhepunkt. Zur Verwunderung von Mutter Becker erschienen unerwartete Gäste: Vor der Tür stand ein »höflicher, weißhaariger Herr mit seiner einundsiebzigjährigen Frau und einer zweiten, nur wenig jüngeren Dame«; Menschen, die Frau Becker noch nie in ihrem Leben gesehen hatte. Der Herr erklärte: »Herr *Müller* war so freundlich, mich und meine Frau aufzufordern, und wir haben uns die Freiheit genommen, Frau *Zeller* hier mitzubringen. Sie ist Witwe, ihre beiden Töchter sind mit unseren beiden Söhnen verheiratet und leben in West-Berlin. Da konnten wir doch nicht ohne sie kommen. Sie verstehen das sicher ...«

Frau Becker bat die Herrschaften herein. Dann tauchte die 19-jährige Hilde auf. Frau Becker kannte sie zwar als eine Freundin ihres Sohnes Bruno, aber erst jetzt erfuhr sie, dass die beiden sogar verlobt waren. Auch ihr Sohn Günther sorgte für eine Überraschung: Plötzlich erschien seine bisher unbekannte Freundin Christel. Sie brachte noch einige Freundinnen mit. Den schrecklichsten Augenblick machte Mutter Becker aber durch, als Frau *Krauß* klingelte, eine gute Bekannte aus der Nachbarschaft. Sie war »ungemein dick«, zudem litt ihr Mann an Asthma, sodass Frau Becker aus Sicherheitsgründen darauf verzichtete, sie hereinzubitten und den beiden die Flucht durch den Tunnel zu ermöglichen. Sie berief sich auf angebliche Kopfschmerzen. Vier Monate später fanden Herr und Frau *Krauß* einen anderen unterirdischen Weg in die Freiheit.

Gegen 22.30 Uhr hatten sich, »über alle Zimmer verstreut«, 28 Menschen bei den Beckers versammelt, das Licht war gelöscht.

Im Tunnel aber gab es neue Probleme. Als die Männer den Ausstieg graben wollten, stießen sie plötzlich auf einen Telefonkabel-Kanal der Post. Für das Unterqueren der Betonröhre wurden weitere 24 Stunden Arbeit geschätzt – zu lange. Die Maulwürfe entschlossen sich, direkt nach oben zu gehen, und stießen kurz darauf auf Wurzeln von Bäumen und Sträuchern. Gegen ein Uhr morgens war Bruno Becker an der Oberfläche, musste aber feststellen, dass sie zwar knapp hinter dem Lattenzaun herausgekommen waren, sich aber immer noch einen Meter vor der Grenze befanden. Sie beschlossen, *Arthur Müller* vorzuschicken, um die West-Berliner Polizei zu Hilfe zu holen. Während er aus dem Tunnel krabbelte, erschien eine Grenzstreife.

Alle hielten den Atem an, doch die Wachposten bemerkten nichts. Als die Luft wieder rein war, ging *Müller* los und klingelte am erstbesten Haus. Der Bewohner öffnete verärgert, zeigte aber sofort Verständnis für die Situation und hatte sogar ein Telefon. Währenddessen lagen zehn Menschen im Tunnel, im Keller warteten weitere 17. Nach einer Dreiviertelstunde, einer Unendlichkeit für die Wartenden, erschien *Arthur Müller* mit drei bewaffneten West-Berliner Polizisten wieder am Tunnelausstieg. Nun kletterte ein Flüchtling nach dem anderen heraus, »schmutzig, nach Atem ringend, zitternd«. Während die Ersten bereits im sicheren Westen angelangt waren, warteten die Letzten schweigend im Keller des Hauses der Beckers, bis sie an der Reihe waren. Endlich, gegen drei Uhr früh am 24. Januar, kroch als Letzte die 71-jährige Großmutter aus der engen, rund 27 Meter langen Röhre. Sie hatte darauf bestanden, die Letzte zu sein, verlor unterwegs noch einen Schuh und fiel am Ausstieg in Ohnmacht. Sie wurde von ihrem Mann und einem Polizisten vorsichtig aus dem Ausstiegsloch gezogen.[13]

Auf DDR-Seite bekam man nur wenige Stunden später Wind von der Massenflucht. Eine ältere Frau, die über den Beckers im gleichen Haus wohnte, berichtete schon gegen 13 Uhr dem »Abschnittsbevollmächtigten« der Volkspolizei, »dass die Wohnung der Familie Becker […] leer steht«. Die Beckers hätten aber noch am vorangegangenen Abend Besuch gehabt, »denn dies habe man an dem bestehenden Lärm feststellen können«. Die nähere Untersuchung ergab, dass die Beckers tatsächlich verschwunden waren. Der ABV vermutete gleich »Republikflucht«. Die Grenzbrigade setzte sofort »ein Postenpaar am Haus Becker ein«, zusätzlich wurde der Grenzzaun im Abschnitt auf Beschädigungen kontrolliert.

Gegen 20 Uhr stellte das am Haus eingesetzte Postenpaar angeblich Lichtsignale aus einem West-Berliner Kellerfenster »in Richtung DDR« fest und informierte den Kompanieführer, der nun das Haus überprüfen ließ und feststellte, dass vom Keller »ausgehend ein Tunnel in Richtung WB gegraben ist«. Aufgrund der im Keller aufgeschichteten Erde schloss er, »dass dieser Tunnel nur von unserer Seite aus gegraben« worden sein könne. Noch am gleichen Abend ordnete die Grenzbrigade einen »Hinterhaltsposten« für den Keller an, um eventuellen Nachzüglern aufzulauern.

Ein noch am 24. Januar 1962 verfasster MfS-Bericht macht deutlich, dass die Beckers, die schon »operativ bearbeitet wurden«, für ihre Flucht den letzten möglichen Augenblick genutzt hatten: Bereits am 15. Januar war festgelegt worden, die Familie so schnell wie möglich aus dem Grenzgebiet ins Hinterland »auszusiedeln«. Und hätten die Beckers wirklich versucht, oberirdisch durch die Stacheldrahtzäune zu fliehen, wären sie wohl auch gescheitert, denn die Grenzsicherung im betreffenden Abschnitt war inzwischen »so organisiert, dass ein Grenzdurchbruch durch den Zaun nicht möglich war«. So waren neben zusätzlichem Einsatz von Beobachtungsposten die Postenbereiche verkleinert, die Postendichte erhöht und »nur zuverlässige Genossen zur Sicherung« eingesetzt worden.

Die Fahnder stellten auch fest, dass »neben den Angehörigen der Familie Becker (sechs Personen) noch mehr Personen an der Republikflucht beteiligt sein müssen, da die Freundinnen der Mädchen der Beckers in Glienicke ebenfalls nicht mehr da sind. Einige zurückgelassene Gegenstände deuten auch darauf hin, dass noch andere Personen vor der RF die Wohnung Becker anliefen.«[14]

Weitere Nachforschungen konnte sich die Stasi ersparen, da nur einen Tag später Einzelheiten über das geglückte Unternehmen in der westlichen Presse zu lesen waren. Schon am Donnerstag, dem 25. Januar 1962 erschien die *Bild*-Zeitung mit der Schlagzeile: »Wieder Massenflucht nach West-Berlin geglückt. 28 kamen auf einen Schlag!« Der Artikel enthielt weitere Einzelheiten, etwa dass die älteste Teilnehmerin 71 Jahre, die jüngste gerade einmal acht Jahre alt war und dass einer der Flüchtlinge seinen Hund hatte zurücklassen müssen. Die West-Berliner *B. Z.* brachte dagegen am gleichen Tag nur eine Kurzmeldung mit der Überschrift »Massenflucht aus Ulbrichts KZ«. Erste kritische Töne schlug die *Berliner Morgenpost* an: »Eine amerikanische Nachrichtenagentur veröffentlichte Einzelheiten der geglückten Massenflucht. Nach Protesten zog die Agentur die Meldung zurück.« Tatsächlich hatte die Agentur UPI am Mittwoch, dem 24. Januar, um 18.20 Uhr eine Meldung mit der Überschrift: »Flüchtlinge kamen wie Maulwürfe. Massenflucht durch Tunnel nach West-Berlin – 14 Tage gebuddelt« gesendet. Diese Meldung mit der laufenden Nr. 168 war wenig später durch die Meldung Nr. 177 ergänzt worden. Es wurden Einzelheiten zur Flucht veröffentlicht, darunter auch die genaue Lage des Tunnels. Nur knapp eine Stunde später, um 19.26 Uhr, schickte UPI eine Eilmeldung an alle Redaktionen mit der Bitte, die Meldungen mit den Nummern 168 und 177 nicht zu verwenden.

Der Vorsitzende des West-Berliner Presseverbandes, Walter Wegner, hatte interveniert. UPI verwies darauf, dass die Flüchtlinge selbst gesagt hätten, der Tunnel könne als Fluchtweg nicht mehr genutzt werden. Wegner lehnte diese Auffassung als »reichlich naiv« ab: »Es geht ja wohl nicht um diesen Tunnel schlechthin, sondern um die Fluchtidee als solche.« Trotz der UPI-Bitte per Eilmeldung hatten neben mehreren europäischen Zeitungen die *Los Angeles Times*, die *Chicago Daily Tribune* und die *New York Times* über die geglückte Tunnelflucht berichtet; die Stockholmer Zeitung *Dagens Nyheter* brachte sogar eine Zeichnung des Fluchtweges.

Den Hauptkritikpunkt der deutschen Zeitungen an UPI und an den internationalen Blättern formulierte *Die Welt* einen Tag später: »Wo ein solches Schlupfloch gefunden und benutzt wurde, können auch weitere Flüchtlinge nachstoßen. Es darf daher nicht bekannt gegeben werden, um der Menschen willen, die in höchster Not handeln. Es muss geschwiegen werden über den Fluchtort, den Tag und die Stunde der Flucht und vielleicht auch über die Zahl der Geflüchteten. Seit Monaten herrscht dieses ungeschriebene, weil selbstverständliche Gesetz bei den meisten deutschen Zeitungen.« UPI dagegen habe »zuerst die Zahl der Geflüchteten«, dann »den genauen Ort und schließlich sogar die Einzelheiten des Hergangs« öffentlich gemacht, während »alle amtlichen Stellen, der Senat, die Leitung des Notaufnahmelagers, die maßgebenden Polizeistellen sich strikt an das Gebot des Schweigens hielten«.

Umso verwunderlicher war, dass gerade die *Bild*-Zeitung, die noch am Tag zuvor die Zahl der Flüchtlinge als Erste veröffentlicht hatte, nun titelte: »Verrat! Die Tunnelflucht wurde preisgegeben«. Immerhin konnte die gleiche Zeitung am 30. Januar 1962 als Einzige eine eindrucksvolle Fotoreportage über den Becker-Tunnel veröffentlichen: »Der Bau des Tunnels wurde von der Familie Becker fotografiert, die Fotos an den Axel-Springer-Verlag verkauft.«[15]

Der erste Film über eine Tunnelflucht

»*Demnächst in 10 000 Kinos der USA: Fluchttunnel – das große Geschäft!*«

»Deutsche Filmproduzenten haben mir merkwürdigerweise von diesem Film abgeraten«, sagte gestern Hollywood-Produzent Walter Wood der *B.Z.* So ein Stoff gehe hier nicht. Das hat ihn aber nicht erschüttert. Er begann trotzdem in diesen Tagen in Berlin mit den Vorbereitungen zu »Tunnel 28«. Ein Film über die sensationelle Flucht von 28 Ost-Berlinern durch einen Tunnel nach West-Berlin. So tatsächlich geschehen am 24. Januar 1962. Die ›BZ‹ berichtete darüber. In 10 000 Kinos der USA wird der MGM-Filmverleih den »Tunnel 28« schicken. Damit ist das deutsche Geschäft für die amerikanischen Hersteller nicht mehr so wichtig. Aber um das Geschäft – so vernahmen wir staunend – geht es diesem Hollywood-Produzenten auch gar nicht. Wood will keinen Reißer, sondern einen Spielfilm nach Tatsachen machen. Frei gestaltet und publikumswirksam, aber nicht verfälscht. Für die Hauptrolle sind Christine Kaufmann und Don Murray vorgesehen. Der Initiator der Tunnellicht, Erwin Becker, ist als technischer Berater engagiert worden. »Christine Kaufmann ist in den USA seit Brigitte Bardot das erste europäische Gesicht, das ganz groß ankommt. Die Produzenten reißen sich um sie. Mit ihr und Don Murray wird der MGM-Film sicher ein Erfolg!«, sagte Walter Wood selbstbewusst. Die Premiere des Films, der ausschließlich in Berlin gedreht wird, soll in New York und Berlin gleichzeitig stattfinden.

B. Z. vom 13. März 1962

Seine Anstrengungen, die Geschehnisse an der Mauer in einem Spielfilm zu verdeutlichen, wurden dem amerikanischen Produzenten Walter Wood nach der Uraufführung in der West-Berliner Kongresshalle vom Bundesminister für gesamtdeutsche Fragen honoriert. »Ich danke Ihnen im Namen des deutschen Volkes für diese Aussage gegen die Unmenschlichkeit«, sprach Ernst Lemmer und umarmte den Amerikaner. Das Mauer-Opus rekonstruiert Tunnelbau und Flucht des 27-jährigen Kraftfahrers Erwin Becker und 27 weiterer Ost-Berliner Bürger. Obgleich drei Hollywood-Autoren und der deutsch-amerikanische Regisseur Robert Siodmak, ein gebürtiger Berliner, den eingemauerten Deutschen viel Sympathie zuwenden, erweist sich das Lichtspiel als unkünstlerisch und nicht frei von Peinlichkeiten. Die vorangespulten stummen Wochenschaubilder vom 13. August 1961 wirken ungleich stärker als die nachfolgende fade Dramatisierung. Die Dialoge zwischen den Hauptdarstellern Don Murray und Christine Kaufmann könnten bundesministeriellen Ansprachen entnommen sein: »Wir haben die unbändige Sehnsucht, frei zu sein, und dieser Gedanke lässt uns nicht mehr los.«

Spiegel vom 31. Oktober 1962

Der »Rentner- oder Seniorentunnel«

Keine vier Monate nach dem Becker-Tunnel gelang eine weitere unterirdische Flucht, und sie war für das Ulbricht-Regime noch peinlicher. Am 18. Mai 1962 berichtete als Erste die West-Berliner Abendzeitung *Kurier*, dass es erneut einer Flüchtlingsgruppe gelungen sei, sich unter dem Todesstreifen hindurchzubuddeln – und zwar »unter Führung eines 81-jährigen Mannes«. Bereits am Abend des 5. Mai waren zwölf Menschen durch einen Tunnel geflüchtet, ebenfalls von Glienicke/Nordbahn nach Frohnau und nur knapp hundert Meter Luftlinie oder vier Grundstücke vom »Tunnel 28« entfernt. »Die Flucht spielte sich ab, ohne dass die Grenzwachen etwas bemerkten. Erst fünf Tage später wurde der 32 Meter lange Tunnel von Volkspolizisten entdeckt. Die an der Flucht beteiligten Männer stehen im Alter von 55 bis 81 Jahren und die Frauen zwischen 46 und 68 Jahren. Ein 16-jähriger Junge schloss sich später der Gruppe an.«

Die gelungene Flucht wurde auf einer Pressekonferenz des »Berliner Häftlingskreises« öffentlich bekannt gemacht. Initiator des Vorhabens war Max Thomas, ein ehemaliger Fuhrunternehmer. Befragt, warum er das Risiko auf sich nahm, antwortete der 81-Jährige: »Ich wollte meinen Lebensabend in Freiheit beschließen. Nicht einmal begraben möchte ich drüben sein.«

Eigentlich hatte das Ehepaar Thomas mit durch den Becker-Tunnel flüchten wollen. Doch die Brüder Becker fürchteten, »dass die alten Leute den körperlichen Anstrengungen nicht gewachsen wären«. Daraufhin traten die Thomas' und ein etwas jüngeres Ehepaar den Gegenbeweis an: Eigenhändig gruben sie ab dem 20. April 1962 vom Hühnerstall des Hauses an der Oranienburger Chaussee 22 ihren eigenen Stollen. Als Werkzeuge benutzten sie »Pickel, Spaten, Schaufeln und ein altes Seitengewehr aus dem Ersten Weltkrieg«. 16 Tage brauchten die Senioren bei täglich 10 bis 14 Stunden Arbeit; rund 4000 Eimer Sand mussten sie aus dem Gang herausholen, der eine Höhe von bis zu 1,75 Metern hatte, »um es unseren Frauen so bequem wie möglich zu machen«, wie einer der Beteiligten erklärte.

Ihr Warnsystem funktionierte ähnlich dem beim »Tunnel 28«:

Näherte sich eine Polizeistreife, so schaltete die Wache am Fenster einfach im Tunnel das Licht aus, »und sofort stellten die ›Maulwürfe‹ drei Meter tief in der Erde die Buddelei ein«. Der Sand wurde zu einem 25 Meter entfernten ehemaligen Pferdestall geschleppt und mit Stroh und Heu getarnt. Die patrouillierenden Volkspolizisten und neugierige Nachbarn lenkte Max Thomas ab: »Er führte lange Gespräche, erzählte von verstopften Abwasserleitungen, von seinen Sorgen in Haus und Garten.« Deswegen müsse er neue Abwasserrohre verlegen lassen.

Das Unternehmen hatte eigentlich schon Anfang April begonnen. Max Thomas, von seinen Mitstreitern auch »Eiserner Max« genannt, sägte im Wohnzimmer ein Loch in den Holzfußboden seines nur teilweise unterkellerten Hauses und durchbrach das Fundament: »Aber der zähe Lehmboden bot Widerstand. Ein täglicher Vortrieb von ganzen sechzig Zentimetern erschien Thomas und den betagten Mitarbeitern wenig verheißungsvoll.« Max Thomas prüfte auf der Suche nach einem günstigeren Ausgangspunkt nun die Bodenverhältnisse, indem er unter den Augen der Grenzer mehrfach eine kleine Tanne in seinem Garten ein- und umpflanzte. Dicht am Hühnerstall stieß er auf Sandboden.

Als »Tiefbauspezialist« bewährte sich ein 57-Jähriger, der sich beim Ehepaar Thomas versteckt hielt, nachdem er in seinem Betrieb in Ungnade gefallen war. Aufgrund der Bodenverhältnisse konnten sie auf ein Aussteifen des Stollens mit Holz verzichten; damit nicht loser Sand von der Decke bröselte, verschmierten sie die Tunnelwölbung mit Lehm.

Am Abend des 5. Mai 1962 war es so weit: Der Durchstich kam – wie beim Becker-Tunnel noch auf DDR-Gebiet – hinter dem alten Lattenzaun heraus. Das gab den Flüchtlingen zumindest Sichtschutz. Damit die Alten den Tunnel bequemer verlassen konnten, war das letzte Tunnelstück als Rampe angelegt. Auch die »dicke« Frau *Krauß*, die beim Becker-Tunnel nicht mitdurfte, passte mühelos hindurch. Noch vor Mitternacht waren alle zwölf Flüchtlinge sicher im französischen Sektor West-Berlins angelangt.[16]

Zwei Tage später bemerkten die DDR-Grenzer die Flucht der Rentner. Am 7. Mai gegen 14 Uhr meldete »der Genosse Major V., zzt. Leiter der Grenzaufklärung Berlin«, die Entdeckung eines Stollens, nachdem eine erste detaillierte Meldung von der Grenzpolizei eingegangen war. Eine Untermieterin des Ehepaars Thomas »erstattete dem Bürgermeister Meldung, dass sie seit Sonntag die gesamte Familie nicht mehr gesehen hat«. Der SED-Mann suchte daraufhin mit seinem Stellvertreter das Anwesen auf, fand die Wohnung verlassen vor und entdeckte nach längerem Suchen im Hühnerstall den Tunneleinstieg. Sofort alarmierte er die nächste Grenzstreife.

Bei der ersten Inspektion des Stollens mussten die Grenzer konstatieren, dass dieser »nach eingehender Besichtigung« von Ost nach West angelegt wurde, was »Schürfspuren« bestätigten. Im weiteren Bericht heißt es: »Aus der gesamten Anlage des Stollens ist zu erkennen, dass an diesem Objekt in einem längeren Zeitraum in Ruhe und mit großer Ausdauer gearbeitet wurde. Der Einstieg des Stollens liegt zu ebener Erde und geht vertikal etwa drei Meter tief in die Erde, dann verläuft er in horizontaler Richtung in den angegebenen Maßen (70 Zentimeter breit und durchschnittlich 1,20 Meter hoch); der Ausstieg ist wieder vertikal angelegt. Ein- und Ausstieg sind durch je eine Leiter begehbar. Im Stollen wurden insgesamt fünf elektrische Glühbirnen angebracht, die durch Anzapfung der Lichtleitung aus dem Wohnhaus der Familie Thomas, durch Gummikabel untereinander verbunden, mit Strom versorgt wurden. Die Bauzeit des Stollens beträgt nach unserer Schätzung mindestens zehn Wochen.«

Auch das Versteck des Erdaushubs wurde schnell entdeckt; die Sandmassen lagerten in zwei Schuppen, »durch alte Säcke und Decken, worauf wiederum Heu gestreut wurde, getarnt«. Das Anlegen des Stollens sei unbeobachtet möglich gewesen, da das Gebäude »durch Ziegelmauer bzw. Zaun mit Hecken eingefriedet und von außen nicht ohne Weiteres einsehbar ist«. Bei eingehender Inspektion entdeckten die Fahnder noch ein drittes Sandversteck.

Weiter heißt es im Bericht: »Im Wohnzimmer der Thomas' ist mit einer Stichsäge eine Fläche von 1,5 Quadratmetern aus dem Fußboden ausgeschnitten. Darunter befindet sich lockerer Boden. Offensichtlich wurde bereits vor längerer Zeit an dieser Stelle ein Versuch unternommen, einen Stollen aus dem Wohnzimmer anzulegen. Ein darübergestellter Sessel deckte die Fläche ab.«

Die »Haupttäter« wurden schnell festgestellt. Neben der Familie Thomas kam nur »das Rentner-Ehepaar *Reitmeyer*, ca. 65 Jahre« in Frage. Während die Stasi Max Thomas aufgrund seines Alters keine direkte Mitwirkung, sondern nur sein Einverständnis zum Stollenbau zutraute, wurde dem 67-jährigen Richard *Reitmeyer* zugestanden, am Bau beteiligt gewesen zu sein, »da noch sehr rüstig«. Anhand des vorgefundenen gedeckten Tisches glaubten die Ermittler zunächst, »dass die Familie Thomas vor ihrem Weggang mit vier weiteren Personen noch am Abendbrot-Tisch gesessen hat«. Durch intensive Befragung der Nachbarn brachten sie zudem in Erfahrung, dass Max Thomas bereits vor längerer Zeit mit Vorbereitungen begonnen hatte. So wusste die Untermieterin zu berichten, dass sie im Januar ihre Kohlen aus dem Schuppen in »einen anderen Raum« bringen musste; zu »Ostern 1962 habe die Thomas ihr gesagt, dass die Toilette nun bald fertig wäre, es jedoch an dem Becken fehlt. Die Toilette würde im ehemaligen Hühnerstall gebaut.« Als sich die Untermieterin »einmal davon überzeugen wollte, stellte sie fest, dass der Hühnerstall verschlossen war«.

Die für den Abschnitt Glienicke/Nordbahn festgelegten Grenzbegehungen fanden nach den Dokumenten der Stasi »durch die dazu eingesetzte Kommission letztmalig im Januar 1962« statt, wobei jedoch nur der Keller des Hauses, nicht aber die Schuppen kontrolliert wurden. Als erste Sofortmaßnahme legte der zuständige Kompaniechef der Grenzpolizei fest, durch »drei zuverlässige Grenzsoldaten« den Einstieg zum Tunnel zu bewachen, falls jemand zurückkommen sollte. »Dieser Verdacht wird dadurch noch erhärtet, dass unmittelbar am Einstieg ein Lederkoffer, vermutlich von Frau Thomas, mit Bettwäsche und Leibwäsche zurückblieb.« Zudem sollten die Grenzsoldaten das Vorfeld auf West-Berliner Seite beobachten und jeden festnehmen, der das Grundstück betrat. Aber niemand kam, niemand wollte den Koffer holen.

Stasi-Major V. von der Hauptabteilung VII/6 ließ in seinem Bericht an Erich Mielkes Stellvertreter Generalmajor Bruno Beater kein gutes Haar an der Grenzpolizei. So seien »aus dem Grenzdurchbruch der Familie Becker […] nicht die notwendigen Schlussfolgerungen gezogen und solchen, in unmittelbarer Grenznähe gelegenen Objekten nicht die notwendige Beachtung geschenkt«

worden. Außerdem habe die nach der Flucht der Beckers gebildete Grenzbegehungskommission nur »eine oberflächliche, unverantwortliche Arbeit« geleistet. So war eine für den 18. April angesetzte Kontrolle des Wohnhauses der Familie Thomas nicht durchgeführt worden, da das Ehepaar nicht angetroffen worden sei. Eine erneute Inspektion in den folgenden Tagen sei unterblieben. Major V. schloss, dass »durch die ungenügende Koordinierung aller Linien nach Feststellung des Tunnels […] die Einleitung erfolgversprechender operativer Maßnahmen durch die Vielzahl der anwesenden Kommissionen nicht mehr möglich gewesen« sei, und empfahl die »sofortige straffe Organisation und Durchführung der Grenzbegehung« unter Leitung des MfS.

Das erste Radio-Interview von Tunnelflüchtlingen

Anmoderation: Meine Damen und Herren, nach mehrfachen Versuchen gelang es vor einiger Zeit einer Gruppe von zwölf Menschen zwischen 60 und 81 Jahren, durch einen selbstgebauten Tunnel nach Westberlin zu flüchten. Die alten Leute wohnten direkt an der Grenze und lebten in der ständigen Angst, aus ihren Häusern evakuiert zu werden. Außerdem fehlte ihnen, Rentnern, das Nötigste zum Leben.
Mit dreien von ihnen, 60–70 Jahre alten Menschen, sprachen wir.

Sprecher: Sie haben die Wohnung, Sie haben die Einrichtung, den ganzen Besitz, alles zurückgelassen? Es kommen doch manchmal so Gedanken, wenn man Flüchtlingslager … – unterbrochen –
Antwort: Im Augenblick sind wir noch nicht zur Ruhe gekommen.
Sprecher: Aber Sie finden auch jetzt, zu diesem Zeitpunkt, noch Ihren Entschluss richtig?
Antwort: Ja, ja. Nur …, also ein Zurück gibt's nicht mehr.
Sprecher: Wie lange haben Sie an dem Tunnel gearbeitet insgesamt?

Antwort: An dem Tunnel haben wir ganze 16 Tage gearbeitet. Die Erde wurde unten in Eimer gemacht und denn wurde se mit'n kleinen Karren vorgefahren, und oben am Einstieg stand einer mit'n Seil, da war'n Karabinerhaken dran, da wurde der Eimer angehakt, dann wurde er die drei Meter hochgezogen. Und wenn oben immer zwei Eimer waren, stand'n kleiner Wagen, da wurden se draufgestellt und wurden se 25 Meter weit weggefahren in'n großen Schuppen. Wir hatten unten ein Kabel unten im Stollen gehabt, und wenn die Volkspolizei oder die Grenzpolizei in der Nähe war, ging der Besitzer an die Sicherung, wo ein Knopf dran war, und drückte drauf, und dann ging das Licht unten aus. Dann wussten wir unten Bescheid, jetzt ist Gefahr. Wir mussten uns alle ruhig verhalten, durfte nicht gehustet werden oder geklappert oder sonst was.

Sprecher: War es nicht für Sie ein wenig schwierig? Sie hatten ja damals die Idee, dazu noch Weitere ins Vertrauen zu ziehen. Wenn eines für die Zone typisch ist, dann ist das Misstrauen und die Gefahr, denunziert zu werden.

Antwort: Tja, also man konnte niemandem trauen. Es hätten können noch sehr viele durchgehen, und wir hätten können auch viele mitnehmen, aber wissen Se, das war alles zu gefährlich.

Sprecher: Sie waren insgesamt 12?

Antwort: Ja.

Sprecher: Sie haben also noch das ganz unmittelbare Bild, den ganz unmittelbaren Eindruck mitgenommen. Sie sind in Geschäften gewesen, Sie haben eingekauft. Manchmal war es wahrscheinlich kein Vergnügen für eine Hausfrau?

Antwort: Na ja, es gab Verschiedenes nicht, Toilettenpapier nicht, es war keine Zwiebel, Gewürze, gab es alles nicht. Aber gehungert hat keiner. Also das brauchte man nicht, aber woll'n mal sagen, Obst und Gemüse – das war ja sowieso sehr schlecht. Was wir nicht bekommen haben, das bekam ich dann aus … – unterbrochen - …

Sprecher: Also die private Päckchenhilfe funktionierte recht gut?

Antwort: ... sehr, sehr geholfen. Also wenn wir Weihnachten nicht, dann hätten wir bestimmt kein bisschen Obst, oder Kaffee vor allen Dingen, nicht. Also da sind wir immer vom Westen unterstützt worden. Also fast alle.
Sprecher: Auch Sie haben ein Häuschen zurückgelassen, an dem Sie sicher viele Jahre gebaut haben, und Sie haben sich sicher nicht träumen lassen, dass man es noch einmal auf solche Weise verlassen muss?
Antwort: Nee, ...
Sprecher: Aber trotzdem haben Sie sich zu dem Entschluss durchgerungen und sind geflüchtet?
Antwort: Ja, ja. Blieb mir ja weiter nichts übrig. Was sollte ich machen? Mit 24 Mark des Monats, da konnte ich nichts bestreiten, da haben wir, ich war immer angewiesen auf fremde Hilfe, und die haben mir sehr unterstützt. Und weil ich nun Grenzgänger war.
Sprecher: Sie waren bei der Westberliner Post Postbeamter?
Antwort: Ja, und da war ich nun Grenzgänger und da muss ich auch befürchten, dass ich eines Tages rausgesetzt wurde. Ich konnte ja keine Nacht mehr schlafen, man war schon sehr nervös nachher. Und da habe ich dann gesagt, na schön. Wir kannten uns schon lange und haben den Entschluss gefasst. Ja, das ist sehr schwer, weil ich einen schönen Garten hatte und ich also doch alles Obst, hatte mir frischen Wein angepflanzt, alles wunderbar jetzt gemacht und alles. Aber Mann, mir blieb nichts anderes übrig, ich musste, nicht? Denn zum Leben hatte ich nichts, und vom Haus konnte ich nicht essen. Das hat mir sehr wehgetan, aber blieb nichts übrig.
Moderation: Ulbricht hatte in Prag zynisch behauptet, dass die Grenze, die diese alten Leute durch einen selbst gegrabenen Tunnel überwinden mussten, eine völlig normale Staatsgrenze sei, die man mit den normal vorgeschriebenen Papieren passieren könne.

Rias I, 29. Mai 1962, 6.15 Uhr,
nach einer Mitschrift des Staatlichen Rundfunkkomitees
der DDR, Abteilung Information.

Wenige Stunden nach der Bekanntgabe der Tunnelflucht am 18. Mai 1962 »schaufelten Grenzpolizisten unter Aufsicht« den Ausstieg zu. Seit mehreren Tagen hatte das Haus schon unter Bewachung gestanden, was wiederum die West-Berliner Polizei beobachtete. Offensichtlich lagen DDR-Grenzer auf der Lauer, falls weitere Flüchtlinge diesen Fluchtweg nutzen wollten. Erst »nach eingehender Prüfung dieses Sachverhaltes war die Existenz des bewachten Tunnels« in West-Berlin bekannt gegeben worden. Zur gleichen Zeit, als die glücklichen Senioren über ihre Flucht berichteten, begannen im Westteil der Stadt die Außenaufnahmen zum Spielfilm »Berlin Tunnel 28«.[17]

Untertagebau Heidelberger Straße

Ideales Terrain

Eigentlich war nichts Besonderes an der Heidelberger Straße zwischen den Bezirken Treptow und Neukölln – vor dem 13. August 1961. Zwar gehörten die nördlichen Häuser, die Straße und selbst der Bürgersteig auf der südlichen Straßenseite zum sowjetisch besetzten Teil der früheren deutschen Hauptstadt, die Häuser im Süden dagegen zum US-Sektor. Aber das hatte kaum Auswirkungen auf das alltägliche Leben. Wer die Demarkationslinie überschreiten wollte, wurde natürlich mehr oder weniger unfreundlich von Volkspolizisten kontrolliert, manchmal auch durchsucht, vor allem wenn er mit Gepäck unterwegs war. Aber daran hatten sich die Anwohner längst gewöhnt, und es war hier auch nicht anders als an zahllosen anderen Stellen entlang der innerstädtischen Sektorengrenze.

So normal war die Heidelberger Straße, dass sich hierher nur selten Fremde verirrten; wenn Besucher aus Westdeutschland oder Amerika die Absurdität von Polizeikontrollen zwischen benachbarten Vierteln bestaunen wollten, fuhren sie eher zum Brandenburger Tor oder zum Potsdamer Platz. Das von kleinen Fabriken und Handwerksbetrieben geprägte Arbeiterviertel zwischen Lohmühlenplatz und Kiefholzstraße war Berliner Normalität im Kalten Krieg. Noch am frühen Morgen des 13. August 1961 war hier nichts zu sehen. Bald nach ein Uhr nachts lief eine 41-jährige Anwohnerin vom Lohmühlenplatz die gleichnamige Straße nach Treptow hinein: »Es war nichts zu sehen, es war nichts zu hören, es war überhaupt nichts festzustellen. Aber am nächsten Morgen, es kann so gegen halb acht gewesen sein, da klingelte es bei mir Sturm. Es war Frau *Richard*, die wohnte unter mir. Die war außer sich und nahm mich am Arm. ›Kommen Sie mal mit zum Fenster!

Die haben Stacheldraht gezogen. Wir sind jetzt drin, wir sind irgendwie gefangen.‹«

Auf einmal waren die Heidelberger Straße sowie im weiteren Verlauf der Sektorengrenze die Harzer und Bouchéstraße weltweit von Interesse. Denn hier wie selten sonst war der Irrsinn einer militärisch bewachten, tödlich gefährlichen Grenze quer durch eine Stadt zu erkennen: Die Demarkationslinie verlief entlang der alten Bezirksgrenze in der Bauflucht der Neuköllner Häuserzeile. Nun trennten Zäune und binnen weniger Tage eine von Stacheldraht gekrönte Mauer aus groben Hohlbausteinen Freiheit und Diktatur voneinander. Den Bewohnern der Häuser auf West-Berliner Seite räumten die DDR-Behörden einen schmalen »Schlauch« als Zugang zu ihren Häusern ein, allerdings mit Einschränkungen, wie die zuständige Polizeiinspektion Neukölln am 22. September 1961 berichtete: »Rechtlich gesehen ist dieser Schlauch ostsektorales Gebiet, wird zwar von West-Berliner Bürgern begangen, darf aber nicht durch Polizeibeamte betreten werden.«

An kaum einer Stelle Berlins war der Abstand zwischen Ost und West geringer als hier: Meist nur 15 bis 18 Meter trennten die Außenwände der gegenüberliegenden Mietshäuser. Die Bernauer Straße zum Beispiel war mehr als doppelt so breit, und an vielen anderen schmalen Grenzstraßen der Innenstadt wie der Kommandanten- oder der Zimmerstraße dominierten Ruinengrundstücke. Doch die Bebauung entlang der Heidelberger Straße war auf beiden Seiten im Wesentlichen intakt oder (auf Neuköllner Seite) schon durch Neubauten ersetzt; auch waren die meisten Wohnungen bewohnt. Umso brutaler wirkte die Mauer, und folgerichtig entstanden hier im August und September 1961 einige jener Fotos, die zu Ikonen der Erinnerung an den 13. August wurden: die beiden Mädchen, die sich über die erst hüfthohe Sperre ein letztes Mal die Hände reichen, beäugt von einem jungen Soldaten; oder jene West-Berliner, die sich strecken, um einen Blick auf den bis auf die Bürgersteige schon gesperrten nördlichen Abschnitt der Elsenstraße jenseits der Mauer zu werfen.

Wenige Monate später stand die Heidelberger Straße erneut im Blickpunkt der Weltöffentlichkeit. Denn das Areal zwischen Bouché- und Puderstraße entwickelte sich 1962/63 zum regelrechten

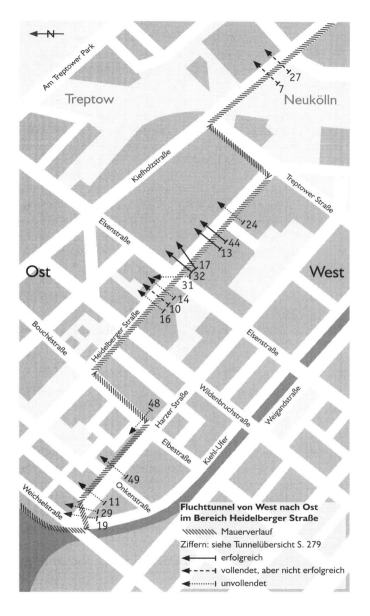

Untertagebau: Nirgends in Berlin wurden mehr Fluchttunnel begonnen, nirgends gelang häufiger der Durchbruch, nirgends flohen mehr Menschen durch unterirdische Stollen als gerade hier – und nicht zuletzt gab es hier den ersten Toten bei einer Tunnelflucht.

Diese Häufung hatte mehrere Gründe: Am wichtigsten war natürlich die ungewöhnlich geringe Entfernung, die zwischen West und Ost zu überwinden war – der kürzeste erfolgreiche Fluchtstollen hier war gerade 15 Meter lang. Zweitens lag hier in etwa zwei Metern Tiefe eine sehr stabile, etwa zwanzig Zentimeter starke Torfschicht. Unter dieser Schicht fiel das Graben relativ leicht: »Der trockene Sand war ziemlich stabil, sodass der Tunnel seine einmal gegrabene Form behielt, auch wenn man häufig an den Wänden ›schubberte‹ beim Durchkriechen.« Deshalb und weil die Heidelberger Straße auf ganzer Breite gesperrt und höchstens von Motorrädern der Grenztruppen befahren wurde, konnten die Tunnelgräber auf aufwendige Abstützungen verzichten. Viertens waren die Grenzhäuser auf östlicher Seite bis auf Weiteres bewohnt, sodass die DDR-Wachposten Zugänge offen halten mussten. Da schon zahlreiche Bewohner aus den noch stärker fluchtgefährdeten Wohngebäuden an der Bernauer, aber zum Beispiel auch an der Harzer Straße zwangsweise aus dem Grenzgebiet umgesiedelt worden waren, fehlte 1962 für weitere Abschiebungen zunächst der nötige Ersatzwohnraum.

Schließlich gab es in den Gebäuden an der Elsenstraße auf Ost-Berliner Seite mehrere Geschäfte, darunter einen Schneider, einen Fleischer und direkt am Sperrgebiet einen Fotoladen. So konnten die Grenztruppen nicht einfach jeden Publikumsverkehr unterbinden. Auf West-Berliner Seite kam hinzu, dass einige Kellerräume direkt vor der Sektorengrenze leer standen – und es mit dem Wirt der Kneipe »Heidelberger Krug« jemanden gab, der sein Einkommen gerne dadurch aufbesserte, dass er sein Bierlager vermietete, ohne neugierig zu sein. Nicht optimal war hingegen das relativ hohe Niveau des Grundwassers: Nur durchschnittlich 2,8 Meter tief reichte der trockene Boden, dann begannen die ersten Wasser führenden Schichten.[1]

Im Versuchsstadium

Wann genau zwischen Neukölln und Treptow der allererste Stollenbau begonnen wurde, ist unklar. Manche Indizien weisen auf den Herbst 1961 hin, also zeitgleich mit den allerersten Fluchttunneln in Düppel und am Friedhof Pankow in Schönholz, doch gibt es dafür keine eindeutigen Belege. Und selbst wenn es wirklich noch vor der Jahreswende 1961/62 erste unterirdische Fluchtversuche entlang der Heidelberger Straße gegeben haben sollte: Erfolgreich waren sie auf keinen Fall.

Noch war der Untertagebau Heidelberger Straße im Versuchsstadium. Die erste belegte Grabung hier unternahm im Januar 1962 Harry Seidel am südöstlichen Rand des Gebietes an der Kiefholzstraße. Vom Gelände einer Baufirma aus grub sich der bereits erfahrene Fluchthelfer, der allein zwischen August und Dezember 1961 mindestens 34 Menschen nach West-Berlin geholt hatte, rund zwei Wochen lang gen Ost-Berlin. Der Standort war auf den ersten Blick perfekt gewählt, fiel doch hier der unvermeidliche Erdaushub kaum auf. Allerdings lag der Grundwasserspiegel an der Kiefholzstraße mit durchschnittlich 1,9 Metern unter Bodenniveau noch höher als an der Heidelberger Straße. Wahrscheinlich deshalb scheiterte auch dieser erste Versuch, Flüchtlinge unterirdisch aus Treptow nach Neukölln zu holen.

Wenig später, im Februar 1962, unternahmen die Gebrüder Franzke einen Versuch. Ihr Ausgangspunkt war ein aufgegebener Bauschuppen vor einem kurz zuvor fertiggestellten Neubau auf dem Grundstück Heidelberger Straße 26/27. Von hier aus gruben sie sich schräg unter dem Todesstreifen, der hier schon, neben der Mauer selbst, aus drei weiteren Stacheldrahtzäunen bestand, hindurch zu einer leer stehenden Garage auf dem ansonsten brachliegenden Grundstück Heidelberger Straße 83 (die Neuköllner Polizei registrierte diesen Stollen missverständlich unter der Adresse Wildenbruchstraße 32b, eine Querstraße weiter).

Die Ausgangsbedingungen dieses Projektes waren gut, doch blieb auch hier der Erfolg aus: Nach dem Durchbruch wurden ein Helfer und drei Fluchtwillige auf dem Weg zum Tunneleinstieg verhaftet; außerdem brach der Tunnel Ende Februar ein. Trotz ihres Misserfolgs versuchten es die Franzkes sofort ein weiteres Mal, nun in unmittelbarer Nähe des Lohmühlenplatzes zum Haus Harzer Straße 119, dem letzten Gebäude am Rande des Sperrgebietes. Auch dieser Tunnel blieb unvollendet; allerdings bremste das den Eifer der Fluchthelfer kaum.[2]

Der erste Tote

Auch Seidel ließ sich vom Misserfolg nicht abschrecken. Er tat sich mit dem Fluchthelfer Fritz Wagner zusammen, einem Fleischer, den die Illustrierte *Stern* wenige Monate später als »West-Berlins emsigsten und erfolgreichsten Tunnelbauer« bezeichnete. Wagner, beim Bau der Mauer gerade 36 Jahre alt und allgemein als »der Dicke« bekannt, soll Anfang 1962 zehn Tage lang mit einem klapprigen Ford durch Berlin gekurvt sein, um einen geeigneten Ort für die Flucht seiner Frau, seiner drei Kinder und zwei weiterer Verwandter zu suchen. Wahrscheinlich aber handelt es sich bei dieser dem *Stern* gesteckten Information um eine bewusst falsch gelegte Fährte. Denn dass an der Heidelberger Straße beste Voraussetzungen für Fluchttunnel bestanden, war offensichtlich. Angeblich für eine »vierstellige Summe« erkaufte sich Wagner die Zustimmung des Hauswirtes, den Keller des Wohngebäudes Heidelberger Straße 35 nutzen zu dürfen. Zusammen mit mehreren anderen Fluchthelfern begannen Seidel und Wagner, einen Stollen unter der Straße durch zu graben. Dabei hatte der vielfach erfolgreiche Radrennfahrer Seidel die Bauleitung inne und buddelte höchstpersönlich manchmal bis zu zwölf Stunden pro Tag, während Wagner für die notwendige Logistik sorgte; in den Tunnel selbst hätte er aufgrund seiner Körperfülle auch gar nicht hineingepasst, wie sich Mitgräber erinnerten. Zwischen einer und vier Wochen dauerten die Arbeiten; die Angaben schwanken, wie häufig bei Fluchttunneln, stark. So gab der *Stern* an, der Tunnel habe eine Länge von 30 bis 40 Metern, während die Messung der Stasi zeigte, dass der Stollen nur 15 Meter maß.

In der dritten Märzwoche 1962 war das Werk vollbracht: »Der Durchbruch in den Keller des Osthauses war der gefährlichste

Teil der Schachtarbeit. Mit blutenden Fingern kratzten die Tunnel-Mineure an den Mauersteinen, um sie möglichst geräuschlos zu lockern. Das Wühlwerk kam zu einem glücklichen Ende.« Der Fluchtstollen konnte benutzt werden – allerdings endete er im Keller unter der Wohnung eines überzeugten SED-Mitglieds, das zugleich als IM »Naumann« für die Stasi spitzelte. Also war besondere Vorsicht notwendig.

Gegen die Zusage, mit seiner Familie flüchten zu dürfen, half ein Ost-Berliner Tankwart aus der Nachbarschaft den Flüchtlingen, holte sie an einem Treffpunkt ab und brachte sie unauffällig zum Einstieg; außerdem richtete er nach jeder Flucht den Keller wieder her. Zu den Ersten, die den Tunnel benutzten, gehörte die Familie Wagner, sechs Menschen insgesamt. Dann kamen andere Angehörige der Tunnelgräber, schließlich weitere Fluchtwillige, die teilweise für den Weg in die Freiheit 1000 bis 1500 Mark zahlen mussten: Wagner machte ein Geschäft.

Zu seinen Kunden gehörte unter anderen Peter Wüstenhagen. Dessen Eltern waren kurz vor dem Mauerbau nach West-Berlin gegangen, doch der Sohn kam nicht mit, weil er seine Lehre abschließen wollte. Am Vormittag des 25. März 1962 stand ein unbekannter Mann vor der Wohnungstür des 20-jährigen Mechanikers. »Ich war noch nicht ganz wach, als er klingelte. Er hielt mir mein eigenes Passbild vor die Nase, auf der Rückseite hatte meine Mutter etwas geschrieben. Das war der Beweis, dass er von meinen Eltern kommt. Er sagte, wenn ich wollte, könnte ich in den Westen. Ich müsste aber sofort mitkommen.«

Wüstenhagen, der sich mit dem SED-Regime durchaus hätte »arrangieren« können, ging mit, denn er wollte keinesfalls zur NVA eingezogen werden. Er schlüpfte in seinen Sonntagsanzug, band sich eine Krawatte um und folgte dem Kurier. In einem Auto mit westdeutschem Kennzeichen ging es nach Treptow, in eine Kneipe an der Elsenstraße. Dort wartete Wüstenhagen zusammen mit einem Ehepaar und dessen Tochter auf das Signal, zum Einstieg des Fluchttunnels zu gehen – doch das blieb aus. Denn direkt neben dem Tunneleinstieg hackte gerade der Ost-Berliner Bernd Kolberg frisches Brennholz. »Deshalb mussten wir warten bis zum Abend, Biertrinken, das half. Ich war dann angefeuert und euphorisch«, erinnerte sich Wüstenhagen.

Als dann endlich die Luft im Keller rein war, konnte die Flucht beginnen. Doch es erforderte Überwindung: »Der Tunnel war nicht mal einen Meter hoch und stockdunkel, am anderen Ende sah man kein Licht, weil er eine Kurve machte. Wir mussten auf allen vieren durchrobben. Drüben auf der anderen Seite der Heidelberger Straße wartete jemand, der mich zu meinen Eltern brachte.«

Auch eine Frau, die wie Wüstenhagen auf diesem Weg sicher nach West-Berlin gelangt war, gab später zu Protokoll, ein ihr unbekannter Kurier habe sie aufgesucht und ihr gesagt: »Wenn es Ihr Wille ist, zu Verwandten nach dem Westen zu kommen, und wenn Sie Mut haben, dann seien Sie in einer halben Stunde am Treffpunkt!« Dort wartete ein weiterer Mann mit einem auffälligen Jägerhut und brachte sie auf verschlungenen Wegen zum Einstieg. »Am Ende des Tunnels auf westlicher Seite durften sich die Flüchtlinge zum Ausruhen auf eine Matratze legen und erhielten eine Flasche Coca-Cola. Wenn sie sich erholt hatten, wurden sie auf die Straße gebracht und mit dem Hinweis entlassen, nun seien sie in West-Berlin und sollten sich zu ihrem beabsichtigten Ziel begeben.«

Die Cola dürfte vor allem psychologisch wichtig gewesen sein, um den der DDR entronnenen Menschen mit dem bekanntesten Produkt des vermeintlichen »US-Imperialismus« klarzumachen, dass sie es tatsächlich geschafft hatten. Ob alle Geschichten, die Flüchtlinge über diesen ersten erfolgreichen Tunnel an der Heidelberger Straße zum Besten gaben, der Wahrheit entsprachen, ist offen. Angeblich soll eine gelähmte Frau an Seilen durch den Tunnel gezogen worden sein; mehrere Babys wurden in Wannen transportiert. Sicher ist, dass der Stollen extrem eng und nicht abgestützt war, wie Fotos der Stasi zeigen, die nach seiner Entdeckung entstanden.[3]

Nach einigen Tagen und mindestens 35, vielleicht auch 57 geflüchteten DDR-Bürgern flog der Tunnel auf. Wie genau, verraten die Stasi-Akten nicht, aber sicher ist, dass IM »Naumann« schon am 24. März die Stasi-Kreisdienststelle Treptow über den Verdacht informiert hatte, im Keller seines Hauses gingen ungewöhnliche Dinge vor sich.

Die zuständigen MfS-Offiziere entschieden, nicht nur den Tunnel »liquidieren«, sondern zugleich die West-Berliner Fluchthelfer »ausschalten« zu wollen: »Es bestand der dringende Verdacht, dass der Beschuldigte Seidel, welcher vermutlich der Initiator der Anlegung des Stollens ist, am Abend des 26. oder 27. März 1962 in die Wohnung des IM ›Naumann‹ […] kommt. Aufgrund dieser Tatsache war beabsichtigt, selbst auf die Gefahr hin, dass, bevor Seidel festgenommen ist, noch Personen geschleust werden, die Festnahme des Seidel sowie seine Vernehmung an Ort und Stelle auf weitere Mittäter und Hintermänner vorzunehmen. Um dieses Ziel zu erreichen, wurde festgelegt, die Wohnung des IM ›Naumann‹ mit drei operativen Mitarbeitern […] zu besetzen und, wenn Seidel an der Wohnungstür des IM ›Naumann‹ sich bemerkbar macht, denselben durch den IM in den Wohnungsvorsaal hineinzulassen.« Dann sollte der Spitzel das Licht löschen, damit die in der Küche und dem Schlafzimmer wartenden Stasi-Männer den überraschten Fluchthelfer überwältigen konnten.

Doch in der Nacht, als das Stasi-Kommando zum ersten Mal auf der Lauer lag, erschien Seidel nicht; auch sonst fiel den getarnten Wachen nichts auf, vor allem keine »Schleusung«. Erst am Spätnachmittag des 27. März 1962 begann die Aktion. Abermals war es IM »Naumann«, der den entscheidenden Hinweis gab: Aus dem Fenster seiner Wohnung erkannte er gegen 18.20 Uhr auf der anderen Seite der Heidelberger Straße, also jenseits des Todesstreifens, Harry Seidel. Die Stasi-Männer waren nun sicher, dass ihr Plan aufgehen würde. Noch warteten sie und ließen es sogar zu, dass gegen 20 Uhr zwei Fluchthelfer in den Hof des Ost-Berliner Hauses Heidelberger Straße 75 traten und ein fluchtwilliges Paar in Empfang nahmen. Es sollten die letzten DDR-Bürger sein, die diesen Weg benutzten. Eine Stunde später kam wieder ein junger Mann aus dem Keller, den IM ›Naumann‹ als den gesuchten Fluchthelfer identifizierte. Der zuständige Stasi-Major K. hielt in seinem Bericht fest: »Bis zu diesem Zeitpunkt verlief die Aktion planmäßig, und der Provokateur lief in die vorbereitete Falle.«

Wie erwartet klopfte es gegen die Wohnungstür. Doch statt den Fluchthelfer einzulassen und festzunehmen, gingen dem Stasi-Leutnant R. die Nerven durch: Er riss die Tür auf und schrie den Mann vor sich an: »Hände hoch!« Heinz Jercha, der anstelle von Harry Seidel diesen gefährlichsten Teil der Fluchthilfe übernommen hatte, machte sofort kehrt, zumal Ruß jetzt auch feuerte; der West-Berliner schoss seinerseits nicht, wie der MfS-Bericht beweist.

Drei weitere Stasi-Leute namens S., P. und F. standen bereit, um die Festnahme abzusichern; als sie den Schuss ihres Kameraden hörten, rannten sie in den Hof und feuerten ihrerseits mindestens sieben Mal – allerdings konnten später nur vier Einschusslöcher in den Hofmauern festgestellt werden. »Wir hörten es knallen, wussten aber nicht, was das war. Wir hatten ja keine Erfahrung. Wir dachten sogar an Luftballons oder so«, erinnerte sich der Anwohner Bernd Kolberg. Der flüchtende Fluchthelfer rannte hinunter in den Keller; hier schlug eine fünfte Kugel ein.

Jercha eilte um zwei Biegungen und durch die Tür zu dem Keller, in dem sich der Tunneleinstieg befand, wo Seidel auf ihn wartete. »Dann kam Heinz angerannt und hechtete ohne ein Wort in den Tunnelausgang; Harry versperrte die Kellertüre wieder, stieg in den Tunnel und machte auch den zu, deckte ihn mit Material, das herumlag, wieder ab. Nun robbte er Heinz hinterher, der ein Eilzug-Tempo anschlug, Harry konnte ihm nicht folgen, und schon im Tunnel fiel Harry auf, dass Heinz immer hustete. Auf westlicher Seite ist er noch die Treppe hoch und brach dann dort zusammen und wurde bewusstlos.« Er verlor an Ort und Stelle durch einen Lungensteckschuss so viel Blut, dass er wenig später auf dem Weg zum Urban-Krankenhaus starb.

Für die Stasi war es dennoch nur ein halber Erfolg. Denn statt wie erhofft Harry Seidel hatten sie den 28-jährigen Heinz Jercha getötet. Er war 1959 aus der DDR nach West-Berlin gekommen und hatte Kontakt zur West-Berliner Fluchthelferszene gefunden, weil er seine eigene Frau und sein Kind in den Westen holen wollte.

Die West-Berliner Presse reagierte mit scharfen Anklagen des SED-Regimes. *Der Abend* formulierte: »Die verbrecherische Mauer durch unsere Stadt hat gestern Abend erneut ein Menschenleben gekostet: Im Kugelhagel kommunistischer Grenzposten brach ein junger West-Berliner zusammen.« *Bild* schrieb: »Der am Dienstagabend von der ›Vopo‹ ermordete West-Berliner Heinz Jercha hat sein Leben geopfert, um Landsleuten von jenseits der Mauer ein Leben in Freiheit zu ermöglichen. Er ließ sein Leben, weil er als Deutscher Deutschen zur Flucht verhalf.« Die *B. Z.* kommentierte: »Heinz Jercha verdient ein Staatsbegräbnis. Wenn einer – dann er. Er starb im Dienst der Menschenliebe. Er starb für uns alle!« Der Innensenator West-Berlins, Heinrich Albertz, würdigte aus Anlass dieses Mordes alle uneigennützigen Fluchthelfer: »Wir bezeugen allen denjenigen gegenüber, die sich den Menschen im Osten unter Gefahr für Leib und Leben zur Verfügung stellen, unseren Respekt.«

Die SED reagierte mit einer Verleumdungskampagne – um auf diesem Wege doch noch ihr Hauptziel zu erreichen: Harry Seidel auszuschalten. Angeblich hätten sich Jercha und Seidel im Hof des Ost-Berliner Hauses gestritten. Daraus konstruierten die kommunistischen Propagandisten, Seidel habe Jercha erschossen. Das SED-Bezirksblatt *Berliner Zeitung* überschrieb einen entsprechenden Artikel mit den Worten: »Vom Komplizen umgelegt«. Als Argument diente den DDR-Behörden, dass ihre Grenzpolizisten nicht geschossen hatten – was ja auch stimmte, denn gefeuert hatten insgesamt vier Stasi-Männer, nämlich Leutnant R., Leutnant F., Leutnant S. und Unterleutnant P..

Seidel wurde übrigens, als er sich nach dem Abtransport Jerchas ins Krankenhaus der West-Berliner Polizei stellte, erst einmal festgenommen, denn er war der Letzte gewesen, der das Opfer lebend gesehen hatte. Doch schon bald kam er wieder frei; es gab keinen begründeten Verdacht gegen ihn, auch wenn von DDR-Seite und West-Berliner Linksextremisten immer wieder einmal diese Behauptung aufgestellt wurde. Dagegen saßen der an dem Tunnel völlig unbeteiligte Nachbar Bernd Kolberg und seine Eltern zwei Monate in Stasi-Haft. »20 Minuten nachdem es geknallt hatte, klingelte es bei uns. Da standen die mit Handschellen vor der Tür.« Sie wurden wieder und wieder verhört, schließlich aber mangels Beweisen freigelassen. Nicht einmal das MfS glaubte, dass ein Mitwisser einer Tunnelflucht seelenruhig in seiner Wohnung gewartet hätte, während zahlreiche Ost-Berliner flüchteten. Eine Entschädigung für die zu Unrecht erlittene Haftzeit bekam Kolberg trotzdem nie.[4]

> **Der Mord an Heinz Jercha aus SED-Sicht**
>
> Es gibt noch andere Provokationen. Da lag zum Beispiel kürzlich in Westberlin ein toter Mann auf der Straße. Im Schöneberger Rathaus jaulte man auf: die Grenzpolizei der DDR habe diesen Mann ›ermordet‹, mit MPi-Schüssen wie ein Sieb durchlöchert usw. Zwei Tage später wurde kleinlaut berichtet, der Mann sei durch einen Pistolenschuss getötet worden. Von MPi-Garbe keine Spur. Einwandfrei steht fest, dass unsere Grenzpolizei, die an diesem Abschnitt in der fraglichen Nacht Dienst machte, nicht einen einzigen Schuss abgegeben hat. Dagegen fielen auf Westberliner Seite einige Schüsse, und eine Frau stürzte aus einem Westberliner Haus mit dem Rufe, dort würde jemand umgebracht. […] Unsere Grenzpolizei hat mit den nächtlichen Schüssen in Westberlin also nichts zu tun. Wer aber hat den Gangster erschossen? Innensenator Albertz ließ durchblicken, dass er mit Wissen, mit Billigung oder sogar im Auftrage amtlicher Westberliner Stellen seine Verbrechen gegen die DDR und ihre Bürger beging. […] Auf alle Fälle dürfte der tote ›Held‹ dieser Story von seinen eigenen Leuten umgelegt worden sein, was ja in der blutigen Geschichte der deutschen und ausländischen Ultras, Nazis und Faschisten nicht zum ersten Mal geschehen wäre.
>
> *Berliner Zeitung*, 31. März 1962

Erfolglos, erfolgreich

Trotz Jerchas Tod machten die Tunnelgräber beinahe nahtlos weiter. Die Brüder Franzke versuchten, ihren eingestürzten Tunnel vom Bauschuppen auf dem Grundstück Heidelberger Straße 26/27 wieder nutzbar zu machen und zu einem Keller des Hauses Elsenstraße 41, dem Eckhaus zur Heidelberger Straße, zu verlängern. Doch war ihnen kein Erfolg beschieden: Schon am 5. April 1962 erfuhr das MfS von diesem neuen Projekt, und zwei Tage später war der Tunnel laut Stasi-Akten »liquidiert«. Ein weiteres

Mal wurde dieser unvollendete Tunnel im Mai reaktiviert, doch diesmal verzichteten die Fluchthelfer auf einen Durchbruch. Ein Mitarbeiter des West-Berliner Verfassungsschutzes hatte sie gewarnt, der Stollen sei der Stasi bekannt. In deren Akten findet sich aber lediglich für den 19. Mai der Hinweis, das Vorhaben sei aufgegeben worden, weil der Stollen eingestürzt sei.

Unbeeindruckt begannen Seidel und seine Freunde, den nächsten Tunnel zu graben, nun aus dem Bierlager des »Heidelberger Kruges«. Ziel war das Geschäft »Foto Boss« im Haus Heidelberger Straße 81a. Der Tunnel nahm den kürzesten Weg: unter der Hausecke der Kneipe hinaus, dann gerade unter der hier 16 Meter breiten Heidelberger Straße hindurch und schließlich ebenfalls unter der Hausecke des gegenüberliegenden Hauses in den Kellerraum.

»Zwei Tage und zwei Nächte haben wir vor Pfingsten ununterbrochen gebuddelt«, sagte einer der Fluchthelfer einem Reporter der *Bild*-Zeitung: »Wir haben vor Ort geschlafen und gegessen. Es musste unbedingt an den Feiertagen klappen.« Denn nur an den Pfingsttagen konnte das Fotogeschäft, dessen Besitzer in den Plan nicht eingeweiht war, als Sammelpunkt für die Fluchtwilligen benutzt werden. Weil die Zeit so knapp war, beschränkten sich die Tunnelgräber auf das absolut Notwendige: Der Stollen war mit nur gut fünfzig Zentimetern Durchmesser so eng, dass die Flüchtlinge einzeln hindurchrobben mussten. »Am schwersten war es, die Kinder durchzubekommen«, berichtete eine Mutter, die auf diesem Weg geflüchtet war. »Mein Baby habe ich vor mir in einer Tragetasche hergeschoben. Mit einem Seil wurde es das letzte Stück bis zum Ausstieg gezogen. Ich war völlig in Schweiß gebadet, als wir es geschafft hatten.«

In der Nacht von Pfingstsonnabend auf Pfingstsonntag kamen elf Flüchtlinge; zwei junge Schwestern hatten es jedoch am frühen Sonntagmorgen nicht mehr rechtzeitig zum Treffpunkt im Fotogeschäft geschafft und drückten sich daher viele Stunden im Hof eines der Grenzgebäude herum, immer in der Gefahr, von Grenzposten entdeckt zu werden. Schließlich konnten sie in der zweiten Nacht den Tunnel benutzen.

Ein glücklicher Umstand war, dass gleich zwei Eingänge zu dem Haus führten, einer aus der Elsen- und einer aus der Heidelberger Straße, sodass besonders viele Menschen halbwegs unauffällig zum Tunneleinstieg gelangen konnten. Die Helfer warteten im Fotogeschäft – und hinterließen auf einer Bank Erdspuren, die dem Besitzer von »Foto Boss« am Dienstag nach Pfingsten auffielen. Irgendwer zog nun an dem Belüftungsschlauch, dessen loses Ende am Tunneleinstieg auf östlicher Seite lag. Es heißt, Harry Seidel habe daraufhin vom Keller des »Heidelberger Kruges« aus Gas aus einer Schweißflasche, die er bei sich hatte, »in den Schlauch zischen« lassen. Wer immer daran gezogen hatte, ließ los; die Fluchthelfer verschlossen ihren Stollen nun lieber eigenhändig. Kurz danach blockierten die Grenztruppen den Tunnel ihrerseits mit Beton.

Wie viele Menschen auf diesem Weg nach West-Berlin kamen, ist unsicher – nach Angaben von *Bild* waren es 17, laut Stasi-Ermittlungen 18 oder 20, Harry Seidel zufolge aber 55. Die Stasi hielt fest, Wagner habe mit diesem Tunnel 7000 Mark eingenommen, außerdem soll *Bild* für exklusive Fotos 1200 Mark gezahlt haben.[5]

Der Erfolg machte den Fluchthelfern zusätzlichen Mut. Nun begannen sie an gleich drei Stellen der Heidelberger Straße gleichzeitig zu graben. So wurde offensichtlich der Tunneleinstieg im Bierkeller wieder geöffnet und an der Betonierung durch die Grenztruppen vorbei Richtung Hinterhof Elsenstraße verlängert. Andere Fluchthelfer buddelten sich vom Haus Nr. 36 in Richtung des brachliegenden Grundstücks Nr. 73. Das Ziel dürfte ein Kindergarten einige Dutzend Meter hinter dem Sperrgebiet gewesen sein. Doch der Tunnel brach ein und wurde nun durch Einsinken der Heidelberger Straße erkennbar: Am 30. Juni 1962 registrierte die Stasi den Versuch, wartete aber ab, offenbar in der Hoffnung, den vermuteten Anführer Harry Seidel diesmal festnehmen zu können.

Nachdem fünf Tage lang alles ruhig geblieben war, wurde der Stollen »liquidiert«. Die Neuköllner Polizei registrierte diesen Tunnelversuch am 1. Juli und einen weiteren aus dem Nachbarhaus acht Tage später. Die Gebrüder Franzke versuchten im August, ihren unvollendeten Bau am Lohmühlenplatz voranzutreiben, blieben aber wiederum stecken; schon Mitte Juni hatte die Stasi hier Aktivität registriert und gemeldet, der Tunnel sei »vor

Fertigstellung liquidiert« worden. Wahrscheinlich derselbe Stollen wurde von DDR-Grenztruppen am 3. Oktober aufgebaggert; ob es einen erneuten Versuch gegeben hatte, ihn fertigzustellen, war selbst der Stasi unklar.[6]

Zu einer bis dahin beispiellosen Gemeinschaftsaktion tat sich die Gruppe um Wagner und Seidel Anfang Juli mit den FU-Studenten der als »Unternehmen Reisebüro« bekannten Organisation von Detlev Girrmann zusammen. Sie hatten abermals an der Kiefholzstraße einen günstigen Platz ausgekundschaftet. Bald stießen auch die Tunnelgräber der Gruppe aus der Bernauer Straße 78 dazu, deren Stollen gerade unter Wasser stand. Das Ziel war ein einstöckiges Häuschen an der Puderstraße. Da die Girrmann-Gruppe durch den IM »Hardy« infiltriert war, erfuhr das MfS schon am 8. Juli 1962 von dem Plan. Es sollte die nächste Falle für die »Agenten und Wühlratten« werden, wie das *Neue Deutschland* Fluchthelfer inzwischen routiniert nannte.

Anfang August war der Tunnel bis auf den Durchbruch fertig. Diesen gefährlichsten Teil übernahm am 7. August Hasso Herschel: »Das war ein Holzhaus mit Holzdielen. Und als ich die Dielen aufgeschnitten hatte, so zwanzig mal dreißig Zentimeter, da schrie da drinnen eine Frau: ›Was machen Sie hier!‹ und ›Hauen Sie bloß ab!‹. Und ich sagte: ›Mein Gott, ich dachte, Sie wollen weg.‹ – ›Nein, um Gottes willen, warum sollen wir weg?‹ Jetzt sagte ich: ›Ich gebe Ihnen alles‹ und ›Sie kriegen Geld‹, und hab mit der durch dieses Loch geredet, aber die Frau wollte überhaupt gar nicht weg. Und uns war gesagt worden, Sie graben den Tunnel dorthin, um diese Leute, die in dem Haus wohnen, rauszuholen.«

All das hätte aber auch nichts genutzt, nicht einmal die Summe von bis zu 50 000 Westmark, die Herschel ihr schnell versprach. Denn ein von der anderen Seite aus aufgenommener Film zeigt, dass gleichzeitig DDR-Grenzsoldaten zum Haus kamen, vorsichtig ihre Stiefel auszogen und so die Fluchthelfer überraschen wollten. Herschel und Ulrich Pfeifer hatten den Durchstieg mit einer Stichsäge groß genug gemacht, um auszusteigen, waren dann ins Wohnzimmer geklettert und hatten sich hinter Sessel geduckt. Da kam über das mitgebrachte Feldtelefon die Nachricht, dass sich DDR-Soldaten heranschlichen. »Da habe ich dem Uli gesagt, er solle abhauen und ich würde dann nachkommen. Er ist ganz langsam zurück und im Loch verschwunden, und ich bin auch ganz langsam hinein, und dann waren wir schnell weg.« Sie entkamen gerade noch rechtzeitig. In der Umgebung hatten sich schon mehrere Dutzend DDR-Bürger versammelt, vor allem an zwei bereitgestellten Lastwagen, die sie zum Tunneleinstieg bringen sollten. Die Fluchtwilligen auf dem ersten Laster konnten noch alle unauffällig verschwinden, als das Vorhaben aufgeflogen war. Anders diejenigen auf dem zweiten Transporter. Zu den wenigen, die auf direktem Weg zum Holzhaus gehen sollten, gehörte auch Anita, die Schwester von Hasso Herschel. »Und dann sagten die beiden Männer: ›Hier stinkt's. Hier ist was nicht in Ordnung. Wir gehen an der Gartenkolonie vorbei, wir gehen da nicht rein.‹ Ich wollte das aber unbedingt. Irgendwie haben die mich da weggeführt«, erinnerte sich Anita. »All die Menschen, die in diesem Lastwagen waren, wurden verhaftet.«

Das geschah auch Gerda und Hartmut Stachowitz, die, seit März 1960 verheiratet, mit ihrem elf Monate alten Sohn auf die Flucht warteten. Hartmut war West-Berliner, wollte aber seine Ost-Berliner Frau unbedingt zu sich holen. Familienzusammenführungen gab es trotz Trauschein 1962 nicht. Also suchte er nach Möglichkeiten, Frau und Kind in den Westen zu schleusen, und nahm Kontakt zu Girrmann auf. Von dem Fluchthelfer hörte Hartmut von Fluchttunnelprojekten, speziell einem aktuellen Tunnel, an dem gerade gearbeitet werde. Das Ehepaar Stachowitz entschloss sich zur Flucht durch diesen Tunnel – und kam auf die Liste derjenigen, die durch das Tunnelbauwerk geschleust werden sollten.

Am Tag der geplanten Flucht fuhr Hartmut nach Ost-Berlin und traf am S-Bahnhof Schönhauser Allee zwei Männer, die ihm den Treffpunkt mitteilten. Dort sollte ein Lkw warten, um die Flüchtlinge zum Einstieg zu bringen. Doch als sie dahin kamen, schöpfte Hartmut Stachowitz Verdacht. Sie sahen schon von Weitem, dass Menschen aus dem Lastwagen stiegen, statt auf die Ladefläche zu klettern. Hartmut dachte sofort: »Es ist etwas faul. Abbrechen, sofort abbrechen«! Seine Ehefrau erinnerte sich: »Das war nur ein Zuruf: ›Komm, wir drehen um …‹« Beide erhöhten ihr Tempo, um wegzukommen, sie begannen zu rennen.

Doch schon fuhren drei Wagen auf sie zu, Männer sprangen heraus und nahmen sie fest. Sofort wurden sie getrennt abtransportiert, das Kind wurde ihnen weggenommen. Nur der Kinderwagen blieb verlassen am Ort des Geschehens stehen.[7]

Die Stasi-Ermittler wussten, wie eine schematische Übersicht der an dem gescheiterten Fluchttunnel beteiligten Personen zeigt, erstaunlich gut Bescheid: Seidel, Girrmann, der Italiener »Gigi« alias Luigi Spina, Hasso Herschel und mehrere andere Beteiligte wurden zutreffend genannt. Als »versuchte Republik-Flüchtlinge« wurden »ca. 100 Bürger der DDR« verdächtigt und bis zu achtzig verhaftet. Viele von ihnen erhielten hohe Freiheitsstrafen, obwohl sie nichts weiter getan hatten, als sich in Treptow zu treffen. Teilweise fielen die Urteile in öffentlichen Schauprozessen, die vor dem Obersten Gericht der DDR inszeniert wurden und die Tunnelgräber als »Terroristen« brandmarken sollten. Erzwungene Geständnisse gehörten selbstverständlich dazu.

Stachowitz zum Beispiel sollte gestehen, ein politischer Krimineller zu sein. Verhöre und Schlafentzug im Stasi-Gefängnis Hohenschönhausen zermürbten ihn – schließlich unterschrieb er. Am 30. August 1962 begann der Prozess. Die Anklage lautete auf »Terroristische Aktivitäten gegen die DDR und Beihilfe zum Menschenhandel«. Ein Drehbuch legte fest, wie die Verhandlung abzulaufen habe. Als »Feind der DDR« wurde der West-Berliner Hartmut Stachowitz schließlich zu sechs Jahren Zuchthaus verurteilt. Auch seine Frau erhielt eine mehrjährige Strafe. Immerhin: Sie kam nach 15 Monaten Gefängnis auf »Bewährung« frei. Ihr Mann wurde erst im August 1964 entlassen, nachdem die Bundesregierung für seine Freiheit mehrere zehntausend Mark bezahlt hatte. Doch die Stasi-Leute täuschten ihn: Sie verschwiegen ihm, dass es ihm freigestanden hätte, in den Westen zu gehen. Erst 1971 konnte die Familie Stachowitz die DDR verlassen – diesmal mit Zustimmung der SED.[8]

Der katastrophale Ausgang des Fluchtvorhabens Kiefholzstraße 388 sorgte für eine kurze Unterbrechung der Tunnelaktivitäten an der Heidelberger Straße. Zwar bekam die Stasi am 17. August einen Hinweis auf einen weiteren Tunnel an der Kiefholzstraße einige Meter weiter östlich, doch dieser Verdacht bestätigte sich nicht; in der Nacht zuvor war der aufgeflogene Fluchttunnel mit vier Sprengladungen zerstört worden.

Erst Anfang Oktober stellten Wagner und Seidel ihren nächsten Tunnel fertig, abermals vom Keller des »Heidelberger Kruges« aus. Selbstkritisch hielt ein Stasi-Bericht fest: »Die günstigste Möglichkeit besteht für Schleusergruppen an allen Projekten, da die Tunnel von uns bisher nur an der Staatsgrenze vermauert wurden. Es gibt dazu keine Sicherungen und auch keine Möglichkeiten der Kontrolle von unserer Seite aus, da die Einstiege ebenfalls vermauert wurden. Mit dieser Methode überlassen wir dem Gegner wertvollen Boden, und er ist lediglich gezwungen, den Betonklotz zu umgehen und einen neuen Ausstieg auf dem Gebiet zu graben.«

Ganz so einfach war es zwar nicht, aber natürlich beschleunigte die Weiternutzung eines bereits bestehenden Stollens die Fertigstellung etwas – der neue Tunnel nutzte immerhin einige Meter des vorherigen weiter. Allerdings führte die erste Verlängerung des Tunnels buchstäblich ins Leere: Sie sollte in den Keller des Fleischergeschäftes Vollmer führen, doch kurz vor dem Durchbruch erfuhren die Fluchthelfer, dass der gar nicht fliehen wollte. Stattdessen gruben sich Seidel und seine Helfer zum Keller des Hauses Elsenstraße 86 auf der anderen Straßenseite. Dort wagten sie den Durchbruch in die Werkstatt des Schneidermeisters Siegfried Castillon, von dem bekannt war, dass er fliehen wollte. Seidel und Wagner hofften, abermals einen Erfolg wie zu Pfingsten erzielen zu können; diesmal waren auch mehrere tausend Mark für die Helfer sowie für den Wirt ausgegeben worden. Doch da Seidel und Wagner nach dem Scheitern an der Kiefholzstraße nicht mehr genügend Vertrauensleute in Ost-Berlin sowie unverdächtige Kuriere hatten, ließen sie sich von der Girrmann-Gruppe helfen – und wurden prompt vom IM »Hardy« verraten.

Am 6. Oktober 1962 gegen 5.15 Uhr kam Stasi-Hauptmann H. zum zuständigen Grenzposten an der Heidelberger Straße und forderte die Männer dort auf, sich in den nächsten Stunden ruhig zu verhalten, weil »durch Angehörige des MfS im Abschnitt Elsenstraße Handlungen durchgeführt werden«. Pikiert unterrichtete der Chef der übergeordneten Grenzabteilung seinen Vorgesetzten: »Um was es ging, wurde nicht mitgeteilt.« Das erfuhren die Grenzsoldaten wenig später: »Zugetragen hat sich in diesem Abschnitt dann tatsächlich, dass gegen sechs Uhr Personen durch einen Tunnel aus der Elsenstraße 86, Wohnung des Schneidermeisters Castillon, geschleust werden sollten. Gegen 6.15 Uhr gelang es dann den Angehörigen des Ministeriums für Staatssicherheit, unter Anwendung der Schusswaffe eine männliche Person, vermutlich Westberliner, in der Wohnung des Castillon festzunehmen, der vermutlich die Schleusung durchführen sollte.« Es handelte sich um *Eberhard Wittmann*, der zur Gruppe um Fritz Wagner gehörte. Er hörte das vereinbarte, ebenfalls verratene Klopfzeichen, öffnete die Tür und schaute in die Mündungen von Pistolen. *Wittmann* schlug die Tür zu und wollte fliehen, aber die Stasi-Leute schossen durch die Tür und trafen ihn in den Arm und ins Bein. Mit diesen Verletzungen konnte er unmöglich in den Westen kriechen.

Die anderen Fluchthelfer in der Wohnung, darunter Harry Seidel, und das Ehepaar Castillon konnten unverletzt durch den Tunnel entkommen. Die Stasi-Leute nahmen *Wittmann* fest, ebenso die fluchtwilligen Ost-Berliner, die sich in der Nähe bereitgehalten hatten und ausgerechnet von IM »Hardy« zum Tunneleinstieg gebracht werden sollten. Die Bilanz fiel aus Sicht der Grenztruppen erfreulich aus: »Wie durch die Angehörigen des MfS uns mitgeteilt wurde, ist die Schleusung nicht erfolgt. Lediglich der Schneidermeister und seine Ehefrau sind mit nach Westberlin entkommen.« Die *Berliner Morgenpost* titelte: »Ulbricht-Gestapo knallte jungen Fluchthelfer brutal nieder«, und sprach von einer »Tunnel-Tragödie an der Mauer«.[9]

Ein perfider Plan

Auch dieser zweite Misserfolg in Folge brachte Harry Seidel nicht dazu, seine Fluchthilfe einzustellen. Allerdings verließ er nun das Grenzgebiet zwischen Neukölln und Treptow. Er hatte an einer ganz anderen Stelle der Berliner Mauer ebenfalls günstige Umstände entdeckt: Im Südwesten der geteilten Stadt gab es zwischen der Neuruppiner Straße im Bezirk Zehlendorf und der Straße Wolfswerder in der brandenburgischen Gemeinde Kleinmachnow ein für Tunnel geeignetes Areal. Einzeln stehende Einfamilienhäuser auf DDR-Seite und eine große Baustelle für neue Häuser in West-Berlin boten gute Voraussetzungen – auch wenn die Strecke diesmal mit mehr als fünfzig Metern sehr viel länger war.

Der Stollen, achtzig Zentimeter im Durchmesser und wegen der stabilen Bodenverhältnisse nicht abgestützt, begann in einer Baubude direkt am vorderen Stacheldrahtzaun der Grenzanlagen und führte diesmal zweimal leicht geschwungen zum Grundstück Wolfswerder 29. Es lag vor dem Sperrgebiet und war damit ohne Kontrolle zugänglich. Am 14. November 1962 war es so weit: Der in rund vier Wochen gegrabene Stollen, den Seidel und seine Helfer also nur eine Woche nach dem gescheiterten letzten Fluchtversuch an der Elsenstraße begonnen hatten, war fertig. Mindestens 18 Ost-Berliner und Potsdamer sollten den Tunnel benutzen – vielleicht sogar mehr als fünfzig Personen.

Doch die Stasi hatte frühzeitig von dem Tunnelbau erfahren – und abermals eine Falle vorbereitet. Nach den Erfahrungen mit Seidel an der Heidelberger Straße griff das MfS diesmal zu einer besonders perfiden Methode: Nicht nur sollte ein starkes Festnahmekommando den oder die Fluchthelfer möglichst verhaften, sobald der Durchbruch auf ostdeutsches Territorium erfolgt war – zusätzlich war eine Sprengladung vorbereitet, die zwischen den Häusern Wolfswerder 32 und 34 direkt neben dem Tunnel eingegraben wurde. Diese Stelle war von der Baubude, in der der Stollen begann, kaum einsehbar. Fünf Pfund TNT und ebenso viel des noch brisanteren militärischen Sprengstoffs Hexogen sollten mit einem siebzig Meter langen Kabel aus sicherer Entfernung gezündet werden.

Dieser Plan hatte aus Stasi-Sicht mehrere Vorteile: Selbst wenn die Festnahme misslang, könnte man durch die Sprengung 24 Meter vor der rettenden West-Berliner Grenze alle Fluchthelfer mit großer Wahrscheinlichkeit töten. Falls aber die Festnahme gelang, wollte man die Ladung ebenfalls zünden und später behaupten, versehentlich hätten die vermeintlichen »Terroristen« ihren eigenen Sprengstoff zur Explosion gebracht, mit dem sie angeblich Anschläge in der DDR hätten verüben wollen. Dazu hätte die Verwendung zweier verschiedener Sprengstoffe in einer Menge gepasst, die für Attentate typisch gewesen wäre.[10]

Am 12. November 1962, einem Montag, war die Falle gestellt. Der MfS-Sprengmeister Oberstleutnant Richard Sch. machte seine Bombe scharf: »Wir begaben uns durch die hintere Tür in das Grundstück 31 auf die Straße zur Eingangstür Wolfswerder 34 und durch die Hecke in das Grundstück Nr. 32, bis zum vorbereiteten Sprengloch. Dort stellte ich fest, dass das Loch nicht tief genug war, und grub es tiefer. Danach legte ich die Sprengkapseln, die an die Leitung angelötet waren, in die Ladung.«

Doch in dieser ersten Nacht geschah nichts: kein Durchbruch und auch kein Fluchtversuch. Das Gleiche wiederholte sich am 13. November. Ein drittes Mal machte Sch. seine Ladung am späten Mittwochnachmittag scharf. Diesmal gab die zusätzlich eingesetzte Sonde, ein Mikrofon, verdächtige Geräusche von sich. Im Haus Wolfswerder 29 wartete das Festnahmekommando.

Doch gegen 20 Uhr – lange konnte es nicht mehr bis zum Durchbruch im Garten dieses Hauses dauern – machte Sch. plötzlich eine Entdeckung: Auf der Straße Wolfswerder, genau zwischen den Grundstücken Nr. 32 und 34 und damit schon im Sperrgebiet, stand ein Pärchen – ein 16-jähriger Junge und ein 17-jähriges Mädchen. Sie wohnte im Haus Wolfswerder 32 und durfte deshalb im Sperrgebiet sein; ihr Freund wohnte in derselben Straße. Nach ihren späteren Aussagen waren sie im Kino gewesen und diskutierten am Gartenzaun noch »über verschiedene Probleme, welche auch den gesehenen Film betrafen (Selbstmord usw.)«. Mit Sicherheit unterhielten sich die beiden »angeregt«, wie auch ein Stasi-Offizier später berichtete. Doch zugleich verwendete dieser Major V. für die beiden den Ausdruck »Liebespärchen«, was nahelegt, dass sie sich bei einer Temperatur nur knapp über dem Gefrierpunkt nicht nur unterhielten.

Stasi-Unterleutnant Rolf G. zischte Sprengmeister Sch. in dem gemeinsamen Versteck zu: »Wenn die beiden nicht verschwinden, können wir nicht einmal sprengen.« Er konnte sich vorstellen, was die insgesamt fünf Kilogramm Sprengstoff anrichten würden – auch wenn die Ladung vergraben war: Das Liebespaar stand nicht einmal zwölf Meter entfernt und wäre mit Sicherheit verletzt worden.

Gegen 21.15 Uhr ruckelte dann ein Busch im Vorgarten: Harry Seidel war durchgebrochen und stieg aus dem Loch im Boden.

Eigentlich war nicht vorgesehen, dass er als Erster aus dem Tunnel klettern sollte, doch der dafür eingeteilte Mann hatte plötzlich einen Rückzieher gemacht. »Deshalb wagte Harry den Ausstieg und ging als Erster hinaus zu dem Haus, in dem die Flüchtlinge warten sollten.« Er nahm zuvor noch ein Brett und legte es über den Tunnelausstieg, dabei stolperte er fast über ein freiliegendes Kabel. Dann ging er zur Terrasse und klopfte dort ans Fenster.

Wie abgesprochen wurde die Terrassentür geöffnet, und Seidel trat ein. Sekunden später griff das wartende MfS-Kommando in Zivil zu und nahm ihn mit Pistolen im Anschlag fest. Daraufhin kam der Einsatzleiter, Oberstleutnant L. von der MfS-Bezirksverwaltung Potsdam, zum Versteck des Sprengmeisters und gab ihm einen unmissverständlichen Befehl: »Zünden!« Sch. zögerte – der Junge und das Mädchen standen immer noch gerade einmal zwölf Meter von der Bombe entfernt. Er rief seinem Vorgesetzten zu: »Das Liebespärchen!« Doch L. antwortete nur: »Ich weiß! Zünden!«

Der Experte führte den Befehl aus – doch nichts geschah. Der Festgenommene wurde nun abgeführt; als er am Tunnelausstieg vorbeikam, rief er seinen im Tunnel wartenden Kameraden eine Warnung zu. Sprengmeister Sch. ging los, um zu überprüfen, warum seine Ladung nicht detoniert war – und fand das Zündkabel säuberlich durchschnitten vor. Der »Tatort« lag auf der anderen, der südlichen Straßenseite. Wie die »Technische Untersuchungsstelle« des MfS wenig später feststellte, war es mit einem nicht besonders scharfen Messer und einiger körperlicher Kraft zerschnitten worden; das Kabel war dafür »zu einer Schlinge zusammengelegt und mit dem Messer durch Zugwirkung getrennt« worden.[11]

Da das Pärchen die ganze Zeit mit sich selbst beschäftigt gewesen war, musste einer der anwesenden Stasi-Leute die Sprengung sabotiert haben. Es gibt in den Akten keinen direkten Beweis, aber Erich Mielke dürfte getobt haben. Darauf deutet hin, dass die Stasi umgehend eine höchst ungewöhnliche Untersuchung gegen ihre eigenen Leute einleitete: Ein halbes Dutzend Männer mussten zuerst ihre Erinnerungen handschriftlich niederlegen und wurden dann verhört. Auf diese Weise sollten wahrscheinlich Widersprüche aufgedeckt werden, um den »Saboteur« zu überführen.

Die bisher freigegebenen Akten geben keinen Aufschluss darüber, ob diese Untersuchung zu einem Ergebnis führte. Dagegen wurde den Stasi-Leuten rasch klar, wie knapp ihnen ein noch »erfolgreicherer« Schlag gegen die West-Berliner Fluchthelfer misslungen war. Denn unmittelbar unter dem Ausstieg hatten zwei Kameraden von Harry Seidel gewartet, wie *Bild* am 17. November 1962 berichtete. Mehrere Minuten lang hockten sie dort und horchten. Wäre die Sprengladung wie geplant explodiert, wäre ihnen kein anderer Weg geblieben, als aus dem Stollen zu kriechen und sich zu stellen.

Nach scheinbar endlosem Abwarten hörten sie am Tunneleinstieg eine fremde Stimme: »Los, kommt raus!« Das war eindeutig nicht Harry Seidel. Die beiden blieben in ihrem gefährlichen Versteck. Dann hörten sie wieder die Stimme: »Na, seht ihr, die Schweine sind schon abgehauen!« Erst in diesem Moment wurde ihnen klar, dass ihr Tunnel tatsächlich aufgeflogen war: »Nischt wie weg, dachte ich nur«, sagte einer der beiden dem *Bild*-Reporter. Sie robbten, so schnell sie nur konnten, den achtzig Zentimeter niedrigen Stollen zurück – nur wenige Zentimeter an zehn Pfund hochbrisantem Sprengstoff vorbei.

Wer den Tunnel verriet, ist bis heute unklar. Mindestens 18 DDR-Bürger und zwei Kuriere wurden verurteilt. Gegen Harry Seidel, den »endlich« festgenommenen Staatsfeind Nr. 1 der SED, wurde nur sechs Wochen später ein öffentlicher Schauprozess inszeniert.

Das *Neue Deutschland* druckte Auszüge aus dem Prozessverlauf – selbstverständlich gekürzt um jeden Hinweis, dass es Seidel ausschließlich um Freiheit für fluchtwillige Menschen ging. Stattdessen wurde ihm unterstellt, ein »Terrorist« zu sein, der rücksichtslos von der Schusswaffe Gebrauch gemacht hätte. Außerdem war die Rede davon, dass er Tunnel gegraben hätte, um »Agenten in das Gebiet der DDR einzuschleusen« – dabei ging es stets nur darum, DDR-Bürger in die Freiheit zu holen, denn Personen mit bundesdeutschen oder anderen westlichen Pässen konnten zu jedem Zeitpunkt problemlos nach Ost-Berlin einreisen, hätten also niemals »geschleust« werden müssen. Von der gescheiterten Sprengung des Tunnels war im Obersten Gericht der DDR selbstverständlich keine Rede.

Das Verfahren stand unter direkter Regie des MfS. Peter Alfons

Steiniger, der prominenteste Völkerrechtler der DDR, erstattete ein sehr passendes Gutachten: »Die organisierten imperialistischen Grenzprovokationen sollen die Völker reif machen für den imperialistischen Krieg und die Regierungen aufeinander hetzen. Der Terror im Kleinen soll den Terror im Großen auslösen und einleiten.« Das war zwar unlogisch, denn wenn angeblich hinter den Fluchthelfern ohnehin die westlichen Geheimdienste standen, hätten sich deren Regierungen den Umweg zum vermeintlich gewollten Krieg über die Fluchthelfer auch sparen können. Doch derlei störte die DDR-Richter nicht: Sie verurteilten Seidel zur Höchststrafe: lebenslänglich.

Das Urteil gegen Harry Seidel

Der Angeklagte beging seine umfangreichen Verbrechen aus Feindschaft gegen die DDR, die er wiederholt gegenüber seinen Komplicen zum Ausdruck brachte. […] Die heimtückische Unterminierung der Staatsgrenze durch den Angeklagten zu dem Zweck, Terroristen und Agenten in das Gebiet der DDR

einzuschleusen, stellt ebenso das Unternehmen eines staatsgefährdenden Gewaltaktes dar wie sein wiederholtes Eindringen mit der Absicht, die Schusswaffen gegen die Sicherheitsorgane der DDR anzuwenden, wenn sie sich dem verbrecherischen Handeln der Terroristen entgegenstellten. […] In voller Kenntnis der Tatsache, dass seine Handlungen jederzeit einen in seinen Folgen kaum übersehbaren bewaffneten Konflikt an der Staatsgrenze der DDR auslösen konnten, hat er seine Verbrechen mit ständig steigender Intensität durchgeführt, um der Arbeiter-und-Bauern-Macht schwersten Schaden zuzufügen. Der außergewöhnliche Umfang und die Gefährlichkeit seiner Verbrechen erfordern dauernde Isolierung. Der Senat hat deshalb dem Antrag des Generalstaatsanwaltes der DDR entsprechend auf lebenslanges Zuchthaus erkannt.

Urteil des Obersten Gerichtes der DDR gegen Harry Seidel
vom 29. Dezember 1962

Es war der Höhepunkt in einer ganzen Serie von inszenierten Verfahren gegen Tunnelgräber, denen wilde Vorwürfe gemacht wurden. Westliche Politiker protestierten laut, aber vergeblich. Willy Brandt nannte das Urteil die »Schandtat eines Unrechtsstaats«. Rainer Barzel, der Minister für gesamtdeutsche Fragen, geißelte das Ulbricht-Regime als »zutiefst unmenschliche fremde Gewaltherrschaft«. Seidels Ehefrau und Rainer Hildebrandt, der Gründer der pazifistischen Fluchthelfer- und Flüchtlingsschutzorganisation »Arbeitsgemeinschaft 13. August«, organisierten Protestdemonstrationen an der Mauer. Doch erst nach mehr als vier Jahren Haft konnte die Bundesrepublik Seidel freikaufen. Der ehemalige DDR-Meister im Radrennen wurde nach West-Berlin entlassen. An Fluchthilfeaktionen beteiligte er sich nicht mehr. Aber zumindest seiner guten Kondition hat der mehrjährige Gefängnisaufenthalt nicht geschadet – 1973 errang der Radrennfahrer Harry Seidel den bundesdeutschen Meistertitel im Straßenvierer.[12]

Das Ende des Untertagebaus

Am 15. Oktober 1962, nur eine Woche nach der Festnahme des Fluchthelfers *Eberhard Wittmann* in der Elsenstraße 86, warnte ein Stasi-Offizier seine Vorgesetzten: »Da der Gegner die Praxis der Ausnutzung alter Tunnel in diesem Abschnitt schon zweimal durchgeführt hat, muss mit einer solchen Möglichkeit gerechnet werden.« Ganz ähnlich sahen das auch einige Fluchthelfer, laut Stasi unter anderem Horst Breistroffer und Boris Franzke, und machten sich ganz frech daran, den ersten erfolgreichen Tunnel an der Heidelberger Straße zu reaktivieren.

Am 8. April 1963 gelang ihnen der Durchbruch direkt neben dem säuberlich vermauerten Einstieg des Tunnels ins Haus Heidelberger Straße 75, dessen Entdeckung durch die Stasi gut ein Jahr zuvor zum Tod von Heinz Jercha geführt hatte. Da die Tür des entsprechenden Raumes besonders gesichert war, gingen die Fluchthelfer einfach durch den benachbarten Keller und brachen dazu eine vernagelte Tür zwischen beiden Verschlägen auf. In einer Nacht konnten mindestens sieben, vielleicht aber auch 13 Menschen diesen Fluchtweg nutzen.

Am 9. April 1963 flog dann dieser Stollen auf: »Gegen 17.30 Uhr suchte eine Einwohnerin des Hauses Heidelberger Straße 75 ihren Keller auf und stellte dabei fest, dass die Tür aufgebrochen war. Sie holte daraufhin sofort einen zweiten Bürger aus demselben Haus.« Offenbar handelte es sich dabei um den IM »Naumann«, dessen falsches Spiel schon die Schüsse auf Jercha ermöglicht hatte. Der Stasi-Major K. fuhr sofort an die Grenze und stellte fest: »An der Kellerwand in Richtung Staatsgrenze befindet sich ein Mauerdurchbruch in einem Ausmaß von fünfzig mal sechzig Zentimetern, an den sich ein Tunnel anschließt. Es handelt sich um den Keller, der durch die Gruppe Wagner, Seidel, Jercha im März 1962 für Schleusungen ausgenutzt wurde. Der erneute Durchbruch befindet sich unmittelbar links neben dem vermauerten alten Stollen.«

Nun reichte es der Stasi und den Grenztruppen endgültig. Der bereits vorher vorgeschlagene Sperrgraben entlang der Heidelberger Straße wurde nun mit Hochdruck gebaut. Ein etwa im April 1963 aufgenommenes Foto zeigt einen Bagger, der den zum zweiten Mal benutzten Tunnel zerstört, und eine Fotoserie vom 18. Mai illustriert den Aufwand, mit dem Pioniere hier arbeiteten, wobei sie mehrere Fluchttunnel entdeckten. Ende Mai 1963 zog sich durch die Heidelberger Straße von der Elsen- bis zur Ecke Treptower Straße ein rund drei Meter breiter und mehr als 2,5 Meter tiefer Graben. Er reichte bis an die Grundwasser führenden Schichten heran und wurde offenbar rasch befestigt, sodass »ein Zusammenfallen nicht möglich« war.

Beschleunigt haben dürfte diese Arbeiten eine besonders freche Flucht am 17. April 1963 an der Kreuzung Elsen-/Heidelberger Straße: Ein junger NVA-Mechaniker war mit einem gestohlenen Schützenpanzer durch die Mauer gebrochen. Deshalb galt der Graben in West-Berlin als besondere Sperre gegen Fahrzeuge, doch in Wirklichkeit richtete er sich einzig gegen erneute Tunnelbauten. Er wurde mit der Zeit immer stärker ausgebaut und bis auf Grundwasserniveau betoniert. Damit war jeder unterirdischen Flucht an der Heidelberger Straße ein Riegel vorgeschoben; es hat hier, soweit bekannt, auch keine Versuche mehr gegeben. Die Stasi wollte sich darauf allerdings nicht verlassen: Noch im »Arbeitsplan 1989« des Tunnelzuges wurde die ständige Kontrolle dieses »Tunnelsperrgrabens« als besonders wichtig hervorgehoben.[13]

Konfrontation in Mitte

Tödliche Notwehr

Wie in jedem Jahr seit 1954 gedachte man in West-Berlin auch am Nachmittag des 17. Juni 1962 des Volksaufstandes in der DDR. Im Mittelpunkt der Kundgebung stand eine Rede des Regierenden Bürgermeisters Willy Brandt. Der Lieblingsfeind der SED-Propaganda sprach, zehn Monate nach der Teilung der Stadt durch Stacheldraht und »freies Schussfeld« für die DDR-Grenzer, Klartext: »Ich klage das Regime in Ost-Berlin an: Der Schießbefehl ist ein Bruch der Haager Landkriegsordnung! Sie verbietet die Tötung von Wehrlosen und Verwundeten, sogar im Kriege, sogar zwischen verschiedenen Völkern. Wer diese Regeln bricht, gehört vor ein internationales Gericht! Das gilt auch für Einzelpersonen. Jeder Uniformierte drüben muss das wissen.«

Die Zuhörer feierten Brandt für seine eindeutigen Worte – obwohl der brillante Rhetoriker nichts gesagt hatte, was er nicht schon in der schweren Zeit seit dem Bau der Mauer immer wieder und mitunter auch noch schärfer formuliert hatte. Allein in den vergangenen drei Wochen waren vier Menschen dem Grenzregime zum Opfer gefallen, darunter mit dem 13-jährigen Wolfgang Glöde ein Junge aus Treptow, der keinerlei Fluchtabsichten gehabt hatte. Angesichts solcher Ereignisse fuhr Brandt fort: »Jeder unserer Polizeibeamten und jeder Berliner soll wissen, dass er den Regierenden Bürgermeister hinter sich hat, wenn er seine Pflicht tut, indem er von seinem Recht auf Notwehr Gebrauch macht und indem er verfolgten Landsleuten den ihm möglichen Schutz gewährt.« Er konnte nicht wissen, wie brennend aktuell seine Bemerkung nur 24 Stunden später sein würde.

Von dieser Rede hatte Rudolf Müller zunächst nichts mitbekommen. Denn als Brandt sprach, hockte Müller mit seinem Freund

Klaus Naumann direkt unter dem Kellerboden des Hauses Zimmerstraße 56. Seit drei Wochen hatten die beiden zusammen mit Müllers Brüdern Karl und Horst sowie einigen wenigen weiteren Helfern gegraben. 22 Meter lang war ihr Stollen, drei bis vier Meter unter Straßenniveau, und führte vom Baugelände des Springer-Verlages an der Kochstraße unter der Zimmerstraße hindurch. Nach der schier endlos scheinenden nächtlichen Plackerei waren sie nun unmittelbar vor ihrem Ziel: Nur noch eine Schicht Ziegelsteine trennte ihren Tunnel von Ost-Berlin.

Vorsichtig trugen sie die Erde von unten her ab; den Durchbruch jedoch wagten sie noch nicht. Stattdessen stützten sie den von unten freigelegten und nun mutmaßlich nicht mehr tragfähigen Kellerboden mit Holz ab, damit bei einer eventuellen Kontrolle durch Grenzer alles wie unberührt aussah. Doch vermutlich hätte das einer genauen Untersuchung nicht lange standgehalten. Müller und seinen Freunden war klar, dass sie nur wenig Zeit hatten: So schnell wie möglich, also schon am nächsten Nachmittag, musste die geplante Flucht stattfinden. Die Tunnelgräber krochen zurück, verschlossen den Eingang zu ihrem Stollen und tarnten ihn sorgfältig. Dann setzten sie sich gegen vier Uhr morgens zu einer letzten Besprechung in eine Kneipe, tranken Kaffee, aßen Brötchen mit Jagdwurst und gingen einmal mehr ihren Plan durch.

Hatten sie an alles gedacht? Gab es irgendeine Unaufmerksamkeit, die den Erfolg der Flucht noch verhindern konnte? »Es musste ohne Gefährdung über die Bühne gehen«, erinnerte sich Müller: »Wir hatten doch nicht umsonst die Situation vor Ort ständig beobachtet, sorgfältig registriert, es war tatsächlich möglich, es war die Regel, Besucher des Hauses wurden nicht kontrolliert.« Nun waren die Wochen dauernder schwerster Nachtarbeit vorüber. Die Fluchthelfer verabredeten sich für den kommenden Mittag am Tunneleingang; dann wollten sie den allerletzten Schritt tun und den Kellerboden nach Ost-Berlin durchbrechen.[1]

Doch als sich Rudolf Müller und seine Helfer wenige Stunden später wieder trafen, erwartete sie eine böse Überraschung: Direkt an der Mauer südlich der Zimmerstraße hatte ein West-Berliner Kamerateam seine Gerätschaften aufgebaut. »Mich überkam die große Panik, dachte ich doch, einer von uns oder der Hausmeister von Springer hatte die Leute vom Fernsehen über unseren Plan ins Bild gesetzt. Das wäre der Abbruch gewesen. Denn das hätte die Gefahr für uns ins Unkontrollierbare vergrößert.«

Der Hausmeister, der die geheimen Tunnelbauarbeiten zwei Wochen zuvor entdeckt, in Absprache mit Axel Springer aber geduldet und sogar unterstützt hatte, versuchte Müller zu beruhigen. Die Dreharbeiten hätten nichts mit der geplanten Tunnelflucht zu tun, seien nur ein unglücklicher Zufall: »Die Fernsehleute sind schon seit dem frühen Morgen bei der Arbeit. Sie drehen für den Schulfunk eine Sendung von der Mauer. Am frühen Nachmittag soll das alles beendet sein. Ihr könnt mir glauben, wir haben nichts damit zu tun, der Senat hat das eingefädelt.«

Doch Rudolf Müller beruhigte diese Auskunft kaum: »Die Grenzer drüben ertrugen keine Öffentlichkeit, sie würden vielleicht bei ihren Schandtaten identifiziert. Ich ahnte es schon, bestimmt waren sie aufgedreht, unruhig.« Mit Unbehagen stellte er fest, dass seine Befürchtung begründet war: »Wir beobachteten durchs Fernglas, was sich an unserer Baustelle plus näherer Umgebung tat. Es war schon erschreckend zu sehen, dass alles von gestern nicht mehr zutraf. Die relative Ruhe in diesem Bereich war jetzt nachhaltig gestört.«

Tatsächlich hatte der verantwortliche Offizier für den Grenzbereich zwischen Friedrich- und Kommandantenstraße, Unterleutnant E., seinen Männern klare Anweisungen gegeben: Der Wachturm dürfe nicht benutzt werden, stattdessen sollten alle Posten in dem von den West-Kameras einsehbaren Abschnitt zu Fuß unterwegs sein. Dem Turm an der Jerusalemer Straße, errichtet auf einem Trümmergrundstück etwa vierzig Meter von der gesperrten Kreuzung Zimmer- und Jerusalemer Straße, waren an diesem Montag die beiden Gefreiten Reinhold Huhn und Fritz H. zugewiesen. Doch sie bestiegen ihn befehlsgemäß nicht, sondern patrouillierten an ihrem Grenzabschnitt gemeinsam auf und ab. H. fiel auf, dass jenseits der Mauer ungewöhnlich viel los war: »In der Zeit bis 16 Uhr stellte ich mit meinem Fernglas auf Westberliner Gebiet in Höhe der dortigen Gaststätte ›Zum alten Fritz‹ ca. zehn bis zwölf Zivilisten fest, die sich ständig in der Nähe der Staatsgrenze aufhielten und unser Gebiet beobachteten; einige dieser Personen hatten Ferngläser bei sich. Auffällig wurden mir

1 Sperrgitter gegen Fluchten durch die Kanalisation, unter der Gleimstraße zwischen Prenzlauer Berg und Wedding (zweite Jahreshälfte 1961).

2 Unter Aufsicht steigen Ost-Berliner Kanalarbeiter an der Mauer in den Untergrund (1963).

3 Einstieg in den »Tunnel 28« im Haus der Familie Becker an der Oranienburger Chaussee. Ermittlungsfoto des MfS (Ende Januar 1962).

4 Diese Einbruchstelle im Bahnsteig der Station Wollankstraße verriet den Tunnelbau durch den S-Bahn-Damm (Ende Januar 1962).

5 Blick in den fertiggestellten Teil des Tunnels unter der S-Bahn-Station Wollankstraße. Ermittlungsfoto des MfS (Ende Januar 1962).

6 Pressetermin der DDR-Behörden zum Tunnel Wollankstraße in den durchgebrochenen Gewölben unter dem S-Bahnhof (1. Februar 1962). Rechts DDR-Verkehrsminister Erwin Kramer.

7 Titelseite der *Bild*-Zeitung (Berlin-Ausgabe) zur Flucht durch den »Tunnel 28« (30. Januar 1962).

8 Die Gebrüder Becker hatten den Bau ihres Tunnels fotografiert und die Bilder exklusiv an den Springer Verlag verkauft (30. Januar 1962).

9 Ausstieg im Keller des Ost-Berliner Hauses Heidelberger Straße 75. Tödlich verletzt kroch der Fluchthelfer Heinz Jercha durch diesen Tunnel in den Westen (Ende März 1962).

10 Gedenkkreuz für Jercha an der Kreuzung Elsen-/Heidelberger Straße, etwa 120 Meter vom Tatort entfernt. Heute steht dort eine Gedenktafel (Foto 1990).

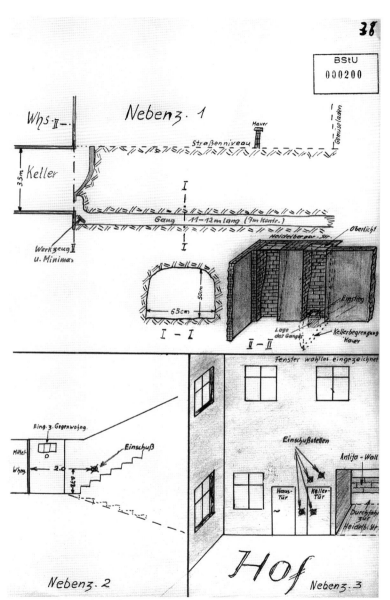

11 Tatortskizzen des MfS zum Mord an Heinz Jercha und zum Tunnel Heidelberger Straße 35 zur Hausnummer 75 (Ende März 1962).

12 Einstieg in den »Rentnertunnel« der Familie Thomas an der Oranienburger Chaussee. Ermittlungsfoto des MfS (Anfang Mai 1962).

13 Nach gelungener Flucht lassen sich einige Rentner auf dem Kurfürstendamm fotografieren (Mitte Mai 1962).

Erregte Zuschauer bedrohten gestern Vera Brühne:

„Hängt die Mörderin!"

Lesen Sie bitte die Seiten 10 und 11

15 Pf
A 2232 A

B.Z.

Nr. 116 · 86. Jahr / Berlin, Sonnabend, 19. Mai 1962
Die größte Zeitung Berlins

Reinickendorf: 12 Männer und Frauen gruben 16 Tage lang

Flucht durch den Tunnel geglückt!

Der Anführer war 81 Jahre alt

Fußball-Weltmeisterschaft

Santiago

Eugen Vietinghoff meldet sich

Der erste Bericht aus Chile

Lesen Sie bitte die Seite 18

B.Z. immer am Ball

Heiter bis wolkig, etwas Regen / 17 Grad

Berlin, 19. Mai. B.Z.
Wieder ist einer größeren Gruppe von Zonenbewohnern die Flucht durch einen selbstgebauten Tunnel geglückt. Zwölf Menschen gruben 16 Tage lang an einem 32 Meter langen Gang. Ihr Anführer war ein 81jähriger Fuhrunternehmer. Gestern berichtete er: „Ich wollte meinen Lebensabend in der Freiheit beschließen. Nicht einmal begraben möchte ich dort drüben sein." (Lesen Sie bitte die Seiten 2 und 3.)

Und heute wieder unser Preisrätsel: ▶ **Wie finden Sie das?** Seite 6

14 Titelseite der West-Berliner Boulevardzeitung *B.Z.* zum »Rentnertunnel« (19. Mai 1962).

15 Nirgends wurden mehr Tunnel gegraben als hier: Kreuzung Elsen-/Heidelberger Straße mit den Sperranlagen, aufgenommen aus Ost-Berlin Anfang 1962.

16 Verschnaufpause im Keller. Veröffentlicht wurde das Bild nach dem Erfolg des »Pfingsttunnels« unter der Heidelberger Straße (Mai/Juni 1962).

17 Tunnelausstieg in der Werksmauer des VEB Bergmann-Borsig, die zugleich Grenzmauer war (Mitte Juni 1962). Beschriftung des Fotos durch West-Berliner Polizei.

18 Diese drei jungen Bergmann-Borsig-Arbeiter gruben sich über Pfingsten von der Werkshalle in die Freiheit (Mitte Juni 1962).

19 Blick auf die Kreuzung Elsen-/Heidelberger Straße, aufgenommen aus West-Berlin 1963. Im Hintergrund erkennbar der fertiggestellte Tunnelsperrgraben.

20 DDR-Grenzsoldaten und MfS-Ermittler (in Zivil) öffnen einen gescheiterten Fluchttunnel unter der Heidelberger Straße (Foto: 13. September 1962).

diese Personen auch, weil sie sich über längere Zeit dort aufhielten und auch den Postenraum der Westpolizei aufsuchten, wo sie mitunter auch aus dem Fenster sahen.«

Angesichts dieser neuen Lage rang Rudolf Müller weiter mit sich: Sollte die Flucht seiner Familie doch noch abgesagt werden? »Es stand fest: Draußen war es in diesem Moment völlig anders, als wir es geplant hatten.« Mit den anderen Tunnelgräbern saß er in einer durch den Einbruch von Erde entstandenen Höhlung am Anfang ihres Tunnels, den sie den »Dom« nannten. Nur sein Bruder Karl war außerhalb des Tunnels und beobachtete die Situation. Nach einiger Zeit konnte er vermelden, dass die Dreharbeiten tatsächlich beendet seien und die DDR-Grenzer langsam zur Ruhe kämen. Rudolf Müller stellte seinen Helfern die entscheidende Frage: »Packen wir's?« Alle stimmten ihm zu – eine Entscheidung ohne wirkliche Alternative, denn die Fluchtwilligen, per Boten über den Treffpunkt am Dönhoffplatz* Ecke Jerusalemer Straße und per Telegramm (»Gratuliere zum sechsten Hochzeitstag am 18. Juni 1962. Dein Rudi«) über die Treffzeit 18 Uhr informiert, waren bereits auf dem Weg; ein Signal zum Abbruch aber war gar nicht vereinbart.[2]

Also robbten Rudolf Müller und sein Bruder Horst vor bis unter den Kellerboden der Zimmerstraße 56 und begannen, von unten die Ziegel zu lockern. Doch das erwies sich als schwieriger als erwartet, denn der Mörtel zwischen den Steinen war betonhart und der Boden zusätzlich irgendwann geteert worden. Die beiden Müllers brauchten, auch mit Unterstützung durch einen weiteren Bruder, viel länger als geplant für den Durchbruch – und als der unerwartet stabile Boden endlich rohem Druck nachgab, polterte es laut: Die Stollengräber hatten mehrere Waschwannen und ähnlichen Krempel umgeworfen, mit dem der Kellerraum voll gestellt war.

Jetzt musste sich Rudolf Müller beeilen, denn der verabredete Zeitpunkt für das Treffen mit seiner Frau, den beiden gemeinsamen Kindern und seiner Schwägerin war bereits verstrichen. Er

---

* Ehemals zwischen Jerusalemer, Krausen-, Leipziger und Kommandantenstraße gelegen, die damals noch (an der Stelle, wo sich heute das versetzte Teilstück der Jerusalemer Straße befindet) im spitzen Winkel in die Leipziger Straße einmündete. An seiner Stelle steht heute ein Plattenbau.

klopfte sich rasch den Sand von der Kleidung, denn niemand durfte Verdacht schöpfen, dass er auf nicht ganz gewöhnliche Weise nach Ost-Berlin gekommen war. Dann schlängelte sich Müller durch ihm bisher völlig unbekannte Kellergänge und eine Hoftreppe ins Freie. Erleichtert stellte er fest, dass der Tunnel im richtigen Haus endete: Man konnte den Hof betreten, ohne von DDR-Grenzern kontrolliert zu werden. Zwar verlief unmittelbar vor dem Zugang zum Hof der erste Stacheldraht, doch der grenzte die hier nach Nordosten abbiegende Sperrzone ab.

Müller ging gezwungen langsam und betont unauffällig knapp 300 Meter die Jerusalemer Straße entlang Richtung Dönhoffplatz: »An der Ecke Krausen-/Jerusalemer Straße sah ich schon meine Familie. Nicht mehr lange, es war nicht mehr weit, und ich würde auf meine Frau, meine Schwägerin und die Kinder treffen.« Doch all seiner Vorsicht zum Trotz war er bereits dem Doppelposten an der Jerusalemer Straße aufgefallen, wie Fritz H. später aussagte: »Nach 17 Uhr, es kann gegen 17.30 Uhr gewesen sein [tatsächlich etwa 18.30 Uhr] bemerkte der Genosse Huhn plötzlich eine männliche Person in der Jerusalemer Straße in der Höhe der Schützenstraße, die aus Richtung des Grenzgebietes gekommen sein musste. Unsere Annahme war sofort, dass diese Person aus dem Haus Zimmerstraße 56 gekommen sein musste.«

Huhn und H. verfolgten, wie der unbekannte Mann die Jerusalemer Straße hinauf in Richtung Leipziger Straße ging; sie waren sich einig, ihn zu kontrollieren, wenn er sich wieder der Grenze näherte. Zum Glück für die Müllers bekamen die beiden Männer des Grenzpostens 5 nicht mit, wie sich der kleine Christian vor Freude, seinen Vater nach langer Zeit zum ersten Mal wiederzusehen, von seiner Mutter losriss und mit einem Freudenschrei die letzten Meter auf seinen Papa zurannte: »Was blieb mir übrig, ich fing ihn auf und drückte ihn.«

Nach einer kurzen Pause machten sich der Fluchthelfer, seine Frau und deren Schwester sowie die zwei Kinder auf den Rückweg zum Haus Zimmerstraße 56; dort warteten im Hof und im Keller Rudolf Müllers Brüder auf die Flüchtlinge. Unterwegs fiel Müller noch eine Frau mit Blumenstrauß auf – das verabredete Zeichen für eine weitere Fluchtwillige eines Mitgräbers. Er sprach sie an: »Hallo, sind Sie Frau Lebrock? Wollen Sie auch zum Geburtstag?« Sie nickte, doch im selben Moment sprach ihn seine Frau an: »Schau mal nach rechts rüber, was da kommt!« Müller drehte den Kopf: »Mich trifft der Schlag. Im Sturmschritt kamen da zwei Grenzposten mit Sturmgewehren quer über das Trümmergrundstück auf uns zugelaufen. ›Jetzt ist alles vorbei‹, raste es mir durch den Kopf, ›die sind alarmiert worden!‹« Ihm erschien die Situation spontan wie eine Treibjagd, eine Treibjagd auf Menschen, und nun auch auf seine Familie.

»Gegen 18.50 Uhr tauchte dieselbe männliche Person wieder auf«, berichtete H. den Stasi-Ermittlern. »Genosse Huhn und ich hatten in dieser Person sofort dieselbe wiedererkannt, die wir zuerst nur von hinten festgestellt hatten.« Den Grenzposten fiel auf, dass sich nun fünf Personen auffällig schnell Richtung Grenze bewegten – laut den Befehlen ihrer Vorgesetzten war das ein klarer Fall, bei dem sie eingreifen mussten. Fluchten waren zu verhindern, um jeden Preis – auch wenn es Menschenleben kosten sollte.

H. blieb etwas zurück und stand mit entsicherter Waffe am Postenturm, Huhn dagegen lief vor bis direkt an den Stacheldrahtzaun, der hier das Sperrgebiet von der zugänglichen Jerusalemer Straße trennte, und rief in Befehlston: »Halt, stehen bleiben! Sofort stehen bleiben! Weisen Sie sich aus!« Rudolf Müller, drei Meter hinter den beiden Frauen unterwegs, drehte sich zu Huhn um und ging langsam auf ihn zu. Als er noch ein bis zwei Meter entfernt war, sagte er zu dem Grenzposten auf der anderen Seite des Stacheldrahts: »Mensch, mach doch keinen Scheiß, ich bin doch gerade hier vorbeigekommen. Du hast mich doch gesehen. Wir wollen zum Geburtstag.« Doch Reinhold Huhn ließ nicht locker. Er trug seine Maschinenpistole zwar mit dem Lederriemen über der Schulter, hatte aber dennoch befehlsgemäß die Hand am Abzug, konnte die Waffe also jederzeit heben. Und genau das tat er nun.[3]

In diesem Moment traf Rudolf Müller eine spontane Entscheidung. Er spürte die Pistole, die er unter einer Weste versteckt trug. Eigentlich hatte er gar keine Waffe mitnehmen wollen, doch einer der Helfer hatte sie ihm in die Hand gedrückt. Müller hatte sie nur benutzen wollen, um sich im schlimmsten Falle selbst das Leben zu nehmen. Lieber sterben, als noch einmal Monate in einem Stasi-Gefängnis verbringen zu müssen wie damals nach dem 17. Juni 1953! Doch jetzt sah er keine andere Möglichkeit mehr – und riss die Pistole hervor.

Huhn sah die rasche Bewegung und zuckte. Wahrscheinlich wollte er seine Maschinenpistole auf den Fluchthelfer richten, doch da hatte Müller schon geschossen: »Beim Abdrücken sah ich nur seine Hand, seinen Arm, die Waffe, in dieser verzweifelten Situation, nicht mehr Herr der Sinne, gab es nur ein Ziel, ihn zu treffen, seinen Arm, seine Hand, er durfte nicht schießen.« Das tat er dann auch nicht mehr. Reinhold Huhn war getroffen, genau durchs Herz, wie die spätere Obduktion ergab. Eine zweite Kugel blieb als Steckschuss im Schulterblatt Huhns stecken; unklar blieb jedoch, wer sie abgefeuert hatte. Sektionsprotokolle fälschte sich die Stasi nämlich routiniert so zurecht, wie sie es gerade brauchte. Nach dem ersten, dem tödlichen Schuss herrschte nur Bruchteile einer Sekunde und doch unwirklich lang Stille am Hofeingang zum Haus Zimmerstraße 56.

Der Grenzposten brach zusammen, doch sein ein paar Dutzend Meter entfernt stehender Kamerad Fritz H. reagierte schnell: »Ich sprang sofort in unseren Postenturm und eröffnete aus einer Scharte das Feuer auf den Flüchtenden.« Rudolf Müller, noch starr vor Schreck über seinen eigenen Schuss, brauchte minimal länger: »Dann ein ungeheurer Lärm, Schüsse, Dauerfeuer brach über uns herein. Schreien konnte ich nur noch: ›Rennt, rennt!‹ In wahnsinniger Angst. ›Er schießt, er schießt!‹ Dachte, es sei immer noch der Grenzer, der uns aufgehalten hatte. Zwischen unseren Füßen sah ich Dreck hochspritzen. Die Geschosse peitschten ihn hoch.«

Trotzdem schafften es die fünf, den schmalen Zugang zum Hof unversehrt hinter sich zu bringen; nur Müllers Schwägerin wurde durch einen Splitter am Fuß leicht verletzt. Seine Brüder nahmen die Flüchtlinge in Empfang und stopften sie geradezu in den engen Tunneleingang hinein. In wilder Hast verbarrikadierte Rudolf Müller den Kellerraum von innen mit einer Bohle, dann schlüpfte er als Letzter in den Stollen und kurz darauf jenseits der Mauer wieder hinaus.

Doch noch war die Gefahr nicht gebannt: »Die schießen über die Mauer, schnell in Deckung!«, rief jemand Rudolf Müller zu. Tatsächlich hatten DDR-Grenzer in den vergangenen Monaten immer wieder die strikte Anweisung, keinesfalls nach West-Berlin hinein zu feuern, missachtet, wenn sie nur so eine Flucht verhindern oder »wenigstens« den Flüchtling töten konnten; dass sie dafür zur Rechenschaft gezogen worden wären, ist nicht bekannt. Es bestand also ein großes Risiko. Doch die Umgebung schützte sie: Gedeckt durch den Bauzaun und ironischerweise durch die Mauer selbst wurden Rudolf Müller und seine Familie die wenigen Dutzend Meter hinüber zum Gebäude des Springer-Verlages geführt. In diesem Flachbau lagen neben der hochmodernen, erst zwei Jahre zuvor eingeweihten Rotationsdruckerei auch die Büros der *Bild*-Zeitung.

Hierher brachte man die Müllers erst einmal, und hierher kam auch ein Mann vom Staatsschutz, der dem Fluchthelfer sofort sagte: »Sie haben nicht geschossen; wenn Sie das zugeben, haben Sie keine ruhige Minute mehr!« Doch als er diese Empfehlung hörte, hatte Müller schon einigen Journalisten auf die Frage geantwortet, wie oft er geschossen habe: »Einmal. Der Mann fiel sofort um.« Der *Spiegel* berichtete darüber, und spätestens damit war die ohnehin kurzsichtige Verleugnungsstrategie des West-Berliner Staatsschutzes hinfällig. Trotzdem unternahm Egon Bahr, Presse- und Strippenzieher Willy Brandts, mit einem Leserbrief an den *Spiegel* den aussichtslosen Versuch, die Staatsschutz-Version aufrechtzuerhalten: »Ich habe mit Befremden feststellen müssen, dass der ›Spiegel‹ die Tatsache einer amtlichen Vernehmung und eine über sie erfolgte Verlautbarung in seiner Berichterstattung unberücksichtigt lässt.«[4]

Rudolf Müller und seine Familie glaubten, jetzt das Schlimmste hinter sich zu haben. Sie wurden in ihre Wohnung in der Nostitzstraße in Kreuzberg gebracht. Am nächsten Morgen erschien die Berliner Ausgabe der *Bild*-Zeitung mit der Schlagzeile: »Berlin: Vopo von Vopos erschossen«. Rudolf Müller wusste, dass dies nicht der Wahrheit entsprach, aber das war jetzt unbedeutend. Als dann plötzlich die West-Berliner Kriminalpolizei vor seiner Wohnungstür stand, wurde ihm klar, dass die gelungene Flucht nicht das Ende seiner Probleme sein würde. In Ost-Berlin verkündeten Lautsprecherwagen seinen Namen und seine komplette Adresse. Sie nannten ihn einen »Meuchelmörder«, und in den aus der SED-Zentrale gesteuerten Zeitungen erschien sogar ein Foto von ihm sowie weitere wüste Behauptungen, er sei ein seit langem bekannter US-Spion und habe im Auftrag Axel Springers einen »Grenzzwischenfall« provoziert – er habe sogar schon vorher erfolglos versucht, »Agentenschleusen zu schaffen«.

Das war natürlich Unsinn, hielt die SED-Propaganda aber nicht davon ab, den Tatort der Schießerei am 20. Juni einigen Journalisten aus der DDR und den Ostblockstaaten vorzuführen. Intern gingen die DDR-Behörden mit dem Zwischenfall rigide um: »Das Verhalten des Postenführers, Gefreiten H., und des tödlich verletzten Postens, Gefreiten Huhn, war taktisch falsch.« Zwar hätten die beiden befehlsgemäß Meldung gemacht und Verstärkung angefordert, als ihnen die »Verdächtigen« in ihrem Abschnitt aufgefallen waren. Doch dann hätten sie falsch gehandelt: »Bei der Kontrolle der Personen gab der Genosse Gefreiter H. als Postenführer keinen Feuerschutz und verhielt sich falsch. Gefreiter H. war vermutlich vor Aufregung nicht in der Lage, durch Beziehen einer günstigeren Feuerstellung fortgesetzt gezieltes Feuer auf den Banditen abzugeben.« Die Grenzoffiziere kreideten also Huhns Kameraden H. an, dass er weder die Flüchtlinge noch den vermeintlichen »Banditen« Rudolf Müller erschossen hatte.

Die US-Schutzmacht reagierte auf die immer harscheren Vorwürfe der ostdeutschen Behörden. Die gesamte Familie Müller sollte nach Westdeutschland ausgeflogen werden. Doch der Weg zum Flughafen war kompliziert. Mit einem VW-Bus wurden sie zuerst zu einer Kaserne gebracht: »Hier standen drei Militärbusse. In einen von diesen mussten wir einsteigen, und die Fahrt ging weiter. Jetzt erst begriff ich, was eigentlich abging. Es bestand wohl ernsthaft bei den Amerikanern die Befürchtung, dass die von drüben uns, aber in erster Linie mich, in den Osten abschleppen wollten. Alle drei Busse fuhren in verschiedene Richtungen, es war wie in einem Film.« Auf dem Flugfeld wartete schon eine Militärmaschine auf die Familie, die sofort startete und in den Luftkorridor nach Frankfurt einflog. Doch noch war die Angst nicht gebannt: »Wir starrten alle aus den kleinen Fenstern der Maschine, in der Erwartung, russische oder DDR-Jagdflieger, die uns zum Landen zwingen könnten, zu sehen.«

Doch nichts geschah. Einen internationalen Zwischenfall zwischen den vor Atomwaffen starrenden Supermächten wollte die

DDR-Führung offenbar nicht riskieren. Die Maschine landete auf der Rhein-Main Air Base, die Müllers wurden in eine US-Kaserne nach Oberursel gebracht, wo sie drei Wochen blieben. Jetzt waren sie zusammen und in Sicherheit. Dass Jahrzehnte später doch noch ein Verfahren wegen des Todes von Reinhold Huhn gegen ihn eröffnet würde, konnte sich Rudolf Müller nicht vorstellen.[5]

Die Version der DDR-Propaganda

Berlin (ADN) – Die Pressestelle des Ministeriums des Inneren der DDR teilt mit: Wie die zur Aufdeckung der Hintergründe des mit Billigung und Unterstützung der Westberliner Polizei organisierten schweren Grenzzwischenfalls im Abschnitt der Jerusalemer Straße am 18. Juni 1962 geführten Ermittlungen ergaben, sind die Hintermänner des Meuchelmordes an dem Unteroffizier der Grenzsicherungskräfte der DDR Reinhold Paul Huhn in den Reihen der Westberliner Agentenzentralen und Geheimdienste zu suchen. Der Mörder des Grenzsoldaten ist der Westberliner Rudolf Müller, geboren am 22. Februar 1931, wohnhaft in Berlin-Kreuzberg, Nostitzstraße 42. Müller hat seit 1953 engste Verbindungen zu den Agentenzentralen in Westberlin und den Geheimdiensten der westlichen Besatzungsmächte. Im Auftrage dieser Zentralen hatte Müller bereits zuvor versucht, ähnliche Zwischenfälle an der Staatsgrenze der DDR in Berlin herbeizuführen und Agentenschleusen zu schaffen. Einer seiner Helfershelfer bei derartigen Aktionen war der Student der sogenannten Technischen Universität in Westberlin Eberhard Ganter, geboren am 7. Februar 1942, wohnhaft in Berlin-Charlottenburg. Ganter, der dingfest gemacht werden konnte, gab an, dass Rudolf Müller bei solchen verbrecherischen Handlungen stets »das größte Risiko einkalkulierte«.

Die am Tatort gefundenen Patronenhülsen sowie die bei der Obduktion sichergestellten Geschosse konnten durch kriminaltechnische Untersuchungen eindeutig als nach 1945 in Westdeutschland hergestellt identifiziert werden. Sie trugen die Fabrikmarke »Ceco« und hatten das Kaliber 7,65 Millimeter. Dass dieser verbrecherische Anschlag von langer Hand vorbereitet und organisiert worden war, beweisen sowohl der Sachverhalt als auch die bisherigen Ergebnisse der geführten Untersuchungen. Es wurde einwandfrei festgestellt, dass ein unterirdischer Stollen, durch den der Mörder in die DDR eindrang, von dem unmittelbar an der Staatsgrenze gelegenen Baugelände des Springer-Konzerns in das Kellergewölbe eines im demokratischen Berlin gelegenen Gebäudes vorgetrieben wurde. Das wird auch dadurch bestätigt, dass am Tunnelausgang keinerlei Grab- oder Sandspuren vorhanden waren und der Kellerboden gewaltsam von unten durchbrochen wurde. Seit den frühen Nachmittagsstunden des 18. Juni 1962 wurden die Westberliner Polizei- und Zollkräfte im Grenzabschnitt Jerusalemer Straße wesentlich verstärkt. Zahlreiche Angehörige der Westberliner Schutzpolizei, der Bereitschaftspolizei und des Zolls hielten sich in unmittelbarer Nähe am Ort des schweren Grenzzwischenfalls auf und deckten den provokatorischen Anschlag gegen die Staatsgrenze der DDR. Von dem Dach des direkt an der Staatsgrenze gelegenen Hochhauses des Springer-Konzerns beobachteten Zivilpersonen alle Vorbereitungen für diesen verbrecherischen Anschlag.

Mit Wissen des Senatspresseamtes waren bereits am frühen Nachmittag Aufnahmestäbe des Westberliner Senders SFB und des Norddeutschen Rundfunks aufgefahren und bereiteten alles vor, die geplante Provokation in Bild und Ton festzuhalten. Noch am Vormittag des 19. Juni waren Kameraleute der beiden Fernsehstationen unter dem Schutz der eingesetzten Westberliner Polizei dabei, den Ort des am vergangenen Tage organisierten verbrecherischen Anschlages auf die Grenzsicherungsanlagen der DDR zu filmen.

Neues Deutschland, 21. Juni 1962

Eine mörderische Falle

Die Staatssicherheit setzte klare Prioritäten: Eine Tunnelflucht zu verhindern war gut, aber besser war es, gleichzeitig auch noch die Stollengräber dauerhaft auszuschalten. Denn Fluchthelfer oder Fluchtwillige, die verhaftet, verletzt oder tot waren, unternahmen keine weiteren »Angriffe auf die Staatsgrenze Berlin der DDR«. Eine ideale Chance dafür ergab sich am 4. Juni 1962. Ein Spitzel, der IM »Pankow« alias Jürgen H., wandte sich an seinen Führungsoffizier Leutnant Karl-Heinz D. und gab gleich zwei wichtige Informationen weiter: über einen bislang den Grenztruppen unbekannten Fluchtweg über den Bahndamm zwischen den S-Bahnstationen Friedrichstraße und Lehrter Stadtbahnhof – und über einen Fluchttunnel, der gerade im Bau war: »Zu diesem Zweck wurde in der Westberliner Sebastianstraße ein leer stehender Laden gemietet, von dessen Keller ein Gang unter der Straße bis zum ersten Neubaublock (Heinrich-Heine-Straße) gegraben wird. Gesamtlänge 18 Meter, Höhe ein Meter, Breite 0,75 Meter. Ca. acht Meter sind bereits fertiggestellt. Die Aktion soll noch vor Pfingsten abgeschlossen sein.« Das wollte die Stasi um jeden Preis verhindern.

Also startete ihre Berliner Bezirksverwaltung sofort umfangreiche Ermittlungen. Als Erstes wurde ein Spitzel zu den in Frage kommenden Häusern auf West-Berliner Seite der Mauer geschickt. Der offensichtlich mit den Voraussetzungen eines Tunnelbaus vertraute Mann schaute sich besonders genau um. Die erst wenige Jahre alten Wohnblocks in der Sebastianstraße 78 bis 80 schloss er als Ausgangspunkt des Tunnels aus – niemand grub von einem in massivem Beton ausgeführten Keller aus einen Fluchtstollen. In Frage kamen dagegen die beiden nächsten Häuser. Auch den Altbau Sebastianstraße 81 glaubte der Agent schnell ausschließen zu können: »Im Hause Nr. 81 befindet sich rechts neben dem Eingang eine freistehende Kellerwohnung, die jedoch aufgrund ihrer Lage für den Ausgangspunkt kaum in Frage kommt. Links neben der Eingangstür des gleichen Hauses befindet sich ein Lebensmittelgeschäft, das noch in Betrieb ist.«

Dafür war die Überprüfung der nächsten Adresse ein Volltreffer: »Anschließend an dieses Gebäude grenzt das Haus Nr. 82. Rechts vom Eingang dieses Hauses ist ein Bäckerladen (außer Betrieb!) und eine unbewohnte Kellerwohnung. [...] Wie unsere Grenzposten beobachtet haben, sind in den letzten Tagen die Rollos verschiedentlich hochgezogen gewesen, ohne dass der Laden in Betrieb ist.« Doch die Überprüfung ergab noch mehr: »Auf dem Hof des Hauses Nr. 82 waren an verschiedenen Stellen zwei Haufen Bauschutt festzustellen. Der Schutt war frisch und noch keinen Witterungsbedingungen ausgesetzt.« Außerdem vermerkt der Spitzel, dass es vom Hof eine Ausfahrt Richtung Süden gab, die für Lastwagen geeignet war. So könnte weiterer verdächtiger Aushub abtransportiert worden sein.[6]

Gleichzeitig wurde eine besonders genaue Untersuchung des Todesstreifens zwischen Alexandrinen- und Luckauer Straße angeordnet, der hier die gesamte Breite der Sebastianstraße einnahm. Dabei stellte ein MfS-Unteroffizier fest, dass vor dem Haus mit der Nummer 45 in der Sebastianstraße unter einer Gehwegplatte ein etwa zwei Meter tiefes Loch entdeckt worden sei. Irreführend hielt der Bericht fest, es habe sich um das Haus Sebastianstraße 45 gehandelt – doch diese Hausnummer war rund 400 Meter entfernt. In Wirklichkeit befand sich das zufällig entdeckte Loch vor dem Haus Heinrich-Heinrich-Straße 45. Mit dem vom IM »Pankow« verratenen Tunnel hatte es allerdings nichts zu tun, aber das wusste die Stasi zu diesem Zeitpunkt nicht und überwachte die Entdeckung genau.

Die Stasi richtete Beobachtungspunkte ein, »von welchen aus die Eingänge des unmittelbar an der Staatsgrenze stehenden Wohnblocks unter Kontrolle gehalten werden können«. Die unauffällig vorgenommene Überprüfung brachte bald auch gegenüber der Heinrich-Heine-Straße 48/49 konkretere und eindeutige Ergebnisse: Ein Vorarbeiter (»Brigadier«) des VEB Grünanlagen- und Sportplatzbau, der mit der »Herrichtung freien Schussfeldes« auf dem Todesstreifen beauftragt war, entdeckte am 7. Juni 1962 unter einer Platte des gesperrten Gehweges einen etwa drei Meter tiefen Schacht: »Die Überprüfung der erhaltenen Mitteilung ergab, dass es sich hierbei vermutlich um einen Luftschacht eines von Westberliner Gebiet (Sebastianstraße) in das demokratische Berlin vorgetriebenen Tunnels handelt. Der Lage des Schachtes entsprechend konnte angenommen werden, dass es sich um den bereits bekannten Tunnel handelt.«

Oberst Erich Wichert, der Chef der Stasi-Bezirksverwaltung Berlin, hatte sich entschlossen, die Information des Spitzels für einen Schlag gegen die West-Berliner Tunnelgräberszene zu nutzen. Die Operation erhielt den Decknamen »Maulwürfe« und bekam Priorität. Dazu gehörte, dass der IM besonders aktiv wurde, wofür die Stasi allerdings eine ungewöhnliche Zusage machen musste: Seine fluchtwillige Schwester, über deren Hoffnung auf den Tunnel er überhaupt von dem Projekt erfahren hatte, solle nicht inhaftiert werden: »Nach seiner Einschätzung will sie nur zu ihrem Mann, weil sie darin den Vater ihrer Kinder sieht. Hier würde sie mit 21 Jahren und zwei Kindern keinen Mann mehr bekommen.«

Leutnant D. blieb in stetem Kontakt mit seinem Informanten. Getreu berichtete der IM von mehreren Kontaktaufnahmen über die Mauer hinweg, durch Kuriere (einen westdeutschen Studenten und einen Dänen) und Notizen, die mit einer Zwille über die Mauer geschossen wurden. Um bei den Fluchtwilligen nicht durch den Eindruck zu großer Ruhe Misstrauen aufkommen zu lassen, verhaftete die Stasi einige Personen aus ihrem Umkreis und auch einen Kurier – allerdings so, dass jeder Verdacht vermieden wurde, der Tunnel sei aufgeflogen. Am 20. Juni ersuchte dann »Pankow« um einen Treff mit seinem Führungsoffizier. Am Vorabend hatte er sich offenbar an der Korsörer Straße in Prenzlauer Berg über den Todesstreifen hinweg mit dem Initiator des Tunnelprojekts, Dieter Hötger, verständigt. Auf westlicher Seite, im Wedding, war an diesem Abend auch Siegfried Noffke dabei, der durch den Fluchtstollen seine Frau und seinen knapp anderthalbjährigen Sohn *Robert* in die Freiheit holen wollte. Trotz des Risikos erfuhr der IM, dass der Bau des Tunnels zügig vorangehe und wann mit dem Durchbruch zu rechnen sei.[7]

Es waren noch nur wenige Tage bis zum Fluchtversuch. Geplanter Zeitpunkt war der 23. Juni um zehn Uhr vormittags, ein Sonnabend. Da Gebäude in unmittelbarer Grenznähe abends nur mit Passierscheinen betreten werden durften, tagsüber aber ungehindert, war ein Vormittag am Wochenende ideal. IM »Pankow« hatte angeboten, im Keller des Hauses Heinrich-Heine-

Straße zu sitzen und die Tunnelgräber notfalls per Klopfzeichen zu steuern, damit sie den Durchbruch auch an der richtigen Stelle unternahmen. Dass es sich um eine Falle handeln könnte, kam den Fluchthelfern nicht in den Sinn.

Zu diesem Zeitpunkt war ihr Vorhaben übrigens auch auf westlicher Seite bereits der Polizei bekannt. Als Hötger eines Abends nach seiner Arbeit zur Sebastianstraße gekommen war, um wie üblich nachts den Tunnel weiter voranzutreiben, hatte ihn plötzlich ein uniformierter Beamter angesprochen: »Was machen Sie denn hier? Wollen Sie einbrechen?« Hötger fragte geistesgegenwärtig zurück: »Wie kommen Sie denn darauf? Ich wohne hier.« Doch der Polizist ließ nicht locker und wollte Hötgers »Wohnung« sehen – in der sich vor allem Sand befand. Wahrscheinlich verstand er sofort, worauf er hier gestoßen war. Jedenfalls sagte er nur noch: »Was ist denn hier los? Na, schließen Sie mal wieder ab, und denn kommen Sie mit!« Zusammen gingen die beiden auf das nächste Revier; nach zehn Minuten kam der Revierleiter zu Hötger, der sich nun für Ehrlichkeit entschied: »Ich baue einen Tunnel. Ich will meine Familie rüberholen und ein paar andere Personen.« Der Kommissar fragte ihn, ob er sich des Risikos bewusst sei – immerhin waren schon einige Fluchthelfer erschossen worden. Der Tunnelgräber wusste das natürlich, und so überraschte ihn auch nicht, was der Revierleiter als Nächstes sagte: »Wenn es mal hart auf hart kommt – ich kann Sie nicht unterstützen.« Trotzdem stellte der leitende Beamte später, am Tag des geplanten Durchbruchs, einige Polizisten ab, um im Falle eines Falles DDR-Grenzer vom Schießen über die Mauer hinweg abzuschrecken.

Ganz anders waren die Möglichkeiten der Staatssicherheit. Die MfS-Bezirksverwaltung hatte einen genauen Plan zum »Abschluss des Operativvorgangs ›Maulwürfe‹« aufgestellt: »Das Ziel der weiteren Maßnahmen besteht 1. in der Festnahme der Tunnelbauer, 2. Festnahme der Personen, die geschleust werden sollen, 3. Absicherung der Staatsgrenze in diesem Abschnitt, 4. Herauslösen des IM aus diesem Vorgang.« Der Spitzel rückte nun in den Mittelpunkt der Aktion. H. sollte nicht nur beim Durchbruch helfen, sondern – gemäß dem Wunsch der Fluchthelfer nach möglichst wenigen voll informierten Mitwissern – auch noch die Fluchtwilligen zum Tunneleingang bringen.

Doch die Stasi war vorbereitet: »Bis zu diesem Zeitpunkt muss bereits eine Festnahmegruppe in einer Stärke von 1 : 7 im Keller untergebracht sein. Es muss gewährleistet werden, dass alle Vorgänge im Hauskeller durch die Festnahmegruppe unter Kontrolle gehalten werden können.« Zum Leiter vor Ort wurde der Unterleutnant Herbert L. von der Stasi-Abteilung VIII bestimmt. Ab dem 23. Juni um sechs Uhr morgens hielt sich seine Gruppe in einer Baracke des benachbarten Grenzübergangs Heinrich-Heine-Straße in Bereitschaft. Drei der Männer sollten sich unter der Kellertreppe verstecken, zwei weitere im Hausflur dafür sorgen, dass keine Hausbewohner in den Keller gingen. Im Keller selbst sollte sich nur IM »Pankow« aufhalten, doch die Stasi-Leute wollten den Überblick behalten und bohrten deshalb ein kleines Guckloch in die Kellertür.

Der Plan zur »Liquidierung« des Fluchttunnels war perfide: Sobald die West-Berliner Fluchthelfer den Kellerboden durchbrochen hatten und sich auf Ost-Berliner Gebiet befanden, sollte eine Grenzstreife durch den entdeckten Luftschacht zwei mit Stacheldraht umwickelte Stangen hinunterstoßen und Nebelkerzen hineinwerfen, um auf diese Weise den Rückweg abzuschneiden. Dreißig Sekunden später sollte die Festnahmegruppe eingreifen. Sicherheitshalber – die Schießerei bei der Tunnelflucht unter der Zimmerstraße war erst vier Tage her – ließ die Stasi einen Krankenwagen bereitstellen – und einen Schützenpanzer, um eventuelle Reaktionen auf West-Berliner Seite wirksam »bekämpfen« zu können.[8]

In der Nacht vom 22. auf den 23. Juni waren Hötger und Noffke unter das Haus Heinrich-Heine-Straße 49 vorgestoßen. Zu diesem Zeitpunkt hatte IM »Pankow« die Namen der vorgesehenen Flüchtlinge, alles Verwandte der Fluchthelfer, bereits verraten. Doch dann geriet der Plan aus dem Takt – und damit die Maßnahmen der Stasi: »Als die Schleusung erfolgen sollte, gab einer der Provokateure unserem IM, der sich bereits im Keller des Hauses Heinrich-Heine-Straße 49 befand und durch das Kellerfenster auf die Westseite sah, ein Zeichen, dass der Durchbruch nicht erfolgt und eine weitere Zusammenkunft am Gleimtunnel notwendig ist.« Jürgen H. informierte den Festnahmetrupp und machte sich auf den Weg nach Prenzlauer Berg. Doch hier nahmen ihn einige übereifrige DDR-Grenzer fest, weil sie seine Annäherung an die vermauerte S-Bahn-Unterführung verdächtig fanden. Das war zwar ärgerlich, aber der MfS-Major K. sah den positiven Aspekt: Die »Provokateure« hatten von West-Berlin aus sehen können, wie ihr vermeintlicher Unterstützer abgeführt wurde – das stärkte seine Glaubwürdigkeit. Bald kam der Spitzel frei und schickte ein Telegramm mit einem neuen Treffpunkt an der Mauer nach West-Berlin. Hier verständigten sich IM »Pankow« und Noffke, den Durchbruch am nächsten Tag gegen 15 Uhr zu wagen.

Doch auch an diesem Sonntag kam es nicht dazu, ebenso wenig am Montag, am Dienstag und am Mittwoch. Gerade die letzten Meter unter dem Neubau auf Ost-Berliner Seite dauerten länger, als Hötger und Noffke erwartet hatten. Von der Falle ahnten die beiden noch immer nichts. Erst am 28. Juni, einem Donnerstag, kurz vor Mittag war es so weit: »Ich habe neben der tragenden Wand den Sand immer mehr weggegraben. Dann ist der Rest heruntergefallen und ich konnte den Kellerboden von unten sehen.«

Hötger und Noffke drückten eine stabile Platte gegen den Fußboden und setzten dann einen Wagenheber an: »Der Kellerboden ging dann ganz einfach hoch.« Das dürfte an der minderen Qualität des bei diesen erst wenige Jahre alten Neubauten verwendeten Zements gelegen haben. Der Durchbruch selbst dauerte nur eine halbe, höchstens eine Dreiviertelstunde, dann stieg Dieter Hötger als Erster aus dem Loch im Boden und sah sich um: »Ich habe den H. hinter der Tür sitzen sehen. Das war ja so verabredet gewesen.« Die Anwesenheit des IM sollte die Fluchthelfer in Sicherheit wiegen – während durch das Guckloch in der Kellertür Unterleutnant L. zusah und Leutnant D. bereitstand, per Sprechfunk den Grenzsoldaten auf dem Todesstreifen das Signal zum Blockieren des Tunnels zu geben.

Über die weiteren Ereignisse hielt der Adjutant von Oberst Wichert im ersten, kaum eine Stunde später verfassten Bericht fest: »Gegen 12.15 Uhr war der Durchbruch so weit vorangetrieben, dass man von einem ca. 50 mal 60 cm großen Loch sprechen kann. Diese Arbeit wurde von der Festnahmegruppe der Verwaltung beobachtet und gegen 12.15 Uhr das Zeichen zum Einsatz für die Einsatzgruppe der Grenzpolizei gegeben.«

Hötger schilderte das Folgende so: »Noffke war unmittelbar hinter mir, gerade mit dem Oberkörper durch die Öffnung und wollte sich gerade raussstemmen, da wurde die Tür aufgerissen. Dann drei, vier Feuerstöße.« Es gab keinen Warnruf, sondern es wurde gleich geschossen. Die Stasi-Untersuchung nach dem Vorfall bestätigte das. Nur zehn Sekunden nach dem Einsatzsignal riss Unterleutnant L. die Kellertür auf und schoss sofort.

Leutnant F. kritisierte den Anführer des Festnahmegruppe: »Noch ehe sich die Banditen ergeben konnten, wurde durch Versagen der Nerven des Genossen L. das Feuer auf die Banditen eröffnet.« Auch in einem weiteren Bericht, den Berlins Stasi-Chef Oberst Wichert noch am selben Tag abzeichnete, hieß es: »Nachdem von der Festnahmegruppe die Kellertür nach innen aufgestoßen war, wurde das Feuer von dem Mitarbeiter L. sofort eröffnet. Er gab mehrere Feuerstöße aus der Maschinenpistole ab. Fast gleichzeitig mit ihm schoss ein zweiter Mitarbeiter aus der Maschinenpistole, und zwei weitere Mitarbeiter gaben einige Schüsse aus der Pistole ab.«

Die völlig überraschten Fluchthelfer hatten keine Waffen dabei und konnten sich nicht wehren. In dem engen Kellerraum wurden aus den zahlreichen Stasi-Kugeln gefährliche Querschläger. Von mehreren Schüssen getroffen, blieb Noffke im Tunnelausstieg stecken; Hötger bekam insgesamt sieben Projektile ab, unter anderem im Gesicht und am Knie sowie einen Lungensteckschuss. Auch der Verräter Jürgen H. wurde schwer verletzt, ebenso Unterleutnant L.. Diese beiden wurden von den anderen Männern des MfS sofort versorgt und mit dem bereitstehenden Rettungswagen ins Krankenhaus der Volkspolizei transportiert. Hötger dagegen wurde gepackt, hochgezogen und aus dem Keller geschleift. Vor allem seine Wunde im Gesicht blutete stark. Er wurde in eine vorsorglich frei gehaltene Turnhalle in der Nähe gebracht und auf eine bereitstehende Pritsche gelegt. Dann kam ein Stasi-Offizier, nach Hötgers Erinnerung ein Major, hielt dem Verletzten seine Pistole an den Kopf und verkündete: »Wenn du mir jetzt nicht sagst, wer geschossen hat, lege ich dich um, du Schwein!« Dann spuckte er Hötger an. »Das weiß ich noch, obwohl ich solche Schmerzen hatte wegen des Lungenschusses. Allerdings habe ich nichts gesagt – ich konnte auch nicht mehr reden, weil mir alles so wehgetan hat. Dann haben sie mich notdürftig verbunden, auf eine Bahre gelegt, rein in einen Feuerwehrwagen, und ab nach Hohenschönhausen.«

Noffke dagegen, »der am schwersten verletzt war, wurde an Ort und Stelle vernommen«, heißt es in den Stasi-Akten. Er nannte die Namen einiger Helfer in West-Berlin und sagte, dass im Haus Sebastianstraße 82 Polizei bereitstünde. Ein Stasi-Feldwebel namens Reusch hielt fest, dass Noffke mit letzter Kraft bestritt, eine Waffe bei sich gehabt zu haben. Die verweigerte Erste Hilfe hatte unmittelbar Folgen, die Leutnant F. in seinem Bericht lapidar formulierte: »Noffke ist seinen Verletzungen auf dem Transport zum Haftkrankenhaus erlegen.« Außerdem gingen der Stasi die zehn von IM »Pankow« verratenen Fluchtwilligen ins Netz sowie ein weiterer, der erst am 26. Juni hinzugekommen war – und dessen Namen der Spitzel ebenfalls umgehend weitergegeben hatte. Alle wurden später zu Strafen zwischen mehreren Monaten Haft und lebenslänglich verurteilt; vier arrestierte Kinder kamen wieder frei.[9]

Als erste Zeitung berichtete die *New York Times* über die gescheiterte Tunnelflucht schon am 29. Juni 1962 – ein Reporter der Nachrichtenagentur UPI hatte einen kurzen Bericht gekabelt. Die deutschen Medien dagegen hielten sich noch zehn Tage zurück und berichteten erst, als die DDR auf einer Pressekonferenz am 7. Juli heftige Anklagen gegen die vermeintlichen »Terroristen« aus West-Berlin veröffentlichte: »Die ›Berliner Morgenpost‹ erhielt bereits Ende Juni Kenntnis von dem Zwischenfall in der Sebastianstraße. Um jede eventuelle Gefährdung von Menschen auszuschließen, wurde auf eine Berichterstattung verzichtet.«

Für die Pressekonferenz hatte die Stasi in mehreren Schritten die tatsächlichen Ereignisse im Keller der Heinrich-Heine-Straße 49 propagandistischen Bedürfnissen angepasst. Außerdem erhielt das Presseamt der DDR Informationen über fünf weitere laufende Tunnelprojekte, darunter einen vom Nachbarhaus der Sebastianstraße 82. Den Studenten, die von hier aus einen Stollen unter dem Todesstreifen hindurch zu graben begonnen hatten, wurde in der westlichen Öffentlichkeit die Verantwortung für die Entdeckung von Siegfried Noffkes Tunnel gegeben. Ein kluger

Schachzug der Stasi war es auch, den Namen des angeblich festgenommenen, schwer verletzten Helfershelfers in Ost-Berlin bekannt zu geben. Dadurch entstand der Eindruck, nicht ein Spitzel, sondern ein unglücklicher Zufall hätte zum tödlichen Scheitern des Fluchtversuchs geführt.

Vier unterschiedliche MfS-Darstellungen der Schießerei

Bericht des Chefs der BV Berlin, Oberst Wichert, 28. Juni 1962
Nachdem von der Festnahmegruppe die Kellertür nach innen aufgestoßen war, wurde das Feuer von dem Mitarbeiter L. sofort eröffnet. Er gab mehrere Feuerstöße aus der Maschinenpistole ab. Fast gleichzeitig mit ihm schoss ein zweiter Mitarbeiter aus der Maschinenpistole, und zwei weitere Mitarbeiter gaben einige Schüsse aus der Pistole ab. Ein Bandit konnte aus dem Keller gestoßen werden, ein weiterer Bandit lag mit Schussverletzungen über dem Tunnelausstieg. Dem IM »Pankow« wurde mit seinen Schussverletzungen aus dem Keller geholfen. Der verletzte Genosse Unterleutnant L. (Abt. VIII) wurde sicherlich durch den Schuss eines Mitarbeiters getroffen. Bei den festgenommenen Banditen wurden keine Waffen gefunden.

BStU MfS HA I 6086, Bl. 249 f.

Schlussbericht des Leutnants F., 28. Juni 1962
Zu diesem Zeitpunkt kamen die vorbereiteten Maßnahmen der Grenzbrigade zur Durchführung. Danach wurde die Kellertür durch einen operativen Mitarbeiter aufgestoßen und die anwesenden drei Banditen zum Ergeben aufgefordert. In der Tür standen die Genossen L., D. und M. und hinter diesen der Genosse Hauptmann Sch. Noch ehe sich die Banditen ergeben konnten, wurde durch Versagen der Nerven des Genossen L. das Feuer auf die Banditen eröffnet. Dabei wurden alle drei Banditen verletzt. Verletzungen trug auch der Genosse L. davon, wobei diese offensichtlich durch Querschläge bzw. die Unvorsichtigkeit eines anderen Genossen hervorgerufen wurden.

BStU MfS HA I 6086, Bl. 251.

> *Einzelinformation über die Aufdeckung eines unterirdischen Stollens in Berlin-Mitte, Verteiler: Genossen Ulbricht, Genossen Honecker u.a., 30. Juni 1962*
> Gegen 12.15 Uhr wurden die von den Sicherheitsorganen vorbereiteten Maßnahmen zur Festnahme der Terroristen eingeleitet. Bei der Aufforderung an die Provokateure, die Hände hochzunehmen, fiel ein Schuss, woraufhin die Mitarbeiter der Festnahmegruppe das Feuer eröffneten. Dabei wurden drei Provokateure verletzt.
> BStU MfS Zentralarchiv Z 619, Bl. 2 f.
>
> *Information für das Außenministerium, Genossen Dr. Michael Kohl, 2. Juli 1962*
> In den Mittagsstunden des 28. Juni 1962 konnten durch die Wachsamkeit der Sicherheitsorgane der DDR zwei in die DDR eindringende Terroristen nach Passieren des Agentenstollens im Keller des Hauses Heinrich-Heine-Straße 48/49 im demokratischen Berlin gestellt werden. Da sie sich der Festnahme widersetzten und das Leben der Angehörigen der Sicherheitsorgane durch das Pistolenfeuer eines im Agententunnel verbliebenen und nach Westberlin zurückgeflüchteten Terroristen bedroht wurde – ein Mitarbeiter der Sicherheitsorgane wurde schwer verletzt –, machten die Angehörigen der Sicherheitsorgane von der Schusswaffe Gebrauch. Dabei wurde der Terrorist Noffke verletzt, er erlag auf dem Transport zum Krankenhaus seinen Verletzungen.
> BStU MfS HA I 6086, Bl. 285

Intern aber war dem MfS sehr bewusst, wem es seinen »Erfolg« verdankte. Am 21. August 1962 schlug Berlins Stasi-Chef Ernst Wichert vor, den IM »Pankow« mit der Verdienstmedaille der DDR auszuzeichnen und ihm außerdem eine Prämie von 3000 Mark der DDR zukommen zu lassen. Er begründete seinen Vorschlag damit, der Spitzel habe »im Verlaufe der Zusammenarbeit [...] bedeutende Hilfe und Unterstützung bei der Sicherung der Staatsgrenze der DDR nach Westberlin geleistet«. Zu Jürgen H.s Rolle beim Tunnel unter der Sebastianstraße bemerkte Wichert:

»Im Juni 1962 erhielt der IM Verbindung zu einer Gruppe von Personen, die einen gewaltsamen Grenzdurchbruch nach Westberlin mit Hilfe eines von Westberlin aus angelegten Tunnels vorbereiteten. Es gelang, mit dem IM den Kreis der an dieser geplanten Grenzverletzung beteiligten Personen in Westberlin und in der Hauptstadt der DDR aufzuklären.«

Doch das reichte noch nicht für einen Orden; deshalb fuhr der Oberst fort: »Durch den aufopferungsvollen und mutigen persönlichen Einsatz des IM konnten dann die Westberliner Grenzprovokateure auf frischer Tat gestellt und unschädlich gemacht werden, noch bevor der Tunnel zu Schleusungen benutzt worden war. Weiterhin wurden im demokratischen Berlin 16 am geplanten Grenzdurchbruch beteiligte Personen festgenommen. Der IM zeichnete sich während und nach dieser Aktion durch Ergebenheit und Treue zum Ministerium für Staatssicherheit aus. Er bewies in hohem Maße Zuverlässigkeit und Opferbereitschaft.«

Ein Wermutstropfen blieb allerdings: »Aufgrund seiner beim Einsatz erlittenen Verwundung muss noch eine komplizierte Operation vorgenommen werden. Es ist noch nicht abzusehen, ob der IM seine volle Arbeitsfähigkeit wiedererlangen wird.« Stasi-Chef Erich Mielke änderte drei Tage später den von Wichert vorgeschlagenen Orden in die »Verdienstmedaille der NVA« um, dafür allerdings in Gold, und schrieb quer ein großes »Einverstanden. Mielke« auf die Eingabe.

Nie erfuhr die Stasi, dass ihr Versuch, den Fluchttunnel von der Sebastianstraße 82 zur Heinrich-Heine-Straße 48/49 zu blockieren, misslungen war. Zwar stießen die dazu befohlenen DDR-Grenzer auf das Signal hin eine mit Stacheldraht umwickelte Stange in den zufällig entdeckten Luftschacht hinunter und warfen zwei Nebelkerzen hinterher. Doch damit blockierten sie nicht den Stollen, den Dieter Hötger und Siegfried Noffke vorangetrieben hatten, sondern wahrscheinlich den zeitgleich vom Haus Sebastianstraße 81 nach Ost-Berlin gegrabenen zweiten Fluchttunnel. Hötgers Tunnel hatte gar keinen Luftschacht, und die einzige Stelle, an der er während der Arbeit einmal eingebrochen war, ohne dass dies von außen sichtbar war, hatte er umgehend gestopft. »Da mussten wir das Graben natürlich unterbrechen und erst einmal alles, was wir kriegen konnten an Matratzen, Lumpen und so weiter, in das Loch reinschieben. Das war klar. Das musste ja wieder dicht gemacht werden.« Möglicherweise stammte auch der vom Stasi-Spitzel im Hof des Hauses Sebastianstraße 82 entdeckte Erdaushub aus diesem zweiten Tunnel, von dem Hötger keine Ahnung hatte; den Sand aus seinem Stollen jedenfalls hatten Noffke und er komplett im Keller untergebracht.[10]

Großprojekte an der Bernauer Straße

Objektiv geeignet

Geht es um Tunnelfluchten von Berlin nach Berlin, sind fast immer die Stollen unter der Bernauer Straße gemeint. Das hat zwei Gründe: Zum einen war die 1,3 Kilometer lange Straße zwischen dem ehemaligen Stettiner Bahnhof (heute nur noch als S-Bahnstation Nordbahnhof in Betrieb) und dem Gelände des Güterbahnhofs Nord tatsächlich ein »Schwerpunktabschnitt« der unterirdischen Flucht. Hier registrierte die Stasi in den ersten dreieinhalb Jahren nach dem Bau der Mauer vier von insgesamt 15 erfolgreichen Fluchten durch Stollen, im MfS-Jargon »Tunnelschleusungen« genannt. Von den insgesamt 34 bis 1973 der Stasi bekannten sogenannten »versuchten Tunnelschleusungen«, also begonnenen, aber nicht geglückten Stollenbauten, sollten sogar neun an dieser Stelle von Wedding nach Mitte führen. Damit spielte sich etwa jede vierte gelungene Tunnelflucht hier ab, ebenso jeder vierte gescheiterte Fluchtversuch.

Tatsächlich waren die Voraussetzungen für solche riskanten Unternehmen hier objektiv gegeben: Der Grundwasserspiegel lag niedrig und der Boden bestand überwiegend aus stabilem Lehmmergel. Für die Dominanz der Bernauer Straße in der Erinnerung an die unterirdischen Fluchten genauso wichtig wie die günstigen Ausgangsbedingungen ist jedoch, dass die beiden bekanntesten unterirdischen Massenfluchten 1962 und 1964 hier stattfanden – und im Gegensatz zu allen anderen von Kameraleuten und Fotografen professionell dokumentiert wurden. Weil jahrzehntelang von anderen Tunnelunternehmen kaum Aufnahmen bekannt waren, verschwanden sie mit der Zeit fast völlig aus dem Bewusstsein. Es blieben die beeindruckenden Bilder der besonders aufwendigen Projekte unter der Bernauer Straße, die mit den zugemauerten Fenstern und Türen der zwangsweise geleerten Grenzhäuser ohnehin die Brutalität des DDR-Grenzregimes besonders eindringlich demonstrierten.

Trotzdem war der erste Fluchttunnel an der Bernauer Straße überhaupt bisher vergessen. Er wurde von Ost nach West gegraben, und zwar an der Schwedter Straße am östlichen Ende des »Schwerpunktabschnitts«. Insgesamt sieben Menschen gelangten durch ihn nach West-Berlin; es handelte sich um die Familie eines früheren »Grenzgängers«, der im Osten gewohnt, aber bis zum Mauerbau im Westen gearbeitet hatte.

Die Stasi entdeckte den Stollen am 4. Juli 1962, und drei Tage später gab der DDR-Regierungssprecher seine Existenz auf einer Pressekonferenz bekannt. Anlass war der Versuch, den Mord am Fluchthelfer Siegfried Noffke zu rechtfertigen; dabei wurde auch die Existenz dieses Tunnels verkündet, allerdings völlig verdreht: »Den Grenzsicherungskräften der DDR ist bekannt, dass weitere, von Westberliner Geheimdienstfilialen und Agentenzentralen, unter anderem vom Landesamt für Verfassungsschutz, in Westberlin gelenkte Terroristengruppen unterirdische Stollen von Westberlin aus in Richtung der Staatsgrenze der DDR vortreiben, um auf diesem Wege bewaffnete Agenten, Terroristen und Provokateure in die Deutsche Demokratische Republik einzuschleusen.« Es gebe fünf solche »Agentenstollen«, einer davon werde gegenwärtig »auf dem Gelände des Kohlenplatzes Bernauer Straße Ecke Schwedter Straße im Westberliner Stadtbezirk Wedding« angelegt. Dort hatte der Tunnel in Wirklichkeit geendet, der zudem nicht nur fertiggestellt, sondern auch schon benutzt worden war. Weiteres ist bisher nicht bekannt.[1]

Nach der Pressekonferenz vom 7. Juli 1962 vergingen nur sieben Wochen, bis die nächste Meldung über den möglichen Bau eines Fluchttunnels unter der Schwedter Straße bei der Stasi eintraf. Ein »ständiger Beobachter der 12. Verwaltung« teilte am 29. August mit: »Durch einen Angestellten des Senats konnte in Erfahrung gebracht werden, dass sich im Abschnitt Schwedter Straße – Behmstraße – Trümmer des ehemaligen Wasserturms ein Tunnel befindet. Diese Angaben wurden vertraulich durch einen Polizeiangehörigen an den Angestellten gemacht. Der Polizeiangehörige versieht ständig in diesem Abschnitt seinen Dienst. Es

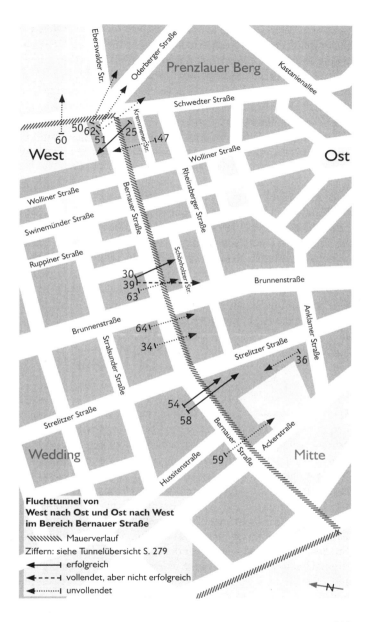

wurde weiterhin festgestellt, dass dieser Abschnitt ca. 14 Tage gesperrt ist und das Betreten für jede Person verboten ist. Der Polizeiangehörige erzählte, dass in der Woche vom 20. bis 26. August 1962 16 Personen diesen Tunnel benutzten. Er erklärte weiterhin, dass es noch nicht an der Zeit ist, den Tunnel preiszugeben, da man noch mehrere Personen durch den Tunnel schleusen will. Auf dem Gebiet des Demokratischen Berlins haben Frauen den Sand und die Erde in Einkaufstaschen weggetragen, damit es nicht auffällt, wo der viele Sand herkommt. Nähere Angaben können nicht gemacht werden.« Ob es diesen angeblichen Tunnel tatsächlich gegeben hat oder ob es sich um eine Falschmeldung handelte, ist offen – weder in den Stasi-Akten noch in anderen Quellen wurde er wieder erwähnt.

Am nordöstlichen Ende der Bernauer Straße gab es in den folgenden Jahren mehrere weitere »versuchte Tunnelschleusungen«. So zeigen Fotografien in der West-Berliner Polizeihistorischen Sammlung einen Tunnel unter den Gleisanlagen des Güterbahnhofs, der allerdings eingestürzt war; als Aufnahmedatum ist der 5. Juni 1963 angegeben. Wer diesen Stollen gegraben hat, ist unbekannt. Auch die Stasi wusste nichts von dem Vorhaben. Dafür aber von einem Tunnel, der von der Bernauer zur Eberswalder Straße gegraben worden war und am 31. Juli 1963 zerstört wurde. Der *Tagesspiegel* meldete am 2. August die Entdeckung. Danach sollte der Tunnel »zu einem 80 Meter entfernten Ost-Berliner Wohnhaus an der Ecke Eberswalder/Oderberger Straße« führen: »Die Arbeiten am Tunnel waren bereits am Sonntag [28. Juli 1963] eingestellt worden, weil sich die Fluchthelfer entdeckt glaubten.« Drei Tage später »begann dann ein Arbeitskommando von 15 Grenzposten unter Bewachung von Offizieren, das Pflaster aufzureißen und den Stollen, der erst zu zwei Dritteln fertig war, freizulegen. Nach drei Stunden hatten sie die Tunnelsohle erreicht.«

Der Einstieg wurde von der West-Berliner Polizei zugeschüttet. Einige Beteiligte an diesem Tunnelbau wurden von der Stasi festgenommen, »als sie sich im Sowjetsektor aufhielten, um letzte Gespräche mit Ost-Berlinern zu führen, die den Tunnel benutzen wollten«. Am 13. Januar 1964 wurde ihnen der Prozess gemacht. Der Westdeutsche *Helmut Karlau*, Vater dreier Kinder, erhielt sechseinhalb Jahre Zuchthaus, »der Musiker *Hans Biermann*, ebenfalls aus der Bundesrepublik, zweieinhalb Jahre«. Einen beteiligten indischen Studenten lockte die Stasi nach Ost-Berlin; er bekam »zwei Jahre und acht Monate Zuchthaus« für sein Mitwirken. 21 DDR-Bürger, die den Tunnel nutzen wollten, wurden mit Haft zwischen 14 und 30 Monaten bestraft.

Der »Hauptangeklagte *Karlau*, der während seiner Militärzeit einer Pioniereinheit angehörte«, hatte zunächst völlig allein in vier Monaten den rund sieben Meter tief liegenden Stollen gegraben. Als sich im Grenzstreifen die Erde senkte, entdeckten Grenzposten das Vorhaben. Die Gedenkstätte Berliner Mauer verzeichnet an dieser Stelle nur einen Stollen vom Eckhaus Eberswalder/Oderberger Straße aus, der von Januar bis März 1963 gegraben worden sein soll. Ein weiteres Tunnelprojekt vom Güterbahnhof aus beendete die West-Berliner Polizei knapp zwei Jahre später, Ende April 1965. Die Initiatoren hatten den Einstieg derart unvorsichtig gewählt, »dass sie von kommunistischen Grenzpolizisten auf Ost-Berliner Seite beobachtet werden« konnten. Der Stollen befand sich »im ersten Stadium des Baues«; vielleicht deshalb registrierte die Stasi diesen Versuch nicht. Andererseits vermerkte der zuständige Sachbearbeiter der Hauptabteilung I am 26. März 1970 sehr wohl einen »aus Richtung West-Berlin« kommenden Tunnel am Güterbahnhof Eberswalder Straße, obwohl der »die Staatsgrenze nicht unterquerte«.[2]

Die Sicht der Stasi
Abschnitt Bernauer Straße

Beschreibung des gegnerischen Vorfeldes:
Im Westberliner Vorfeld befinden sich entlang der Bernauer Straße durchgehend Wohnhäuser, die bisher zum überwiegenden Teil aus Altbauten bestanden und günstige Voraussetzungen für Tunnelbauten boten.

Derzeitig existieren noch links und rechts der Brunnenstraße derartige Altbauten. Diese sind aber zum überwiegenden Teil leer stehend und für den Abriss vorgesehen. Das nord-östliche

> Ende des Abschnittes Bernauer Straße wird durch das Gelände des ehemaligen Güterbahnhofs Eberswalder Straße begrenzt. Auf diesem Gelände befinden sich eine Reihe von Schuppenbauten und Lagerhallen, die für Ausgangspunkte einer Tunnelprovokation dienen könnten. Das Bahnhofsgelände muss in diesem Abschnitt als Schwerpunkt angesehen werden.
>
> Die durchschnittliche Entfernung der Bauten auf Westberliner Gebiet bis zu den Wohnhäusern auf DDR-Territorium beträgt ca. 80 m.
>
> Der Grundwasserspiegel liegt in diesem Abschnitt bei maximal 16 m. Die Bodenstruktur besteht aus Lehmmergel in sehr fester Konsistenz.
>
> Die begünstigenden Bedingungen in diesem Abschnitt sind in den Bodenverhältnissen zu sehen, wo es möglich ist, einen Tunnel vorzutreiben, ohne Abstützmaterial zu verwenden. Zum anderen in der unübersichtlichen Bebauung des Bahngeländes Eberswalder Straße.
>
> *Beschreibung des eigenen Sicherungsstreifens:*
> Der überwiegende Teil des Abschnittes ist mit Altbauten bebaut. Zwischen Egon-Schultz-Straße und Ackerstraße befindet sich im Sicherungsstreifen die Versöhnungskirche. Die Wohnhäuser gehen zum Teil bis zu 20 m an die Staatsgrenze heran. Aus diesem Grunde ist auch ein möglicher Tunnelbau von der Hauptstadt der DDR in Richtung Westberlin in Betracht zu ziehen.
>
> BStU MfS HA I 4317 Bl. 36

Medienereignis Tunnelflucht

Aller Aufmerksamkeit zum Trotz wurde die Stasi von einem Coup im Spätsommer 1962 völlig überrascht: Am 19. September meldete die Presse weltweit die Flucht von 29 Menschen aus Ost-Berlin. Laut *New York Times* war ihr Fluchtweg ein »400 foot« (122 m) langer Stollen. »Wieder Massenflucht durch einen Tunnel. Innensenator: Die Helfer verdienen unsere Achtung«, titelte die *Morgenpost*. Die *B. Z.* meldete: »In der Nacht zum Sonnabend gelang an der Sektorengrenze im Norden Berlins die bisher größte Massenflucht seit dem 13. August 1961. Eine Gruppe von 29 Ost-Berlinern – Männer, Frauen und Kinder – kroch durch einen selbst gebauten Tunnel in die Freiheit. Keiner von Ulbrichts KZ-Wächtern hatte diese Flucht bemerkt.«

Bild brachte am folgenden Tag unter der Überschrift »Das war unser Tunnel!« einen großen Bericht, der zahlreiche Details zu den Erbauern des Stollens, einer Studentengruppe, und zur Konstruktion des Tunnels enthielt. In anderen Blättern tauchte bald eine noch höhere Zahl auf: Die *Welt*, der *Tagesspiegel* und die *Süddeutsche Zeitung* berichteten nun von 59 Flüchtlingen, die durch den Stollen gekommen seien. Der Widerspruch beruhte auf einer Tarnmaßnahme der Fluchthelfergruppe um Dieter Thieme, für die zu dieser Zeit Bürger der westlichen Siegermächte Ost-Berliner in Autos über den Checkpoint Charlie schleusten. Um diesen Weg so lange wie möglich geheim zu halten, gaben die Flüchtlinge bei ihrer Ankunft im mit Spitzeln durchsetzten Auffanglager Marienfelde an, sie seien ebenfalls durch den in Wirklichkeit längst aufgegebenen Stollen gekommen; das hatte Thieme so mit den Erbauern des Tunnels abgesprochen. »Dreißig Flüchtlinge gingen somit auf das Konto der Girrmann-Gruppe«, stellte die Historikerin Susanne Gieffers fest. Der »Tunnel 29« trug seinen Namen zu Recht.[3]

Die Berichterstattung über die sensationelle Flucht hielt an. Deutsche und internationale Magazine griffen das Thema auf, nun allerdings mit einem neuen Tenor. Der *Spiegel* schrieb unter der Überschrift »Drei kassierten« unter anderem: »Vier Monate lang wühlten sie sich einträchtig fünf Meter unter Berlins Oberfläche durch den märkischen Lehm. Im fünften Monat zerstritten sie sich: Die stärkste Tunnelbauer-Brigade in West-Berlin zerfiel, weil sich ihre Mitglieder – zwei italienische und achtzehn deutsche Studenten – nicht über den Punkt einigen konnten, an dem das gute Werk aufhört und das gute Geschäft beginnt.« Auch der Wiener *Kurier* berichtete unter der Schlagzeile »Am Tunnel wartete die Fernsehkamera« kritisch: »Die Flucht von 59 Ost-Berlinern in den Westen gelang. Aber drei West-Berliner Studenten hatten daran 4000 Dollar verdient.« Tatsächlich hatte der US-Sender NBC das Unternehmen mitfinanziert und im Gegenzug eine exklusive Dreherlaubnis erhalten. Auch die Illustrierte *Stern* bezahlte für die deutschen Rechte an den »dramatischsten Bildern des Jahres«.

Die Vermarktung der Tunnelflucht wurde zum Problem, gerieten doch die studentischen Fluchthelfer damit erstmals in den Verdacht der Selbstbereicherung. Der *Spiegel* berichtete: »Die NBC verdankte ihren ersten Dokumentarfilm über eine Mauerunterquerung dem italienischen Kunst-Eleven Luigi Spina, dem italienischen Ingenieur-Studenten Domenico Sesta und dem deutschen Kommilitonen Wolf Schrödter. Die geschäftstüchtige Dreiergruppe kassierte für die Filmrechte von den amerikanischen TV-Leuten – nach bisher nicht dementierten Angaben – 30 000 Mark.« Den anderen Mitwirkenden erklärten die drei, dass die Filmaufnahmen »allein der privaten Dokumentation« dienten, »denn immerhin sei der Tunnel das bisher längste und perfekteste Bauwerk seiner Art«.

Diese Täuschung nahm die Mehrheit der Tunnelgräber zum Anlass, sich von dem »lukrativen Geschäft« zu distanzieren. In ihrem offenen Brief hieß es: »Den meisten der am Tunnel beteiligten zwanzig Studenten war erst nach Errichtung der Mauer die Flucht nach West-Berlin geglückt. Durch den Tunnel sollten Verwandte und Bekannte von ihnen und weitere zur Flucht gezwungene oder bereite Personen aus Ostberlin und der SBZ nach West-Berlin gelangen. Bedauerlicherweise haben aber drei der an diesem Tunnelbau Beteiligten, zwei Italiener und ein Deutscher, ohne Wissen ihrer Kameraden der amerikanischen Fernsehgesellschaft NBC-TV ermöglicht, im Tunnel zu filmen. Das dafür erhaltene Honorar steckten sie zum größten Teil in die eigene Tasche.«[4]

Der Fluchthelfer Hasso Herschel, der entscheidend am Tunnel mitgewirkt hatte, reagierte anders: »Ich sagte, es kommen alle Bilder mit mir, meiner Schwester, meinem Schwager und der Nichte raus, wenn ich nicht dabei bin. Daraufhin habe ich den Vertrag von den beiden Italienern gesehen. Da war auch noch ein Deutscher mit bei, Schrödter. Und da habe ich gesagt: ›Prima, das will ich auch haben‹, und das waren 15 000 Mark auf die Hand sowie die Rechte an den stehenden Bildern; das heißt alles, was von ›Paris Match‹ […] und ›Stern‹ gekauft wurde – das haben wir dann über eine Agentur über Paris machen lassen –, und die Fernsehrechte für Deutschland und Italien. Die Fernsehweltrechte hatte NBC.« Den Streit unter den Tunnelgräbern kommentierte Herschel rückblickend: »Die richtig ernsthaften Leute, die mitgegraben haben, der Kleine [Joachim Rudolph], der Joachim Neumann, der Uli Pfeifer, die hat das nicht interessiert. Denen ging es absolut nur um die Sache, und da das nun mal gelaufen war und nicht mehr aufzuhalten war, haben die hinterher auch kein großes Theater gemacht. Es gab allerdings Diskussionen.«

Auch international wurde der Filmdeal teils heftig kritisiert; es kam sogar zu diplomatischen Verwicklungen. So berichtete die Londoner *Times*, in Washington zeige sich Unmut über die Tunnelbauer; der *Tagesspiegel* fasste die Vorwürfe zusammen: »Zum Beispiel werden Menschenschmuggler, die die Flucht von Ostdeutschen nach West-Berlin organisiert haben, hier jetzt als gekaufte Agenten betrachtet, die ein lukratives Geschäft betreiben und nicht notwendigerweise vom Geist der Freiheit inspiriert sind. Das birgt objektive Gefahren in sich. Kann vom Westen erwartet werden, dass er dieses Geschäft verteidigt? Soll man weiter zusehen, wie eine Erhöhung der Zahl der Toten und Verletzten die Atmosphäre erhitzt? Man muss mit der Mauer leben, obwohl dies wenige Politiker öffentlich zugeben werden. Der ständige Bau von Tunnelanlagen hat das Fundament des unsicheren Friedens geschwächt und macht es schwieriger, eine Lösung zu finden.«

Anlass der Kritik war die Ankündigung der NBC, die Dokumentation über den Tunnel am 31. Oktober 1962 auszustrahlen. Der Artikel der *Times* löste ein heftiges Presseecho aus; der West-Berliner *Abend* hielt ihn für einen »bösen Fehltritt« und witterte »niederträchtige Verallgemeinerung«. Die nicht am Geschäft beteiligten Tunnelgräber kündigten an, »dass sie über die deutsche Botschaft in Washington versuchen wollen, die Aufführung des Films zu verhindern. Dem sowjetischen Geheimdienst solle dadurch die Möglichkeit genommen werden, Repressalien zu ergreifen.«

Sie bekamen Rückendeckung durch den West-Berliner Innensenator Heinrich Albertz, der sich »gegen eine Sendung des Fernsehfilms« aussprach und es zudem ablehnte, »an der Uraufführung des amerikanischen Spielfilms ›Tunnel 28‹ teilzunehmen«, dessen Premiere nur eine Woche später in der Kongresshalle im Berliner Tiergarten angesetzt war. Das wiederum kritisierte das Bundesministerium für gesamtdeutsche Fragen heftig, das zur Uraufführung geladen hatte. Minister Ernst Lemmer zeigte sich »fassungslos« über Albertz' Absage. Den Streit griffen die DDR-Medien, die bisher die Tunnelflucht verschwiegen hatten, dankbar auf; das *Neue Deutschland* titelte: »NBC finanzierte Grenzprovokationen« und »US-Monopolkreise organisierten Grenzdurchbruch«. NBC-Mitarbeiter erhielten eine Einreisesperre.

Am 19. Oktober ließ die Regierung der DDR, die von den USA nicht anerkannt war und keinen Botschafter in Washington hatte, »unter Inanspruchnahme der guten Dienste des ČSSR-Außenministeriums« eine Protestnote an die US-Botschaft in Prag übergeben: »Durch einflussreiche Bürger der Vereinigten Staaten von Amerika wurde mit dem Ziel der Propagierung von Aggressionsakten eines der elementarsten Völkerrechtsprinzipien verletzt, zu dessen Beachtung sich die Regierung der Vereinigten Staaten wiederholt in feierlicher Form verpflichtet hat.«

Am selben Tag wandte sich das US-Außenministerium aufgrund einer Bitte der bundesdeutschen Botschaft in Washington, »die für Ende des Monats geplante Aufführung des Fernsehfilms über den Bau eines Tunnels unter der Berliner Mauer zu unterlassen«, an die NBC und stieß auf Entgegenkommen. Das *Neue Deutschland* triumphierte: »Energischer Protest der Regierung der DDR half«, kam damit allerdings zu früh, denn NBC hatte die Ausstrahlung nur auf den 10. Dezember 1962 verschoben und ließ in der Zwischenzeit die Dokumentation leicht bearbeiten. »Die meisten Gesichter der Studenten, die am Tunnel mitgearbeitet hatten, wurden in dem Film unkenntlich gemacht. Nur in einigen Fällen, in denen die Beteiligten ihre ausdrückliche Genehmigung dazu gaben, sind die Studenten zu erkennen«, berichtete die *Morgenpost*.

In den USA hinterließ die Ausstrahlung nachhaltigen Eindruck: »Als besonders bewegend wurde die Szene empfunden, in der ein in West-Berlin lebender Mann sein wenige Wochen altes Kind zum ersten Male sieht, und Nahaufnahmen von einer jungen Mutter, die ebenfalls durch den Stollen in die Freiheit gekrochen war.« Knapp eine Woche später druckte der *Stern* eine Titelgeschichte zur Flucht mit exklusiven Fotos. Der West-Berliner Senat protestierte beim Deutschen Presserat, da neben den Fotos der Flüchtlinge auch eine »Skizze über die Anlage des Tunnels« veröffentlicht wurde; »an eine Beschlagnahmung« der betreffenden Ausgabe aber »sei nie gedacht gewesen«, auch wenn es entsprechende Befürchtungen gab.

Die Fernsehzuschauer in Deutschland bekamen den inzwischen unter anderem mit einem »Emmy« ausgezeichneten Dokumentarfilm erst im Juni 1963 in der ARD zu sehen. Die *Morgenpost* lobte: Die einmaligen Bilder der »mühevollen Fluchtvorbereitungen und schließlich die geglückte Flucht von 29 Menschen sprachen für sich selbst« und wurden zu einer »erschütternden Anklage gegen die brutale Schandmauer«.[5]

Die Initiatoren des »Tunnels 29« waren die beiden italienischen Studenten Luigi Spina und Domenico Sesta, die ihren Freund Peter Schmidt und seine Familie in den Westen holen wollten, sowie ihr deutscher Kommilitone Wolf Schrödter. Im Mai 1962, nach zwei Monaten Suche, fanden sie eine geeignete Stelle – den Fabrikkomplex Bernauer Straße 78, dessen Vorderhaus im Krieg zerstört worden war, während die Keller erhalten geblieben waren. Von Beginn an grub Hasso Herschel mit, der einen Fluchtweg für seine Schwester, ihren Mann und die gemeinsame Tochter suchte.

»Ich war von Anfang an dabei, vom ersten Spatenstich. Aber die Stelle, die hatten die beiden Italiener schon gefunden. Auf der Westseite, und auch auf der Ostseite. Da hatten die einen Bulgaren oder Rumänen, der nicht in der Schönholzer Straße wohnte, sondern in der nächsten, der Rheinsberger. Da wollten wir ursprünglich hin; das wären auch nur 180 Meter gewesen.«

Über Herschel stieß Ulrich Pfeifer zu den Tunnelgräbern, dessen bester Freund mit Hassos Schwester verheiratet war. Der frischgebackene Bauingenieur arbeitete bereits in einer kleinen Baufirma und konnte daher nicht viel Zeit investieren. »In der Regel habe ich an den Wochenenden mitgegraben. Manchmal habe ich nur zwei, drei Stunden im Keller geschlafen und bin dann früh arbeiten gegangen. Da ich ja ein bisschen Ahnung von Vermessungskunde hatte, habe ich in der Regel die Vermessung zusammen mit Achim Neumann gemacht.«

Joachim Neumann, der an der TU studierte, stieß bald hinzu; er wollte seine Freundin Christa herüberholen. Ein Freund und er wurden geradezu konspirativ mit einem geschlossenen VW-Bus zur Tunnelbaustelle gefahren.

»Soweit ich mich erinnere, waren immer vier bis fünf Leute in einer Schicht. Einer hat vorn gebuddelt, einer hat unten im Schacht gestanden und die Karre mit dem Aushubmaterial zurückgezogen, und zwei haben hochgezogen. Dann musste das Zeug ja noch mit einer Schubkarre im Keller verteilt werden. Das lief in zwei Schichten, es gab eine Tagesschicht und eine Nachtschicht. Wenn nichts Außergewöhnliches passierte, dann waren zwei Meter am Tag immer so ein Maß, das wir schaffen wollten. Das war unser Ehrgeiz. Die Schicht, die wirklich zwei Meter geschafft hatte, die war gut.«

Auch Joachim Rudolph war von Anfang an mit dabei; er kannte die beiden Italiener und Schrödter aus dem Studentenwohnheim. Weitere Freiwillige kamen bald hinzu: »Zum Schluss waren wir etwa vierzig Leute«, erinnerte sich Rudolph. »Fast jeder wollte Freunde oder Verwandte holen.«

Die Arbeiten am Stollen gingen anfangs gut voran, auch dank gespendetem Holz im Wert von 10 000 Mark, sodass ausreichend Baumaterial vorhanden war. Aber auf halber Strecke, bereits auf DDR-Gebiet, brach plötzlich viel Wasser ein, das nicht mehr abgepumpt werden konnte. Der Lehmmergel sog sich voll und wurde instabil; die Arbeit musste eingestellt werden. Offenbar war ein Frischwasserrohr auf der Ost-Berliner Seite der Bernauer Straße gebrochen. Den Tunnelbauern gelang es, das Tiefbauamt Wedding zum Absperren der defekten Leitung zu bringen. Jedoch machte der Amtsleiter Meldung, sodass alsbald auch Polizei und Verfassungsschutz informiert waren – die aber die Stollengräber gewähren ließen.

Als der Lehm wieder getrocknet und damit fest war, konnte die Arbeit weitergehen. Wenig später bemerkten die Fluchthelfer einen Mann, der sich nachts auf dem Fabrikgrundstück herumtrieb. Sie fürchteten einen Spitzel des MfS und überwältigten ihn kurzerhand – doch Claus Stürmer wollte tatsächlich mitgraben, um Frau und Kind aus der DDR zu retten.

Die Arbeiten gingen gut voran, bis plötzlich zunehmendes Tropfen von der Tunneldecke einen erneuten Wassereinbruch ankündigte. Diesmal war ein Rohr unter der Schönholzer Straße undicht; Amtshilfe aus Ost-Berlin konnte naturgemäß nicht erwartet werden. »Wegen des Wassereinbruchs haben wir uns entschieden, früher raufzugehen, aber wir waren schon weiter; unser Tunnelausstieg war bei 135 Metern, wir hatten aber insgesamt schon rund 155 Meter geschafft. Wir sind dann zurück und an der Schönholzer raus, weil wir dachten, wir schaffen es nicht anders.« Diese Entscheidung rettete das ganze Projekt.[6]

Am 14. September 1962 brachen die Tunnelbauer gegen 17.40 Uhr im Keller des Hauses Schönholzer Straße 7 durch. Als Kurier war die Düsseldorferin Ellen in Ost-Berlin unterwegs, um in verschiedenen Kneipen die Flüchtlinge zu treffen und über den Ausgangspunkt der Flucht zu informieren – zufällig an ihrem 22. Geburtstag: »Es sollte der aufregendste Tag in meinem Leben werden.« Ellen war über ihren Verlobten Domenico Sesta zu den Fluchthelfern gekommen. Der Einstieg in den Tunnel lag am Rande des Sperrgebiets; auf der anderen Seite der Schönholzer Straße begann der Todesstreifen. Hasso Herschel sicherte mit durchgeladener Pistole den Zugang zum Keller. Wegen der Morde an Jercha und Noffke waren die Fluchthelfer nun bewaffnet – auch Joachim Neumann.

»Wir waren zu viert in diesem Keller in der Schönholzer Straße. Ich stand unten an der Kellertreppe. Die Flüchtlinge haben sich ganz diszipliniert verhalten, wobei ich immer den Eindruck hatte, die waren wie aufgezogen. Die waren völlig willenlos in diesem Moment, wo sie gesehen haben, wo sie jetzt sind. Sie haben mechanisch und ohne Kommentar alles gemacht, was nötig war. Am ersten Abend haben wir 27 Leute rübergeholt. Dann sollte eigentlich Schluss gemacht werden. Aber ein paar Leute haben sich am nächsten Tag noch mal im Keller getroffen und beratschlagt, ob man nicht doch weitermachen kann.

Wir sind dann noch mal zu zweit rübergegangen. Aber an dem Tag kamen nur noch zwei Leute.«

Dann wurde der Tunnel aufgegeben, der inzwischen teilweise unter Wasser stand; Spekulationen, der Weg sei auch von der CIA genutzt worden, gehören ins Reich der Legenden. Die Stasi erfuhr erst aus westlichen Presseberichten von der Massenflucht und fand den Stollen elf Tage später – weil im Hinterhof des Hauses Schönholzer Straße 17 im Sperrgebiet der Boden einbrach: »Kein Spitzel und kein Verräter, sondern ein kaputtes Wasserrohr besiegelt das Schicksal des Tunnels 29.«[7]

Verratene Tunnel

Dennoch konnte die Stasi auch an der Bernauer Straße Erfolge »feiern«. Während noch Herschel und seine Freunde am »Tunnel 29« gruben, begann nur wenige Häuser weiter die Fluchthelfergruppe um Bodo Köhler, Dieter Thieme und Detlef Girrmann mit einem eigenen Tunnel. Westdeutsche Industrielle sponserten das Vorhaben aus dem Keller des Hauses Bernauer Straße 87 mit 20 000 Mark, ein Kieler Reeder gab weitere 15 000 Mark und schlug Thieme vor: »Mensch, das müssen wir anders organisieren, das geht nicht so, wie ihr das macht. Da müssen wir ein paar Türken einfliegen, die werden da eingebuchtet, bis sie durch sind.«

Thieme nahm das Geld, ging aber auf den inakzeptablen Vorschlag nicht ein. Denn auch so kam der Tunnel voran: »Ich glaube, sechzig Meter war er lang, und vom Feinsten abgestützt. Da waren nämlich Bergbauingenieure von der TU mit dabei.« Beteiligt waren etwa zwanzig Studenten; die Chefs der Fluchthilfe-Organisation selbst gruben nicht mit. Thieme filmte die Arbeiten, »auch mit dem Gedanken im Hinterkopf, diese [Aufnahmen] einmal zu vermarkten«. Allerdings mussten sie ihr Vorhaben aufgeben, als sie schon mehr als dreißig Meter unter das Grenzgebiet vorgestoßen waren. Am 8. Oktober 1962, einem Sonnabend, rief ein beteiligter Medizinstudent bei Bodo Köhler an und bat ihn, »sofort mal zu kommen«.

Köhler erinnerte sich Jahrzehnte später: »Ich rase raus und krieche vor in unserem Tunnel. [...] Da vorne kann nur einer direkt arbeiten. Und dann waren wir beide ganz stille, und dann kommt das Geräusch, das der Grund war, dass er angerufen hatte. Stellen Sie sich ein Kinderschäuflein ... oder einen Spaten ... vor, der über einen – so war mein Eindruck – Kieselstein rutscht. Wenn Sie im Sand buddeln, ist ja nichts weiter außer so einem leisen Knirschen. Was ist das? Dann bin ich eben losgesaust, das rauszukriegen, denn Mediziner und Pfaffen kriegen ja nicht raus, wie weit das entfernt ist ... Und wir mussten ja unterstellen, weil es schon auf der anderen Seite der Bernauer Straße war, dass es die Volkspolizei ist.« Die West-Berliner Behörden, bei denen Köhler um Rat fragte, rieten den Fluchthelfern, »die Sache aufzugeben. Sie würden wahrscheinlich angegraben, vielleicht wolle man ihnen den Weg abschneiden. Die Fluchthelfer fügten sich.«

Tatsächlich war ein Gegentunnel in Arbeit. Die Stasi wusste – wie beim Tunnel unter der Kiefholzstraße – wieder einmal bestens Bescheid. In ihrer Tunnelkartei fand sich das Vorhaben mit dem Vermerk: »Vor Durchbruch eingestellt.«

Aber selbst wenn dieser Tunnel von der Stasi nicht bemerkt worden wäre, hätte das Projekt nur wenige Meter weiter wohl aufgegeben werden müssen. Denn mitten im Häuserblock Bernauer, Brunnen-, Rheinsberger und Strelitzer Straße hatte sich einst die »Oswald-Berliner-Brauerei« befunden, in deren tief liegende Gewölbe zwischen 1940 und 1942 ein Luftschutzbunker für rund 3000 Personen eingebaut wurde. Im April 1946 sprengten sowjetische Pioniere diese Anlage zwar, was große Schäden in der Umgebung verursachte; die Ruinen aus Stahlbeton sind jedoch noch heute unterirdisch vorhanden. Der Tunnel der »Girrmann-Gruppe« lief genau auf dieses Hindernis zu, das sie nicht hätten überwinden können. Den Tunneljägern des MfS war der gesprengte Großbunker bekannt; sie registrierten am 18. Juli 1962 einen Hinweis der Hauptabteilung VII auf einen Tunnel »über einen ehemaligen Luftschutzbunker Rheinsberger Straße 74«. Das könnte mit dem Beginn der Arbeiten am Tunnel der Girrmann-Gruppe übereinstimmen.[8]

Noch schwerer, als einen Tunnel von West nach Ost zu graben, war die umgekehrte Richtung. So scheiterten nicht näher bekannte Ost-Berliner mit dem Versuch, vom Gebäude Anklamer Straße 53 aus unterirdisch zu flüchten. Dieser Stollen hätte eine Länge von mindestens 250 Metern haben müssen. Am 14. November 1962 entdeckten Grenzsoldaten das Vorhaben, als die Maulwürfe gerade einmal »fünf Meter« geschafft hatten; mehr ist bisher nicht bekannt.

Wesentlich weiter kam eine »Gruppe Dehn«, die ebenfalls von Ost nach West grub. Ihr Tunnel flog am 23. Mai 1963 auf. »Eine Gruppe von 16 Ost-Berlinern ist vor wenigen Tagen den kommunistischen Menschenjägern in die Hände gefallen. Das meldete gestern das Informationsbüro West. Die Flüchtlinge befanden sich bereits im Keller eines der gesperrten Grenzhäuser an der Bernauer Straße. Sie arbeiteten an einem Tunnel, durch den sie nach West-Berlin kriechen wollten. Kurz bevor der Tunnel fertig war, entdeckten sowjetzonale ›Grenzpolizisten‹ die Flüchtlinge.« Obwohl die DDR eine »strenge Nachrichtensperre« verhängt hatte, sickerten Einzelheiten durch. »19 zu allem entschlossene Männer und Frauen hatten sich zusammengetan. Sie hatten keine Verbindung zu westlichen Fluchthelfern. Völlig auf sich allein gestellt, wagten sie den Plan. Zahlreiche kleine Kinder und Verwandte sollten mitgenommen werden.«

Ausgangspunkt war der Keller des Hauses Kremmener Straße 15. In Tag- und Nachtschichten wurde der Tunnel, der von der südlichen Häuserzeile erst unter der Kremmener Straße hindurchführen musste, vorangetrieben und erreichte bei einem Tagespensum von weniger als einem Meter bis zur Entdeckung immerhin eine Länge von 36 Metern. Der Aushub wurde nachts auf Baustellen verteilt. Als das Projekt scheiterte, fehlten nur noch rund 25 Meter. »Die Frischluftzufuhr bereitete täglich größere Sorgen. Ventilatoren konnten nicht installiert werden, weil die Geräusche alles verraten hätten. Deshalb wurde ein kleiner Luftschacht gegraben, der im Hinterhof eines Wohnhauses im Ostberliner Sperrgebiet herauskommen sollte. Die Anlage dieses Luftschachtes bewirkte jedoch geringfügige Erdrutsche, die der Vopo Hinweise auf die unterirdischen Arbeiten gaben.« Im Dezember 1963 wurden die gescheiterten »Republikflüchtlinge« zu zwei bis fast sechs Jahren Haft verurteilt.[9]

Kurz nach dem Erfolg im September 1962 begann Hasso Herschel ein neues Projekt, finanziert aus seinem Anteil an der Vermarktung des »Tunnels 29« und mit Unterstützung durch Joachim Neumann, Joachim Rudolph und Uli Pfeifer für die Vermessung. Ausgangspunkt waren wieder die Kellerräume in der Fabrikruine Bernauer Straße 78. Die Stasi würde nie vermuten, dass von dort abermals gegraben werden könnte, hofften die Tunnelgräber.

Der neue Stollen begann etwa 15 Meter vom alten Einstieg entfernt und deutlich tiefer. »Ja, und dann ging dasselbe Spiel noch mal von vorne los«, erinnerte sich Neumann, »bloß dieses Mal waren wir eben so tief, dass kein Wasserrohr gebrochen ist, weil die Auflockerungen nicht so weit reichen. Nach meinen heutigen Kenntnissen als Tunnelingenieur weiß ich, dass Auflockerungen ungefähr zweimal den Durchmesser eines Tunnels erreichen.«

Der Stollen verlief Richtung Südwest zur Brunnenstraße und erreichte mit 160 Metern etwa dieselbe Länge wie der erste. »Wir hatten dort ein Haus ausgesucht, das wir erreichen wollten. Ein westdeutscher Student wurde rübergeschickt, der sich den Keller dort angeguckt hat. Dadurch wussten wir, dass zum Beispiel kein Betonboden im Keller ist. Das war wichtig, weil wir sonst nicht ohne Lärm von unten in den Keller gekommen wären.« Auf Ausschalungen verzichteten sie völlig, wie Herschel erklärte. »Abgestützt haben wir gar nicht, weil wir gesehen haben, dass die Abstützung, die im ersten Tunnel war, nie belastet worden ist; außer als Wasser kam, aber dann weicht das unten auf, und die ganze Sache sackt ab. Wenn er richtig trocken ist, ist dieser Lehm ja wie Beton.«

Die Tunnelbauer legten Wert auf Geheimhaltung. Von wenigen Ausnahmen abgesehen, durfte während der Grabung niemand die Baustelle verlassen. »Bevor wir anfingen, haben wir jede Menge nötige Materialien gekauft. Das waren Sachen, die in dem anderen Tunnel nicht vorhanden waren oder die wir austauschen wollten. Dazu gehörten Matratzen zum Schlafen. Es gab ein einziges Zimmer, das dem Fabrikgebäude vorgelagert war. Dort hatten wir eine Übernachtungsmöglichkeit eingerichtet. Es war von unten aus dem Keller durch ein aufgestemmtes Loch zu erreichen. In dem Zimmer, das sehr groß war, gab es mehrere Fenster. Die hatten wir zugenagelt. Damit war auch der Schall gedämpft. Da hat sich dann jeder irgendeinen Schlafplatz ausgesucht und seinen

Schlafsack mitgebracht. So wurde dort geschlafen«, berichtete Joachim Rudolph. »Gearbeitet wurde in Schichten, in zweimal Zwölf-Stunden-Schichten. Da wurde ganz schön geschindet. Wir haben natürlich auch zusammengesessen und gegessen oder sogar eine Weihnachtsfeier veranstaltet. Da bin ich natürlich auch lieber in den Tunnel gegangen als zu meiner Familie. Hasso brachte jede Menge Wein mit. Wir hatten Tannenzweige in der Vase und haben Weihnachtslieder gehört. Aber je länger die Aktion dauerte, umso lässiger und unmotivierter wurden die Leute. Die Stimmung durchlief kritische Phasen. Es war daher ein bisschen schwierig, diese Truppe bei Laune zu halten. Zum Glück ging es irgendwie immer weiter. Wir, die ab und zu rauskonnten, haben uns bemüht, den Leuten jeden denkbaren Wunsch zu erfüllen.« Rudolph durfte zweimal pro Woche den Tunnel verlassen, um in die Universität zu gehen: »Waschen konnten wir uns Gott sei Dank im Keller. Das war überhaupt kein Problem. Ich war also sauber, wenn ich zur Uni fuhr.«[10]

Die Fluchthelfer kamen gut voran, bis sie auf einen riesigen Findling aus der Eiszeit stießen, der mühevoll umgangen werden musste und zunächst Belüftungsprobleme verursachte. Mitte Februar 1963 waren sich die Stollengräber sicher, das Zielobjekt Brunnenstraße 45 erreicht zu haben. Uli Pfeifer gab nach erneuten Vermessungen grünes Licht. »Beim Durchbruch waren wir nur noch relativ wenig Leute, verdammt wenig Leute«, sagte Rudolph später. »Natürlich haben wir wieder das ganze Material bei uns gehabt, das wir schon in unserem Seesack hatten: Handwerkszeug, Waffen und so. Hasso hat das letzte Stück nach oben gebuddelt. Er kam relativ leicht an die Oberfläche und stellte fest: Irgendwie sind wir im Freien. Das hat uns einigermaßen geschockt. Wir haben den geplanten Ausgang provisorisch zugemacht. Ein Kurier wurde rübergeschickt, der versuchen sollte festzustellen, wo das Loch ist. Er hat das auch gefunden und genau erklärt, wo wir hätten hinmüssen. Anhand dessen konnten wir dann unsere Richtung korrigieren. Dafür haben wir uns noch mal zwei oder drei Tage Zeit genommen.«

Die Stollenbauer hatten sich »vergraben«, und viel spricht dafür, dass ihr Plan daran scheiterte. Die Stasi erfuhr, allerdings eher zufällig, durch den IM »Arno Vogel« alias Gerhard L. von der Sache. L. war gut bekannt mit *Regina Schulz*, einer in Dresden wohnenden Freundin von Herschels Schwester. Sie wollte mit Mann und Kind in den Westen kommen; insgesamt sollten rund fünfzig Personen den Tunnel benutzen. Arglos erzählte *Regina* Mitte Januar 1963 Lindner von der geplanten Flucht: Der Stollen sei ab dem 1. Februar fertig. Der Spitzel bot der Familie *Schulz* sogar an, sie nach Berlin zu fahren, wo sie am 13. Februar einen Kurier treffen sollten. Von nun an wurde sie lückenlos beschattet.

Der Kurier teilte ihr am vereinbarten Treffpunkt mit, dass der Durchbruch für den 14. Februar angesetzt sei, einen Donnerstag. Scheinbar uneigennützig bot L. den *Schulzes* an, bei ihm in Ost-Berlin zu übernachten. Doch abends redete er dem Ehepaar zu, von der gefährlichen Flucht abzulassen, und fuhr sie noch in der Nacht nach Dresden zurück. Anstelle von *Regina Schulz* wartete am nächsten Tag eine MfS-Mitarbeiterin auf den nächsten Kurier, der Details zum Fluchtplan übermittelte. Mielkes Männern gelang es noch am gleichen Tag, zwei Kuriere und fünf Fluchtwillige zu verhaften.

In der Zeit, die durch den falschen ersten Durchbruch verstrich, bekam die Stasi bei Verhören den Ort des geplanten Einstiegs heraus: Brunnenstraße 45. Die Tunnelgräber waren durch das Ausbleiben von zwei Kurieren zwar gewarnt, dachten jedoch nicht ans Aufgeben. Noch erschien ihnen die Situation nicht hoffnungslos; die monatelange Arbeit war zu aufwendig gewesen, um es nicht doch zu versuchen.

Für Montag, den 18. Februar 1963, wurde der zweite Durchbruch angesetzt, diesmal an der richtigen Stelle. Weitere Kuriere machten sich auf den Weg nach Ost-Berlin. Doch die Stasi hatte sich in Stellung gebracht, auch im Keller der Brunnenstraße 45. Während Herschel am Durchbruch arbeitete, gab es oberirdisch bereits Festnahmen. Doch die Tunnelgräber hatten schon genügend Erfahrung gesammelt, um nicht in die Falle zu tappen. Sie spürten, dass im Keller etwas nicht stimmte, auch wenn der Ausguck der Fluchthelfer im Dachboden des Hauses Brunnenstraße 137 nichts bemerkte. Hier lag eine rote Fahne bereit, um den Flüchtlingen das Signal zum Abbruch geben zu können, sollte etwas schiefgehen. Die entscheidenden Momente beschrieb Herschel so:

»Und ich hatte dann nur so ein großes Loch, also sagen wir mal

15 bis 20 Zentimeter, und da konnte ich, wenn ich den Kopf druntergehalten habe, in den Keller gucken, und der war ziemlich dunkel. Aber er hatte in einer Art Nebenkeller ein Fenster, da fiel ein bisschen Licht rein. [...] Ich habe dann alle weggeschickt und war ganz alleine da vorne, und habe dann da einfach gelauscht. Es war ganz kalt, es war im Winter. Und dann habe ich nur dieses Geräusch wie von Kleidung gehört, die raschelt, und bin einfach sitzen geblieben, ganz einfach sitzen geblieben. Nach etwa einer halben Stunde habe ich dann gesehen, wie einer ganz langsam hinter diesem Mauerpfeiler hervorkam und geguckt hat auf mein Loch und dann ganz langsam wieder zurückgegangen ist. Und da bin ich auch ganz langsam zurückgegangen, so einen Meter, und dann wie eine Rakete durch den Tunnel geschossen, schwupp, raus, und habe gesagt: ›Das war's.‹«

Insgesamt gingen der Stasi drei Kuriere und vierzehn Flüchtlinge ins Netz, die nach zermürbenden Verhören und monatelanger Isolationshaft im August 1963 zu Haftstrafen »zwischen einem Jahr und sechs Monaten Gefängnis und vier Jahren Zuchthaus für gemeinschaftliches Verleiten zum Verlassen der DDR oder Verbindung zu verbrecherischen Organisationen, zum Teil in Tateinheit mit einem Passvergehen«, verurteilt wurden.[11]

Doppelte Enttäuschung

Die Verzweiflung unter den Fluchthelfern war groß. In »einer Art Panikreaktion«, so Joachim Neumann, dessen Freundin ebenfalls verhaftet worden war, wurde sofort mit einem weiteren Projekt begonnen, um diejenigen, denen Verhaftung drohte, »doch noch vorher rauszukriegen«. Dieser Stollen begann in einem ehemaligen Stellwerk auf dem Güterbahnhof im Weddinger Ortsteil Gesundbrunnen und sollte zur Kopenhagener Straße in Prenzlauer Berg führen.

Für Neumann war es »der erste Tunnel, den ich mit Wolfgang Fuchs und seiner Gruppe gebaut habe. Er hatte mit ein paar Leuten schon angefangen zu buddeln.« Der Student der Theaterwissenschaften war einer der aktivsten Fluchthelfer, der sowohl mit Leiterkonstruktionen über die Mauer hinweg Ost-Berliner in den Westen holte, zum Beispiel an der Heidelberger Straße (Treptow/Neukölln), dem Wilhelmsruher Damm (Pankow/Reinickendorf) und der Liesenstraße (Mitte/Wedding), als auch Tunnelprojekte vorantrieb – allerdings bis dahin noch kein erfolgreiches.

Auch das Vorhaben hinüber zur Kopenhagener Straße scheiterte, denn dort bestand der Boden nicht aus Mergel wie in der Bernauer Straße, sondern aus instabilem Sand. »Fuchs ist mit seiner Frau als Spaziergänger getarnt auf dem Bahnsteig rumgeturnt, und dann haben sie so eine Senke auf dem Bürgersteig entdeckt. Da hieß es dann, wir müssen aufhören, das geht nicht anders«, erzählte Neumann. Die Stasi bemerkte dieses Vorhaben wohl nicht, denn es ist in der Tunnelkartei nicht verzeichnet.

Die Fuchs-Gruppe versuchte es bald darauf erneut, diesmal an der Bernauer Straße. Am 1. August 1963 begannen rund 25 Studenten, Handwerker und Schüler, einen Tunnel aus dem hundert Quadratmeter großen Keller einer geschlossenen Bäckerei im Haus Bernauer Straße 97 anzulegen. Die Tunnelsohle lag zehn Meter tief, und die Ausrüstung war professionell: Pickel und Schaufeln, Lichtkabel, Lampen, Stützbalken, Bauholz, ein Messgerät und sogar eine speziell entwickelte Tunnelfräse. Fast fünf Monate wühlte sich die Gruppe durch den Lehmmergel, ohne bemerkt zu werden. Fuchs war zufrieden. »Wir kamen recht gut vorwärts. Einer stand an der Fräse. Einer schaffte immer den Dreck nach hinten. Einer hievte ihn hoch. Und ein anderer karrte ihn weg. Natürlich auf der Westseite. […] Zum Glück gab es keinen Wassereinbruch. So etwas ist das Schlimmste, was passieren kann. Grundwasser oder gar eine angeschlagene Wasserleitung.«

Ende Dezember 1963 war der Fluchtstollen fast fertig; es fehlten nach den Berechnungen der Tunnelgräber nur noch wenige Meter bis zum anvisierten Haus Strelitzer Straße 54. Wolfgang Fuchs begab sich daraufhin am 28. Dezember zum zuständigen Polizeirevier, um den Leitenden Kommissar zu informieren und um Hilfe zu bitten, sollte während der Flucht etwas passieren. Schon waren Kuriere unterwegs, um Fluchtwillige zu benachrichtigen. Der Kommissar fragte, ob seine Gruppe bewaffnet sei, was Fuchs natürlich verneinte. Daraufhin sagte der Beamte Unterstützung zu, allerdings mit der Einschränkung, dass »jede Fluchtbewegung sofort dem Innensenator« zu melden sei, »solange die Passierscheinaktion laufe«. Seit dem 19. Dezember 1963 durften West-Berliner erstmals seit dem Mauerbau wieder Verwandte im anderen Teil der Stadt besuchen; das Passierscheinabkommen lief bis zum 5. Januar 1964, und in dieser Zeit wollten Fuchs und seine Unterstützer ihre Aktion durchziehen. Genauer gesagt: in der Silvesternacht, denn sie erwarteten, dass dann auf den Straßen so viel los sein werde, dass im Trubel die erste Flüchtlingsgruppe mit zwanzig Frauen, sieben Männern und fünf Kindern selbst im grenznahen Gebiet nicht weiter auffallen würde.

Doch am 29. Dezember wurde Fuchs zu einem hohen Beamten beim Innensenator bestellt: »Herr Albertz empfiehlt Ihnen, Ihren Tunnel bis zum 5. Januar nicht zu betreten. Es ist doch klar, was das bedeutet, wie?« Albertz, der zweite Mann nach Willy Brandt, wollte das ausgehandelte Abkommen mit der DDR nicht durch eine Massenflucht gefährden. Als Fuchs Anstalten machte, sich der Aufforderung zu verweigern, weil die Kuriere schon unterwegs waren, wurde der Senatsdirektor deutlich: »Wenn Sie den Empfehlungen des Innensenators zuwiderhandeln, dann holen wir Sie raus. Mit einem Einsatzkommando. Selbst wenn Flüchtlinge kommen. Mehr brauche ich Ihnen nicht sagen.« Es blieb nichts übrig, als das Vorhaben auf die Nacht zum 7. Januar 1964 zu verschieben. Die Enttäuschung unter den Fluchthelfern war groß.[12]

Beim Durchbruch war Joachim Neumann wieder dabei. Er hielt Kontakt zur Fuchs-Gruppe, konnte seines Studiums wegen jedoch nur sporadisch mithelfen. »Als es so weit war, kam Wolfgang Fuchs zu mir und sagte: ›Achim, jetzt brauchen wir dich. Wir wollen jetzt durchbrechen, da brauchen wir einen, der die Erfahrung hat und der sich's auch traut.‹« Der Durchbruch gelang, doch als die Tunnelgräber einen Spatenstiel mit einem Spiegel durch das Loch schoben, erkannten sie, dass sie nicht im Keller des angepeilten Wohnhauses an der Strelitzer Straße gelandet waren. Sie hatten sich vermessen.

»Wir waren dann natürlich sehr enttäuscht, dass wir auf dem Kohlenplatz gelandet sind. Da war man ja eine lebende Zielscheibe, denn der Todesstreifen und die Mauer waren praktisch unmittelbar daneben. Also, das war ein saudämliches Gefühl.

Deshalb haben wir beschlossen, wir ziehen uns wieder zurück. Es musste alles abgesagt werden. Die Kuriere mussten, so schnell es ging, wieder rübergehen, um die Aktion zu stoppen. Wir haben dann unten im Loch noch eine ganze Weile gesessen, um einfach zu beobachten. Irgendwann kamen für uns völlig überraschend Schritte. Einer guckte aus dem Loch und sah drei Mädchen. Offensichtlich hatte der Kurier diese drei nicht mehr angetroffen. Den Mädchen wurde ein Zeichen gegeben, und dann sind sie rein in das Loch, durchgerutscht und durch den Tunnel weg.«

Die drei sollten die einzigen Flüchtlinge durch diesen Stollen bleiben. Schon am 8. Januar 1964 wurde der Einstieg, den die Tunnelgräber nur notdürftig hatten tarnen können, von den Arbeitern des Kohlenplatzes entdeckt. Mittags war die Stasi zur Stelle. Es entwickelte sich ein skurriler Dialog – von oben hörten die Fluchthelfer im Tunnel: »Wir wollen fliehen, nehmt ihr uns mit?«, worauf sie antworteten: »Ja, ihr müsst nur runterkommen.« Doch nichts passierte. Also krochen die Tunnelgräber zurück in den Westen, um »aus Lumpen, einem Mantel, einem Hut und einer Stange« einen »Pappkameraden« zu bauen. Die Attrappe wollten sie im Osten aus dem Einstieg schieben.

Der Rückzug rettete ihnen das Leben, denn kurz darauf erschütterte eine Explosion den Tunnel. Die Druckwelle war so stark, dass noch am Tunneleinstieg im Westen »Menschen und Dreck« durcheinandergeschleudert wurden. Aber sie lebten! Der Jurastudent Klaus-Michael von Keussler vermerkte in seinem Tunnel-Tagebuch: »8. Januar 1964 – der Tunnel ist entdeckt, zwei Arbeiter haben auf dem Kohlenhof das Loch gefunden. Dann […] eine Detonation, Tränengas, und es ist aus, aus. Grenzenlose Enttäuschung. Dennoch: Die Freiheit kennt keine Mauern.« Der Einstieg auf Ost-Berliner Seite wurde schon wenige Tage später vermauert und teilweise zugeschüttet.[13]

> **Der Kohlenplatztunnel**
>
> *Drei Mädchen kamen durch*
> Durch einen über 150 Meter langen und 10 Meter tiefen Tunnel in der Bernauer Straße entkamen am Dienstag drei Mädchen aus dem Sowjetsektor nach West-Berlin.
>
> *Sofort gemeldet*
> Der vom Keller eines West-Berliner Wohnhauses vorgetriebene Tunnel ging unter der Mauer durch und endete auf einem Kohlenplatz in Ost-Berlin. Zwei dort beschäftigte Kohlenarbeiter entdeckten den Ausstieg. Sie machten vermutlich sofort Meldung, denn schon wenig später wimmelte der Kohlenplatz von Grenzpolizisten. Es wurden auch Männer in Ledermänteln beobachtet, die wahrscheinlich zum kommunistischen Sicherheitsdienst gehören.
>
> *Starke Explosion*
> Dem Wachposten der Fluchthelfer gelang es, sich rechtzeitig in Sicherheit zu bringen und sein Telefon im Tunnel abzubauen. Minuten später ereignete sich eine starke Explosion. Offensichtlich war eine Sprengladung mit Tränengas in den Schacht geworfen worden. Das Gas stieg bis in die Wohnungen des West-Berliner Hauses, wo Fluchthelfer den Schacht abdichteten.
>
> *Berliner Morgenpost* vom 10. Januar 1964

Der größte Erfolg

Wolfgang Fuchs ließ sich nicht entmutigen; genau wie Hasso Herschel wagte er vom gleichen Ausgangspunkt einen zweiten Versuch. Seine Mitstreiter, darunter der Physikstudent Reinhard Furrer, der Medizinstudent Christian Zobel, der angehende Elektroingenieur Hubert Hohlbein und Joachim Neumann, hatten inzwischen viel Erfahrung im Tunnelbau; das Gleiche galt für die Jurastudenten Klaus-Michael von Keussler und Peter Schulenburg.

Im April 1964 begannen sie erneut, ein Loch auszuheben, »diesmal von einem anderen Raum des großen Kellers unter der Bäckerei in der Bernauer Straße. In zwölf Meter Tiefe wurde der neue Schacht begonnen«, berichtete von Keussler. Teile der alten Ausrüstung konnten wiederverwendet werden. In diesem Fall verzichteten die Stollenbauer auf Abstützungen; der Boden war stabil genug. Um das Vorhaben zu finanzieren, arbeitete Fuchs mit den Medien zusammen: »Die notwendigen Gelder für den Bau und die Ausrüstung des Tunnels, der gegen alle Eventualitäten abgesichert war, wurden durch Beiträge der Hamburger Illustrierten ›Stern‹ finanziert. Auch war im Augenblick der Flucht ein Vertreter des in Stuttgart erscheinenden Organs ›Zeitung‹ und ein Kamerateam des ›German Television Service‹, einer privaten Firma zur Herstellung von Fernsehfilmen, anwesend. Die Fluchthelfer sollen einen Revers unterschrieben haben, wonach die publizistische Auswertung des Fluchtvorgangs den beteiligten Unternehmen […] vorbehalten blieb.« Auch aus CDU-nahen Kreisen erhielten die Tunnelbauer finanzielle Unterstützung.

Im Sommer 1964 betrat der Kameramann Thomas Mauch den Tunnel erstmals. »Es war der anstrengendste Film, den ich überhaupt jemals gemacht habe. […] Es war sehr heiß im August. Ich bin in der Badehose durch diesen Tunnel gekrochen. Der Tunnel war sehr klein, sehr niedrig; man konnte nicht einmal drin hocken.« Zwei Monate später hatte der Stollen die stattliche Länge von über 140 Metern erreicht. Doch abermals erreichten die Fluchthelfer – wie beim Kohlenplatztunnel – nicht den vorgesehenen Keller im Haus Strelitzer Straße 55.

»Wir sind offensichtlich ein kleines bisschen zu hoch gekommen, also zu nahe an die Erdoberfläche, sodass wir, bevor wir in den Keller kommen konnten, diese alte Sickergrube erreichten. Das Erdreich über uns wurde plötzlich weich; weicher als sonst, sodass uns das etwas merkwürdig vorkam. Wir haben dann nach oben gegraben, vielleicht einen Meter oder anderthalb, und waren dann plötzlich in dieser Sickergrube des Gott sei Dank schon sehr lange stillgelegten Toilettenhäuschens gelandet«, erinnerte sich Neumann, der wieder beim Durchbruch half. Er nahm auch auf dem Hinterhof die Flüchtlinge in Empfang, zusammen mit Zobel, Hohlbein und Furrer. »Wir waren uns darüber einig«, so Neumann, »dass wir Pistolen zur Selbstverteidigung brauchen, auch wenn es nur dazu gedient hätte, dass irgendjemand, der uns zufällig entdeckt, sieht, dass wir bewaffnet sind, und folglich dann nicht allzu viel Alarm schlägt oder Schaden anrichtet.«[14]

Am 3. Oktober 1964, einem Sonnabend, machten sich die vier bei Einbruch der Dunkelheit auf den Weg in den Hinterhof der Strelitzer Straße 55. Rund zehn Minuten benötigten sie, um durch den Tunnel zu kriechen, und gegen 20 Uhr kamen die ersten Flüchtlinge, ein vierjähriger Junge mit seiner Mutter. »Bis 0.30 Uhr wurden 28 Ost-Berliner durchgeschleust.« Alles war nach Plan verlaufen, sodass sich die Fluchthelfer entschlossen, den Stollen noch eine Nacht zu nutzen. Doch unter den nun durch Kuriere informierten DDR-Bürgern waren zwei Spitzel, die unabhängig voneinander die Staatssicherheit informierten. Glücklicherweise kannten sie nicht den genauen Ort.

Am Sonntagabend gegen 20 Uhr kamen die nächsten Flüchtlinge, die im Hausflur in Empfang genommen wurden; um zum Tunneleinstieg gebracht zu werden, mussten sie das Losungswort kennen: »Tokio«. Doch nun häuften sich die Zwischenfälle. »Mehrmals wurde Alarm gegeben. Zuerst tauchte außerplanmäßig ein Hundeführer der Grepo auf. Danach stoppte plötzlich ein Streifenwagen, und mehrere Offiziere stiegen aus. Mit klopfendem Herzen drückten sich die Fluchthelfer hinter die Tür des Hauseingangs. Aber sie blieben unentdeckt.« Wenige Minuten später stiegen die DDR-Soldaten wieder in ihr Auto und fuhren davon.

Bis kurz vor Mitternacht gelangten abermals 29 Flüchtlinge durch den Tunnel in den Westen, als Letzter der Kfz-Mechaniker Rudolf Meister. Er war erst um 23.15 Uhr per Telefon von seinem Freund Klaus benachrichtigt worden. »Ich erinnere mich an das schwache Licht, das aus der Erde kommt. Jemand sagt: Schuhe ausziehen! Klaus geht als Erster runter, ich folge ihm, robbe los.« Nun spitzte sich die Situation auf dem Hof der Strelitzer Straße 55 zu. Im Hausflur erschienen zwei Männer, die das Losungswort nicht kannten, aber vorgaben, noch jemand Drittes holen zu wollen. Zwar waren die Fluchthelfer bereits per Feldtelefon darüber informiert worden, dass niemand mehr erwartet werde. Trotzdem blieben sie noch in Ost-Berlin, statt sofort zurückzurobben. Die beiden unbekannten Männer, in Wirklichkeit Mitarbeiter des MfS, alarmierten die am Arkonaplatz stationierte vierköpfige »Alarmgruppe« des Unteroffiziers Egon Schultz.

Noch immer zögerten die Fluchthelfer. Als Erster stieg Hohlbein in die Tunnelöffnung, während Furrer noch einmal in den Hausflur ging. »Reinhard ging also wieder weg, und nach wenigen Minuten tauchte er plötzlich aus der Dunkelheit vor mir auf, rannte an mir vorbei, rief irgendetwas wie ›Weg hier! Gefahr!‹ und sprang in das Loch«, erzählte Neumann später. »Und ich bin sofort hinterhergesprungen. Und dabei hatten sich jetzt aber der Reinhard und Hubert irgendwie miteinander verkeilt. Der war dem Hubert auf die Schulter gesprungen, und jetzt konnten wir nicht mehr in dieses Loch rein – also wir steckten fest. Ich habe versucht, mich immer kleiner zu machen und immer tiefer in dieses Loch reinzukriechen, aber es ging eben nicht, weil die zwei unter mir das blockierten.«

Dann fielen Schüsse; zuerst einer aus der Pistole von Christian Zobel und dann die Feuergarbe aus einer Maschinenpistole. Im Tunnel erlebte Rudolf Meister diesen Moment. »Plötzlich höre ich hinter mir Schüsse. Jetzt ist es aus, denke ich. Auf Händen und Knien ackere ich mich durch die Lehmpampe. Endlich Licht und eine Stimme: Los, setz dich aufs Brett. Ich werde hochgehievt, bin fix und fertig. Einer reicht mir einen Tee.« Die Rettung für die feststeckenden Fluchthelfer kam überraschend – von oben: »Und dann kam plötzlich auch der Christian und sprang auf mich rauf, und durch diesen Impuls entheddertern sich die da unten, und wir kullerten oder rutschten alle in das Loch rein und waren dann unten im Tunnel.« So schnell wie noch nie krochen die vier zurück. Insgesamt waren 57 Flüchtlinge durch den Stollen gekommen, der deshalb den Namen »Tunnel 57« erhielt.[15]

Mehrere Kugeln hatten den Unteroffizier der Grenztruppen Egon Schultz getroffen; er erlag noch im Durchgang zum Hof seinen schweren Verletzungen. Schon am 9. Oktober 1964 wurde er mit einem Staatsbegräbnis beigesetzt und avancierte posthum zum Nationalhelden der DDR. Über hundert Heime, Schulen und Jugendhotels in der DDR trugen bald seinen Namen. Gegen die Tunnelgräber um Wolfgang Fuchs wurden umgehend schwerste Vorwürfe erhoben: wegen Geschäftemacherei, Bereicherung an Flüchtlingen und sogar wegen Mordes.

Nicht nur die DDR-Medien beteten einmütig die Linie von SED-Vize Erich Honecker gegen die »Mordschützen und ihre Hintermänner in West-Berlin und in Bonn« nach. Auch das Stuttgarter Magazin *Die Zeitung* griff die Tunnelbauer heftig an: Sie betrieben ein »widerliches Geschäft mit der Mauer«. Jeder Flüchtling habe 6000 bis 8000 Mark gezahlt. »Wer nicht zahlt, wird mit der Pistole zurückgejagt«, behauptete das Blatt – eine freie Erfindung ebenso wie das vermeintliche Kopfgeld. 38 der erfolgreich in die Freiheit geholten Ost-Berliner versicherten an Eides Statt, dass sie nichts gezahlt hatten.

Trotzdem veröffentlichte der Reporter Kai Hermann am 6. November 1964 in der *Zeit* unter dem Titel »Helden oder Gangster? Fluchthelfer im Zwielicht« ein »Meisterstück des Thesenjournalismus«, so die Historikerin Marion Detjen, »gegen das gerichtlich vorzugehen Wolfgang Fuchs vergeblich versuchte«. Gleichzeitig erschien in der Illustrierten *Quick* ein Geständnis des Fluchthelfers Christian Zobel: »Ich habe den Vopo erschossen.« Die Ermittlungen wegen Mordes gegen ihn und wegen Beihilfe zum Mord gegen Furrer, Neumann und Hohlbein stellte die West-Berliner Staatsanwaltschaft allerdings schon bald wieder ein. Die *Berliner Morgenpost* spekulierte über den Grund: »Vielmehr lassen, wie es in einer Mitteilung der Justizpressestelle heißt, vor kurzem gewonnene Erkenntnisse die Annahme zu, dass Egon Schultz ›von Schüssen seiner eigenen Kameraden getroffen wurde‹. Für diese Annahme spricht auch, dass die Staatsanwaltschaft in Berlin C2 (Ostsektor) das Ersuchen der Moabiter Staatsanwaltschaft unbeantwortet ließ, Obduktionsbefunde und anderes Material zur Verfügung zu stellen.«[16]

Egon Schultz' Tod wird instrumentalisiert.
172 Tage aus dem Leben des Lehrers Egon Schultz

Der Tunnel, den Fuchs und seine Bande wühlen, hat sich auch an diesem Tag ein Stückchen näher an das Ziel herangeschoben: an das Grundstück Strelitzer Straße 55. Dort sollte er enden. So will es Fuchs. So wollen es die Herren im Westberliner

CDU-Haus, die ihm und seiner Bande Geld und Lebensmittel geben. [...] Nur noch sechzig Meter etwa trennen die Tunnelgräber von ihrem Ziel und Wolfgang Fuchs, den Chef, von einem märchenhaften Geschäft. Kopfgeld wird er kassieren. Acht Tausender für jeden, der durch den Tunnel geht. Bald wird er Millionär sein. [...] Leihgaben treffen ein: Pistolen, Munition, Schutzmasken und Sprechfunkgeräte von der Polizei. Tunnelfuchs hat hohe Gönner [...]

Keine zweihundert Meter entfernt erhebt sich jenseits der Staatsgrenze ein hohes Eckhaus. Auf seinem Dachboden, von dem die Strelitzer Straße gut zu übersehen ist, sitzt sonst ein Polizeiposten. In der Nacht hat die Westpolizei den Beobachtungsstand an die Kellerbande abgetreten. Dort oben schreit ein Funker ins Mikrophon: »Bohne an Erbse, Bohne an Erbse! Achtung – drei Grenzer sind in Fünfundfünfzig eingedrungen!« Im Bäckereikeller knirscht Tunnelfuchs wütend mit den Zähnen. Er schaltet am Funkgerät. »Kochtopf, Kochtopf, hier Erbse. Drei Grenzer. Macht sie fertig!« Seine Stimme überschlägt sich vor Wut und Hass. Unter einem Schuppen im Hof Strelitzer Straße 55, wo der Tunnel endet, bestätigt ein dritter Funker: »Verstanden, Chef. Wird prompt erledigt. Ende.« Er streift die Kopfhörer ab und steigt nach oben, wo sein Kumpan das Haus und den weiten Hinterhof beobachtet. Die beiden flüstern, dann klickt es. Zwei Pistolen, Westberliner Polizeipistolen, sind entsichert.

Die beiden Banditen huschen über den mondhellen Hof. Im Schatten des Hauses lehnen sie sich an die Wand, wenige Meter von der Hintertür entfernt, und lauern. Sie hören die Streife im Treppenhaus. Die Schritte poltern im Hausflur. Die Tür knarrt auf. Der eine der Banditen schlägt die Pistole an, noch ehe er ihn richtig sieht, den nicht sehr großen, schlanken Grenzer, der vorsichtig aus der Tür späht und einen Schritt heraustritt. Der Bandit krümmt den Finger am Abzug: Einmal, zweimal, dreimal knallt es. Der Grenzer bäumt sich auf. Er taumelt, bricht zusammen. Blitzschnell packen die Genossen hinter ihm zu, ziehen ihn zurück in den schützenden Flur und werfen die Tür zu. »Gib Feuerschutz«, schreit einer der Banditen im Hof. Und

> während er zum Schuppen fliegt, schießt sein Kumpan; er feuert blindlings. Fensterglas splittert. Querschläger surren. Dann ist das Magazin leer geschossen, und er flüchtet ebenfalls. Wie Ratten in ihr Loch, verschwinden beide im Tunnel.
>
> Herbert Mühlstädt, *172 Tage aus dem Leben des Lehrers Egon Schultz*, Berlin (Ost) o. J., S. 100–112

Die letzten Tunnel an der Bernauer Straße

Nach dem Erfolg des »Tunnels 57« und sicher auch wegen des Todes von Egon Schultz blieben die Grenztruppen gerade entlang der Bernauer Straße hoch aufmerksam. Das Grenzregime wurde verbessert, der Todesstreifen verbreitert – so sollten eventuelle Tunnelgräber zum Bau von immer längeren Stollen gezwungen werden. Dennoch gab es Einschränkungen: In den dicht bebauten südlichen Parallelstraßen der Bernauer Straße konnten keine weiteren Häuser abgebrochen werden; dazu war der Wohnraum in Mitte zu knapp. Zusätzliche Kontrollen und IMs sollten das ausgleichen.

Wohl deshalb verzeichnete die zuständige Hauptabteilung I des MfS reihenweise »Hinweise« auf mögliche Tunnelbauten unter diesem Stück der Grenze, zum Beispiel am 21. November 1964, am 10. und 20. April 1965, am 2. September und am 11. Oktober 1966 sowie am 28. März 1968. Für keinen anderen Abschnitt der Berliner Mauer gab es derart viele falsche Informationen, denn hinter keinem dieser »Hinweise« stand tatsächlich ein Fluchtversuch.

Im Frühling 1970 war das anders. Am 13. Mai meldete die *Berliner Morgenpost*, an der Bernauer Straße sei ein unvollendeter Fluchttunnel entdeckt worden: »Ein Bauarbeiter aus West-Berlin hatte mit seinem Kollegen etwa fünf Wochen von einem gemieteten Laden aus einen Schacht gegraben, um seine Frau und seine beiden Kinder aus Ost-Berlin zu holen.« Nach Ansicht westlicher Fachleute flog der Plan auf, weil sich das Erdreich über dem Stollen um wenige Zentimeter senkte, was die Grenzer bemerkten. Bereits eine Woche vor der Meldung hatte eine DDR-Baukolonne mit einem Bagger im Grenzstreifen zu graben begonnen.

Bald berichteten westliche Zeitungen Details: Der Stollen habe bereits die beachtliche Länge von rund achtzig Metern erreicht, »war etwa einen Meter hoch, achtzig Zentimeter breit und in einem Abstand von einem Meter abgestützt«. Er verlief vom Keller der Bernauer Straße 80, zwei Grundstücke neben dem Ausgangspunkt des »Tunnels 29«, in Richtung Schönholzer Straße 20. Die Tunnelgräber vermuteten Verrat in den eigenen Reihen. Tatsächlich war die Gegenseite gut informiert: Am 1. Mai 1970 hatte die Stasi den Grenztruppen bereits auf ein bestimmtes Gebiet eingegrenzte Informationen über den Fluchttunnel mitgeteilt. Woher sie stammten, verraten die Akten dieses OV »Amigo« nicht. Noch am gleichen Abend wurden die Kellerräume der Häuser Schönholzer Straße 20, 21 und 22 mit »je drei Genossen« besetzt, und zwar bis fünf Uhr morgens. Man rechnete mit einem Durchbruch in der Nacht. Auch in der Brunnenstraße 47 und der Swinemünder Straße 19 gingen je drei Grenzsoldaten in Stellung. Um jedoch eine »ständige Kontrolle« zu gewährleisten, wären 72 Mann nötig gewesen, was »den Regeln der Konspiration« widersprochen hätte.

Zur »Präzisierung des Tunnelverlaufs« verfügte die Stasi allerdings über ein Instrument, dessen vorbereiteten Einsatz man nun vorzog. »Auf einer Breite von 200 Metern« war hier schon eine »Sicherungsanlage 62/10« eingebaut, die noch am selben 1. Mai in Betrieb genommen wurde. Es handelte sich um ein Sondensystem, das bereits 1966 an einem anderen Abschnitt der Bernauer Straße getestet worden war. Die in Abständen in den Boden eingelassenen Sonden sollten Tiefbaugeräusche aufzeichnen. Mit den Ergebnissen war die Stasi zufrieden; das System werde »den Erfordernissen weitgehend gerecht«. Im »tunnelgefährdeten Abschnitt Brunnenstraße/Egon-Schultz-Straße« wollte man die Sonden bis Juli 1970 in Betrieb nehmen, die Erweiterung nach Westen bis zur Ackerstraße war bis Jahresende vorgesehen. Im Abschnitt Schönholzer Straße bis zur Ruppiner Straße sollte die Anlage sogar schon Mitte Mai 1970 angeschlossen werden; dies wurde nun vorgezogen und brachte sofort Ergebnisse: »In Auswertung der von der Anlage aufgenommenen Werte wurden auf einer der Sonden auffallend starke Geräusche registriert. So wurde am 2. Mai 1970 bis 24 Uhr jeweils 90 Minuten ein sehr starkes und danach 60 Minuten ein normaler Geräuschpegel festgestellt.«

Seinen Plan, den Tunnelgräbern eine Falle zu stellen, ließ das MfS allerdings fallen – stattdessen rückte am 5. Mai ein Bagger an. Nachdem die Panzersperren weggeräumt waren, stießen die NVA-Pioniere am 10. Mai »gegen 15.45 Uhr in einer Tiefe von ca. vier Metern auf die Decke eines dort befindlichen Tunnels«. Der Stollen maß 55 mal 85 Zentimeter, war 85 Meter lang und fachgerecht mit Kanthölzern und Brettern ausgesteift. Obwohl die West-Berliner Behörden nach der *Morgenpost*-Meldung angekündigt hatten, nach Pfingsten »die Bernauer Straße aufzureißen und den gegrabenen Schacht wieder mit Sand aufzufüllen«, fluteten die DDR-Grenztruppen den Stollen. Dabei wurden Schäden auf West-Berliner Seite billigend in Kauf genommen; im Abschlussbericht hieß es lapidar: »Wenn in der Folgezeit keine Baumaßnahmen (Einfüllen von Zement) in der Bernauer Straße erfolgen, ist damit zu rechnen, dass einerseits der durch den Tunnel entstandene Hohlraum und andererseits das ständig einfließende Wasser (ca. 10 000 Kubikmeter) eine Senkung des Straßenprofils hervorrufen können.« Die Stasi rechnete sogar mit einer »Senkung der Grenzmauer«. In West-Berlin traten tatsächlich »Folgeschäden« auf – an dem Haus, von dessen Keller aus der Tunnel gegraben worden war.[17]

Der letzte bekannte Versuch, an der Bernauer Straße einen Fluchttunnel zu graben, begann im Winter 1970/71. Ausgangspunkt war das gründerzeitliche Eckgebäude Bernauer Straße/ Brunnenstraße 137, das bald abgerissen werden sollte. Die Idee dazu hatte abermals Hasso Herschel. »Ich dachte, jetzt hat ja lange keiner mehr etwas gemacht, es war eigentlich unwahrscheinlich, dass das noch einmal gemacht wird.« Auch Ulrich Pfeifer war wieder mit von der Partie. »Das war ein Tunnel, der von der Kellersohle in einem schrägen Schacht begann. Es ging also nicht wie bei den anderen Tunneln senkrecht runter, weil man dann immer mit einem Flaschenzug die Erde über die sechs bis sieben Meter nach oben transportieren musste; es ging also eine schräge Rampe herunter, aber so tief, dass man dann sechs bis sieben Meter unter der Kellersohle war, und von da aus horizontal weg Richtung Brunnenstraße.«

Aus Sicherheitsgründen durfte niemand vom Grabungsteam die Baustelle verlassen. »So neun Wochen haben wir da gegraben, dann war alles fertig. Aber in dieser Zeit ist nie einer rausgekommen, die Tunnelgräber waren eingeschlossen und wussten nicht, wo sie sind«, berichtete Herschel. Gut 120 Meter war der Stollen im Februar 1971 lang – es fehlten nur noch gut zehn Meter bis zum Ziel, einem Keller des Hauses Brunnenstraße 142, das außerhalb des Grenzgebietes lag.

Alles schien perfekt zu laufen. Schon am 21. Februar sollten die ersten 17 Fluchtwilligen durch den Tunnel kommen, darunter auch *Regina Velten*. Sie wollte zu ihrem Verlobten, dem Jurastudenten Eckhard Albrecht, der dafür 5000 Mark bezahlt hatte. Jedoch musste der Durchbruch um einige Tage verschoben werden, auf die Nacht vom 25. auf den 26. Februar. Dann ließ ein unglücklicher Zufall, so vermutete Herschel, das Vorhaben scheitern. »Den zweiten Beobachtungsposten, den ich eigentlich für den Tag des Durchbruchs haben wollte, habe ich vier, fünf Häuser weiter in der Bernauer Straße in der obersten Etage platziert. Es waren leer stehende Häuser, die der DeGeWo gehörten. Da bin ich hingegangen und habe gesagt: Wir möchten einen Film drehen, über Kommunen und alternatives Wohnen und so – ob wir da drehen dürften.« Er bekam die Erlaubnis, besorgte einen Kameramann und einige angebliche Schauspieler.

Weil ihnen kalt war, heizten sie in der Wohnung einen alten Kachelofen an. Doch einem Anwohner fiel auf, dass aus dem Kamin des unbewohnten Hauses Rauch kam; er rief die Polizei. Unglücklicherweise kam ein Beamter namens *Horst Janek*, dessen Frau Jahre zuvor eine Affäre mit Herschel gehabt hatte. Zufällig begegneten sich der Tunnelgräber und der gehörnte Ehemann nun auf der Bernauer Straße. *Janek* erkannte Herschel. »Das war vielleicht abends um fünf, und am nächsten Morgen um sieben haben die Grenzer mit Ultraschall an der Stelle, an der ich ihn getroffen hatte, angefangen zu suchen. Sie sind dummerweise in unsere Richtung gegangen und haben gegen Nachmittag den Tunnel gefunden, abgesteckt, wie er läuft, und angefangen zu baggern.«

Schon am nächsten Tag griffen Berlins Zeitungen das Thema

auf: »Grenzwächter entdeckten einen 120 Meter langen Flucht-Tunnel – Nur wenige Stunden, bevor 17 Ostberliner in die Freiheit flüchten wollten«, titelte *Bild*. Die *Welt* fragte: »Wurden die Tunnelbauer von einem Spitzel der ›DDR‹ verraten?« Etwa von *Janek*? Oder gab gar der West-Berliner Senat Informationen über den unwillkommenen Fluchthilfeplan an Ost-Berlin weiter? Erst in den Stasi-Akten fand sich die Antwort: Einerseits hatte die MfS-Abteilung XX/5, zuständig für die »Bekämpfung der organisierten Fluchthilfe«, bereits seit Längerem zwei Kuriere der Herschel-Gruppe observiert. Im Rahmen des »Operativvorganges ›Wühler‹« stellten die Stasi-Offiziere fest, dass eine Reihe von DDR-Bürgern für den 26. Februar 1971 »telegrafisch, telefonisch oder persönlich an vorher festgelegte Trefforte in die Hauptstadt der DDR bestellt« wurden; von dort aus sollten sie zum Einstieg eines Tunnels gebracht werden. Andererseits meldete der Stadtkommandant von Ost-Berlin, Generalleutnant Helmut Poppe, an Erich Honecker: »Im System der ständigen Kontrolle tunnelgefährdeter Abschnitte wurden am 24. Februar 1971 im Abschnitt des GR-31 (Brunnenstraße) Klopfgeräusche und Hohlräume festgestellt, die die Vermutung zuließen, dass in diesem Abschnitt Arbeiten am Bau eines Tunnels durchgeführt werden.«

Diese beiden Informationen zusammenzubringen war nicht mehr schwer. Hasso Herschel gab das Vorhaben umgehend auf; bedauernd stellte der MfS-Abschlussbericht fest, dass der »Liquidierung des Tunnels« wegen »keine Kuriere oder Zubringer in die Hauptstadt der DDR geschickt« wurden, die man hätte festnehmen können. Alle DDR-Bürger jedoch, die mit den beiden enttarnten Kurieren Kontakt gehabt hatten, gingen der Stasi ins Netz. Eine bis heute unbekannte Zahl von Personen wurde verhaftet. Glück hatte dagegen *Regina Velten*. Sie wurde von einem anderen, der Stasi unbekannten Kurier gewarnt – der Schwester ihres Verlobten. In den Westen kam *Regina* trotzdem – in einem umgebauten Ford Mustang, in dem sie sich in einem winzigen Versteck zwischen Kotflügel und dem verkleinerten Tank verbarg. Ein Fluchthelfer aus Hasso Herschels Organisation brachte sie im Sommer 1971 von Rumänien aus über drei Grenzen in die Bundesrepublik. Herschels dritter Tunnel war zugleich der letzte bekannte Tunnel an der Bernauer Straße.[18]

Der »Köppen-Tunnel«

Getrennt durch die Mauer

Klaus Köppen ist ein aufrechter Berliner, der das Herz am rechten Fleck hat und nicht auf den Mund gefallen ist; darin ähnelt er Claus Stürmer, der mit Verspätung zu den Fluchthelfern des »Tunnels 29« unter der Bernauer Straße stieß. Klaus Köppen, Jahrgang 1940, wuchs in Berlin auf und absolvierte eine Lehre als Maurer. 1960 lernte er Roswitha kennen, die im Ostteil der Stadt wohnte. Zu dieser Zeit konnten beide noch fast ungehindert die Sektorengrenze überqueren. Zwar gab es regelmäßige Kontrollen, aber für Köppen war es normal, durch den Ostsektor zu fahren, wenn er von seinem Wohnort Lübars in der Nordostecke West-Berlins etwa nach Kreuzberg oder Neukölln wollte. Er konnte viel Zeit sparen, wenn er über Rosenthal-Wilhelmsruh fuhr.

Im Mai 1961 verlobten sich Klaus und Roswitha. Ihre Familie trug sich bereits mit dem Gedanken, nach West-Berlin zu gehen. Doch sie besaß ein Haus in Wilhelmsruh, knapp 500 Meter hinter der Sektorengrenze, und hatte noch »verschiedene Sachen zu regeln, um später einen besseren Start in Westberlin zu haben«.[1]

Etwa 14 Tage vor dem Mauerbau wurden Köppen und seine Verlobte unversehens am Übergang Wollankstraße von Wedding nach Pankow angehalten. Roswitha musste mit in den Kontrollraum, Köppen forderten die Volkspolizisten dagegen auf, in Richtung West-Berlin zurückzufahren. Als er das tat, stellte sich plötzlich ein Volkspolizist vor das Auto und wollte ihn erneut stoppen. Köppen fuhr weiter, streifte dabei den DDR-Posten leicht und erreichte den wenige Meter voraus liegenden französischen Sektor. Ab sofort musste er damit rechnen, als »Grenzverletzer« zu gelten; seine Autonummer war nun mit großer Wahrscheinlichkeit registriert.

Zur Sicherheit verzichtete Klaus Köppen für einige Zeit auf Fahrten nach Ost-Berlin. So konnte er sich vorerst nur noch im Westteil der Stadt mit seiner Verlobten treffen, was er weiterhin regelmäßig tat. Noch am Abend des 12. August 1961 besuchten beide ein Kino in der Badstraße. Kurz vor Mitternacht setzte Köppen Roswitha am S-Bahnhof Wilhelmsruh, Übergang Kopenhagener Straße, ab. Sie ging die wenigen Meter bis nach Hause zu Fuß. Von Sperrmaßnahmen oder Vorbereitungen zur Grenzschließung war zu diesem Zeitpunkt am Übergang noch nichts zu bemerken. Alles schien normal.

Am folgenden Morgen, Sonntag, den 13. August 1961, wurde Klaus Köppen von seinem Vater geweckt, der aufgeregt an seine Tür klopfte: »Mensch, Junge, die machen gerade die Grenze zu!« Für Roswithas Familie ergaben sich dadurch nicht unerhebliche Probleme, denn sie hatten bereits viel in den Westen geschafft, unter anderem den größten Teil ihrer Kleider; diese waren schon bei Köppens Eltern eingelagert. »Sie hatte drüben eigentlich so gut wie nichts mehr zum Anziehen gehabt, und es mussten einige Sachen wieder zurück in den Osten gebracht werden.« Andere West-Berliner Familienangehörige konnten noch ein paar Tage lang trotz der gesperrten Grenze nach Ost-Berlin gehen, wobei sie das Nötigste für Roswitha mitnahmen; später wurden Pakete geschickt.

Am Anfang gab es sogar noch die Chance, zumindest seiner Verlobten die Flucht zu ermöglichen. Einige Tage nachdem West-Berliner nicht mehr in die andere Stadthälfte einreisen durften, trafen sich die beiden am Bahnhof Rosenthal; dort war 1961 noch die »Heidekrautbahn« voll in Betrieb, die die nordöstlichen Vororte mit dem Bahnhof Wilhelmsruh verband. Lediglich die Schranken am Bahnübergang hatte man heruntergelassen und Stacheldraht ausgerollt. Allerdings standen überall Wachen.

Köppen konnte von West-Berliner Seite aus bis an die Schranke herantreten und verwickelte einige dort postierte Grenzsoldaten in ein Gespräch. Er erzählte von seiner Verlobten, die in etwa 300 Meter Entfernung wartete und winkte; sie durfte schon nicht mehr an die Grenze heran. Die Grenzer fragten Köppen, ob er ihnen westliche »Schmöker« besorgen könne. Er konnte und holte die gewünschten Groschenromane schnell von zu Hause, und dafür brachte ein Posten Roswitha zur Bahnschranke, sodass sie sich einige Minuten unterhalten konnten. »Das klappte alles gut, aber es war auch für Monate das letzte Mal, dass wir uns so nah waren.« Zwischen dem Paar lag in diesem Moment nur die Schranke. »Sie hätte nur rüberzugehen brauchen. Das wäre gar nicht weiter aufgefallen, da die Grenzposten öfters wegschauten. Das Problem war aber: Es stand für sie fest, den Osten nur gemeinsam mit Eltern und Geschwistern verlassen zu wollen.«

Schon eine Woche später waren die Grenzsicherungen so weit verschärft worden, dass sich die Verlobten nur noch über Hunderte Meter Entfernung zuwinken konnten. Auch hatten unfreundliche sächselnde Wachsoldaten die »freundlichen« Berliner Grenzposten ersetzt. Es gab nur eine Möglichkeit für Köppen, Roswitha zu sehen – er besorgte sich in Hannover einen westdeutschen Reisepass, mit dem er wieder in die DDR reisen durfte. »Die Westdeutschen und die Ausländer konnten ja nach Ost-Berlin fahren, aber nur an drei Übergängen der Stadt: Bornholmer Straße, Heinrich-Heine-Straße oder Bahnhof Friedrichstraße. Anders ging es nicht.«

Das erste Mal machte er sich mit seinem westdeutschen Pass am 5. Januar 1962 über die Heinrich-Heine-Straße nach Ost-Berlin auf zu Roswitha. Nun konnte Köppen nach Ost-Berlin, so oft er wollte – allerdings war die Einreise zeitlich beschränkt: Erst um sieben Uhr öffneten die Kontrollpunkte, spätestens um Mitternacht musste er wieder ausgereist sein.

1963 wurde Roswitha dann schwanger. Köppen entwickelte verschiedene Pläne, sie und ihre Familie in den Westen zu holen, doch keiner ließ sich verwirklichen. Erst prüfte Köppen eine Flucht durch die Kanalisation und begutachtete verschiedene Gullys und Kanalabschnitte; dabei entdeckte er einen nicht vergitterten, aber sehr engen Abwasserkanal, der für Roswitha nicht in Frage kam. Dann hatte er die Idee, einen VW-Käfer zum Fluchtfahrzeug umzubauen; ein guter Freund war ihm behilflich. »Wir verkleinerten den Tank, sodass sich eine Person darin verstecken konnte. Noch waren die Grenzer nicht so weit, alles genau zu untersuchen. Sie haben einfach noch nicht alles überschaut, was es alles an Möglichkeiten zur Flucht gab.«

Das damalige Käfer-Modell ließ sich leicht umbauen. Der Tank wurde von nur vier Schrauben gehalten; davor war noch das Reserverad. Wenn man den Tank herausnahm, sah man die ganze Vorderachse. »Den Tank konnte man im Bereich der vier Verschraubungen abschneiden, und somit hatte man eine Art Deckel. Im Bereich des Tankverschlusses haben wir eine kleine Sperrwand reingeschweißt. Durch die Verkleinerung des Tanks gewannen wir einen großen Hohlraum. Der Tank fasste nun nur noch ca. fünf Liter Benzin, die aber für unseren Zweck ausreichten.«

In diesen Hohlraum musste sich nun Köppens Verlobte zwängen, und zwar in der Garage ihrer Eltern, sodass niemand etwas beobachten konnte. Allerdings hatten die Tüftler nur einen normalen Gummischlauch als Benzinleitung eingebaut und diesen nicht mit einer Schelle gesichert. Als Köppen mit Roswitha im Versteck losfuhr, löste sich auf dem Weg zur Grenze der Benzinschlauch vom Stutzen des verkleinerten Tanks.

»Die Tankfüllung ist ihr über den Rücken gelaufen. Sie hat sich in ihrem Versteck daran verbrannt, und das schmerzte sehr. Sie forderte mich auf, sofort umzukehren: ›Fahr nach Hause! Schnell!‹« Köppen hatte alle Hände voll zu tun, auf offener Straße den Benzinschlauch wieder anzuklemmen. Dann ging es zurück zur Garage, damit seine Verlobte wieder aus ihrem Versteck steigen konnte. Die Flucht musste abgebrochen werden. Eine Woche später hatte Köppen dann einen verstärkten Schlauch eingebaut und gesichert; nun fuhr er erneut nach Ost-Berlin, um einen zweiten Versuch zu starten. Aber Roswitha sagte nur: »Ich mache das nicht noch einmal!«

Das Fluchttunnelprojekt

Im Januar 1964 brachte Roswitha die gemeinsame Tochter Simone zur Welt. Klaus Köppen musste nun nach Möglichkeiten suchen, Mutter und Kind in den Westen zu holen. Am Grenzübergang Bornholmer Straße, den er meistens nutzte, um seine Familie zu besuchen, traf er eines Tages Peter *Ortelt*, den er aus seiner Schulzeit kannte und der in seiner Nähe wohnte. *Ortelt* hatte am 12. August 1961 geheiratet und wollte seine Frau und seinen Sohn »rüberholen«. Er stand bereits mit Leuten in Kontakt, die Tunnel bauten. »Wir sind dann beide zur Gruppe von Horst Breistroffer gestoßen. Es muss Januar oder Februar 1964 gewesen sein.«

Breistroffer hatte bereits eine Menge Erfahrungen im Tunnelbau gesammelt, war »maßgeblich am Bau der Tunnel im Juni 1962 in Treptow, Elsenstraße, im August 1962 in der Kiefholzstraße, im September 1962 in der Lohmühlenstraße und im November 1962 in Kleinmachnow beteiligt«, wie die Stasi genau wusste. Weil er »maßgeblich Anteil am Bau mehrerer Agententunnel [hatte], durch die er gemeinsam mit anderen Terroristen bewaffnet in das Gebiet der DDR eindrang«, hatte die DDR Haftbefehl gegen ihn erlassen.[2]

Breistroffers Gruppe hatte schon früher mit einem weiteren Tunnelbau angefangen, sich dann aber zerstritten. Die Gründe waren Köppen nicht wichtig: »Ich wollte nur buddeln, buddeln, buddeln, damit Roswitha und Simone endlich zu mir kommen konnten. Weiter nichts.« Der Tunnel war, als Köppen dazukam, schon vierzig bis fünfzig Meter lang. Es ging aber nur sehr langsam voran, denn gearbeitet wurde nur an den Wochenenden, manchmal auch abends nach Feierabend. »Das hat aber nicht wirklich gefruchtet. Wir sind nicht wirklich vorangekommen. Dann haben wir uns dazu entschlossen: ›Jetzt machen wir mal eine richtige Aktion!‹ Daraufhin habe ich mir unbezahlten Urlaub genommen, und wir haben rund um die Uhr gebuddelt.«

Der Tunnel begann auf einem Garagenhof mit Tankstelle nördlich der Gleimstraße im Wedding, unterquerte den nur von Güterzügen genutzten Bahndamm und sollte bei Fertigstellung im Keller eines gründerzeitlichen Mietshauses in der Korsörer Straße in Prenzlauer Berg enden. Dafür hatte Breistroffer auf dem Grundstück eine größere Garage mit Nebenräumen gemietet. An den Kosten mussten sich Köppen und *Ortelt* nicht beteiligen: »Das hat alles Horst gemacht. Er hatte immer gestöhnt: ›Kein Geld! Es ist ja alles so teuer!‹ Aber irgendwie hat er doch alles geregelt. Er ging auch davon aus, mit dem Tunnel später etwas Geld zu machen. Zunächst sollten nur die Angehörigen durch den Tunnel kommen, d. h. Peters Familie, die Mutter von Horst und Roswitha mit unserer Tochter. Sollte alles gut gehen, dann hätten wir auch Flüchtlinge gegen Bezahlung herausgeholt.«

Neben der Miete musste das nötige Baumaterial bezahlt werden, auch wenn man Bauholz nachts auf der Straße »wegfinden« oder »organisieren« konnte. Der Einstieg befand sich in einem Nebenraum der Garage in der Ecke zur Außenwand und lag gut getarnt in einem Kleiderschrank. Öffnete man die Türen, konnte man über eine Leiter in den Tunnel hinuntersteigen. Der Einstieg hatte die Maße des Schrankes, und dank der festen Erde war eine Verschalung der Einstiegsgrube überflüssig. Die Sohle des Tunnels, der eine Breite von achtzig Zentimetern und eine Höhe von knapp 1,20 Meter hatte, lag rund vier Meter unter dem Boden der Garage.

Im Gegensatz zu vielen anderen Fluchttunneln, die gar nicht oder nur ungenügend abgestützt und daher immer einsturzgefährdet waren, entschieden sich die Tunnelgräber hier von Beginn an für eine solide Bauweise. Köppen und sein Freund *Ortelt* waren als gelernte Maurer vom Fach: Alle zwei Meter wurde verschalt. Längere Holzbohlen hätten sie auch nicht verwenden können, da jedes Brett in den Tunnel eingefädelt werden musste.

»Einen größeren Abstand als zwei Meter zwischen den Stützen wollten wir auch nicht riskieren wegen der Einsturzgefahr. Wir haben erst 2,50 Meter vorangetrieben, dann zwei Meter verschalt. So hatten wir immer ausreichend Deckung.« Verbaut wurden als Seitenstützen runde Hölzer, darauf kamen kräftige Kanthölzer als Querträger, über die dicke Bohlen als Deckenabstützung gelegt wurden. Die seitlichen Aussteifungen wurden in die Wände eingelassen, damit sie den Transportwagen mit dem Aushub nicht behinderten – eine deutliche Verbesserung zum fast baugleichen »Tunnel 29«. Außerdem verbanden die Tunnelbauer die seitlichen Stützen durch Querhölzer. »Auf ihnen haben wir die Schalbretter für die Fahrbahn vernagelt. Die senkrechten Kanthölzer geben im Erdreich sonst nach, die drücken weg. Also haben wir eine Rille in den Boden gekratzt, zehn Zentimeter etwa, damit ein Kantholz quer liegen kann. Darauf wurden dann die senkrechten Stützen gestellt, sodass diese gerade haarscharf reinpassten. Die für oben gedachten Kanthölzer wurden quer gelegt und die Bohlen für die Decke eingefügt. Danach wurden die senkrechten Stützen seitwärts auseinandergedrückt und verkeilt.«

Geklopft und gehämmert wurde aus Sicherheitsgründen nur, wenn gerade ein Zug rollte: »Es war ja ein Güterbahnhof, an dem noch regelmäßiger Zugverkehr herrschte. Es wurden Kohlenzüge hin- und hergeschoben. Wir hörten unten im Tunnel über uns das Rattern der Waggons. Diesen Zeitraum nutzten wir, um laute Arbeiten auszuführen.« Ansonsten kamen Wagenheber zum Auseinanderdrücken der Stützen zum Einsatz.

Aller Vorsicht zum Trotz kam es nach ungefähr sechzig Metern zu einem Wassereinbruch. »Wahrscheinlich hatte sich dort Grundwasser gesammelt, da wir etwas zu tief gekommen sind. Jedenfalls sind wir eines Tages eingefahren, stießen auf Wasser und hatten ein Problem«, erinnerte sich Köppen. Das Wasser stand ungefähr zwanzig Zentimeter hoch, stieg aber nicht weiter.

Am Anfang versuchten seine Freunde und er, das Wasser abzupumpen: »Wir haben da eine richtige Pumpenaktion gemacht, die auch half. Das Wasser pumpten wir nachts in einen Gully, der sich auf dem Gelände befand. Dennoch gab es Schwierigkeiten mit dem entstandenen Modder. Unser Transportwagen wurde von uns zu diesem Zeitpunkt noch per Muskelkraft gezogen. Im beladenen Zustand ist der Wagen oft stecken geblieben.« In den gummibereiften Wagen passten vier Eimer mit Erdaushub. Die »Ladung« wurde zum Einstieg gezogen, die Eimer per Seilzug nach oben befördert. Nachdem der Wagen entladen war, wurden die vier leeren Eimer wieder hinuntergelassen und auf den Wagen gestellt. Über eine Gegensprechanlage erging das Kommando, den Wagen wieder in den Tunnel zu ziehen. Dabei kamen einige Kubikmeter zusammen, die abtransportiert werden mussten.

In der ersten Zeit schaffte das Tunnelteam den lehmhaltigen Aushub noch mit einem Lieferwagen weg. Pro Transport konnte höchstens ein dreiviertel Kubikmeter fortgeschafft werden, also etwa 75 Eimer. Breistroffer, der sich nach außen als Gemüsehändler getarnt hatte, stellte jeden Abend seinen Lieferwagen vorne in die Garage. Verladen wurde der Abraum dazu in Sandsäcken, vier Eimer pro Sack. Breistroffer brachte dann jeden Morgen die Sandsäcke weg. Meistens schüttete er sie »irgendwo unterwegs«

aus, auf einem der zahlreichen Ruinengrundstücke in Moabit. Da der Lieferwagen aber nur einmal am Tag kam, um nicht aufzufallen, war es bald nicht mehr möglich, die Erde fortzuschaffen. Da auch die Lagermöglichkeiten in der Garage begrenzt waren, mietete Breistroffer kurzerhand die Nachbargarage dazu. Sie war doppelt so groß und stellte nach einem Wanddurchbruch ein hervorragendes Lager dar.

Pro Schicht arbeiteten mindestens vier Personen: Vorn im Tunnel waren immer zwei Mann beschäftigt. Der harte Lehmboden musste mit einer kleinen Picke gelöst werden, dann wurde mit dem Feldspaten nachgearbeitet. Wenn genug Erdreich gelöst war, füllte ein Mann die Eimer und reichte sie nach hinten zum zweiten, der sie auf den Wagen stellte. »Bei dieser schweren Arbeit haben wir uns dann immer abgewechselt«, merkt Klaus Köppen an. »Unterdessen war der Wagen mit vier neuen leeren Eimern wieder angekommen, die wieder zu füllen waren. So ging das voran.«

Ernste Probleme

Je länger der Tunnel wurde, desto dringender wurde das Problem der Frischluftzufuhr. Köppens Team besorgte ein Aggregat, das Luft in den Tunnel blies; es stammte seiner Erinnerung nach von einer Rohrpostanlage. Jedenfalls »hat [es] unheimlich gepustet und Luft angesaugt«. Da seine Geräusche aber recht laut waren und auf keinen Fall von außen gehört werden durften, wurde das Gebläse etwa vierzig Meter vom Einstieg entfernt im Tunnel installiert. Als Belüftungskanal verwendete man einfaches, aneinandergestecktes Abflussrohr aus PVC, »und so kam dann auch immer gut Luft vorne an«.

Eine andere Schwierigkeit trat auf, als sich der Tankwart, der die Garage vermietete, über den hohen Stromverbrauch zu wundern begann. Der Tunnel musste ja auch beleuchtet werden. Horst Breistroffer erzählte ihm, dass seine Kühltruhen in der Garage so viel Strom verbrauchten. Als die Tunnelgräber dann eine elektrische Bauwinde einsetzten, um den Transportwagen zum Einstieg zu ziehen, brannte im Kassenhäuschen der Tankstelle die viel zu schwache Sicherung durch. Doch auch hier fand sich eine Lösung: »Horst tauschte eines Nachts heimlich die schwachen Sicherungen gegen stärkere aus, damit beim Tankwart nicht immer das Licht so flackerte und die Sicherungen nicht überlastet waren.«

Die nächste Sorge bewältigten die Tunnelgräber nach dem Prinzip der guten alten Eisenbahn. »Wir waren bereits ca. sechzig, siebzig Meter im Tunnel, und es wurde immer anstrengender, den beladenen Wagen zum Einstieg zu ziehen. Manchmal eckte der Wagen auch noch an den Wänden an. Damit das nicht mehr passierte, nagelten wir auf die Schalbretter Dachlatten, die als Führung für unseren Wagen dienten. Es entstand ein Gleis, auf dem der gummibereifte Wagen sich sehr gut ziehen ließ. Das hat wunderbar funktioniert.«

Inzwischen waren die Tunnelbauer weit unter den Bahndamm vorgedrungen, der allerdings noch auf West-Berliner Gebiet lag. Sonntags waren dort oben viele Spaziergänger unterwegs, um auf den Todesstreifen im nördlichen Teil der Schwedter Straße hinunterzublicken. Im Grenzstreifen gab es mehrere Stacheldrahtzäune hintereinander, später dann auch hohe Sichtblenden aus Holz, die den Blickkontakt mit den Passanten in den angrenzenden Straßen verhindern sollten.

Klaus Köppen über seinen Tunnel

Wie ging das Graben vor sich?
Zwei Mann mussten immer vorn arbeiten. Einer, der den leeren Wagen nach vorn zog, und einer, der den Lehm löste und die leeren Eimer wieder mit Lehm füllte. Ein Mann stand oben am Schrank, um die Eimer hochzuziehen. Den Lehm kippte er in die zweite Garage oder füllte ihn in Säcke für den Abtransport. Wenn der Wagen vorn voll war, wurde über eine Gegensprechanlage durchgesagt, es kann wieder ein Wagen gezogen werden. Das Belüftungsaggregat war ungefähr hier gewesen. Hier war der Wassereinbruch, wo wir zu tief gekommen waren. Es mussten also immer mindestens vier Mann anwesend sein.

Minimum. Manchmal war noch ein fünfter oder sechster Freund dabei, der geholfen hat. Höchstens waren wir aber sechs Personen. Da konnten die beiden von vorn sich mal ablösen lassen, weil es ja die schwerste Arbeit war. Das haben dann meistens Peter und ich gemacht. Die anderen Typen, die wir dabeihatten, hatten nämlich nicht unbedingt eine Ahnung davon. Horst Breistroffer war selten mit bei. Selbst hat er nicht mitgearbeitet. Er hat das Holz und anderes Material herangebracht. Um keinen Verdacht aufkommen zu lassen, ist er tagsüber nicht oft in die Garage gefahren.

Hat man oben irgendwelche Geräusche von der Winde gehört?
Die Winde selber war nicht laut, lauter war das Ansauggeräusch für die Luftversorgung. Wir haben etwas zur Dämpfung rübergelegt, aber nicht zu viel, da sonst keine Luft mehr angesaugt werden konnte, die wir aber unten im Tunnel brauchten.

Wie weit sind Sie pro Tag vorangekommen?
Wir waren praktisch rund um die Uhr im Tunnel und haben gearbeitet. Täglich haben wir so an einen Meter oder etwas mehr geschafft.

Wer war denn außer Peter Ortelt und Ihnen noch dabei?
Die Namen habe ich alle vergessen, weiß ich nicht mehr, aber in etwa, wie sie ausgesehen haben. Sie waren einfach mit bei und haben mitgearbeitet. Es waren aber keine näheren Bekannten von uns, angeblich haben sie auch Geld dafür bekommen. Wo Breistroffer sie herhatte, entzieht sich meiner Kenntnis.

Wer von Ihnen hatte denn Ahnung vom Tunnelbauen?
Niemand außer Horst Breistroffer.

Wie man das macht, haben Sie also beim Graben gelernt?
Ja. Ich bin ja vom Bau, und auch Peter war zu der Zeit noch Maurer gewesen. Das war für uns also kein Problem. Beim Arbeiten war das Schwierigste: wenn man zwei oder drei Stunden vorn im Tunnel war, musste sich der Körper wieder erholen. Die gebückte Haltung und das ständige Auf-Knien-Arbeiten machten uns wirklich zu schaffen. Für einige Minuten legten wir uns im Tunnel hin und machten kurze Pause vom Buddeln, damit sich unsere Körper wieder gerade strecken konnten. Dann ging es weiter.

> *Wie weit sind Sie gekommen?*
> Einen Meter unter der Mauer hindurch, dann war Schluss. Man hatte also im Osten genau gewusst, wie weit der Tunnel fortgeschritten war.
> Interview mit Klaus Köppen, 20. 6. 2007 (Ausschnitte)

Wichtig für die Tunnelgräber war die Tarnung. Es war bekannt, dass die Stasi Mitarbeiter und Spitzel nach West-Berlin schickte, die tunnelgefährdete Bereiche und verdächtige Gebäude observierten. Daher war von Anfang an die Garage durch eine Trennwand aus Bananenkisten in zwei Räume unterteilt worden. Im kleineren Raum, in dem sich der Einstiegsschrank befand, wurde auch geschlafen. Er war zudem mit Planen ausgeschlagen, damit weder Licht noch Geräusche nach draußen dringen konnten.

An einem Stapel von mehreren Bananenkisten in der Trennwand brachten die Tunnelgräber Rollen an, sodass eine Art Rolltür zum vorderen Teil der Garage entstand. Hätte zufällig ein Unbeteiligter in die geöffnete Garage geschaut, wären ihm nur Bananenkisten und der Lieferwagen eines »Obst- und Gemüsehändlers« aufgefallen. Be- und entladen wurde der Transporter ausschließlich bei geschlossenem Tor. Als Breistroffer die zweite Garage hinzugemietet hatte, wurden leere Kühlschrankkartons als Sichtblende gestapelt, dahinter eine Wand aus Sandsäcken aufgeschichtet. Sie sollte dem losen Lehm, der nun hier aufgeschüttet wurde und schließlich fast bis zur Garagendecke reichte, Halt geben.

Als weitere Sicherheitsmaßnahme wurden alle, die am Tunnel mitgruben, von Breistroffer mit dem Transporter irgendwo in der Stadt eingesammelt und über Umwege zur Garage gefahren. Da es ein geschlossener Lieferwagen mit einer Trennwand war, bekam hinten niemand mit, wohin es ging. Die Wagentür durfte erst in der geschlossenen Garage geöffnet werden. Die Geräusche vom Güterzugverkehr auf dem Bahndamm konnten nur grobe Anhaltspunkte zum Ort der Tunnelbaustelle geben. Auch Köppen selbst wurde erst eingeweiht, nachdem Breistroffer Vertrauen zu ihm gefasst hatte.

Das Problem Toilette löste man recht einfach. »Zu Beginn unserer Aktion wurde alles in Eimer gemacht und mit Sand zugedeckt. Horst entsorgte diese täglich bei seiner Aushubabfuhr. Nachdem wir die zweite Garage hatten, wurde eine Blechtonne eingegraben, die als Toilette diente.« Schlimmer und für Köppen geradezu widerlich war es aber, »die ganze Zeit in der Garage gemeinsam mit den Ratten zu leben. Überall waren Ratten, wir mussten unser Essen in Tüten verpackt und an Schnüren hängend an der Decke anbringen, damit sie nicht herankamen. Es war eine Rattenhochburg. Sie hausten in den leeren Bananenkisten.« Die Versorgung der Tunnelgräber dürfte allerdings auch für Ratten kein Festmahl gewesen sein. »Es gab nur Brot und Konserven, wobei meist kalt aus der Dose gegessen wurde.«

Auch die Erdmassen machten Schwierigkeiten; eines Tages kam es beinahe zu einem Drama: Der Druck des losen Lehmbodens, der in der zweiten Garage bereits beinahe bis zur Decke reichte, wurde so stark, dass die Sandsackwand plötzlich nachgab. Auch das Garagentor wurde aus seiner Führung gedrückt, und der ganze Lehmboden fiel, durchsetzt mit zusammengepressten Kühlschrankkartons, auf den Garagenhof. Glücklicherweise ereignete sich das aber morgens um drei Uhr.

»Wir hatten gerade geschlafen. Es hat gescheppert und geknallt, dann sind wir rausgestürzt und haben das ganze Theater gesehen. Zum Glück war es draußen noch dunkel, sodass keiner der Bewohner der angrenzenden Wohnhäuser etwas mitbekam. Auch hätte ein Mieter der anliegenden Garagen kommen können, um sein Auto vom Gelände zu holen. Wir arbeiteten schnell und zügig, um den alten Zustand wiederherzustellen. Es sollte ja niemand etwas mitbekommen. Es wurde gefegt und die Tore wieder eingehängt. So waren wir froh, dass nichts bemerkt wurde«, erinnerte sich Köppen. »Eine Stunde haben wir da gewühlt. Wir hatten natürlich auch Glück, dass es an diesem Tag trocken war. Wäre es draußen nass gewesen, so hätte sich der Lehm vor dem Tor abgezeichnet und hätte uns vielleicht verraten.« Nachdem aufgeräumt und eine neue Sandsackmauer aufgestapelt war, ging es weiter.

Um die genaue Richtung des Tunnels zu bestimmen, entschlossen sich die Fluchthelfer zu einem Test. Kurz vor dem gegenwärtig erreichten Ende des Tunnels setzten sie ein circa einen Meter langes Metallrohr von zwanzig Millimeter Durchmesser mit Gewinde an der Tunneldecke an. Mit einem hydraulischen Wagenheber wurde nun die Stange so weit nach oben gedrückt, bis nur noch ein kleines Stück aus der Decke herausragte. Dann wurde das nächste Rohrstück angeschraubt, und das Ganze wiederholte sich. Nach und nach verschwanden so zehn Eisenstangen in der Decke.

Nach den Berechnungen hätte die Spitze der geschraubten Stange schon längst an der Oberfläche zu sehen sein müssen. Aber es wurde immer schwerer, das Rohr weiter nach oben zu drücken. So mischte sich Klaus Köppen am Wochenende unter die Passanten auf dem Bahngelände, die in den Osten schauten, um Verwandten oder Bekannten zuzuwinken, und suchte die Spitze der Eisenstange. Sie hätte irgendwo zu sehen sein müssen. Schließlich entdeckte er, dass sich die Eisenstange an einer Bahnschwelle verklemmt hatte. Das Rohr hatte sich bereits halbkreisförmig aus dem Boden herausgebogen. Zum Glück kam die Stange neben einem Gleis aus dem Boden, richtete keinen Schaden an und fiel auch nicht weiter auf. Immerhin war Köppen nun sicher, dass die Richtung zum anvisierten Gebäude auf der Ostseite stimmte. »Ist ja noch mal gut gegangen!«, kommentierte er diesen Vorfall.

Das Projekt fliegt auf

Klaus Köppen unterrichtete Roswitha, bald nachdem er in das Tunnelprojekt eingestiegen war. Doch wirklich überzeugen konnte er sie nicht: »Da ich ja immer zu ihr gefahren bin, war sie auch informiert. Von Anfang an hat sie mir gesagt, dass sie nicht daran glaubt, mit durchzukommen. Es war bekannt geworden, dass Flüchtlingen, denen die Flucht nicht gelang, die Kinder weggenommen wurden. ›Mit dem Kind gehe ich da nicht durch‹, sagte sie. Ich antwortete: ›Wenn es erst einmal so weit ist, werden wir es schon machen. Ich bin ja dann mit bei euch und ich hole euch ab.‹ Wir wären gemeinsam zum Tunneleingang in der Korsörer Straße gegangen. Sie sollte keine Angst haben, denn ich wäre ja bei ihnen. Trotzdem sagte sie immer wieder: ›Ich gehe da nicht rein!‹ Sie hatte so eine Angst vor der Flucht.«

Beim Tunnelteam herrschte zu diesem Zeitpunkt jedoch insgesamt Zuversicht, auch wenn andere Fluchthelfer skeptisch waren. Es gab losen Kontakt zum Team von »Tunnel 57«, an dem fast zeitgleich unter der Bernauer Straße gearbeitet wurde. Köppen erinnert sich, dass einige der Helfer bei diesem Tunnel anfänglich an »seinem« Tunnel mitgearbeitet hatten. »Da ihnen die Sache bei uns merkwürdig vorkam, entschieden sie sich für Tunnel 57. Es erschien ihnen unmöglich, einen Tunnel von etwa 270 Meter Länge zu bauen. Da wir aber überzeugt davon waren, keiner würde an diesem Ort und auf so einer Länge einen Tunnel vermuten, waren wir uns sicher, man würde diesen Tunnel nicht entdecken.«

Dann kam es allerdings zu einem mysteriösen Vorfall, der alle Beteiligten schwer verunsicherte: Gegen drei Uhr morgens, die Tunnelgräber dösten im Arbeitsraum, hörten sie ein Schließen an der Garagentür, danach noch leise Stimmen. »Dann wurde es wieder ruhig, und das Tor wurde wieder sanft geschlossen. Da wir dachten, es wäre Horst gewesen, nahmen wir erst mal keinerlei Notiz davon. Als Horst dann eine halbe Stunde später kam, befragten wir ihn: ›Na sag mal, du warst doch gerade eben schon einmal hier? Warum bist du denn noch einmal weggegangen?‹ – ›Wie? Ich? Ich bin doch gar nicht hier gewesen.‹ – ›Na, wir haben doch gehört, dass die Tore sich bewegt haben.‹ Es mussten also fremde Leute in der Garage gewesen sein. Von da an fühlten wir uns nicht mehr so sicher, machten aber trotzdem weiter.« Die Tunnelgräber vermuteten, dass jemand in der Garage spioniert hatte, wahrscheinlich sogar jemand von der Stasi. Sie besorgten sich zwei Pistolen, eine Mauser aus dem Ersten Weltkrieg und eine andere Waffe, um sich und die Flüchtlinge »absichern« zu können, »falls beim Durchschleusen Probleme auftreten«. Außerdem befürchtete man, dass Mitarbeiter der Stasi auch von hinten in die Garage eindringen und den Fluchtweg abschneiden könnten, und wollte deshalb gewappnet sein.

Anfang September 1964 hatte der Tunnel dann bereits eine Länge von über 150 Metern erreicht. Wenige Tage später stießen die Tunnelgräber plötzlich auf Ziegelmauerwerk – die Fundamente der östlichen Bahndammmauer: »Das Fundament hatten wir an einem Tag untergraben. Durch das Fundament hatte unser Tunnel an Höhe eingebüßt. Jetzt hatten wir statt 1,20 Meter nur noch achtzig Zentimeter in der Höhe zur Verfügung. Wir mussten uns in diesem Bereich flach machen, um weiterarbeiten zu können. Wir sind dann vielleicht noch einen halben Meter hinter das Fundament gekommen. Wir hatten jetzt Ost-Berlin erreicht.«

Doch nun überschlugen sich die Ereignisse. Eines Nachts gegen halb drei klopfte es heftig an der Garagentür: »Polizei! Aufmachen! Wir wissen, dass Sie da drin sind!« Sofort wurden die Waffen versteckt, so gut, dass die Beamten, die in Zivil und mit Zivilfahrzeugen erschienen waren, bei der anschließenden Durchsuchung auch nichts finden konnten. Die zu diesem Zeitpunkt vierköpfige Tunnelcrew wurde zum Polizeirevier Pankstraße abtransportiert. »Dann haben sie uns – allerdings schon getrennt – zum Präsidium am Flughafen Tempelhof gebracht. K1- Politische Polizei. Dort wurden wir vernommen, es wurde ein Protokoll aufgenommen.« Die Polizei wollte wissen, »wer am Tunnelbau beteiligt war, was wir so gemacht haben, wen wir rüberholen wollten. Dann konnten wir mit Ausnahme von Peter nach Hause gehen. Peter wurde für zwei Wochen in Gewahrsam genommen. Die Sache war damit für uns fürs Erste erledigt. Dann machten wir uns Gedanken, was wohl im Osten bei unseren Angehörigen schon passiert sei. Waren sie schon verhaftet worden?« Köppen erfuhr in dieser Nacht von den Vernehmungsbeamten zumindest, dass der Tunnel der Stasi bekannt war und das Risiko zu groß sei. »Dann ging das große Rätselraten los: Wer hat uns wohl verraten?«

Hätte Klaus Köppen damals den *Tagesspiegel* gelesen, so hätte er schon am 16. September 1964 die Antwort gefunden, denn das Blatt berichtete: »Wie die West-Berliner Polizei gestern offiziell mitteilte, ist vor einigen Tagen ein Fluchttunnel im Norden Berlins, der kurz vor der Vollendung war, an den ›Staatssicherheitsdienst‹ der Sowjetzone verraten worden. Einer der Tunnelbauer, der 27-jährige Maurer Peter O. aus Lübars, stellte sich der Polizei und sagte aus, er habe den SSD über den Tunnelbau unterrichtet. Die West-Berliner Polizei konnte daraufhin die übrigen Tunnelbauer warnen, sodass die Arbeiten eingestellt wurden. Peter O. war mit einem gefälschten westdeutschen Personalausweis nach Ost-Berlin gefahren, um seine Ehefrau zu besuchen. Bei seinem zweiten Besuch war er an der Sektorengrenze vom SSD festgenommen worden und hatte im Verhör alles gestanden. Danach unterschrieb er eine Spitzelverpflichtung und wurde wieder freigelassen, um dem SSD weitere Einzelheiten über den Tunnelbau zu übermitteln. Für den Verrat soll er angeblich 20 DM erhalten haben.«[3]

Die Stasi schlägt zurück

Doch dieser Verrat war nicht der erste des »Köppen-Tunnels«. Die Stasi hatte bereits am 21. Januar 1964 »durch Mitteilung vom IM« erfahren, dass ein großes Tunnelprojekt im Norden Berlins »durch die Schleusergruppe Breistroffer« vorbereitet werde. Knapp zwei Wochen vorher war an der Bernauer Straße der »Kohlenplatztunnel« der Gruppe um Wolfgang Fuchs aufgeflogen. Als Peter *Ortelt* den »Köppen-Tunnel« im September 1964 aufgedeckt hatte, schien die Gefahr einer bevorstehenden unterirdischen Massenflucht vorerst gebannt; die intensiven Nachforschungen wurden eingestellt.

Dass Fuchs und seine Leute parallel und noch dazu vom gleichen Keller wie beim »Kohlenplatztunnel« aus ein neues Großprojekt gestartet hatten, den späteren »Tunnel 57«, war der Stasi offenbar nicht bekannt. Trotz des doppelten Verrates tappte die Stasi lange im Dunkeln, was den »Köppen-Tunnel« betraf. In den Akten schreibt der ermittelnde Hauptmann S. noch am 9. September 1964: »Durch IM und andere operative Maßnahmen wurde versucht, den konkreten Ausgangspunkt des Tunnels auf Westberliner Gebiet in Erfahrung zu bringen. Hierbei wurde festgestellt, dass nur sehr wenige Personen über den Ausgangspunkt des Tunnels informiert sind und beim Tunnelbau verschiedene Methoden angewandt werden, um eine Dekonspiration der konkreten Lage des Tunnels zu vermeiden.«

Weiter heißt es: »So wurden zum Beispiel die beim Tunnelbau eingesetzten Personen mit einem geschlossenen Fahrzeug zum Ausgangspunkt des Tunnels (Garage) gefahren, damit selbst diese Personen nicht den konkreten Ausgangspunkt des Tunnels kennenlernen sollten. Durch eingeleitete operative Maßnahmen (Beobachtungen) ergab sich die Vermutung, dass der Ausgangspunkt des Tunnels auf einem Garagenhof auf Westberliner Gebiet in unmittelbarer Nähe des Gleimtunnels liegt.«

Hauptmann S. schrieb weiter: »Durch eine am 4. September 1964 durchgeführte operative Maßnahme bestätigte sich die Vermutung […]. Bis zum jetzigen Zeitpunkt sind ca. 145 m dieses im Bau befindlichen Tunnels fertiggestellt.« Außerdem wusste die Stasi, dass das Bauwerk »bis hinter das 100-m-Sperrgebiet im demokratischen Berlin« vorangetrieben werden sollte. Die Tunnelgräber hätten »noch ca. 130 Meter vorantreiben« müssen, und es sei, selbst wenn sie »starkes Tempo einschlagen« würden, mit einer Fertigstellung »nicht vor Mitte Oktober 1964« zu rechnen.

Der MfS-Offizier konnte offensichtlich nicht nur rechnen, sondern war auch noch fantasievoll bei den Decknamen. Peter *Ortelt* erschien in seinem Bericht als IM »Horst«, was Klaus Köppen später kommentierte: »Den Namen hat man genommen, weil man wusste, worum es geht.« Von IM »Horst« hatte Hauptmann S. auch erfahren, dass »einige Personen« am Tunnelbau beteiligt seien, »welche selbst die Absicht haben, Verwandte nach Westberlin schleusen zu lassen«. Jedoch seien »auch Personen beschäftigt, die als arbeitsscheue und zum Teil asoziale Elemente einzuschätzen sind«.

Interessantes findet man in dem fünfseitigen Schriftstück auch über die Hintermänner des Tunnels. So glaubte Hauptmann S. ermittelt zu haben, dass zuerst die »Gehrmann-Gruppe« – gemeint war wohl die »Girrmann-Gruppe« – das notwendige Geld beschafft habe, dann aber »nicht den geforderten finanziellen Verpflichtungen nachkam« und nun, seit zwei Monaten, ein anderer, »ebenfalls bekannter Schleuser« Mitfinanzierer sei.

Auch Köppen war in dem Dokument genannt. Über ihn schrieb der Hauptmann: »Am Bau des Tunnels ist u. a. der K*[geschwärzt]*, wohnhaft *[geschwärzt]*, beteiligt, der auch laufend in das demokratische Berlin einreist, um seine hier wohnende Verlobte zu besuchen.« Neben der Forderung, »Köppen und seine hier wohnende Verlobte aufzuklären«, sollten Maßnahmen ergriffen werden, »um den Köppen bei seinen Einreisen in das demokratische Berlin unter Kontrolle zu halten«. Zu Roswitha hieß es, »nach Möglichkeiten des Einsatzes operativer Technik« zu suchen, »um diese bei Notwendigkeit zum Einsatz zu bringen«. Sie sollte also wohl abgehört werden.

Abschließend schlug S. drei Möglichkeiten vor, den Tunnel zu »liquidieren«: »a) Dekonspiration des Projektes in Westberlin, indem die Aufmerksamkeit der Presse, der Polizei oder anderer Organe darauf gelenkt wird; b) Festnahme einer Person, die am Tunnelbau beteiligt ist, und anschließend Veröffentlichungen über das Projekt; c) Unmöglichmachung des Projektes durch geeignete Maßnahmen von unserem Gebiet, nachdem der Tunnel auf unser Gebiet vorgetrieben ist.«

Im MfS entschied man sich für Vorschlag c). Schon am 14. September wurde ein »Maßnahmeplan« vorgelegt, laut dem vom Keller des Hauses Korsörer Straße 13 ein »Gegenstollen« gegraben werden sollte. Umgehend sollte dafür »die Gruppe des Unterfeldwebels C. eingesetzt« und »in das Objekt eingeschleust« werden. Die Männer sollten zudem die Kellerräume nicht mehr verlassen, um »eine Dekonspiration der Aktion auszuschließen«. Die Örtlichkeiten kannte man von einer Begehung am 13. September.

Als Ausgangspunkt des Gegenstollens wurde der Keller eines ehemaligen Kindergartens ausgewählt, in dem ein Ehepaar wohnte, das bereits als IM tätig war. Doch die Ehefrau verlor schon am nächsten Tag die Nerven, worauf die »Aktion« unterbrochen werden musste. Innerhalb weniger Stunden trieb die Stasi eine Ersatzwohnung für das nervenschwache IM-Gespann auf, das sich auch gleich mit dem Umzug einverstanden erklärte, der schon am 17. September durchgeführt wurde. In den Abendstunden des gleichen Tages kam dann das Material für den Gegentunnel an. Das wurde so organisiert, »dass es den Anschein erweckt, dass der neue Mieter bereits Feuerholz anfahren lässt«.

Am Montag, dem 20. September rückten dann zwei »Angehörige der Sonderkompanie« an, als Maler verkleidet. Sie sollten laut Befehl in der Wohnung »laute Geräusche verursachen, um die Arbeiten im Keller abzudecken«. Dort begannen die Maulwürfe des MfS nun mit den Schachtarbeiten. Mehrere Tage mühten sie sich mit dem Gegenstollen ab, dann kam der Befehl zur Einstellung der Maßnahmen. Im Schlussbericht vom 2. Oktober

1964 war man bei der Stasi anscheinend genauso schlau wie zu Beginn. Festgehalten wurde, jetzt sogar von mehreren IMs bestätigt, dass die »Schleusergruppe Breistroffer an einem Tunnel arbeitet«. Der Ort, an dem gegraben wurde, habe aber längere Zeit nicht in Erfahrung gebracht werden können. Abschließend wird »das Garagengelände an der Gleimstraße als wahrscheinlicher Ausgangspunkt« angenommen.

Ein ganzes Jahr dauerte es, bis bei der Stasi weitere Details zu Papier gebracht wurden. Offensichtlich tappte man nun wieder richtig im Dunkeln. In einer Abschrift vom 8. Oktober 1965 wurde »betreffs des Tunnelobjektes in der Gleimstraße« mitgeteilt, ein IM habe in Erfahrung gebracht, dass der Tunnel aufgrund von Gleisbauarbeiten eingebrochen und unbrauchbar sei. Ein anderer IM berichtete hingegen, der Tunnel sei nicht eingebrochen, sondern »auf Grund eines Einbruches an der Gleisanlage sei nur sehr stark Wasser eingedrungen, sodass die weitere Möglichkeit, denselben auszunutzen, aufgegeben worden sei«. Nach dem Verfahren der »Stillen Post« wären die Ergebnisse kaum verlässlicher gewesen.

Der letzte Stasi-Bericht zum »Köppen-Tunnel« wurde am 18. Oktober 1965 geschrieben. Die Männer von Unterfeldwebel C. hatten sich am Gegentunnel abgemüht. Doch statt »die Provokateure abzufangen«, stießen sie nach Durchbrechen der Kelleraußenwand »nach ca. einem Meter Tiefe« auf eine stark Wasser führende Schicht, durch die der Querstollen nach Abwägung der Vor- und Nachteile vorgetrieben wurde. Nach weiteren 4,50 Metern stießen die MfS-Gräber dann aber auf »lose aufgefüllten Schotter, der ein weiteres Vortreiben des Stollens unmöglich machte, da ein Absacken auf dem Fußweg eintreten konnte«. Der Weiterbau wurde eingestellt, »die vorhandene Strecke von 4,50 Metern intensiv ausgebaut und abgestützt«.

Während dieser Arbeiten traf die Spitzelmeldung über den angeblichen Einsturz des Fluchttunnels ein. Der Verfasser dieses Berichts, ein Leutnant Ramm, empfahl noch, den Gegenstollen so zu sichern, dass er sich eventuell für »zu einem späteren Zeitpunkt eintretende Vorkommnisse« nutzen ließe. »Um eine konkrete Kenntnis darüber zu erhalten, wie weit der Tunnelbau von Westberliner Seite aus vorgetrieben ist, werden entlang der

Schwedter Str. Bohrungen in einem Abstand von 80 cm und auf eine Tiefe von 6 m durchgeführt. Gleichzeitig wird hierdurch erreicht, dass durch die Wasser führende Schicht die Bohrlöcher ständig unter Wasser stehen und bei evtl. späterem Angraben eines solchen Bohrloches das Wasser in den Tunnel eindringt. Damit wird gleichzeitig eine Kontrolle über das Gebiet erzielt.« Den Köppen-Stollen selbst hat die Stasi allerdings nie gefunden.[4]

Happy End – und ungelöste Fragen

Nach dem Verrat des Tunnels ging Klaus Köppen kein Risiko mehr ein: Weder fuhr er noch nach Ost-Berlin zu Roswitha, noch benutzte er die Interzonenautobahn nach Westdeutschland. Köppen suchte vielmehr jemanden, »der die Lage checkt und drüben fragt, was denn los ist. Ich hatte seinerzeit eine westdeutsche Arbeitskollegin, der ich vertraute. Diese hatte ich gebeten rüberzugehen, und sie hat es auch gemacht. Meine Freundin kannte sie vom Erzählen her, sie wusste, mit wem ich zusammenarbeitete. So wurde Roswitha erst einmal über die neue Situation informiert und war heilfroh, dass die Stasi noch nicht bei ihr war. Allerdings fühlte sie sich auffällig beobachtet. Meine Kollegin war dann auch so nett und besuchte anschließend meine Freundin und meine Tochter öfter. So hielten wir Kontakt zueinander.«

Kurz darauf brach sich Köppen bei einem Unfall, der nichts mit den Fluchtplänen zu tun hatte, ein Bein und kam ins Krankenhaus. Hier erfuhr er, wie es mit dem aufgeflogenen Tunnel weitergegangen war. Da die Garagen »leer gemacht« werden mussten – »der Tankwart drängelte schon, dass alles rauskommt« –, nahm sich Breistroffer der Sache an. Zur Unterstützung suchte er die Hilfe von Peter *Ortelt*, traf ihn allerdings zu Hause niemals an. Nach mehrmaligen erfolglosen Besuchen öffnete ihm dann eine Frau – wie sich kurz darauf herausstellte, war es Peters Ehefrau.

Wenig später kam der zum Verrat gezwungene Mitgräber dazu, und Breistroffer wollte natürlich nun wissen, warum seine Frau bei ihm im Westen sei. Peter *Ortelt* erklärte ihm, er habe von einem Staatsanwalt Dobbert den Rat erhalten, nicht über den Vorfall zu reden. Dann würde innerhalb von 14 Tagen seine Familie in den Westen kommen. »Das geschah dann auch so. Sie wurden mit einem ›Senatswagen‹ von zu Hause abgeholt und über einen Grenzübergang nach West-Berlin gebracht, wo Peter sie dann in Empfang nahm.«

Peter *Ortelt* gab Breistroffer und Köppen den Rat, sich ebenfalls beim Kammergericht in der Kantstraße an Dobbert zu wenden. »Daraufhin sind wir beide zu Herrn Dobbert gefahren. Ich hatte noch meinen Gips und ging an Krücken. Wir sind bei Dobbert vorstellig geworden und sagten, dass Peter meinte, wir sollten auch Verbindung zu ihm aufnehmen. Herr Dobbert wusste gleich Bescheid und ließ sich die Akte kommen. Er beruhigte uns und meinte, wir bräuchten uns keine Sorgen machen, es werde alles geregelt.« Mehr als vierzig Jahre später erinnerte sich Köppen: »Zur damaligen Zeit wussten wir noch nicht, dass Ost und West zusammenarbeiteten. Dass der Senat und Bonn damals schon Leute freigekauft hatten, entzog sich unserer Kenntnis.«

Das Gespräch der drei fand Anfang Januar 1965 statt. Im Beisein seiner Sekretärin entfernte Dobbert das Siegel von der Akte dieses Falles und, so Köppen, »las uns die Geschichte unseres Tunnelbaus vor. In dieser Akte stand unter anderem, dass die Beteiligten weder im Osten noch im Westen der geteilten Stadt belangt werden dürfen, es würden keinerlei Verfahren eingeleitet werden.«

Was Köppen weiter erlebte, könnte auch aus einem Spionagethriller stammen. »Herr Dobbert schickte uns zu zwei Anwälten. Mich zur Anwaltskanzlei Jürgen Stange am Kurfürstendamm Ecke Bleibtreustraße; Horst sollte einen anderen Anwalt aufsuchen. Wir sollten Familienzusammenführung beantragen. Horst für seine Mutter und ich für meine Familie. Er sagte: ›Ihre Verlobte bekommt Bescheid, wie es drüben weitergeht.‹ Daraufhin bin ich zum Anwalt Stange gegangen. Er hat das entsprechende Verfahren eingeleitet. Meine Verlobte erhielt dann ein Schreiben vom Ost-Berliner Staranwalt Wolfgang Vogel, der damals seine Kanzlei in Lichtenberg hatte. Sie sollte einen Termin mit ihm vereinbaren, um mit ihr den Fall besprechen zu können.«

Köppens Verlobte fuhr zu Vogel und stellte den Antrag auf Ausreise: »Herr Vogel leitete die Sache weiter, die insgesamt etwa ein Dreivierteljahr gedauert hat.« Am 5. November 1965 war es dann so weit: Köppens Verlobte durfte mit Simone ausreisen, allerdings nicht nach West-Berlin, sondern nach Hannover, wo Köppen zu diesem Zeitpunkt seinen offiziellen Wohnsitz hatte.

Die Ausreise erfolgte über den Grenzübergang Friedrichstraße, verlief aber nicht ganz reibungslos: »Am Tag der Ausreise fuhr sie mit dem Interzonenzug nach Hannover. Der Zug hielt am Bahnhof Zoo, wo ich sie dann erst mal begrüßte. Ich war froh, dass alles mit der Ausreise geklappt hatte. Da ich mich nicht durch die Zone traute, musste sie allein mit dem Zug nach Hannover fahren. Ich hatte einen Flug von Tempelhof gebucht, um bei ihr zu sein, wenn sie dort ankommt. Das Wetter spielte aber leider nicht mit. In Hannover war dicker Nebel und unsere Maschine wurde nach Hamburg umgeleitet, und anschließend wurden wir mit dem Bus nach Hannover gefahren. Das kostete viel Zeit und ich verpasste dadurch die Ankunft meiner Familie in Hannover. Als ich endlich am Zielort war, war niemand mehr zu sehen. Ich erkundigte mich bei der Bahnhofsmission, ob jemand etwas über ihren Verbleib wüsste. Mein bester Freund, der in Hannover wohnte und bei dem ich auch gemeldet war, hatte Roswitha und Simone abgeholt. Sie wussten die Ankunftszeit des Zuges und haben sich dann ihrer angenommen und sie mit zu sich nach Hause genommen.« Am 16. Juni 1966 war es dann so weit: Die Verlobten konnten nach fünf Jahren endlich heiraten.

Zu den anderen Tunnelgräbern ging der Kontakt verloren. Peter *Ortelt* zog wenig später mit seiner Familie nach Westdeutschland. Zwischen Klaus Köppen und Horst Breistroffer aber entstand eine Freundschaft, die ein Leben lang halten sollte, bis zu Breistroffers Tod 2004. Beide halfen einander beim Bau ihrer Häuser, wobei der solide gebaute Rollwagen aus dem Tunnel, den Breistroffer nach Abbruch der Arbeiten geborgen hatte, wieder zum Einsatz kam und beim Materialtransport eingesetzt wurde.

Allerdings hatte Breistroffer weniger Erfolg bei der Familienzusammenführung: Seine in Ost-Berlin lebende Mutter wurde von der Stasi beobachtet. »Außerdem hatte sie noch eine Tochter, die mit einem hohen Stasi-Offizier verheiratet war. Er verbot sämtlichen Kontakt zur Mutter und zum Bruder in West-Berlin.

Sie wurde von ihrer eigenen Familie schikaniert und zerbrach daran, sodass sie sich das Leben nahm.« Breistroffer blieb noch einige Zeit in der Fluchthilfe aktiv. Mit einem Bekannten namens »Edgar«, der eine Autowerkstatt besaß, baute er eine BMW Isetta zum Fluchtfahrzeug um, in der jeweils eine Person geschleust werden konnte. Bis die Sache aufflog, konnten einige Flüchtlinge erfolgreich nach West-Berlin flüchten. Die Isetta ist heute in der Ausstellung am Checkpoint Charlie zu sehen.

Klaus Köppen fuhr das erste Mal wieder 1968 zur Hochzeit seines Schwagers nach Ost-Berlin. Zuvor erkundigte er sich sicherheitshalber beim Polizeipräsidium in Tempelhof, ob er unbehelligt fahren könne. Man gab ihm dort die Auskunft, dass er, sowie er einen Passierschein erhalten hätte, ohne Probleme in den Ostteil der Stadt einreisen könne: »Entweder es wurde ein Passierschein ausgestellt oder er wäre abgelehnt worden. Sollten trotzdem Schwierigkeiten auftreten, die zur Verhaftung geführt hätten, dann würde man sich um meine Freilassung bemühen. Das war die Antwort, die ich von der politischen Polizei bekommen habe. Ich erhielt den Passierschein.«

Sicher war der »Köppen-Tunnel« seinerzeit »politisch ganz oben angesiedelt«. Sonst wäre die Ausreise seiner Frau und seiner Tochter zu diesem Zeitpunkt nicht möglich gewesen. Schon während der ersten Passierscheinabkommen Ende 1963/Anfang 1964 hatte der West-Berliner Senat Druck auf die Fluchthelfergruppen ausgeübt, ihre Aktivitäten zu unterbrechen. Die für Weihnachten 1963 geplante Öffnung des »Kohlenplatztunnels« der Gruppe um Wolfgang Fuchs musste deswegen verschoben werden, was letztlich zum Scheitern dieses Projektes führte. »Und Ende 1964 verhinderte derselbe Egon Bahr, der 1961/62 noch die Girrmann-Gruppe unterstützt hatte, eine Tunnelöffnung, die ihm – was er nicht wusste – durch eine Information eines Stasi-Spitzels bekannt geworden war.«

Bei dem IM handelte es sich um den Journalisten Walter Barthel, der im Dezember 1964 von seinem Führungsoffizier den Auftrag erhalten hatte, einen Artikel über einen im Bau befindlichen Fluchttunnel zu lancieren. »Der Artikel sollte so abgefasst sein, dass der Eindruck entstand, die Organisatoren des Tunnelbaus hätten mit ihrer Aktion eine Störung des Passierscheinabkommens erreichen wollen – auf diese Weise sollte die Öffentlichkeit gegen sie aufgebracht werden«, schreibt der Stasi-Experte Hubertus Knabe. Doch Barthels Hauptabnehmer, das *Spandauer Volksblatt* und der *Kölner Stadtanzeiger*, lehnten den Artikel ab; sie wollten sich nicht als »Tunnelverräter« betätigen. Also unterrichtete Barthel Senatspressechef Egon Bahr. Der bedankte sich wenige Tage später »noch einmal bei dem GM für die Information bezüglich des vorbereiteten Tunneldurchbruchs. Er erklärte ihm, dass sie alles überprüft hätten, die Information auch stimmte und der Senat in der Lage sei, dieses Unternehmen zu stoppen.« So jedenfalls fasste der zuständige Stasi-Offizier Barthels Bericht zusammen. Bahr selbst bestreitet diese Darstellung. Er habe nichts mit Fluchttunneln zu tun gehabt. Zuständig sei Innensenator Heinrich Albertz gewesen.

Im Rückblick ist Klaus Köppen froh, dass der Tunnel nicht fertiggestellt wurde und er so nicht versuchen konnte, seine Frau und seine kleine Tochter auf diesem Weg zu sich zu holen. Besonders, seit ihm die Stasi-Dokumente über seinen Tunnel bekannt sind, weiß er: »Es hätte auch schiefgehen können.«[5]

Rund um Berlin

Tunnelkonjunktur

Im Frühling 1962 hatten die DDR-Grenztruppen ihre Sperranlagen so stark ausgebaut, dass jede Flucht über der Erde zum Vabanquespiel mit geringen Überlebenschancen wurde. 22 Kilometer der innerstädtischen Grenze waren mit einer Mauer aus Hohlblocksteinen mit Stacheldrahtaufsatz gesperrt, weitere 137 Kilometer durch einen mehrfach gestaffelten Zaun unpassierbar. Das Bundesministerium für gesamtdeutsche Fragen schätzte, dass bis zu 10 000 Kilometer Stacheldraht verwendet wurden. Von insgesamt 116 Wachtürmen aus kontrollierten Posten den Grenzverlauf rund um West-Berlin; auf mehr als 450 Hektar summierte sich die Fläche dieses Todesstreifens.

Doch all das reichte der SED noch nicht: Mit enormem Aufwand wurde das Sperrsystem kontinuierlich weiter verstärkt, damit so schnell wie möglich alle noch theoretisch passierbaren Schlupflöcher gestopft wurden. Da über der Erde eine Flucht nun riskanter denn je erschien, nahmen die Versuche rapide zu, unterirdisch in die Freiheit zu gelangen. Die Stasi sammelte allein in den sechs Monaten zwischen Pfingsten und Weihnachten 1962 nicht weniger als 18 konkrete Hinweise auf Tunnelfluchten abseits der beiden Hauptgrabungsgebiete an der Bernauer und der Heidelberger Straße. Verzweifelte DDR-Bewohner oder West-Berliner Fluchthelfer versuchten ihr Glück an praktisch allen geeigneten Stellen und begannen zu buddeln.[1]

Einen perfekten Ort für einen möglichst kurzen Fluchttunnel hatten drei junge Facharbeiter im VEB Bergmann-Borsig am Wilhelmsruher Damm in Rosenthal (Pankow) an der Grenze zu Reinickendorf entdeckt. Da die alten Werkshallen hier teilweise weniger als acht Meter von der Sektorengrenze entfernt standen, war der Todesstreifen im Frühsommer 1962 wohl nirgendwo schmaler als hier. Entsprechend scharf war allerdings auch die Überwachung in den Hallen. Doch den drei Männern war bekannt, dass über das lange Pfingstwochenende die Kontrollen stark reduziert werden sollten.

Also ließen sie sich am Sonnabend, dem 8. Juni 1962, nach Arbeitsschluss nachmittags in den Werkshallen einschließen. Sie wussten zudem, dass direkt an einer Außenmauer der Fabrik ein Transformatorenhäuschen lag, das nur einen Zugang vom Halleninneren hatte. Hier begannen die drei, mit einer kleinen Kohlenschaufel und sogar mit Esslöffeln zu graben. Mindestens 48 Stunden, nach anderen Angaben sogar 72 Stunden lang schufteten sie fast ununterbrochen. Durch zwei solide Ziegelmauern mussten die drei sich hindurchstemmen – und dabei immer horchen, ob sich über der Erde wieder patrouillierende Grenztruppen dem Tunnel näherten. Denn die Wachposten liefen das gesamte Pfingstwochenende keine zwei Meter über dem Fluchtstollen umher, der zudem jederzeit hätte einbrechen können – Material zum Abstützen hatten sie nicht. Zwar gab es auf dem Todesstreifen bei Bergmann-Borsig keinen Fahrzeugverkehr, aber wie stabil der Boden war, konnten die drei Fluchtwilligen nicht wissen.

Die ganze Zeit nahmen sie nichts außer Wasser zu sich; an längeres Ausruhen oder gar Schlaf war nicht zu denken. Um die geplante Richtung zu treffen, hatten sie einen Kompass dabei – die kürzeste Strecke war genau Südwest. Hinter sich verschlossen die drei das Transformatorenhäuschen – sie wollten nicht riskieren, schon bei einer eventuellen zufälligen Kontrolle entdeckt zu werden und dann hoffnungslos in der Falle zu sitzen. Mit der Zeit wurde die Luft immer schlechter – die hart arbeitenden Männer verbrauchten einfach zu viel Sauerstoff.

Als sie es nach scheinbar endlosen Strapazen geschafft hatten und unter dem gestaffelten Zaun und der äußeren Mauer um das Firmengelände hindurch waren – hier zugleich die letzte Sperre vor West-Berlin –, befanden sie sich offiziell noch auf Ost-Berliner Gebiet. Die ersten beiden Flüchtlinge kletterten heraus. Doch in diesem Moment brach der Stollen ein; ihr Freund wurde verschüttet. Mit bloßen Händen befreiten sie ihn so schnell wie möglich – unter ständiger Lebensgefahr: Da sie sich noch auf DDR-

Territorium befanden, hätten Grenztruppen sogar feuern können. Diese hatten zwar den strikten Befehl, »nur in Richtung Staatsgebiet der DDR oder parallel zur Staatsgrenze« zu schießen, keinesfalls »in Richtung Westberlin«, doch hätten die Wachposten auf Türmen der Fabrikhallen durchaus direkt auf die Flüchtlinge zielen und auch schießen können, solange sie sich noch östlich der offiziellen Demarkationslinie befanden.

Ein letztes Mal hatten die drei Flüchtlinge Glück: Sie entkamen rechtzeitig. Als die DDR-Posten den eingebrochenen Stollen entdeckten, war es zu spät. Der Tunnel wurde an der Einbruchstelle verfüllt, der Einstieg vermauert und die Überwachung der Werkshallen verschärft.[2]

Doch längst nicht alle begonnenen Vorhaben im zweiten Halbjahr 1962 endeten so glücklich. Am Bahnhof Schönholz, nicht weit vom Friedhofstunnel entfernt, wurde laut Stasi-Akten bereits am 15. Juni ein Stollenbau von West- nach Ost-Berlin durch »operative Maßnahmen« unterbunden; Details sind nicht bekannt. Drei Wochen später gab die DDR-Regierung bei einer inszenierten Pressekonferenz insgesamt fünf der Staatssicherheit bekannte Tunnelprojekte bekannt, darunter offensichtlich dieses, hier als »S-Bahnhof/Friedhof Schönholz« bezeichnet, sowie ein weiteres in der Nähe am Güterbahnhof Schönholz. Auch der aus dem Haus Sebastianstraße 81, also neben dem verratenen Tunnel von Siegfried Noffke und Dieter Hötger vorangetriebene Stollen wurde genannt. Das *Neue Deutschland* teilte mit: »Die Veröffentlichung dieser Angaben erfolgt, um alle an der Vorbereitung dieser Provokationen gegen die Staatsgrenze der DDR Beteiligten eindringlich zu warnen und aufzufordern, den Bau der Agentenstollen noch rechtzeitig vor der Staatsgrenze der DDR einzustellen. Die Grenzsicherungskräfte der DDR werden es nicht zulassen, dass die Souveränität der DDR durch gedungene Werkzeuge imperialistischer Geheimdienstfilialen und Untergrundorganisationen angetastet wird.« Vom einzigen Motiv der Fluchthelfer, Menschen einen Weg aus der SED-Diktatur zu bieten, war im Zentralorgan der DDR-Staatspartei natürlich kein Wort zu finden.

Doch von dieser Mitteilung ließen sich mindestens einige Stollengräber nicht abschrecken: Am 17. Juli 1962, nur zehn Tage nach der Pressekonferenz, vereitelte die Stasi eine geplante unterirdische Flucht an der Köpenicker Straße zwischen Mitte und Kreuzberg. Offensichtlich führte der Tunnel von den Lagerhäusern der Berliner Hafen- und Lagergesellschaft (Behala) am Südufer der Spree, gerade östlich der Schillingbrücke, die auf West-Berliner Areal lagen, unter der gesperrten Brückenauffahrt hinüber auf ein Ruinengrundstück. Auch hier kamen »operative Maßnahmen« zum Einsatz; auch hier gibt es keine Einzelheiten.

Das Gleiche gilt für ein besonders freches Vorhaben der Gruppe um Wolfgang Fuchs: An der Boyenstraße gruben die Studenten in Richtung Südosten – in Sichtweite zum Grenzübergang Chausseestraße zwischen Wedding und Mitte. Es war einer von insgesamt vier frühen Versuchen des Theaterstudenten und seiner Mitstreiter, einen unterirdischen Fluchtweg zu schaffen. »Dabei war er so vorsichtig, dass seine Aktivitäten dem MfS wie der westlichen Öffentlichkeit lange Zeit gänzlich verborgen blieben«, schrieb die Fluchthilfe-Expertin Marion Detjen. In der Tunnelkartei der Stasi taucht dieser Stollen jedenfalls nicht auf, wohl aber drei Hinweise auf mutmaßliche andere unterirdische Fluchtversuche von 1965, 1978 und 1979.

Allerdings galt das nicht für alle Projekte von Wolfgang Fuchs: Ein begonnener Stollen unter dem Bethaniendamm hinüber in die Adalbertstraße in Kreuzberg wurde der Stasi am 11. Dezember 1962 bekannt und korrekt der »Gruppe Fuchs« zugeordnet. Die Tunneljäger des MfS notierten über den Grund des Abbruchs vermutlich zutreffend, die Arbeiten »scheiterten an der ehemaligen Kanalmauer«; gemeint war damit die massive Uferbefestigung des verfüllten einstigen Luisenstädtischen Kanals. Wahrscheinlich war dieses Projekt identisch mit einem von Zeitzeugen genannten Vorhaben, unter dem Bethaniendamm die Melchiorstraße zu erreichen; sie kreuzte auf Ost-Berliner Seite nämlich die Adalbertstraße.

Am Ende dieses Jahres glückte immerhin noch einmal ein Fluchttunnel, und zwar abermals zwischen S-Bahnhof Schönholz und dem Städtischen Friedhof Pankow. Hier waren die Bedingungen augenscheinlich ideal: Am Rande der Bahnanlagen auf westlicher Seite ließen sich geeignete Ausgangspunkte für Tunnel finden, das Areal war für die DDR-Grenzposten schwer einsehbar, und auf dem Friedhof gab es genügend Stellen für einen gedeckten Zugang. Eine unbekannte Anzahl von Flüchtlingen entkam auf diesem laut Stasi-Akten von einer Fluchthelfer-»Gruppe Keuch« gegrabenen Weg in die Freiheit. Unmittelbar vor Weihnachten 1962 fanden Grenzposten den Einstieg; der Stollen wurde durch »Zuschüttung« unbrauchbar gemacht. Als Konsequenz wurden mehrere Reihen Gräber direkt an der Friedhofsmauer geschleift und das Sperrgebiet erweitert, sodass statt 20 Meter nun 35 oder mehr zu überwinden gewesen wären. Nur noch ein einziges Mal gab es nach dieser Verlegung der später »Hinterlandsicherungsmauer« genannten ersten Sperre einen Hinweis auf eine versuchte Tunnelflucht am Friedhof Schönholz, der sich jedoch nicht bestätigte.[3]

Fluchtprojekt Terrasse

Wie schützt man verdächtige Bauarbeiten am besten? Durch unverdächtige Bauarbeiten. Das wusste auch Niels-Martin Aagaard. Der gebürtige Däne wollte mit seiner Frau Lotte und seinem Sohn die DDR verlassen, doch das ließen die Behörden auf legalem Wege nicht zu. Im Sommer 1962, als sich die Nachrichten von mehreren erfolgreichen Fluchten unter der Erde herumsprachen, fassten die Eltern ihren Entschluss – und begannen zunächst mit einem ganz anderen Bauvorhaben.

Gut, dass ihr in »massiver Laubenbauweise für Sommer- und Winteraufenthalt« gebautes Haus in dem nördlich der Stadtgrenze gelegenen Vorort Glienicke/Nordbahn in Sichtweite des Reinickendorfer Ortsteils Hermsdorf nicht unterkellert war. Ihr Grundstück lag nur gut dreißig Meter von der Grenzsperre entfernt. Aber der Weg war trotzdem weit und der Erdaushub schwer zu verbergen, ebenso die notwendigen Utensilien zum Graben – gerade so nahe an der Mauer, dass jederzeit Grenzposten zu Kontrollen vorbeikommen konnten. Also unternahm Aagaard ein Täuschungsmanöver: Er baute zunächst als Unterbau für eine

Terrasse in seinem Garten eine Betonplatte. Mit dem eigentlichen Stollenbau begannen Aagaard und sein wichtigster Helfer, *Hans Willmann*, dann am 16. Oktober 1962.

Der Stasi-Oberleutnant H. notierte später, nach der geglückten Flucht der Aagaards: »Der Tunnel beginnt im Wohnzimmer unterhalb des Fensters in Richtung Westberlin. Die Grundmauer wurde durchstemmt. Er führt rechtwinklig ca. zwei Meter nach rechts, macht eine Kurve stark abfallend nach links, nach ca. drei Metern wieder nach rechts und weiter nach drei Metern eine Kurve nach links. Es folgt ein gerade verlaufendes Stück von ca. zehn Metern. [...] Größe des Tunnels: 50 x 60 Zentimeter. Der Tunnel selbst ist in regelmäßigen Abständen, ca. alle 50 Zentimeter, abgesteift.« Doch weiter als etwa 16 Meter traute sich der Stasi-Mann in den Tunnel nicht hinein. Er schätzte die Gesamtlänge auf fünfzig bis sechzig Meter; in Wirklichkeit waren es 46 Meter.

Vor dem Einstieg im Wohnzimmer stand eine Bank, die das Loch in der Wand vollständig verdeckte. Den Erdhaushub versteckten Aagaard und *Willmann* zunächst in der Terrasse, nämlich als Rohstoff für den Beton, dann hinter mehreren rasch gemauerten Ziegelwänden in den Zimmern und auf dem Dachboden des Hauses. Doch irgendwann reichte dieser Platz nicht mehr; die Stasi hielt irritiert fest, »dass in Schubfächern, Schränken u. a. Behältnissen ebenfalls Sandmengen untergebracht worden sind«. Das wirkte so skurril, dass mehrere dieser Verstecke von den MfS-Ermittlern separat fotografiert wurden.

So gut getarnt also der Tunnelbau gegenüber den Grenztruppen war, so auffällig waren die Veränderungen im Haus selbst. Da der elfjährige Sohn der Aagaards selbstverständlich ganz normal zur Schule gehen musste, während sein Vater die Flucht vorbereitete, mussten sich die Eltern gute Ausreden einfallen lassen. Zur weiteren Verschleierung wurde neben der Terrasse noch eine »Raben-Oma« erdacht: Vater Aagaard wies seinen Sohn an, täglich nach der Schule in den Friseursalon seiner Frau zu gehen und dort bis zur Schlafenszeit zu bleiben. Angeblich, weil er sich sonst immer mit seiner Großmutter zanken würde und es ihr dann nicht gut ginge. Erst acht Tage vor der Flucht weihten die Eltern ihren Sohn ein – und ließen ihn fortan nicht mehr aus dem Haus, damit er sich nicht verplappern konnte. »Dann haben wir eben Entschuldigungszettel geschrieben, dass er krank wäre, und er durfte auch nicht aufstehen, er musste im Bett bleiben, falls jemand kommt.« So einfach, wie das klang, war es aber nicht. »Sperren Sie mal ein gesundes Kind ins Bett, es gab eine ganz schöne Aufregung«, schilderte Aagaard wenige Tage nach der erfolgreichen Flucht seine Erlebnisse.

Um auch die linientreuen Mitglieder der SED in Glienicke/Nordbahn, ihrem Wohnort am Rande Berlins, zu täuschen, erweiterte die Familie zusätzlich ihren Friseursalon um eine Herrenabteilung: Wer in sein Geschäft in der DDR investierte, so sollten die potenziellen Spitzel glauben, werde wohl keine Fluchtabsichten hegen.[4]

Zur Hilfe kam den Tunnelgräbern, dass sie im Winter arbeiteten. Der gefrorene Boden machte zwar den Vortrieb schwerer, aber rettete sie zugleich, als der Stollen nach etwa acht Metern schon zum zweiten Mal einbrach. Zum Glück war an der Oberfläche nichts davon zu sehen, eben weil der Frost den Boden am Nachrutschen hinderte, bis die Einbruchstelle ausgesteift war. Trotzdem war es eine Schinderei. »Schön zu arbeiten war es nicht. Wir mussten jede Handvoll Sand mit den Händen rausschaufeln«, sagte *Willmann*. Nach fünfeinhalb Monaten und aufgeschreckt durch einen verdächtigen, unangemeldeten Besuch von zwei Frauen gruben die beiden Männer nun fast rund um die Uhr.

Am Morgen des 9. März 1963, einem Sonnabend, stieß Aagaard mit seiner Schaufel durch und sah Licht: Sein Tunnel endete in einer Böschung, die zur Veltheimstraße hin abfiel. Sofort robbte er zurück, um seiner Frau Bescheid zu geben und die für die gemeinsame Flucht vorgesehenen Freunde zu informieren. Doch dann beschlich ihn noch einmal ein schlechtes Gefühl. Er kroch wieder nach vorne, erweiterte das Loch vorsichtig – und stellte erleichtert fest, dass der Stollen tatsächlich auf West-Berliner Seite endete. Nun begannen die letzten Vorbereitungen. Neben den Aagaards einschließlich der vermeintlichen »Raben-Oma« und *Willmann* mit seiner Frau und Schwägerin waren noch zwei befreundete Schwestern namens *Schultz* sowie eine Familie *Meier* aus Dresden, ein Zahnarzt mit Frau und zwei Söhnen, dabei.

Die insgesamt 13 Fluchtwilligen trafen sich am Abend im Haus und tranken offensichtlich auf ihren Abschied aus der DDR noch einen Kaffee – jedenfalls fand die Stasi bei der späteren Hausdurchsuchung exakt 14 gebrauchte Tassen. In der Nacht krochen sie dann nacheinander in den engen Eingang und die 46 Meter hinüber. Doch aussteigen ließ Vater Aagaard seine Mitflüchtlinge noch nicht. Sie mussten zunächst in dem engen Stollen ausharren, während er vorsichtig die Lage sondierte, dann herauskam, einen West-Berliner Polizisten suchte und mit ihm zum Ausstieg zurückkehrte. Diese Vorsichtsmaßnahme sollte verhindern, dass DDR-Grenzer eventuell über die Grenze hinweg auf die Flüchtlinge schossen. Wenn ein westlicher Polizist anwesend war, würde das wohl nicht geschehen. So dauerte es bis vier Uhr früh, bis alle Flüchtlinge aus dem Tunnel heraus waren – Gertrud Aagaard, mit siebzig Jahren die Älteste und gehbehindert, musste sogar mit Hilfe eines um ihre Füße geschlungenen Seils herausgezogen werden.

Zwei Tage nach der erfolgreichen Flucht kamen Journalisten des Senders Freies Berlin (SFB) in die Nähe des »Tatorts«. Wenig später wurden einige DDR-Grenzpolizisten beobachtet, die offensichtlich Ermittlungen anstellten. Prompt begann in West-Berlin eine jener aufgeregten Auseinandersetzungen, die nur unter den besonderen Bedingungen der eingemauerten Stadt denkbar sind. Die Abendzeitung *Kurier* fragte: »Wurde der Hermsdorfer Tunnel durch Leichtsinn verraten? Hat das rücksichtslose Verhalten von Fotografen und Fernseh-Kameraleuten dazu geführt, dass den Sowjetzonenbehörden gestern Mittag im Norden Berlins die Entdeckung eines Fluchttunnels gelang? Diese Frage wird seit der vergangenen Nacht von zuständigen Dienststellen im Senat erörtert.« Zugleich streute das Blatt kräftig Desinformationen: »Wie der ›Kurier‹ erfuhr, handelt es sich bei den 13 Flüchtlingen, die am frühen Sonntagmorgen nach West-Berlin kamen, um die letzte Gruppe, der die Flucht gelang. Bereits vorher sollen andere Flüchtlingsgruppen, von den kommunistischen Grenzwächtern unbemerkt, geflohen sein.«

Das wollten weder die Flüchtlinge selbst noch der SFB auf sich sitzen lassen. Die viel gehörte Sendung »Echo am Morgen« brachte ein Interview mit Aagaard, in dem Spekulationen über weitere Flüchtlinge klar dementiert wurden. Und einen halben Tag später stellte in der SFB-»Abendschau« der Moderator klar:

»Gestatten Sie mir heute zunächst die Richtigstellung einer Pressemeldung. Die West-Berliner Abendzeitung *Der Kurier* veröffentlichte gestern einen Artikel unter der Überschrift: ›Wurde der Hermsdorfer Tunnel durch Leichtsinn verraten?‹ Darin wird die ungeheuerliche Vermutung ausgesprochen, Kamerateams des Fernsehens hätten durch ihr auffälliges Gebaren am Ort des Geschehens die kommunistischen Grenzwächter auf diesen Tunnel aufmerksam gemacht. Wir haben es bisher vermieden, meine Damen und Herren, auf die vielen und leider oft unsachlichen Angriffe gegen das Fernsehen direkt zu antworten. Unsere Aufgabe ist es, Sie über das Tagesgeschehen zu informieren, und diese Aufgabe erschien uns wichtiger als die Auseinandersetzung mit Leuten, die mit der Wahrheit etwas zu großzügig umgehen. Der in diesem Artikel anklingende Vorwurf ist aber so schwer, dass wir hierzu nicht schweigen können.«

Anschließend legte die »Abendschau« ausführlich dar, dass ihr Kamerateam erst nach der Entdeckung des Tunnels eingetroffen sei.

Wer genau dem *Kurier* die Fehlinformation gesteckt hatte und warum, wurde nie bekannt. Jedenfalls beweisen die inzwischen zugänglichen Stasi-Akten, dass weder SFB-Kameraleute noch sonst irgendwelche West-Berliner an der Entdeckung des Tunnels beteiligt waren. Vielmehr fiel einer Angestellten des Friseursalons Aagaard am Montag, dem 11. März 1963, auf, dass die Besitzerin nicht wie üblich als Erste im Geschäft war. Weil einige Arbeitsmaterialien nicht im Laden zu finden waren, ging die Friseuse mit einer Kollegin zum nahe gelegenen Haus der Familie. Als nach »lautem Rufen und Klopfen« niemand öffnete, informierte die Angestellte um 10.30 Uhr die Grenztruppen. Nur eine Stunde später trafen mehrere Volkspolizisten ein, um eine Hausdurchsuchung vorzunehmen. »Im Haus selbst herrschte eine große Unordnung, die darauf schließen ließ, dass die Familie Aagaard die DDR verlassen hat.«

Den Fluchtweg selbst fanden die Offiziere zunächst nicht. Das gelang ihnen erst zwei Stunden später: Sie entdeckten auf dem Wohnzimmertisch eine »grobe Skizze, die darauf schließen ließ, dass die genannten Personen durch einen Tunnel den Durchbruch durchgeführt hatten. Beim Suchen nach dem Tunnel wurde durch den Genossen S. festgestellt, dass unterhalb des Fensters im Wohnzimmer in Richtung Westberlin eine Heizungsverkleidung aufgestellt war, die nicht dicht an der Wand stand. Er stellte Zugluft fest, die Verkleidung wurde weggerückt und dadurch der Tunneleingang freigelegt.« Außerdem wurde ein Wartburg mit Dresdner Kennzeichen gefunden – auf diese Weise kam die Stasi auf die Familie *Meier*.

Die *Willmanns* hatten sich laut Untersuchungsbericht der Stasi noch einen besonderen Scherz mit den DDR-Behörden erlaubt. Sie hinterließen in ihrer Wohnung einen Zettel mit den Worten: »Den Fernsehapparat brauchen Sie nicht zu suchen, den haben wir mitgenommen.« Allerdings kam die Stasi bald darauf, dass dies unwahrscheinlich war, weil der Tunnel dafür zu eng gewesen sei. Wer mit dem Gerät der *Willmanns* in den folgenden Jahren Fernsehen schaute, konnte nicht festgestellt werden.[5]

Tunnelflucht à la Simmel

Die Frau ist zu dick. Sie kommt nicht durch das Einstiegsloch des Tunnels, so sehr sie sich bemüht. Bei den 31 Leuten vor ihr ging alles glatt. Nun stockt der Transport. Das ganze Unternehmen ist durch die Dicke gefährdet. Sie weiß es. Darum beginnt sie zu weinen. Lautlos. Wenn sie laut weinte, wäre überhaupt gleich alles aus – nicht nur für sie, sondern auch für die 39 Männer, Frauen und Kinder, die im Hinterhof des Hauses Mottlstraße 35 stehen und warten, ratlos, angstvoll, wütend. Diese dicke Olle, die hat uns gerade noch gefehlt!

Der dicken Ollen fließen Tränen der Verzweiflung über das breite, fleischige Gesicht, das vor Aufregung, Anstrengung und Schmerz violett angelaufen ist. Ja, auch vor Schmerz! Denn die im Tunnel unten zerren an ihren Füßen, und die im Hof oben stemmen sich auf ihre Schultern. Vergeblich. Da steckt die

Arme, halb drin, halb draußen. Es ist 23.17 Uhr am Donnerstag, dem 13. August 1964. Eine warme Nacht, eine schöne Nacht mit klarem Himmel, vielen Sternen und einem leuchtenden, honigfarbenen Mond.

»Mutti, schau doch! Schon wieder!«, flüstert ein kleines Mädchen mit riesigen Augen in dem schmalen Gesicht. Das kleine Mädchen, das einen Teddybären an sich gepresst hält, hebt die freie Hand nach oben. Eine Sternschnuppe fällt. August und September sind die Sternschnuppenmonate. Man darf sich etwas wünschen, wenn man eine sieht, aber man darf nicht sagen, was man sich wünscht, sonst geht es nicht in Erfüllung. Das kleine Mädchen, seine Mutter und alle anderen im Hof, auch die Unglückliche im Loch sehen die Schnuppe, die aus den Höhen des unendlichen Firmaments stürzt, und sie alle wünschen sich etwas, keiner sagt, was, alle wünschen sich das Gleiche: Die Dicke soll durch das Loch kommen, endlich.

Am innigsten wünscht sich das die Dicke. Aber umsonst, umsonst. Die Schnuppe ist verschwunden, verglüht, und die Dicke flüstert: »Also kann ich nicht in den Westen, weil ich zu fett bin?«

Johannes Mario Simmel, *Lieb Vaterland, magst ruhig sein*, Roman, München/Zürich 1965

Viele Fehlschläge

Der Erfolg in Hermsdorf gab den West-Berliner Fluchthelfern neuen Mut. Ohne zu verzagen, suchten sie im Verlauf des Jahres 1963 an verschiedenen Stellen rund um den eingemauerten westlichen Teil der gespaltenen Stadt unterirdische Wege in die Freiheit zu schaffen. Akribisch notierte die Stasi alle Informationen, die darüber bekannt wurden. Am 26. März 1963 flog ein neuer Stollenbau unter der Sebastianstraße auf; als verdächtigen Fluchthelfer verzeichnete die Tunnelkartei Burkhart Veigel, der aber an diesem mutmaßlichen Projekt gar nicht beteiligt war. Ein weiterer Tunnel an dieser Stelle wurde am 9. Mai registriert und durch »Gegenmaßnahmen« wertlos gemacht, lange bevor Flüchtlinge ihn benutzen konnten. Das Gleiche geschah mit einem Stollen von der Bahnhofstraße (heute: Am Bürgerpark) in Schönholz nach Pankow. Offenbar nutzten die West-Berliner Fluchthelfer einen »Teil eines alten Tunnels«, doch am 20. Mai 1963 kamen ihnen die Grenztruppen auf die Schliche. Immerhin war dieses Vorhaben schon so weit gediehen, dass es vom MfS als »versuchte Tunnelschleusung« registriert wurde.

Weil der Sperrgraben weitere Versuche an der Heidelberger Straße wirksam unterbunden hatte, verlegten sich einige Fluchthelfer auf die Nachbarschaft; hier war der Boden ähnlich geeignet und der Abstand zwischen Ost und West fast genauso gering. Am 24. Mai 1963 deckte der Tunnelzug des MfS in der Bouchéstraße einen Stollen vor Fertigstellung auf; wie weit er vorangeschritten war, verraten die Akten nicht. Um die gleiche Zeit gab es offenbar dreihundert Meter weiter westlich aus dem Eckhaus Onckenstraße 18/Harzer Straße 8 einen Tunnelbau. Wie weit dieser gedieh, ist unbekannt; Flüchtlinge benutzten ihn jedenfalls nicht.

Auch ohne Harry Seidel versuchten sich »der Dicke« (Fritz Wagner) und seine Gruppe am Legiendamm von Kreuzberg nach Mitte noch einmal an einem Tunnelbau, doch weder der geplante Verlauf noch sonstige Details sind bekannt; die Stasi vermerkte diesen Stollen als »vermauert«. Im selben Herbst versuchte sich eine West-Berliner Fluchthelfergruppe offensichtlich daran, das Sperrgitter in der Kanalisation unter der Alten Jakobstraße mit einem kurzen Stollen zu umgehen; das jedenfalls legt ein Eintrag in der Tunnelkartei nahe. Der Versuch scheiterte schnell.

Auch ein weiterer Tunnelbau im Süden West-Berlins hinüber zum Teltower Ortsteil Seehof im Dezember 1963 misslang – durch »operative Maßnahmen« des MfS. Ob dieser Stollen etwas zu tun hatte mit einem von der *Chicago Tribune* am 22. Januar 1964 gemeldeten gescheiterten Tunnelbau in Lichterfelde, ist unklar. Er soll von einem einzigen Mann seit Ende Oktober 1963 gegraben worden sein und bis zum Verrat eine Länge von etwa vierzig Metern gehabt haben. Die Aufdeckung geschah laut der Zeitung »auf kuriose Weise«: Ein anonymer Anruf in einem Polizeirevier

wies darauf hin, dass an einer bestimmten Straße in Grenznähe
»Seltsames« geschehe. Dort angekommen, fanden die Beamten
an mehreren Bäumen Zettel mit der Warnung »Eltern haften für
ihre Kinder« – und stießen auf den Tunnel. Die West-Berliner
Polizei spekulierte laut dem Bericht der *Chicago Tribune*, dass
»kommunistische Agenten« die Warnungen aufgehängt und die
anonyme Mitteilung gemacht haben könnten, um den Tunnel
auffliegen zu lassen.

Erneut in der Innenstadt versuchten es gleichzeitig wohl abermals die Fluchthelfer um Fritz Wagner in der Kommandantenstraße zwischen Mitte und Kreuzberg. Am 6. Februar 1964 stellten sie die Arbeiten ein, nachdem die Grenztruppen ihre Kontrollen massiv verstärkt hatten.[6]

Ab 1965 sammelte die Stasi zwar zahlreiche Hinweise auf mögliche unterirdische Fluchtversuche, fand aber keine tatsächlichen Fluchttunnelprojekte abseits der Bernauer Straße. Am 9. September 1966 stießen Grenztruppen in der Stallschreiberstraße auf einen alten Stollen in Richtung Kommandantenstraße, der aber unvollendet war und an dem seit längerer Zeit nicht mehr gegraben worden war.

Die Tunneljäger gingen jedem einzelnen Hinweis akribisch nach. Wie genau, das zeigt die »Aktion ›Radar‹« von Oktober 1966. Seit 1956 wussten die DDR-Behörden, dass der amerikanische und der britische Geheimdienst einen gewaltigen, mehr als 450 Meter langen Spionagetunnel von einer Radarstation in Rudow zu einer wichtigen unterirdischen Telefonverbindung der Roten Armee getrieben hatten. In elf Monaten wurden etwa 440 000 geheime sowjetische Gespräche abgehört und ungezählte geheime Telegramme mitgeschrieben.

Allerdings wusste der KGB schon lange vor dem Beginn der Operation von dem Großvorhaben, ließ es aber aus Rücksicht auf einen eigenen Spitzenagenten nicht auffliegen. Stattdessen wurde der Tunnel angeblich »zufällig« nach einem schweren Regensturm entdeckt und »empört« der Weltöffentlichkeit vorgeführt. Danach verschlossen die Behörden den Zugang und zerstörten, so die Erinnerung von Dagmar Feick, der Tochter der Grundbesitzer auf DDR-Seite, mindestens ein Stück des Tunnels durch großflächiges Aufbaggern. »Das Problem war, dass der Tunnel vollständig entfernt wurde. Bei vier Metern Tiefe bedeutete das, dass man eine große Fläche aufgraben musste. Fast die Hälfte der Obstplantage verschwand, der Mutterboden wurde beiseitegekarrt und der Tunnel ausgegraben. Dann wurde das Gelände wieder zugeschüttet. Leider ist dabei geschludert worden. Wir hatten dann den Lehmboden oben statt unten.«

Trauma für die Stasi – der echte Spionagetunnel von 1956

Rätsel um den Spionage-Stollen
Der Berliner Spionagekrieg geht weiter. Nach dem Protest der Russen gegen den Spionage-Tunnel hat am Mittwoch die Regierung der Zone gegen »die von den amerikanischen Militärbehörden verübte Verletzung der Grenze und der Unantastbarkeit des Territoriums« der Zone protestiert. Man wartet jetzt gespannt auf eine Stellungnahme der US-Behörden. […]

Den richtigen Einstieg hat noch kein Außenstehender gesehen. Liegt er auf dem Gelände einer amerikanischen Radarstation im Zipfel des West-Berliner Ortsteils Rudow? Nach allem Dafürhalten muss er sich dort befinden. Über ein Jahr lang vermochten die amerikanischen Spezialdienststellen ihr Geheimnis zu wahren. Der Gedanke, einen unterirdischen Stollen aus dem amerikanischen Sektor über die Grenze auf Ost-Berliner Territorium vorzutreiben, mag den zuständigen Stellen nach dem mitteldeutschen Juni-Aufstand gekommen sein. Damals waren infolge der von den Russen verhängten Ausgangssperre und dem Ausnahmezustand alle Nachrichtenverbindungen abgerissen. In dieser Tatsache muss man den Ursprung des Spionage-Tunnels suchen. Und die Verwirklichung dieses Gedankens ist ein wahrer Meisterstreich, eine moderne nachrichtentechnische Köpenickiade. Selbst die Russen, die am letzten Sonntag zum ersten Mal den Stollen aushoben und mit ihm eine perfekt eingerichtete Abhörzentrale, haben sich über den Fund »köstlich amüsiert«.

Die Welt vom 24. April 1956

Auf den Spuren der amerikanischen Tunnelspione
Gebückt, um uns nicht die Köpfe an der niedrigen Decke des Stahltunnels zu stoßen, eilen wir vorwärts, Richtung Westen. Wir sind jetzt nur noch etwa zehn Personen, Korrespondenten aus dem In- und Ausland, und ein sowjetischer Nachrichtenoffizier führt die Gruppe an. Hier unten, vier Meter unter der Erde, spürt man nichts mehr von der Aufregung, die an der Einstiegsstelle herrscht, wo sich mehrere hundert Pressevertreter versammelt haben. Aber die Spannung ist genau die gleiche.

Der Boden des Tunnels, der etwa 1,75 Meter lichte Höhe messen mag, ist mit zwei fortlaufenden Bohlen ausgelegt, die wohl zum Materialtransport gedient haben. Dazwischen klingt das Erdreich hohl; wahrscheinlich verläuft hier ein Entwässerungsschacht, denn von Zeit zu Zeit begegnen wir Grundwasserpumpen, und an einigen Stellen glänzen die schwarzen Stahlsegmente, die den Tunnel bilden, feucht. Allmählich steigt der Boden an, der Boden wird feuchter und das Laufen beschwerlicher. weil die Pumpen stillstehen. Aber sonst ist die ganze Anlage noch in Betrieb. Rechter Hand, in dem dicken Blechrohr, das auf den beiderseits bis zur Brusthöhe gestapelten Sandsäcken verläuft, ist ein leises Brausen hörbar: Die Klimaanlage pumpt »freiheitliche Luft« aus dem amerikanischen Sektor in den Tunnel. Auch die Beleuchtung, vom USA-Sektor aus gespeist, funktioniert ebenso wie die technischen Anlagen weiter. […]

Die ganze Sache mutet an wie aus einem schlechten Kriminalroman. Aber sie ist mit Händen zu greifen, mehrere hundert Meter lang und aus solidem Stahl und zusammen mit den kostspieligen Apparaturen gewiss ein Millionenobjekt. Jeder Kommentar erübrigt sich hier, und auch die westlichen Korrespondenten sind merklich kleinlaut. Sie wissen noch nicht, wie sie diese peinliche Angelegenheit ihren Lesern servieren sollen.

Berliner Zeitung vom 25. April 1956

Weitere besondere Sperrmaßnahmen wurden nicht dokumentiert, denn immerhin war 1956 der Weg zwischen West und Ost in Berlin noch einigermaßen problemlos möglich. Zehn Jahre später hatte sich das geändert. »Auf der Grundlage von Hinweisen (inoffiziell) der Leitung des Ministeriums für Staatssicherheit über ein vermutliches Tunnelobjekt von der US-Radarstation in Berlin-Rudow in das Gebiet der Hauptstadt der DDR, Berlin Alt-Glienicke, Schönefelder Chaussee, wurde auf Anweisung der Leitung der Hauptabteilung I durch die Abteilung Aufklärung B die vorhandene Abwehrtechnik zum Einsatz gebracht.« Inoffizielle Hinweise wären freilich nicht nötig gewesen, denn im *Neuen Deutschland* und allen anderen SED-Zeitungen war von April bis Juli 1956 eine massive Propagandakampagne gegen die »USA-Wühler« geritten worden.

Nachdem die Experten der Abteilung Aufklärung mit Abhörgeräten verdächtige Geräusche im Inneren des – verglichen mit den Fluchtstollen – extrem geräumigen Spionagetunnels wahrgenommen haben wollten, wurde ein umfassender Plan zur »Liquidierung eines vermutlichen Tunnelobjektes« aufgestellt. Mehr als dreißig Stasi-Männer und drei Experten des Tunnelzuges, ausgerüstet mit »MPi und Pistole, Handgranaten und Kampfstoffen«, sollten zum Einsatz kommen.

Doch zunächst wurde der Einsatz abgeblasen; erst ein Dreivierteljahr später kam Generalmajor Karl Kleinjung, Chef der Stasi-Hauptabteilung I, wieder darauf zurück. Am 17. Juli 1967 wurde der Tunnel nach vorangehenden Bohrungen aufgegraben. Dabei stellten die MfS-Untersucher fest, »dass vom Ausbau des Tunnels nichts mehr vorhanden ist und der Tunnel offensichtlich auf seiner gesamten Länge durch Sandsäcke gefüllt bzw. gesperrt wurde«. Entgegen der Erinnerung der Zeitzeugin Dagmar Feick war offenbar nur ein Stück nahe der Sektorengrenze abgebaggert, der Rest aber lediglich verfüllt worden. Fluchtmöglichkeiten für DDR-Bürger nach West-Berlin jedenfalls, das sahen die Beteiligten an der »Aktion ›Radar‹« eindeutig, bestanden hier nicht.[7]

Die späten Tunnel

Am Brennpunkt Checkpoint Charlie

Der Denunziant kam einen Tag zu spät. Als der Heizer *Karl Mayer* am Montagmorgen, dem 10. Januar 1972, um sechs Uhr zur Frühschicht an seinem Arbeitsplatz im Heizungskeller der Ost-Berliner Stadtwerke an der Mauerstraße in Mitte erschien, traf er nicht wie gewohnt auf seinen Kollegen *Manfred Hinz*, der nach dem arbeitsfreien Wochenende die Nachtschicht zuvor hatte. Schlimmer noch: Die Kessel waren eiskalt – und das im Winter, bei Außentemperaturen um den Gefrierpunkt. Dabei wurde von hier unten aus das »Haus der Ministerien«, das ehemalige Reichsluftfahrtministerium, an der Ecke Otto-Grotewohl-Straße (Wilhelmstraße) und Leipziger Straße, mit Wärme versorgt – immerhin das größte Regierungsgebäude in der gesamten »Hauptstadt der DDR«.

Der misstrauische Heizer lief auf der Suche nach seinem abwesenden Kollegen die Kellerräume ab, die bis an die Zimmerstraße reichten, die direkt an der Mauer entlangführte und deshalb zum Sperrgebiet gehörte. Es war eine ganze Reihe von Kellern; für den Rundgang brauchte *Mayer* einige Minuten. Normalerweise verplombte Türen fand er nur zugezogen vor. Im letzten Keller schließlich stieß der Heizer auf einen »Wanddurchbruch mit davor liegender Erdaufschüttung«, wie es im Stasi-Protokoll heißt. Nach diesem Fund beeilte sich der Arbeiter, aus der Pförtnerloge per Telefon die DDR-Sicherheitskräfte zu informieren. Schon um 6.15 Uhr vermerkte das Protokoll der Volkspolizei-Inspektion Mitte den Eingang seiner Anzeige. *Mayer* hatte sofort erkannt, dass hier ein Fluchttunnel Richtung West-Berlin gegraben worden war. Der Denunziant benannte gleich den mutmaßlichen Verdächtigen: Wohl nur *Hinz* habe den Tunnel graben können.[1]

Damit lag Mayer richtig: Ziemlich genau 24 Stunden bevor er loslief, um seinen Kollegen anzuzeigen, waren knapp zwanzig Meter weiter und doch in einer anderen Welt *Manfred Hinz*, sein Bruder *Peter* und ihr Freund *Peter Schmidt* aus der Erde geklettert, direkt vor der Mauer. »Wir standen etwa 6.30 Uhr auf West-Berliner Boden«, notierten die drei Tunnelflüchtlinge nach ihrem Ausstieg in das Fluchttagebuch, das sie während der Arbeiten am Tunnel geführt hatten. »Wir weinten vor Freude, dass wir es endlich, nach so langer Zeit, geschafft hatten. Dann schlichen wir unbemerkt Richtung Kochstraße. Dort stand ein Polizeimelder. Wir drehten den Hebel herum und fingen an zu erzählen.« Bereits wenige Minuten später erschien ein Funkstreifenwagen und brachte die drei Flüchtlinge ins nächstgelegene Revier, wo man ihre Personalien aufnahm und ein Protokoll anfertigte. Veröffentlicht wurde zunächst einmal nichts; erst sieben Wochen später sind die West-Berliner Zeitungen »von offizieller Seite« informiert worden.[2]

»Es muss angenommen werden, dass die beiden Personen nach drüben sind«, notierte schon kurz nach der Anzeige ein namentlich nicht bekannter Stasi-Mitarbeiter in seinem ersten, einseitigen Bericht. Der Text wurde am Montagmorgen gegen 8.20 Uhr an den zuständigen Vorgesetzten weitergereicht, also gerade einmal zwei Stunden nach der Entdeckung des Tunnels. Zu diesem Zeitpunkt wusste das beinahe allmächtige Mielke-Ministerium noch nicht, dass in Wirklichkeit drei junge Männer geflohen waren. Als angeordnete »Maßnahmen« hielt der Bericht fest: »Anforderung Experten zur Sicherung der Spuren. Berliner Verwaltung ist informiert und befindet sich am Ort. Vorfeld wird beobachtungsmäßig unter Kontrolle gehalten. Anschließend Einsatz Sicherungskompanie.« Die Hauptabteilung I setzte also ihre Elitetruppe ein, die aus besonders ausgebildeten Freiwilligen bestand und darauf trainiert war, von ihren Waffen ohne Rücksicht auf Verluste Gebrauch zu machen. Um jeden Preis war zu verhindern, dass durch einen einmal entdeckten Tunnel weitere »Grenzdurchbrüche« erfolgten. Als der Stasi-Ermittler das anordnete, wusste er noch nicht, dass die drei Flüchtlinge den auf West-Berliner Seite der Mauer, aber rein rechtlich noch auf Ost-Berliner Territorium gelegenen Ausgang des Tunnels mit der Motorhaube eines alten

21 West-Berliner Einstieg in Rudolf Müllers Fluchttunnel zur Zimmerstraße 56, direkt am Zaun der Baustelle des Axel Springer Verlages (Mitte Juni 1962).

22 Rudolf (re.) und sein Bruder Horst Müller während der Grabungsarbeiten in ihrem Fluchttunnel unter der Zimmerstraße (Anfang Juni 1962).

23 Ost-Berliner Feuerwehrmänner transportieren die Leiche von Reinhold Huhn ab. Das Foto wurde von West-Berlin aus über die Mauer hinweg gemacht (18. Juni 1962).

24 Siegfried Noffke gräbt an dem Fluchttunnel unter der Sebastianstraße, durch den er Frau und Sohn in die Freiheit holen will (Juni 1962).

25 Risse im Asphalt verraten einen Tunnel unter der Sebastianstraße. Das Foto wurde durch eine kleine Lücke in der Mauer aufgenommen (Ende Juni 1962).

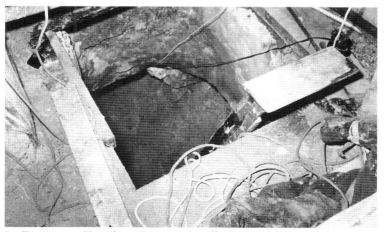

26 Einstieg zum Tunnel von Hötger und Noffke im Keller des Hauses Sebastianstraße 82. Foto der West-Berliner Polizei (Ende Juni 1962).

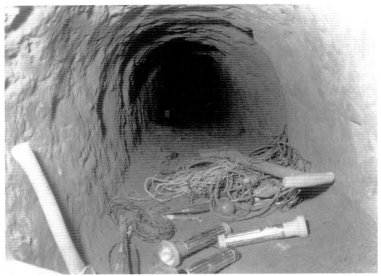

27 Gerade noch entkommen konnten die Fluchthelfer, als DDR-Grenztruppen den Tunnel unter der Kiefholzstraße entdeckten. MfS-Foto (August 1962).

28 DDR-Grenzer graben den Tunnel zur Schneiderei Castillon auf. Foto der West-Berliner Polizei (Anfang Oktober 1962).

29 Aus dieser kriegszerstörten Ruine an der Bernauer Straße 78 wurde der »Tunnel 29« gegraben (Winter 1961/62).

30 Die ersten Meter des »Tunnels 29« wurden dreieckig abgestützt, um weniger Aushub zu haben. Die Idee bewährte sich aber nicht (September 1962).

31 Spezialisten des MfS graben einen gescheiterten Fluchttunnel unter dem Lohmühlenplatz auf. Foto der West-Berliner Polizei (Anfang Oktober 1962).

32 Der Tunnel hatte das erste noch bewohnte Haus auf Ost-Berliner Seite fast erreicht. Foto der West-Berliner Polizei (Anfang Oktober 1962).

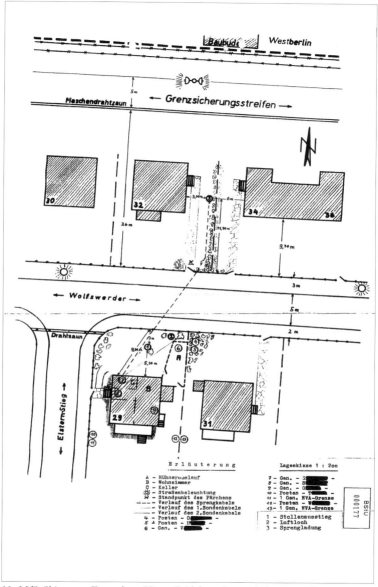

33 MfS-Skizze zur Festnahme Harry Seidels und zur misslungenen Sprengung des Tunnels in Kleinmachnow (November 1962).

34 Freunde von Harry Seidel fasten demonstrativ 24 Stunden lang am Grenzübergang Heinrich-Heine-Straße für die Freilassung des Fluchthelfers (1963).

35 Harry Seidel (re.) vor dem Obersten Gericht der DDR. Als angeblicher »Terrorist« erhält er lebenslang Zuchthaus (Dezember 1962).

36 Mit einem Bagger beginnen Pioniere der Grenztruppen in der Heidelberger Straße einen Sperrgraben zu ziehen. Foto der West-Berliner Polizei (18. Mai 1963).

37 Beim Bau des Sperrgrabens entdecken DDR-Grenzer einen weiteren Tunnel unter der Heidelberger Straße. Foto der West-Berliner Polizei (18. Mai 1963).

38 Klaus Köppen bei der Arbeit im Tunnel unter dem Bahngelände nahe der Gleimstraße (August/September 1964).

39 Der Vortrieb eines Fluchttunnels war echte Knochenarbeit – hier im Tunnel von Horst Breistroffer und Klaus Köppen (August/September 1964).

40 Willkommen in der Freiheit: Zwei Fluchthelfer ziehen eine Ost-Berlinerin aus dem »Tunnel 57« herauf (4. Oktober 1964).

41 Zeitgenössische Übersicht der Massenflucht durch den »Tunnel 57« von der Strelitzer Straße 55 zur Bernauer Straße 97 (Oktober 1964).

42 Eine Mutter und ihre Tochter freuen sich: Sie sind sicher durch den »Tunnel 57« in West-Berlin angekommen (4. Oktober 1964).

43 MfS-Foto mit dem eingezeichneten Verlauf des letzten erfolgreichen Fluchttunnels in Klein-Glienicke im Südwesten Berlins (Ende Juli 1973).

VW abgedeckt hatten, der hier von seinem letzten Besitzer als Schrotthaufen stehen gelassen worden war.³

Kaum hundert Meter vom Checkpoint Charlie, einem der brisantesten Brennpunkte des Kalten Krieges, hatten sich drei junge Ost-Berliner in die Freiheit gebuddelt. Wie riskant ihr Unternehmen wirklich war, dokumentiert die Ermittlungsakte der Stasi. Sie enthält neben den Ergebnissen der Spurensicherung zahlreiche Fotos und einen Bericht, laut dem »den Problemen der Sicherung der Staatsgrenze der DDR, die durch die örtlichen Verhältnisse im Betriebsgelände der Bewag gegeben sind […], ungenügend Aufmerksamkeit gewidmet« worden sei. Die Untersuchung führten die Stasi-Offiziere Major H. und Oberleutnant F.; zwei Wochen nach der Fertigstellung des Tunnels schrieben sie ihren Bericht. Als Gegenüberlieferung existiert das Fluchttagebuch der drei Tunnelgräber.

Die Geschichte ihrer Flucht begann irgendwann im ersten Halbjahr 1970. *Peter Hinz*, als Heizer seinerzeit normalerweise in der Luisenstraße (damals Hermann-Matern-Straße) tätig, wurde als Aushilfe in den Heizungskeller beordert, der nahe dem Todesstreifen im Sperrgebiet zwischen Mauer- und Zimmerstraße lag. »Dabei hatte er Gelegenheit, sich mit den dort vorhandenen örtlichen Verhältnissen an der Staatsgrenze der DDR vertraut zu machen«, vermerkte der Stasi-Bericht gestelzt. Durch die Vermittlung seines Bruders wurde *Manfred Hinz* zum 1. August 1970 ebenfalls als Heizer eingestellt – mit dauerndem Einsatzort Mauer-/Zimmerstraße. Laut Stasi war der »zuständigen Kaderabteilung der Bewag nicht bekannt, dass sich im Objekt Mauerstraße 80/Zimmerstraße 92/93 Arbeitsräume befinden, die im Grenzsperrgebiet gelegen sind. Demzufolge wurden die dort tätigen Personen nicht nach sicherheitspolitischen Kriterien ausgewählt.«

Entsprechend einer Vereinbarung des stellvertretenden Leiters der Abteilung Allgemeine Verwaltung (der die Heizer unterstanden) mit den DDR-Grenztruppen waren für alle Mitarbeiter des Objekts Mauerstraße 80 »keine Passierscheine zum Betreten des Grenzgebietes erforderlich«. Allerdings war schon 1965 festgelegt worden, »die neu eingebaute Kellertür sowie die mit Sicherheitsschloss versehene Kellertür unmittelbar an der Staatsgrenze und die Bodentür zum Dach zu versiegeln. Von allen Türen sind die Schlüssel an einem gesonderten Schlüsselbund beim Wachdienst zu hinterlegen, sodass die Grenzorgane jederzeit Zutritt zu allen Kellerräumen sowie zum Dach haben.«

Peter Schmidt, ein Freund von *Manfred Hinz*, begann am 15. September 1971 bei der Bewag (Ost) zu arbeiten, allerdings als Heizer in der Kopenhagener Straße, während *Peter Hinz* als Heizer aufhörte und eine Stelle als Gebäudereiniger am Alexanderplatz annahm. Den beiden Brüdern und ihrem Freund war aufgefallen, dass in der Pförtnerloge die Schlüssel zu den abgesperrten Türen des Kellers hin zur Zimmerstraße offen aushingen. Zudem lag dort sogar die Plombierzange herum, mit der nach jeder Kontrolle der gesperrten Räume deren Türen wieder versiegelt wurden. Die drei wussten: So viele Zufälle würden ihnen nirgendwo sonst helfen, den Todesstreifen zu überwinden.[4]

Die eigentliche Flucht begann am Heiligen Abend 1971. Gegen 20 Uhr betrat *Manfred Hinz* das Gebäude. Die Stasi hielt später fest: »*Schmidt* muss nach bisherigen Ermittlungen illegal durch *Hinz* in dieses Objekt hereingebracht worden sein.« Die beiden Freunde zogen sich um, schlossen die erste abgeschlossene und verplombte Tür auf, dann die zweite, und begannen, Backsteine aus der gegenüberliegenden Wand herauszustemmen: »Wie wir nach zwei Stunden feststellen, ist es vergeblich«, denn sie arbeiteten versehentlich an einer Trennwand zu einem weiteren Kellerraum statt an der Außenwand. Also gingen die beiden zurück, öffneten zwei weitere abgesperrte Türen und kamen in einen ihnen bislang völlig unbekannten Keller. Die ganze Kellerwand zur Zimmerstraße hin war übersät mit Kabeln, sodass nur ein kleines Stück freier Ziegelmauer zum Ansetzen des Tunnels zur Verfügung stand. Dahinter begann, zur Erleichterung der beiden Fluchtwilligen, »einigermaßen weicher Sand«.

Die beiden arbeiteten den ganzen ersten und zweiten Weihnachtsfeiertag durch – doch am Ende war der Tunnel erst etwa vier Meter lang, nicht einmal ein Viertel der geschätzten Strecke bis auf die andere Seite der Mauer. Gegen 22 Uhr am 26. Dezember 1971 beendeten sie ihre erste Schicht, räumten soweit nötig auf, verschlossen und verplombten die Türen.[5]

Das Gleiche wiederholte sich am Silvesterwochenende, nur diesmal unter Beteiligung von *Peter Hinz*: »Wir arbeiteten bis

Sonntag gegen drei Uhr morgens unter schweren Strapazen und großer Müdigkeit durch.« Doch der Tunnel hatte trotzdem erst eine Länge von sieben Metern – nicht zuletzt, weil die drei auf Kabel und Wasserrohre gestoßen waren. Zudem hatten sie nur höchst ungenügende Werkzeuge: ein Messer, eine kleine Schaufel und einen Meißel, mehr nicht. »Im Stollen vorn konnte immer nur einer arbeiten, und zwar immer nur eine Stunde, dann musste er abgelöst werden.« Immerhin: Es mangelte nicht an Atemluft – dafür war die Strecke noch zu kurz, und abstützen mussten die drei ihren Tunnel auch nicht, weil sie nur zwei Meter unter einer gesperrten Straße mit starker Asphaltdecke gruben.

Die ganze folgende Woche wühlten die drei jede Nacht: *Manfred Hinz* hatte sich für die entsprechende Schicht einteilen lassen, musste aber nebenher arbeiten, damit niemand die illegalen Aktivitäten mitbekam. Die Erde ließen sie im Keller liegen, den sie jeden Morgen wieder abschlossen und neu verplombten. Das größte Risiko war jetzt eine überraschende Kontrolle der Keller durch die Grenztruppen. Doch das war, so wussten die Brüder *Hinz* aus Erfahrung, eher unwahrscheinlich.

Schließlich, am Wochenende vom 7. bis zum 9. Januar 1972, war ihr Tunnel geschätzte 18 Meter lang – und hätte damit eigentlich schon unter der Mauer hindurch sein müssen. Also gruben sich die drei nach oben. Doch als sie die Asphaltdecke durchstießen, bekamen sie den Schreck ihres Lebens: Sie befanden sich wenige Zentimeter vor der Mauer – und zwar auf der falschen, der Ost-Berliner Seite, mitten im Todesstreifen. »Da war die Stimmung natürlich ziemlich mies«, heißt es im Fluchttagebuch. »Aber wir ließen uns nicht unterkriegen.« Obwohl sich die drei längst ihre Hände blutig geschuftet hatten, setzten sie ihre Arbeit fort. Als sie noch drei Meter weitergegraben hatten und endlich auf der »richtigen«, der West-Berliner Seite der Mauer aus dem Boden gekommen waren, fielen die drei einander in die Arme und freuten sich überschwenglich.[6]

Die Stasi blieb zurück. Major H. und Oberleutnant F. konnten nur eine umfassende Bilddokumentation der Tunnelflucht anlegen und »auf der Grundlage der in diesem Zusammenhang festgestellten begünstigenden Bedingungen« durch die Grenztruppen und das MfS »Maßnahmen zur weiteren Vervollkommnung der Sicherheit an der Staatsgrenze der DDR zu West-Berlin einleiten«. Die wichtigste dieser Maßnahmen bestand darin, die erhaltenen Keller des im Krieg zerstörten Hauses Zimmerstraße 93 wegzureißen.

So geschah es. Wo die drei Heizer Ende 1971 ihren Tunnel zu graben begannen, ist mehr als 36 Jahre später nur noch ein tief ausgehobenes Grundstück zu sehen. Vorher aber lagen Spezialisten der Sicherungskompanie noch sechs Wochen auf der Lauer in der Nähe des Fluchttunnels, um eventuelle weitere Flüchtlinge oder – so jedenfalls die interne Befürchtung – »feindliche Agenten« festnehmen zu können. Allerdings versuchte niemand mehr, auf diesem Weg in die Freiheit zu gelangen. Ende Februar 1972 begannen die Grenztruppen, mit Baggern die Keller und den Einstieg des Fluchttunnels zu beseitigen; der Stollen selbst wurde »verfüllt«.

Daraufhin gab die West-Berliner Polizei die längst an die Medien durchgesickerten Informationen über die erste erfolgreiche Tunnelflucht seit Oktober 1964 frei. Der »Deutschlandfunk« berichtete am 28. Februar 1972: »Die Nachricht ist etliche Tage alt. Der Vorgang liegt sieben Wochen zurück, an makabrer Aktualität allerdings hat die geglückte Flucht von drei Ost-Berlinern nichts an Bedeutung verloren. […] Unterdessen ist drüben der gesamte Bereich genau abfotografiert worden. Neue Kontrollmaßnahmen wurden ergriffen. Dieser Fluchtweg dürfte damit nur für diese drei Erfolg gebracht haben, für niemanden sonst mehr. Tunnelflucht ist nur noch selten möglich.«

Die Geschichte ihrer abenteuerlichen Flucht erzählten die drei jungen Männer der Illustrierten *Quick*, und sie beschrieben auch ihr Motiv, den lebensgefährlichen Weg unter der Zimmerstraße in die Freiheit zu wagen: »Drüben kann man nicht frei seine Meinung sagen. Das Misstrauen, das jeder gegen jeden hat, ist bedrückend. Dazu kommt noch, dass wir keine Zukunftschancen für uns gesehen haben. Auch wenn man hart arbeitet, kann man sich nur einen bescheidenen Luxus leisten – ein Moped vielleicht und einen Fernseher.« Im Rückblick anderthalb Jahrzehnte später sagte *Manfred Hinz*, inzwischen verheirateter Familienvater in Hessen, er bereue nichts. »Drüben war ständig Unterdrückung. Keine Frage, ich würde es noch einmal wagen.«[7]

Das Tagebuch der Tunnelflucht unter der Zimmerstraße

Freitag, 24. Dezember 1971

20 Uhr. Betreten die Keller, ziehen uns um. Wir schließen die erste verplombte Tür auf und zerreißen die Plombe. Dann dasselbe mit der zweiten Tür, und fangen gleich an, die Wand zu durchbohren. Wie wir nach zwei Stunden feststellen, ist es vergeblich. Da brechen wir die dritte und vierte Tür auch auf. Da sehen wir, dass die ganze Wand voller Kabel ist. Eine kleine Stelle ist nur mit Mauersteinen da. Da fangen wir an, die Kelleraußenwand zu durchbrechen. Dann kommt einigermaßen weicher Sand. Wir haben beide nur ein Glas mit Kartoffelsalat; den haben wir aber auch schon aufgegessen. Jetzt haben wir nichts mehr zu essen und zu trinken.

Wir arbeiten bis Sonntag, den 26. Dezember, 22 Uhr durch, dann holen wir uns aus der Pförtnerloge die Plombenzange und Plomben und machen alle Türen wieder zu. Dann wieder alles zurück an seinen Platz. Dann gehen ich und mein Freund wieder in den Heizungskeller, um uns zu duschen, ziehen uns unsere sauberen Sachen an und fahren nach Baumschulenweg zu meinem Bruder. Dort essen und trinken wir uns erst einmal satt. Dann legen wir uns schlafen, weil ich am nächsten Tag Frühschicht habe, und mein Arbeitskumpel hat Nachtschicht. Deshalb können wir, ich und mein Schulfreund, die Woche nachts nicht wieder buddeln.

Diese drei Tage haben uns ganz schön fertig gemacht. Aufgrund großer Verschätzung dachten wir, wir kommen schon in den ersten drei Tagen durch. Jeder von uns arbeitete auf seiner Arbeitsstelle weiter, damit nichts auffiel. Da ich anderswo arbeitete als mein Freund Manfred, habe ich mich krank geschrieben, damit ich nachts weiter mitbuddeln konnte. Denn allein war es unmöglich zu schaffen.

31. Dezember 1971

Wir betreten Freitagabend so gegen 22 Uhr das Bewaggelände. Wir konnten immer erst gegen 22 Uhr das Haus betreten, da der Pförtner bis zu dieser Zeit immer da war. In dieser Woche stieß noch der Bruder von Manfred zu, sodass wir schneller vorankamen. Der Stollen war zu diesem Zeitpunkt vier Meter lang, und wir gingen sogleich an die Arbeit. Wir arbeiteten bis Sonntagnacht so gegen drei Uhr, unter schweren Strapazen und großer Müdigkeit, durch. Und der Stollen war bis zu diesem Zeitpunkt etwa sieben Meter. Um vier Uhr kommen die ersten Putzfrauen, und wir mussten da verschwunden sein, damit nichts auffiel. Der Durchmesser des Tunnels betrug ungefähr einen Meter mal einen Meter. Und wir arbeiteten auf so primitive Weise, mit einem Messer, Schaufel, Meißel, Taschenlampe und einer Kiste, um den Sand in den Kellerraum zu schaffen. Wenn wir in den Tunnel rein oder raus wollten, mussten wir jedes Mal robben, und das macht einen ziemlich fertig. Im Stollen vorne konnte immer nur einer arbeiten, und zwar immer nur eine Stunde, dann wurde er abgelöst. Luftmangel hatten wir nie, und abstützen brauchten wir den Tunnel auch nicht. Denn wir gruben, wie wir feststellten, etwa zwei Meter unter der Fahrbahndecke, und diese war so fest, dass uns nichts passieren konnte. Wir gruben Montagnacht bis Samstagnacht durchweg und stießen dabei auf Wasserrohre und so weiter. Aber der Tunnel wuchs Meter um Meter. Und der Stollen war inzwischen 18 Meter lang. Plötzlich ging es nach oben, und bald merkten wir, dass wir noch im Osten waren. Da war die Stimmung natürlich ganz schön mies. Aber wir ließen uns nicht unterkriegen und gruben noch bis Sonntag früh, bis uns endlich der Ausstieg gelang. Wir standen etwa 6.30 Uhr früh auf West-Berliner Boden. Wir weinten vor Freude, dass wir es endlich nach so langer Zeit geschafft hatten. Dann schlichen wir unbemerkt zur Kochstraße. Dort stand ein Polizeimelder. Wir drehten den Hebel herum und fingen an zu erzählen. Wenige Minuten später kam eine Funkstreife, und wir fuhren zum Revier. Dort nahm man unsere Personalien auf, und wir fingen an zu erzählen.

Und so endet das Tagebuch von *Manfred Hinz*, *Peter Hinz* und *Peter Schmidt*.

(Archiv der Verfasser; orthografische Fehler wurden stillschweigend berichtigt.)

Falsch kalkuliert

Gefängniswärter gehören selten zur politischen Opposition in einer Diktatur. Auch der Oberleutnant der Volkspolizei und Wachoffizier in der Strafvollzugsanstalt Berlin-Rummelsburg, Paul S., fühlte sich als Stütze des Systems, dem er diente. Und so hatte er kaum etwas Dringlicheres zu tun, als seine Kollegen im Polizeidienst zu informieren, als er am 12. März 1972 neben seiner Laube in der Kleingartenkolonie »Harmonie« am Birkenweg/Straße 17 in Treptow, südlich des Britzer Zweigkanals, eine »frisch gegrabene Stelle« entdeckte.

S. hatte einen Verdacht – von seinem kleinen Glück im Grünen aus könnte jemand einen »Angriff auf die Staatsgrenze der DDR« unternehmen wollen. Sofort wurden höhere Polizei-Offiziere und die MfS-Kreisdienststelle Treptow informiert, die eine umfassende Ermittlung einleiteten. Sie kamen zu einem klaren Ergebnis: »Durch mehrere Lauben vor Sicht geschützt, wurde durch unbekannte Täter mit dem Bau eines Tunnels begonnen, der wieder zugeschüttet wurde, Entfernung zur Staatsgrenze ca. 55 Meter. Anhand des lockeren Erdreiches wurden Nachgrabungen durchgeführt; dabei ergaben sich folgende Ausmaße: Grube – Tiefe zwei Meter, Länge ein Meter, Breite 0,7 Meter. In dieser Grube wurde ein Tunnel in Richtung Staatsgrenze vorgetrieben, Höhe 0,8 Meter, Breite 0,7 Meter, Vortrieb 0,8 Meter.«

Das klang zwar nicht nach besonders viel, doch *Sacher* hatte die Umgebung seiner Laube das letzte Mal nur fünf Tage zuvor, am 7. März, aufgesucht. In maximal vier Tagen hatten die unbekannten Tunnelgräber eine beachtliche Leistung vollbracht und immerhin insgeheim gut zwei Kubikmeter festes Erdreich ausgehoben – und teilweise wieder zurückgeschüttet. In der Umgebung fanden die Stasi-Ermittler eindeutige Indizien: »ein Spaten, eine Kehrschaufel, eine Leiter ca. zwei Meter lang und ein Asch [tiefe Schüssel] zum Herausheben des Erdreiches. Die Besitzer dieser Geräte konnten noch nicht ermittelt werden.«

Sie wurden laut Aktenlage auch nie festgestellt; stattdessen stellte der Bericht der Grenztruppen fest: »Anhand des ausgewählten Ortes ist sehr stark zu vermuten, dass es sich um eine oder mehrere Personen handelte, welche mit den örtlichen Gegebenheiten genau vertraut ist.« Als »Maßnahmen« schlug der Grenztruppen-Oberstleutnant L. unter anderem den »Einsatz eines Offizierspostens zur Absicherung des gefährdeten Raumes«, außerdem die Überprüfung anderer Grundstücke der Kolonie auf »weitere Anzeichen von Tunnelbauten« sowie die »Schaffung von Fotodokumenten und Beweismaterial« vor; das MfS übernahm die Überprüfung aller anderen Kleingartenpächter. Ob dabei irgendetwas herauskam, ist bislang unklar, da entsprechende Akten der Stasi noch nicht bekannt geworden sind.

So bleibt es Spekulation, anzunehmen, die unbekannten Fluchtwilligen könnten es für eine besonders gute Idee gehalten haben, ausgerechnet vom Grundstück eines bekanntermaßen regimenahen Kleingartenpächters loszugraben. Sie mögen darauf gesetzt haben, dass S. längere Zeit nicht vorbeikommen würde. Doch obwohl sie in maximal vier Nächten immerhin gut zwei Kubikmeter Erde bewegt hatten, hätten sie bei Beibehaltung des begonnenen und reichlich knapp bemessenen Tunnelquerschnitts noch mehr als 15-mal so viel Aushub bewegen und unauffällig verstecken müssen. So darf man diesen gescheiterten Tunnelbau getrost als von Anfang an falsch kalkuliert bezeichnen.[8]

Urlaubsziel Freiheit

Neunzehn Meter sind eine ziemlich kurze Strecke für eine Reise. Doch das Ziel, das sich *Dietrich Wagner*, sein Bruder *Karl-Heinz* und ihre Frauen im Sommer 1973 für ihren Urlaub ausgesucht hatten, lag in einer anderen Welt, obwohl es nur so wenige Meter entfernt war. Die Familie *Wagner* wohnte seit 1968 in einem Haus in ganz besonderer Lage: in Klein-Glienicke, einer Exklave der DDR auf West-Berliner Boden. Im äußersten Südwesten der geteilten Stadt markierten mehrere miteinander verbundene Gewässer die Grenze, der Jungfernsee, die Glienicker Lake und der Griebnitzsee. Doch nördlich dieser Gewässer lagen einige Dutzend Häuser, die noch zum DDR-Bezirk Potsdam gehörten – massiv eingemauert und von einem Todesstreifen umgeben.

Genau gegenüber dem Haus der *Wagners* in der Waldmüllerstraße lag das West-Berliner Jagdschloss Glienicke – 19 Meter entfernt und doch nur unter höchster Lebensgefahr zu erreichen. Das wollten weder *Dietrich* noch *Karl-Heinz Wagner* ihren Frauen und den insgesamt fünf Kindern zumuten. Doch heraus aus der DDR wollten sie trotzdem, und sie wollten die einmalige Gelegenheit nutzen, dass ihr Wohnhaus so nah an der Grenze lag. Allerdings war die Entfernung nicht das einzige Problem: Die Hauseigentümerin würde den Fluchtplan wohl verraten, wenn sie davon erfuhr; außerdem war der Grundwasserspiegel keine hundert Meter von der Glienicker Lake entfernt eigentlich zu hoch, um einen Tunnel zu graben. Deshalb hatte das Grenzregiment 44 das Grundstück der *Wagners* auch als »nicht gefährdetes Tunnelobjekt« bewertet: »Die bisherigen Angriffe auf die Staatsgrenze im Abschnitt Klein-Glienicke erfolgten ausschließlich durch Überwinden der vorderen Sperrelemente. Ein Verdacht von Vorbereitungshandlungen zu ungesetzlichen Grenzübertritten unter Ausnutzung von Tunneln lag im gesamten Abschnitt Klein-Glienicke nicht vor.« Zumal jede Person, die in die Potsdamer Exklave auf West-Berliner Gebiet wollte, einen Passierschein benötigte, also aufwendig überprüft wurde, bevor sich die zusätzlichen Schlagbäume öffneten.[9]

Allerdings hatten die DDR-Grenzer nicht mit der Findigkeit von *Wagner* gerechnet. Er hatte nämlich beobachtet, dass das Grundwasser in längeren Hitzeperioden absank – so weit, dass man dann in etwa zwei Metern Tiefe eben doch einen Stollen graben konnte, der nicht sofort volllief. Und im Hochsommer machte die Hauseigentümerin in der Regel Urlaub. Also beantragte *Wagner* Passierscheine für die Kinder seines Bruders, die bei Onkel und Tante einen Teil ihrer Ferien verbringen sollten, während sich ihre Eltern an der Ostsee ein paar ruhige Tage gönnten. Die aus Erfurt angereisten Verwandten gaben die Kinder in Klein-Glienicke ab und ließen sich dann vom Bruder in dessen Škoda zum Bahnhof bringen. Doch nachts, im entsprechend vorbereiteten Kofferraum, wurden sie gleich wieder ins Sperrgebiet eingeschleust. An den Schlagbäumen zu der Exklave kontrollierten die Grenzer zwar, aber – da ja noch die komplett ausgebauten Sperranlagen zwischen dem Haus Waldmüllerstraße 1 und

West-Berlin lagen – nicht ganz so streng wie an Grenzübergängen.

Vom späten Abend des 17. Juli 1973 an gruben *Dietrich* und *Karl-Heinz Wagner* fast durchgehend an ihrem Fluchttunnel. Acht Tage brauchten sie, um auf die andere Seite der Mauer zu gelangen. Im Untersuchungsbericht der Stasi liest sich das Ergebnis ihrer Arbeit so:

»In der rechten Kellerecke des ersten Kellerraums befindet sich eine 0,70 mal ein Meter große Ausgrabung, die vom Fußboden aus ein Meter tief und 0,20 Meter mit Grundwasser gefüllt ist. Im Bereich dieses Lochs ist die Grundmauer der rechten Kellerwand freigelegt, und darunter befindet sich eine 0,70 mal 0,60 Meter große Öffnung. Die Öffnung führt zu einem mit Eisenrohren abgestützten und mit Brettern verschalten Tunnel, der in Richtung Staatsgrenze der DDR nach West-Berlin verläuft. Die Fugen der Verschalung sind mit Mörtel verschmiert, der linke Tunnelboden ist mit Brettern ausgelegt. In zehn Metern Entfernung vom Eingang befindet sich eine Stableuchte, welche sich im eingeschalteten Zustand befindet. [...] Die Tunneldecke befindet sich 1,40 Meter unter der Erdoberfläche, und der Tunnel hat eine Gesamtlänge von 19 Metern. Der Ausstieg befindet sich 0,80 Meter hinter der Sperrmauer auf West-Berliner Gebiet, der Ausstieg ist mit Sand bzw. Steinen abgedeckt.«

Mehr als zehn Kubikmeter Erde bewegten die beiden Brüder in wenigen Tagen, zwei der Kellerräume von insgesamt gut 25 Quadratmeter Grundfläche waren, so der MfS-Bericht nüchtern, »zu zwei Dritteln mit Erdreich voll geschüttet«. Gut neuneinhalb Stunden hatte die »Tatortuntersuchung« der Stasi-Leute gedauert.

Das Wirken des Geheimdienstes gehörte wohl zu den wichtigsten Fluchtmotiven. Dr. *Wagner* und sein Bruder waren schon Ende 1971 in den Blick der Stasi geraten. Ein Verwandter hatte gemeldet, dass sich die beiden mit Fluchtabsichten trügen – was angesichts der exponierten Lage des Hauses direkt am Todesstreifen die Sorge vor einem »gewaltsamen Grenzdurchbruch« bedeutete. Der IM wurde beauftragt, die Familie *Wagner* unauffällig auszuhorchen. Im Stasi-Bericht heißt es dazu:

»Die Quelle konnte in Erfahrung bringen, dass die Ehefrau von *Wagner* nicht gewillt ist, republikflüchtig zu werden, und auch Angst hat, bei einem Grenzdurchbruch mit den Kindern verletzt zu werden. Sie selbst weiß nicht, was ihr Ehemann mit dem Erfurter aushandelt, ob er sich beeinflussen lässt, sie glaubt aber nicht daran, dass ihr Ehemann gewillt ist, die Republik zu verlassen. Die Erfurter Familie äußerte sich gegenüber der Ehefrau von *Wagner*, dass sie die Republik unter allen Umständen verlassen werden und alles daransetzen wegzukommen.«

Zusätzlich verdächtig machte die Familie in den Augen der DDR-Behörden, dass sie »engen Kontakt zum Pfarrer *Streidt, Joachim*, und zur Kirchengemeinde« hielt. Schlimmer noch: Die Grenztruppen registrierten bei den Wagners eine »starke westliche Orientierung«. Also begann das MfS, beide Brüder »operativ« zu überwachen, ohne allerdings konkrete Hinweise »erarbeiten« zu können. Also sprach nichts gegen den geplanten Urlaub der Kinder aus Erfurt im Haus in der Waldmüllerstraße.[10]

In der Nacht vom 25. auf den 26. Juli 1973 war es so weit: Die vier Erwachsenen und ihre zusammen fünf Kinder zwängten sich in den trotz aller Arbeit bedrückend engen Tunnel, krochen los und kamen wenige Minuten später auf West-Berliner Gebiet heraus. Ein Augenzeuge, der im Jagdschloss Glienicke wohnte, sagte zwei Wochen später neugierigen Journalisten: »Die beiden Männer kannten das unübersichtliche Gelände genau. Soweit ich weiß, haben sie vor dem Mauerbau einmal hier gearbeitet. Kurz nachdem sich der Letzte aus der Tunnelröhre herausgezwängt hatte, waren die Amerikaner und die Kripo zur Stelle.«

Die Sicherheitskräfte hatten es nicht weit – sie waren ständig auf West-Berliner Seite der Glienicker Brücke stationiert. Schnell wurden die Flüchtlinge ins Notaufnahmelager Marienfelde gebracht und dann nach Westdeutschland ausgeflogen – man wusste, dass die Stasi erfolgreich geflüchteten DDR-Bürgern bisweilen auch im westlichen Teil der Stadt nachstellte. Deshalb wurde über die gelungene Flucht auch zwei Wochen lang eine Nachrichtensperre verhängt, an die sich alle West-Berliner Zeitungen hielten.

Doch gerade einmal zwölf Stunden nach der Nutzung des Tunnels war ihrer Nachbarin Frau *Mannheimer* die Ruhe auf dem Grundstück der *Wagners* aufgefallen – obwohl das Auto vor der Tür stand. Sie besprach ihren Verdacht mit der inzwischen aus ihrem Urlaub zurückgekehrten Hauseigentümerin und bekam von ihr den Rat, den Volkspolizisten vor Ort, den »Abschnittsbevollmächtigten«, zu informieren. Zusammen mit einem Posten der Grenztruppen drang der Volkspolizist, gerade das Gegenteil eines »Freund und Helfers«, in das Haus der *Wagners* ein und entdeckte den Tunnel. Die sofort informierte Potsdamer Stasi übernahm die Untersuchung. Der zuständige Stasi-Offizier wälzte die Schuld für die geglückte Flucht ab: »Begünstigt wurde diese Straftat vor allem dadurch, dass von den verantwortlichen Genossen der NVA/Grenze die festgelegten Kontroll- und Sicherungsmaßnahmen betreffs der Familie *Wagner* nicht realisiert wurden.« Nach dem Ende der Ermittlungen verfügte er, dass der Tunnel umgehend »liquidiert« werden müsse: Der Ausstieg wurde durch eine siebzig Zentimeter starke Mauer aus Ziegeln und Beton verschlossen, der Tunnel selbst mit einer Mischung aus Steinen, Sand und zwei Rollen Stacheldraht verfüllt und der Einstieg im Keller mit einer Zementplombe gesichert; die Reste des Tunnels wurden bei Bauarbeiten im Sommer 2007 beseitigt.[11]

Mysteriöse Grabung am Engeldamm

Gar nicht lustig fanden die Abwehroffiziere des Grenzkommandos Mitte, was ein IM ihnen am 1. April 1975 mitteilte: Ausgerechnet aus dem »Georg-von-Rauch-Haus«, einem besetzten Haus direkt an der Mauer, führe ein Tunnel unter dem Bethaniendamm nach Ost-Berlin, zur Adalbert- oder zur Melchiorstraße. Das frühere Schwesternheim des Krankenhauses Bethanien am Kreuzberger Mariannenplatz 1a bewohnten seit dem 8. Dezember 1971 einige Dutzend linke Aktivisten illegal. Entweder war die Information des Spitzels ein ganz schlechter Aprilscherz – oder eine wirklich ernste Situation für die DDR-Grenztruppen: Sollten tatsächlich Hausbesetzer einen Stollen gegraben haben, die normalerweise im West-Berliner Senat ihren Feind sahen?

Umgehend begann eine Ermittlung, natürlich vorerst in Stasi-Manier »konspirativ«; über die Ergebnisse ist wenig bekannt, da die entsprechende MfS-Akte bisher nicht vorliegt. Offenbar beobachteten Stasi-Kräfte sieben Wochen lang das verdächtige besetzte Haus, bis sie zuschlugen: Am 16. Mai 1975 informierten die »Kräfte des Zusammenwirkens«, so der Grenztruppen-Euphemismus für die Stasi-Leute, das zuständige Grenzregiment 35.
Wenige Stunden später, am Pfingstsonnabend um drei Uhr morgens, begannen Grenzer und MfS gemeinsam, mit zunächst einem, später zwei Baggern und mehreren Presslufthämmern mitten auf dem ehemaligen Bethaniendamm die Oberfläche aufzureißen. Er war nunmehr auf ganzer Breite Teil des Todesstreifens. Gleichzeitig wurden alle Kellerräume der benachbarten Häuser in Mitte mit großem Aufwand durchsucht. Doch nach 17 Stunden intensiver Grabungen war das Ergebnis gleich null. Die DDR-»Sicherheitsorgane« gönnten sich am Pfingstsonntag eine Auszeit und begannen erst wieder am Pfingstmontag zu graben – erneut nachts, ab 21.30 Uhr. Diesmal waren sie erfolgreicher; ihre Mühen führten »zur Feststellung eines Tunnels«. Der IM hatte sich also keinen Aprilscherz erlaubt.
Tatsächlich führte an dieser Stelle ein unvollendeter Fluchttunnel Richtung Ost-Berlin, genau genommen auf das Haus Melchiorstraße 44 zu. Allerdings begann er nicht in einem Keller des »Georg-von-Rauch-Hauses«, sondern der Einstieg lag zwischen der Grundstücksmauer des Krankenhauses Bethanien, die an dieser Stelle zugleich die Grenze zwischen dem West-Berliner Stadtteil Kreuzberg und dem Ost-Berliner Bezirk Mitte markiert, und der keine zwei Meter davon entfernten Sperrmauer.
Aufmerksam geworden durch die Grabungen der Grenztruppen, interessierten sich über das Pfingstwochenende auch West-Berliner für die genauen Umständen – und stießen zwischen den beiden Mauern, formal bereits auf Ost-Berliner Gebiet, auf ein neunzig mal vierzig Zentimeter kleines Loch im Boden. Zwei Meter tiefer ging dieser kleine Schacht in einen »fachmännisch abgestützten« Tunnel über, der allerdings nur 10,5 Meter lang war, weniger als ein Siebtel der Strecke zum nächsten einigermaßen sicher von Ost-Berlin aus zugänglichen Kellerraum.
Warum die unbekannt gebliebenen Tunnelgräber aufgaben, ist

unklar; möglicherweise waren sie an die massiven Ufermauern des einstigen Luisenstädtischen Kanals gestoßen, der zwischen Bethanien- und Engeldamm verlief, 1975 aber bereits seit fast einem halben Jahrhundert zugeschüttet und vergessen war. Diese stabile Ziegelwand war unterirdisch und mit beschränkten Mitteln praktisch nicht zu durchbrechen. In einem Plastikeimer auf dem Boden des Einstiegslochs lagen noch Taschenlampen und Ersatzbatterien. Nach eigenen Angaben hatte der polizeiliche Staatsschutz in West-Berlin keine Informationen über den Plan: »Wir wissen nichts von einem Fluchttunnel am Kreuzberger Mariannenplatz.« Ob es im Zusammenhang mit dem gescheiterten Fluchtstollen in der DDR Festnahmen gab, ist bis heute unbekannt.[12]

Eine Tunnelflucht als TV-Thriller

Runde Jubiläen regen Fernsehsender und Drehbuchautoren regelmäßig zu Produktionen an. Zum 20. Jahrestag des Mauerbaus quer durch Berlin, so fand man in der Zentrale des führenden US-Kanals CBS in New York, sollte man an dieses Ereignis mit einem großen Fernsehfilm erinnern. Mit dem Roman »Berlin Tunnel 21« von Donald Lindquist war eine Vorlage verfügbar, in deren Mittelpunkt – abweichend von der Realität – ein Amerikaner stand und die daher kompatibel mit dem US-Fernsehmarkt zu sein versprach.

Der Drehbuchautor John Gay arbeitete den 540 Seiten starken Thriller von 1978 zu einem verfilmbaren Skript um, und Regisseur Richard Michaels inszenierte das Drama um eine unterirdische Flucht aus Ost-Berlin vollständig vor Ort – naturgemäß ausschließlich im Westteil der Stadt, sodass mitunter eine Häuserzeile aus Tempelhof herhalten musste als »Bernauer Straße« und ein Flüchtling durch den Landwehrkanal als Grenzfluss »Spree« zu schwimmen hatte.

Zugute kam Michaels, dass er sich durch die Wahl der Drehorte aufwendige Kulissen der DDR-Grenzanlagen sparen konnte – sein Kameramann Igor Luther brauchte nur von den Podesten an der Sektorengrenze aus, die der West-Berliner Senat für Touristen hatte aufstellen lassen, die originalen Sperren und Grenzsoldaten zu filmen und konnte so absolut authentische Aufnahmen der Mauer in den Fernsehfilm einbringen.

CBS nahm für diese Produktion viel Geld in die Hand; Michaels konnte auf bekannte Gesichter des US-Fernsehens zurückgreifen, vor allem auf Richard Thomas, einen der Hauptdarsteller der erfolgreichen Serie »Die Waltons«, sowie auf Nicolas Ferrell; auch der Kinoschauspieler José Ferrer spielte mit. Besonderen Wert legte Michaels auf das Casting deutscher Schauspieler: An der Spitze stand Horst Buchholz, dessen auch in den USA bekannte Filmrolle der idealistische Kommunist »Otto Ludwig Piffl« in Billy Wilders Ost-West-Komödie »Eins, zwei, drei« war. Außerdem traten die deutschen Fernsehstars Günter Maria Halmer und Jacques Breuer auf, dazu Heinz Weiss und Ute Christensen. Vor allem sie war für Michaels eine Idealbesetzung, denn sie war 1975 im Kofferraum eines westdeutschen Autos selbst aus der DDR geflüchtet.

Das fast zweieinhalbstündige Ergebnis wurde am 25. März 1981 zur besten Sendezeit in den USA unter dem Originaltitel »Berlin Tunnel 21« ausgestrahlt. Allerdings fiel die Produktion bei den Kritikern durch: Ungewöhnlich einmütig hielten die großen US-Zeitungen den Film für zu lang. Die *New York Times* stellte fest:

> »›Tunnel 21‹ hat Schwächen. Wie üblich bei TV-Produktionen ist der Film viel zu lang. Zwei Stunden hätten gereicht. Auch ist Mr. Thomas keine ideale Besetzung für seine Rolle: Er kann ein eindrucksvoller Darsteller sein, wie er in ›Im Westen nichts Neues‹ demonstriert hat. Aber schlicht physisch kann er eine gewisse Knabenhaftigkeit nicht überwinden. Auch drückt seine Stimme, obwohl nicht unattraktiv, Weichheit und Sanftheit aus. Das Problem ist: Wenn er beginnt, Kommandos zu geben oder herumzuschreien, ist er unglaubwürdig. Er könnte einiges von Mr. Ferrers darstellerischen Tricks gebrauchen.«

Die *Washington Post* hielt fest, der Film werde in Erinnerung bleiben für sein Finale, das »völlig unnötigerweise niedergeschlagen und ausgesprochen ärgerlich« sei. Die beste Kritik kam vielleicht von der *Los Angeles Times*: Regisseur Michaels habe von den Örtlichkeiten der Dreharbeiten in West-Berlin »guten Gebrauch« gemacht, außerdem gebe es einige gute schauspielerische Leistungen. Dennoch: »Es wäre besser gewesen, wenn der Film eine Stunde kürzer gewesen wäre.« Da auch die Einschaltquote nicht überzeugen konnte, musste CBS seine Primetime-Produktion »Berlin Tunnel 21« als Fehlschlag verbuchen. Tatsächlich wurde der Film nur gelegentlich im Nachtprogramm sowie auf einigen gebührenpflichtigen Spartenkanälen wiederholt; eine Videofassung, die 1989 herauskam, blieb ähnlich erfolglos.

Noch weniger Zuspruch fand der Film in Deutschland, obwohl Horst Buchholz hierzulande ein echter Star war und »Eins, zwei, drei« in den achtziger Jahren vom Geheimtipp zum Kassenschlager avancierte. Richard Michaels Fluchtdrama wurde trotzdem erst im Juli 1990 beim Privatsender »Pro Sieben« in einer gekürzten Fassung ausgestrahlt und seitdem viermal auf der Abspielstation »Kabel Eins« wiederholt; in Österreich sendete der ORF den Film zweimal, 1996 und 1998. Kein nennenswerter TV-Kritiker würdigte »Berlin Tunnel 21« einer ausführlichen Besprechung, obwohl der Stoff für deutsche Zuschauer höchst brisant war. Vielleicht lag der Grund für die geringe Resonanz aber auch genau hier.

Denn die Handlung des Films konnte wenig überzeugen. Daran hatten die amerikanischen Kritiker zwar nichts auszusetzen gehabt, doch lagen genau hier die eigentlichen Schwächen sowohl der Romanvorlage als auch des Drehbuchs. Am 13. August 1961 wird der junge US-Offizier Sandy Mueller (Richard Thomas) vom Mauerbau überrascht – und zwar ausgerechnet, als er im Bett seiner Ost-Berliner Freundin Ilse Morrell Pläne für ein gemeinsames Leben in den USA schmiedet. Zwar kann Mueller fast problemlos zu seinem Stützpunkt nach West-Berlin zurückkehren, doch seine Freundin darf nicht mit ihm kommen. Mueller sinnt auf eine Fluchtmöglichkeit für Ilse – genau wie drei weitere Ost-Berliner Familien, die den Todesstreifen Richtung Freiheit überwinden möchten. Mueller tut sich mit dem Ingenieur Emerich Weber (Horst Buchholz) zusammen und überredet ihn, einen Tunnel zu graben. Nach allerlei Verwicklungen, in deren Zusammenhang sogar ein spitzelnder Volkspolizist von einem Fluchthelfer kaltblütig ermordet wird, kommt es schließlich zur Massenflucht durch den »Tunnel 21«, der seinen Namen nach der Hausnummer jenes Gebäudes, in dessen Keller der Stollen endet, erhält. Doch ein glückliches Ende hat die Flucht nicht: Der Tunnel stürzt ein, und mehrere Fluchthelfer und Flüchtlinge können nicht mehr rechtzeitig vor den DDR-Grenzern entkommen.

All das inszenierte Richard Michaels in enger optischer Anlehnung an die NBC-Dokumentation über den echten »Tunnel 29« und mit manchen Zitaten aus Robert Siodmaks Spielfilm »Tunnel 28« (Originaltitel: »Escape from East Berlin«) von 1962. Überall dort allerdings, wo Regisseur und Drehbuchautor eigene Akzente setzen wollten, misslang ihnen das. So bleibt das Verhältnis zwischen dem Initiator des Fluchtvorhabens Sandy Mueller und dem Konstrukteur des Tunnels Emerich Weber seltsam unscharf. Besonders unbefriedigend war die Darstellung des Tunnelbaus selbst. Der Stollen des Filmsets hatte einen Querschnitt von fast zwei Quadratmetern – kein realer Fluchttunnel war auch nur annähernd so geräumig. Im Film waren zudem viel zu wenige Männer an den Grabungen beteiligt, der hochriskante Durchbruch nach Ost-Berlin wurde grob verfälscht in Szene gesetzt. So scheiterte der Thriller »Berlin Tunnel 21« gleich in mehrfacher Hinsicht und fiel nicht zu Unrecht dem Vergessen anheim.[13]

Fünfeinhalb Meter Hoffnung

Gerade einmal eine Woche währte die Hoffnung von fünf DDR-Bürgern, bald in Freiheit zu kommen. Am 9. April 1982 begannen sie im Keller des Hauses 11 in der Isländischen Straße in Prenzlauer Berg, direkt an der »Hinterlandsicherungsmauer« gelegen, mit dem Graben. In den folgenden sieben Tagen gruben *Hans Fechner* und mehrere seiner Freunde jeweils abends und nachts; die Erde packten sie in Säcke und legten sie im Keller ab.

Nach einer Woche Schwerstarbeit hatten sie den 75 mal 75 Zentimeter engen Einstieg 1,10 Meter tief ausgehoben, waren dann mit ihrem neunzig Zentimeter hohen und sechzig Zentimeter breiten Stollen 2,20 Meter in südlicher Richtung unter den Hof des Hauses vorgestoßen und hatten hier im rechten Winkel schon

3,30 Meter weit Richtung Westen gegraben. In gerade einmal sieben Nächten hatten sie unterirdisch und allein mit Muskelkraft, also unter schwierigsten Bedingungen, gut sieben Kubikmeter Erde bewegt – eine erstaunliche Leistung. Doch sie hatten noch eine Strecke von mindestens 176 Metern vor sich, denn so weit war es insgesamt bis zur Berliner Mauer – und noch einmal sieben Meter weiter bis zur eigentlichen Demarkationslinie, hinter der sie erst auf West-Berliner Gebiet gelangt und damit in Sicherheit gewesen wären. Mehr als 180 Meter also hätte der Tunnel lang sein müssen, und selbst dann wäre es gefährlich gewesen, weil die DDR-Grenztruppen auch auf dem Streifen vor der Mauer diesseits der Sektorengrenze eingesetzt wurden und hier auch in Ausnahmefällen schießen durften.

Nach einer Woche, als sich die fünf Fluchtwilligen ausrechnen konnten, dass sie bei gleichbleibendem Tempo mindestens ein Jahr brauchen würden, unter der ständigen Gefahr, enttarnt zu werden, sprach *Fechner* seinen Halbbruder *Detlef Georgi* an. Er weihte ihn ein, zeigte ihm sogar den Tunnelanfang und forderte ihn auf, erst mitzuarbeiten und dann mitzuflüchten. *Georgi*, ein Reparaturschuster, sagte zu, »entschloss sich aber, um nicht erneut straffällig zu werden, die Sicherheitsorgane der DDR über die ihm bekannt gewordenen Zusammenhänge zu informieren«. Für seinen Entschluss zur Denunziation brauchte *Georgi* drei Tage, dann ging er zur Volkspolizeiinspektion Prenzlauer Berg und zeigte seinen Halbbruder, dessen Lebensgefährtin und zwei weitere Männer an.

Der angesprochene Volkspolizeioffizier Oberleutnant H. schrieb über die Denunziation in seinem Bericht: »In einem kurzen Gespräch auf der Straße wurde mir durch den *Georgi* mitgeteilt, dass sein Stiefbruder *Hans Fechner* die DDR illegal und ungesetzlich verlassen wolle und bereits einen zirka vierzig Meter langen Stollen unter die Grenze vorgetrieben habe, welcher von der Isländischen Straße aus gegraben worden sei, und er bereits persönlich sich in diesem Gang aufgehalten habe. Daraufhin wurden durch Unterzeichner beide Personen der hiesigen Dienststelle zugeleitet.«

Die Stasi reagierte umgehend und verhaftete am 20. April 1982 vier der Tunnelgräber. Die fünfte, die ihren Keller für den Fluchtversuch zur Verfügung gestellt hatte, konnte sich zuerst noch herausreden: Sie sei mit dem »Versprechen, in ihrem Keller ein Regal zu bauen, getäuscht worden«. Doch schon drei Wochen später wurde auch sie verhaftet, denn die Ermittlungen der Stasi-Bezirksverwaltung Mitte hatten ergeben, dass sie eben doch von Anfang an am Fluchtversuch beteiligt war. Außer dem Keller hatte sie auch Skizzen (»Grenzaufklärungshandlungen«) zur Verfügung gestellt, die sie als Anwohnerin vom Dachboden aus unauffällig machen konnte.[14]

Nach Stasi-Ermittlungen hatten sich die fünf Ost-Berliner unabhängig voneinander entschlossen, einen Fluchtversuch zu wagen. Im März 1982 »offenbarten sie sich dieses Vorhaben bei einem Zusammentreffen gegenseitig. Im Ergebnis kamen die genannten Personen überein, gemeinsam, teils unter Mitnahme ihrer Ehepartner bzw. ihrer Lebensgefährten und ihrer minderjährigen Kinder, einen ungesetzlichen Grenzübertritt durchzuführen.« Sie bereiteten sich gründlich vor: Bei Besuchen in der Wohnung in der Isländischen Straße beobachteten sie die Grenzanlage genau; außerdem baten sie einen West-Berliner Bekannten, der einen bundesdeutschen Pass hatte und daher ungehindert die Grenze überqueren konnte, auf westlicher Seite »gegenüber der geplanten Durchbruchstelle Erkundungen anzustellen«. Mit Hilfe dieser Informationen zeichneten die Fluchtwilligen eine grobe Skizze ihres Plans, die sich heute in den Stasi-Akten befindet.

Nach dem Verrat ihres Planes und ihrer Festnahme untersuchte die Stasi-Kreisdienststelle zusammen mit dem Stadtbezirksbaurat von Prenzlauer Berg sowie einem Bauexperten den Keller. »Dabei wurde eingeschätzt, dass durch den Tunnelbau zwei Grundmauern des Hauses Isländische Straße 11 zerstört worden sind, wodurch eine Gefährdung der Bausicherheit hervorgerufen wurde. Über diese Feststellung wird ein Gutachten gefertigt, welches in der weiteren Bearbeitung der Ermittlungsverfahren zum Nachweis der Gesellschaftsgefährlichkeit der Straftat der Beschuldigten genutzt wird.« So sollte ein Vorwand gefunden werden, die (ohnehin menschenrechtswidrigen) zu erwartenden mehrjährigen Haftstrafen wegen »versuchten ungesetzlichen Grenzdurchbruchs« weiter zu verschärfen. Zugleich hielt derselbe Bericht fest: »Der Tunnel ist nach dieser Besichtigung provisorisch geschlossen und gesichert worden. Am 21. April 1982 erfolgt durch den VEB Baureparaturen Berlin-Prenzlauer Berg die Wiederherstellung des ursprünglichen Bauzustandes durch Betonierung.« Gänzlich unsozialistisch berechnete übrigens der VEB den Grenztruppen wegen »sofortiger Lieferung« 33 Prozent Aufschlag.[15]

Der zuständige Stasi-Referatsleiter, ein Hauptmann R., schlug umgehend vor, »die Verbindungen der Beschuldigten zu Organisationen, Einrichtungen und Personen aus Berlin (West) oder der BRD und deren organisatorisches Wirken an der Straftat aufzuklären und bei Feststellung relevanter Sachverhalte geeignete politisch-operative bzw. strafrechtliche Maßnahmen einzuleiten.« Das war das offene Bekenntnis, gegen Bürger eines (in den Augen der SED) anderen Staates mit geheimdienstlichen oder – falls sie sich auf den Boden der DDR begaben – juristischen Mitteln vorzugehen. Weiterhin sollten »straftatbegünstigende Bedingungen« festgestellt werden. Schließlich empfahl der Hauptmann, »die Ergebnisse des Ermittlungsverfahrens zur Erhöhung des Rechtsbewusstseins der Bürger und der stärkeren Einbeziehung gesellschaftlicher Kräfte zur Sicherung des Grenzgebietes zu nutzen« – im Klartext: Die Urteile der gescheiterten Flüchtlinge sollten veröffentlicht werden, zur Abschreckung und um durch Druck auf die Anwohner des Todesstreifens deren Bereitschaft zur offiziellen oder inoffiziellen Zusammenarbeit zu steigern.

Wie wichtig diese Vorschläge waren, kann man am erhaltenen Verteiler ablesen: Stasi-Chef Mielke und zwei seiner Stellvertreter bekamen ebenso wie R.s direkter Vorgesetzter sowie mehrere Hauptabteilungsleiter eine Ausfertigung des Berichts und der Vorschläge. Was aus den vier zunächst verhafteten Tunnelgräbern geworden ist, verraten die bisher zugänglichen Stasi-Akten nicht; die fünfte, nachträglich festgenommene Unterstützerin musste während der Ermittlungen überraschenderweise nicht in Untersuchungshaft, sondern »wurde nach Hause entlassen«. Gewöhnlich tat die Stasi derlei nur, wenn sie unter Druck Menschen als Spitzel verpflichtet hatte. Ob das auch in diesem Fall vorlag oder ob es andere Gründe gab, ist unbekannt.[16]

Die Tunneljäger

In Mielkes Diensten

Wann immer eine Aufgabe in der DDR als besonders schwierig oder brisant galt, übernahm sie die Staatssicherheit als das »Generalunternehmen für Machtsicherung« der SED. Auch an der Vorbereitung des Mauerbaus war das MfS führend beteiligt, und zwar sowohl über wie unter der Erde. Doch als die »Grenzsicherung« im Wesentlichen erfolgt war, sollte der Geheimdienst, damals schon rund 20 000 Mann stark, die Abriegelung West-Berlins den inzwischen militärisch organisierten Grenztruppen überlassen. Nur bei drohenden Fluchten schaltete sich die Stasi fortan ein, dann allerdings mit Macht. Natürlich blieb die Unterwanderung westlicher Fluchthelfergruppen aber ebenso eine ihrer Kernaufgaben wie die Überwachung potenzieller »Republikflüchtlinge«.

Die Bewachung des Todesstreifens selbst ging auf die Ost-Berliner Stadtkommandantur über. Auch die schon im Herbst 1961 eingerichtete Sondereinheit gegen unterirdische Fluchten, der »Kanalisationszug«, unterstand der NVA, ebenso die wenig später gebildete Sondereinheit gegen Tunnelfluchten. Die meisten Mitglieder der Einheiten waren Wehrpflichtige, die nach der Ausbildung etwa zwölf Monate in den Zügen Dienst taten.

Zwei Wochen nach der geglückten Tunnelflucht von 57 DDR-Bürgern an der Bernauer Straße und dem Tod des DDR-Grenzsoldaten Egon Schultz ging die Stasi in die Offensive: Am 19. Oktober 1964 schlug Major P., Aufklärungsoffizier der für das Militär zuständigen Hauptabteilung I des MfS, seinen Vorgesetzten vor, die bisherige »Dezentralisierung des Kanalisations- und Tunnelzuges« zu beenden. Sie habe sich »unter Berücksichtigung der Aufgabenstellung und der Erfahrungswerte« als »unzweckmäßig« erwiesen. Hinzu kam, dass die bis Anfang 1964 bestehende Unterstellung der Spezialisten unter eine Einsatzkompanie der Stadtkommandantur ausgelaufen war und »beide Züge seit dieser Zeit ohne direkte militärische Führung« waren. Aus Sicht des MfS hatte dieser Wechsel in der Unterstellung dieser beiden Einheiten nur Vorteile: »Die Offiziere können intensiver geschult und wirksamer zur Erfüllung gestellter Aufgaben eingesetzt werden. Nach entsprechender Zeit und bei Eignung könnten sie als Mitarbeiter des Ministeriums für Staatssicherheit verpflichtet werden. Die Unterführer können intensiver in ihren speziellen Aufgaben geschult und eingesetzt werden. Die Wirksamkeit ihrer militärischen und politisch-operativen Handlun-gen kann dadurch erhöht werden. Sie wären gleichermaßen eine Kaderreserve für das Ministerium. Die Soldaten stehen für den direkten Grenzeinsatz mindestens zweieinhalb Jahre (gegenwärtig ca. ein Jahr) zur Verfügung.« Statt Wehrpflichtigen sollten künftig, so der von Generalmajor Karl Kleinjung unterstützte Vorschlag, Zeitsoldaten als Mannschaften zum Einsatz kommen.

Die bisherige Regelung hätte die Nennstärke zu sehr geschwächt: »Bedingt durch den jährlichen Entlassungs- und Einberufungsturnus sind praktisch nur zwei Drittel der Einheit einsatzbereit.« Auf sechs Seiten hielt der an Erich Mielke gerichtete Vorschlag bis ins Detail die Aufgabenverteilung der künftig sechzig statt fünfzig Mann starken Spezialeinheit gegen unterirdische Fluchten fest; selbst der Umfang der Waffenkammer (»60 MPi, 60 Pistolen, fünf leichte MG«) und die vorgesehenen Gehälter waren aufgeführt. Der Tunnel- und der Kanalisationszug sollten als »Sicherungskompanie Berlin« dem MfS unterstellt werden; als Hauptaufgaben nannte der Vorschlag: »Nichtzulassung der Vollendung feindlicher Tunnelobjekte; Verhinderung von Schleusungen durch Tunnelobjekte; systematische Kontrolle liquidierter Tunnel, um eine eventuelle Ausnutzung durch den Gegner zu verhindern; Verhinderung von schweren, insbesondere bewaffneten, Grenzdurchbrüchen«.

Es dauerte nur drei Tage, bis Mielke die Vorlage bestätigte – und sich bemerkenswert spendabel zeigte. Der Stasi-Chef ordnete erstens an, als Schützen der Sicherungskompanie Unteroffiziere einzusetzen statt Gefreite. Zweitens legte er fest: »Die Anzahl der benötigten Kräfte wird über die Wehrbezirkskommandos der NVA zusätzlich zu den Kontingenten der NVA einberufen.« Mielke ließ also sechzig neue Stellen für die Sicherungskompanie schaffen. Allerdings nach klaren Kriterien: »Die Auswahl erfolgt nach den Grundsätzen und Prinzipien zur Einstellung von Mitarbeitern in das MfS.« Dennoch misstraute er wie stets seiner neuen Spezialeinheit. Deshalb sollten so viele Mitglieder der Truppe wie möglich bereits zuvor tätige Stasi-Spitzel gewesen sein. Praktisch bedeutete dies, dass einige der IM in den Grenztruppen in die Sicherungskompanie überführt, ihre Stellen in den bisherigen Einheiten aber mit neu angeworbenen Männern aufgefüllt werden sollten. Als »selbständige Diensteinheit« wurde die Sicherungskompanie der Hauptabteilung I unterstellt. Mit dieser Umorganisation baute der Stasi-Chef seinen Einfluss wesentlich aus.[1]

Die Sicherungskompanie Berlin bestand bis zum Fall der Mauer. Das belegen die für die Jahre 1987 bis 1989 erhaltenen Arbeitspläne dieser Einheit. Danach sollte sie unter anderem acht als besonders fluchtgefährdet geltende Kanäle und die darin eingebauten Sperren überwachen – zum Beispiel den im Herbst 1961 von vielen Flüchtlingen genutzten Regenwasserkanal unter der Straße Esplanade, einen Gang mit dem Kennwort »Schallplatte«, womit wahrscheinlich der frühere Heizungskanal vom Kesselhaus des Reichstagsgebäudes in Mitte zum Reichstag selbst gemeint war, und Bunkeranlagen nahe dem Brandenburger Tor. Der Tunnelzug bekam für 1988 den Auftrag, jeden Tag eine fünfköpfige Einsatzgruppe bereitzustellen, um sofort »festgestellte Erdeinbrüche« kontrollieren zu können. Besonders wichtig erschien den Vorgesetzten der Sicherungskompanie offenbar der Tunnelsperrgraben in der Heidelberger Straße; in den beiden letzten Plänen wurde die »visuelle Kontrolle« dieser speziellen Maßnahme eigens erwähnt. Zudem sollten die beiden zuständigen Zugführer ihre Männer »in der sicheren Handhabung der Erdbohrtechnik« unterweisen.

Die »Sicherungskompanie Berlin« war nicht identisch mit der Einsatzkompanie des MfS, die aus speziell geschulten Einzelkämpfern bestand und deren Hauptaufgabe es war, sich konspirativ in reguläre Grenztruppeneinheiten einzuschleusen. Allerdings wurden Männer dieser Sondereinheit mitunter auch für spezielle

Aufträge zu Gruppen zusammengefasst; am bekanntesten ist der Mord an dem DDR-Gegner Michael Gartenschläger. Insgesamt 21 Mitglieder der Einsatzkompanie lauerten ihm Anfang Mai 1976 an der innerdeutschen Grenze in Schleswig-Holstein auf, als Gartenschläger versuchte, eine Selbstschussanlage vom Typ SM-70 abzumontieren. Ein bis zum Jahr 1986 erhaltenes Verzeichnis führt weit mehr als tausend Aufträge der Einsatzkompanie auf, von der Observation bis zu den vorsätzlichen Todesschüssen auf Gartenschläger – aber auch Abordnungen zu Spielen des Fußballclubs BFC Dynamo, des Hausvereins von Stasi-Chef Mielke. Hier übernahmen die Spezialisten Sicherungsaufgaben. Auch in Berlin wurde diese Einsatzkompanie tätig, etwa um Bauarbeiten an den Grenzanlagen abzusichern, vor allem wenn sie »feindwärts« stattfanden, also westlich der eigentlichen »Berliner Mauer«. Maßnahmen gegen mutmaßliche oder aufgedeckte Tunnelfluchten dagegen blieben offenbar der »Sicherungskompanie Berlin« überlassen. Jedenfalls sind trotz aller Akribie der Auflistung bestimmte Einsätze bei Fluchttunneln in den Aufzeichnungen der Einsatzkompanie nicht zu finden.[2]

Gegentunnel

Mit dem offenen Graben entlang der Heidelberger Straße hatten die Grenztruppen im Frühjahr 1963 jeden neuen Versuch, hier einen Fluchtstollen zu bauen, wirksam unterbunden. Doch obwohl die Tunnel hier in einer Tiefe von nur 2,5 bis 3 Metern verlaufen waren, hatte das Ausbaggern des Sperrgrabens gewaltigen Aufwand und viel rares Baumaterial zur Abstützung der Grabenwände erfordert. Etwas Ähnliches, das war klar, ließ sich am anderen »Schwerpunktabschnitt« Bernauer Straße keinesfalls umsetzen: Ein wirksamer Tunnelverhinderungsgraben hätte hier mindestens acht Meter tief sein müssen und wäre deshalb massiv zu befestigen gewesen. Außerdem lagen die verfüllten Keller der abgerissenen Wohnhäuser im Wege.

Ein halbes Jahr nach der größten Massenflucht durch den »Tunnel 57« schlug die zuständige Abteilung Aufklärung am 20. April

1965 deshalb vor, statt eines offenen Sperrgrabens mit den West-Berliner Fluchthelfern in Konkurrenz zu treten. »Zur Absicherung dieses Schwerpunktbereiches [werden] folgende Maßnahmen durchgeführt: 1. Aufbruch der beiden alten, noch im brauchbaren Zustand befindlichen Tunnel (Strelitzer Straße) und Einbau einer entsprechenden Abhörtechnik, um erneute Ausnutzung der Tunnel durch den Gegner zu verhindern. 2. Anlegung von Gegentunneln parallel zur Staatsgrenze – Bernauer Straße, in ca. acht Metern Tiefe.« Auf der beigefügten Skizze ist der geplante Tunnel eingezeichnet: Er sollte von der südwestlichen Ecke der gesperrten und leer stehenden Versöhnungskirche, die seit dem 13. August 1961 nur noch den Grenztruppen als Aufenthaltsraum und Ausguck diente, fast parallel zur Ziegelmauer des St.-Elisabeth-Friedhofes unter dem Seitenflügel des Hauses Ackerstrasse 38 hindurch und bis zum Vorderhaus auf diesem Grundstück verlaufen.

Auf einer anderen Skizze ist jedoch ein abweichender Verlauf markiert: Hiernach verlief der Gegentunnel parallel zur Bernauer Straße vom einstigen Gemeindehaus der evangelischen Versöhnungsgemeinde, in den Stasi-Akten interessanterweise als »ehemaliges katholisches Kloster« bezeichnet, unter dem Hinterhaus, dem Innenhof und dem Vorderhaus Ackerstraße 42 bis unter diese Straße und an den Friedhof der Sophiengemeinde heran.

Die Arbeiten vom Keller des Gemeindehauses aus beginnen zu lassen hatte in den Augen von Major P. mehrere Vorteile: »Die Voraussetzungen für gedeckten Materialtransport und Bauarbeiten sind günstig. In den Kelleranlagen ist für die Unterbringung des Abraums ausreichend Platz vorhanden. Die Arbeiten bzw. das Vorhandensein der Sicherungskompanie im Kloster werden unter der Legende der Beobachtung des Westberliner Vorfeldes abgedeckt.« Um die Tarnung perfekt zu machen, wurden für die Zeit der Baumateriallieferung zwischen 23 und 2 Uhr nachts die regulären Grenzposten mit den Kurznamen »Kirche« und »Schornstein« durch Männer der Sicherungskompanie abgelöst. Gegraben werden sollte rund um die Uhr von zwei Gruppen Soldaten, die jeweils um 22 Uhr abgelöst werden sollten.

Der Gegentunnel hatte offensichtlich hohe Priorität – wieder einmal galt es, einer »Wühltätigkeit«, diesmal im engeren Wortsinn, »den Weg zu verlegen«. Schon sechs Tage nach dem Einreichen des Planes sollte der Bau beginnen. Die Eile begründete die Abteilung Aufklärung: »Die gegenwärtige Situation erfordert, mit dem Bau des eigenen Tunnelobjektes sofort zu beginnen, um einerseits dem zu erwartenden feindlichen Tunnelobjekt zuvorzukommen und andererseits die Initiative als wesentlichste Voraussetzung zur Liquidierung des Gegners zu übernehmen.«

Offensichtlich war ein bereits etwa dreißig Meter langer, vom Eckhaus Bernauer Straße 110/Ackerstraße 44 auf West-Berliner Seite ausgehender Stollen entdeckt worden. Gegen diesen Tunnelbau, dessen Urheber unbekannt blieben, richtete sich der »Gegenstollen«, wie handschriftlich in der »Tunnelkartei« vermerkt wurde. Allerdings planten die Stasi-Offiziere gleich vor: Ihr Tunnel sollte »nach Fertigstellung in das ständige System der Grenzsicherung einbezogen werden«. Ziel war offensichtlich, den Fluchtstollen zu treffen und eine »günstige Voraussetzung für eine spätere Liquidierung des Gegners mit oder ohne Festnahme entsprechend dem Befehl der Leitung« zu schaffen. Graben sollten den Gegentunnel die Männer der »Sicherungskompanie Berlin«, also der dort angesiedelte Tunnelzug – die besten Experten, die die Stasi dafür aufzubieten hatte.[3]

Ein zweiter Gegentunnel entstand auf der anderen Seite der Versöhnungskirche, also hin zur Strelitzer Straße. Dieser Tunnel verlief leicht schräg zur Bernauer Straße, nahm seinen Ausgangspunkt anscheinend im Hof der weitgehend abgebrochenen Häuser Bernauer Straße 7 und 8, ging dann auf einer Länge von etwa 130 Metern unter dem Hinterhaus der Bernauer Straße 10, vor allem aber unter ehemaligen Hofarealen, unter denen keine Kellerräume zu erwarten waren, hindurch zur Strelitzer Straße, anscheinend zum noch existierenden, aber leer stehenden Haus Nr. 50. Der Stollen war so angelegt, dass er die beiden erfolgreichen Fluchtstollen der Fluchthelfergruppe um Wolfgang Fuchs schnitt: den sogenannten Kohlenplatztunnel vom Januar 1964 und den »Tunnel 57« vom Oktober 1964.

Der Stasi-Tunnel maß etwa einen Meter im Quadrat, verlief in einer Tiefe von sechs bis acht Metern in Richtung Kirche ansteigend und war mit Nischen von 75 mal 80 Zentimetern ausgestattet, um den Männern des Tunnelzuges im Falle einer Konfrontation mit westlichen Fluchthelfern »Deckung« zu geben. Stellenweise musste der Stollen fachmännisch abgestützt werden, weil es im ansonsten auch hier sehr stabilen Lehmmergelboden Sandeinschlüsse gab. Die notwendigen Bretter gewann die MfS-Sicherungskompanie aus Abrisshäusern, die Stempel zum Abstützen der Holzdecke aus abgebrannten Kiefernschonungen. Offenbar war der Mangel an Baumaterial in der DDR extrem – die West-Berliner Fluchthelfer kamen zwar ebenfalls auf nicht ganz gewöhnlichen Wegen an ihr Holz, etwa durch Spenden befreundeter Unternehmen oder durch »Wegfinden« auf schlecht gesicherten Baustellen, aber dass sie mit Resten verbrannter Bäume arbeiten mussten, ist nicht überliefert.

Anfang Dezember 1965 flog das Stasi-Tunnelkommando auf. Bauarbeiter, die mit dem Abriss der Häuser an der Bernauer Straße beauftragt waren, stießen auf der Suche nach einem Stromanschluss auf den Aufenthaltsraum des Tunnelzuges an der Versöhnungskirche. Ein Mann des zuständigen Grenzkommandos 33 machte Meldung, die selbstverständlich ihren Weg in die Akten der Hauptabteilung fand. Der Grenztruppenoffizier denunzierte einen der Bauarbeiter gleich noch: »Da ich den Kollegen *Meier* persönlich während der Durchführung von Grenzbegehungen kennenlernte, schätze ich seinen Charakter so ein, dass er sehr kirchlich veranlagt ist.« Daher bestehe die Gefahr, dass die Entdeckung der Baumaßnahmen in West-Berlin bekannt werden könnte – und damit der Gegentunnel seinen Überraschungscharakter verlieren würde, also wertlos wäre.

Ob deshalb die Bewachung des Stollens durch den Tunnelzug aufgegeben wurde oder erst später, steht nicht fest. Im August 1979 jedenfalls musste der inzwischen zuständige Kompaniechef einen 14 Jahre zuvor am Bau des Gegentunnels beteiligten Kollegen namens Hauptmann Z. über Details dieses Vorhabens befragen. »Anlass dieses Gespräches war, dass es in der Versöhnungskirche größere Erdeinbrüche gibt, deren Ursache zur Zeit noch nicht geklärt werden konnte.« Allerdings konnte auch Z. keine erschöpfende Auskunft geben; insbesondere wusste er nicht, ob der Einstieg des Tunnels verschüttet wurde. Er glaubte jedoch, dass »dieses Objekt nicht verfüllt« worden sei – also die Ursache für Erdeinbrüche im Sperrgebiet sein könnte.

Insgesamt sind bisher fünf Gegentunnel der Stasi bekannt geworden, unter anderem gegen den Köppen-Tunnel unter dem Bahngelände an der Schwedter Straße. Aber auch gegen den Tunnel der Girrmann-Gruppe aus der Bernauer Straße 87 wurde vom MfS ein Stollen in Auftrag gegeben, angelegt aus einem alten Brauereikeller nahe dem Todesstreifen. Einen weiteren mit Mikrophonen gespickten Gegentunnel ließ die Stasi vom Keller des geräumten Grenzhauses Bernauer Straße 35 anlegen, um einen vermuteten Tunnel aus den Kellern der Flachbauten Bernauer Straße 74-76 auf Weddinger Seite abzufangen. Diesen hat es jedoch nie gegeben.

»Untertägige Anlagen«

Ende der sechziger Jahre berichteten West-Berliner Zeitungen über die Wiederentdeckung von Tunneln und Bunkeranlagen aus dem Zweiten Weltkrieg unter dem Tiergarten, am Reichstag und an anderen Orten in direkter Nähe der Sektorengrenze. Daraufhin befürchtete die Staatssicherheit, durch solche »untertägigen Anlagen« könnten DDR-Bürger flüchten. Das Referat VII/2 der MfS-Bezirksverwaltung Berlin erstellte Mitte Mai 1969 einen Bericht. Dafür sammelten die Stasi-Ermittler zunächst Ausschnitte aus westlichen Zeitungen, Kopien aus Büchern über die letzten Tage des Krieges und Zeugenaussagen. Befragt wurden zum Beispiel Mitarbeiter von Baufirmen, die am Abbruch der Ruinen im einstigen Regierungsviertel beteiligt gewesen waren.

Gegraben aber wurde vorerst noch nicht; zunächst wollten die Geheimdienstler sich aus den verfügbaren Informationen ein Bild machen. Erst am 24. Juli 1972 wurde eine dreiseitige »Konzeption zur weiteren Aufklärung und Untersuchung der im Bereich Brandenburger Tor bis Ministerium für Verkehrswesen (Stadtbezirk Mitte) vorhandenen untertägigen Anlagen« vorgelegt. Um sie umzusetzen, richtete die Bezirksverwaltung eine Arbeitsgruppe aus fünf Stasi-Offizieren, einem SED-Funktionär und einem Beauftragten des Ost-Berliner Oberbürgermeisters ein. Sie bekam ein sechsköpfiges Baukommando unter Leitung eines MfS-Unteroffiziers zugeteilt.

Ein halbes Jahr später legte die Gruppe einen ersten »Zwischenbericht« über den Stand der »Aufklärungsarbeiten von untertägigen Anlagen« vor. Das Gelände der Ministergärten sei geradezu »gespickt« mit unterirdischen Bauten, über deren genaue Lage keine Unterlagen aufzutreiben seien. Einige dieser Anlagen seien mit Trümmern verfüllt worden, andere gesprengt oder verschüttet.

Zu diesem Zeitpunkt hatte die Arbeitsgruppe zwischen Pariser Platz und Leipziger Straße fünf Bunker sicher nachgewiesen; mindestens zehn weitere wurden noch vermutet. Insgesamt lagen Indizien und Zeugenaussagen für bis zu fünfzig solcher Bauten vor – eine Aufgabe, die den zuständigen Stasi-Offizier warnen ließ: »Es muss eingeschätzt werden, dass die Prüfung aller Hinweise über unterirdische Anlagen und Gänge, die sich, sofern überhaupt vorhanden, überwiegend im Grenzgebiet und bis unter die pioniertechnischen Anlagen der Staatsgrenze und darüber hinaus erstrecken können, eine unberechenbar zeitaufwendige, aber notwendige Aufgabe darstellt, die beträchtliche Kräfte und Mittel bindet.«

Tatsächlich begannen nun umfassende Sondierungen. In einem undatierten Bericht heißt es: »Im Zeitraum bis zum 15. Januar 1974 wurde ein Gebiet von 36 500 Quadratmetern im Bereich Voßstraße/Otto-Grotewohl-Straße in der Tiefe zwischen drei und sechs Metern untersucht. Schwerpunkte waren ca. 250 Meter entlang der Voßstraße in einer Breite von 50 Metern (ehemalige Neue Reichskanzlei) und ca. 300 Meter entlang der Otto-Grotewohl-Straße in einer Breite von 80 Metern (Gebiet der ehemaligen Alten Reichskanzlei, des ehemaligen Außenministeriums und des sogenannten Führerbunkers).« Entdeckt wurden unter anderen eine Anlage mit geschätzten Innenmaßen von 60 mal 25 Metern und eine von 110 mal 25 Metern, mehrere Keller für technische Zwecke, eine stabile kleine Bunkeranlage mit Tresorraum unter dem ehemaligen Außenministerium und »ein großer Luftschutzbunker (ehemaliger sogenannter Führerbunker). Die oberen Teile sind zum Teil erhalten, im Weiteren stark zerstört – die Aufklärung ist noch nicht abgeschlossen.«

Im Laufe der folgenden Untersuchungen arbeiteten sich Stasi-Mitarbeiter in die Reste von Hitlers Bunker sowie weiteren Luftschutzanlagen unter dem Regierungsviertel vor, vermaßen und fotografierten ihre Funde. Ihre Aufzeichnungen darüber sind eine der wichtigsten Quellen zu den Bunkern der Elite des Dritten Reiches, weil der größte Teil der »untertägigen Anlagen« in den achtziger Jahren beseitigt wurde. Da die Untersuchungen den klaren Zweck hatten, die Existenz von unterirdischen Verbindungen zwischen Ost- und West-Berlin auszuschließen, genügte den Stasi-Offizieren die Erkenntnis, dass es keinerlei Gänge von den Bunkern östlich der Sektorengrenze zu anderen Kellern oder Bunkern in West-Berlin gab, keine geheimen unterirdischen Straßen zum Flughafen Tempelhof oder zum Schloss Charlottenburg und keine weiteren Geschosse unter den inspizierten Räumen.

Insgesamt waren im untersuchten Areal siebzehn unterirdische Bauwerke entdeckt worden, die sich zum Teil allerdings als ganz normale Keller erwiesen. Um völlig sicherzugehen, schlug die Arbeitsgruppe vor, zwei weitere Grabungen nahe dem Führerbunker zu unternehmen. Ob sie stattgefunden haben, verraten die überlieferten Berichte nicht.[5]

Eine unscheinbare Kartei

Für die Staatssicherheit war Konspiration heilig, ein »Grundprinzip der politisch-operativen Arbeit, das die Überlegenheit gegenüber dem subversiven feindlichen Vorgehen und die sicherheitspolitische Wirksamkeit der Tätigkeit des MfS mit gewährleistet«. Auch zwischen den verschiedenen Einheiten des DDR-Geheimdienstes galt strengste Verschwiegenheit. Doch zugleich erschwerte Konspiration die »effiziente« Arbeit, weil so Informationen stets mühsam zusammengetragen werden mussten, statt den zuständigen Mitarbeitern einfach zur Verfügung zu stehen.

Mutmaßlich aus diesem Grunde wurde Anfang der siebziger Jahre bei der Hauptabteilung I eine Kartei erarbeitet, die auf 134 Pappkarten im Format DIN A5 das Wissen des MfS über erfolgreiche und misslungene Tunnelfluchten (im Stasi-Jargon: »Tunnelschleusungen«) sowie – vielleicht noch wichtiger – sämtliche Hinweise auf mögliche unterirdische Fluchtversuche enthält.

Von »A« wie »Ackerstraße« bis »Z« wie »Zionskirchstraße« sind mehr als fünfhundert »Hinweise« verzeichnet. Die auf weiteren Karteikarten angelegte Übersicht enthält zwischen 1961 und 1972 genau 18 erfolgreiche unterirdische Fluchten, aber auch 34 begonnene, jedoch gescheiterte Tunnel. Mit Abstand am meisten Einträge haben die Karten zur Bernauer und zur Heidelberger Straße. Doch die Stasi wusste, dass sich die Fluchttunnelprojekte keineswegs auf diese beiden Gebiete beschränkten: Verzeichnet waren auch fünf versuchte Tunnelfluchten unter der Sebastianstraße, zwei misslungene unter dem Bethaniendamm hindurch, die drei Tunnel zum Friedhof in Schönholz, von denen zwei Stollen DDR-Bürgern die Freiheit brachten, und die drei frühen erfolgreichen unterirdischen Fluchten von Glienicke/Nordbahn nach Frohnau 1962/63.

In vielen Fällen war die Stasi durch ihre Spitzel offensichtlich gut über die Urheber der Grabung informiert; oft wurden sie zutreffend genannt. Vor allem die Gruppe um die Gebrüder Franzke und die Organisation von Girrmann, Köhler und Thieme sind korrekt auf den Karten aufgeführt. Weniger infiltriert waren offenbar die Fluchthelfer um Wolfgang Fuchs; so wurde ihr erster Tunnel an der Bernauer Straße 1963/64 einer anonymen »Studentengruppe« zugeordnet. Oft enthalten die Karteieinträge die einzigen bekannten Indizien, warum Tunnelbauten entdeckt wurden – meist kamen die Hinweise von Grenztruppen oder linientreuen Anwohnern, denen verdächtige Geräusche aufgefallen waren.

Wenn ein IM den entscheidenden Hinweis gab, wurde dies oder wenigstens die zuständige Kreisdienststelle des MfS vermerkt. Auf einer separaten Karte hielt man »Tunnelhinweise allgemeiner Art« fest, die teilweise zu ungenau waren, um Ermittlungen zu ermöglichen, teilweise so unrealistisch, dass sie nicht ernst genommen wurden. So gab die Funkaufklärung der Stasi, also die Abhörexperten, einen Hinweis auf einen 1,7 Kilometer langen Fluchttunnel weiter; die Hauptabteilung XVIII wusste durch einen IM von einem »Tunnel in Kreuzberg«, ohne allerdings weitere Angaben machen zu können, was jede Ermittlung unmöglich machte. Mitunter sind auf den Karten die Gegenmaßnahmen der Stasi verzeichnet: »Operative Maßnahmen« bedeuteten in der

Regel, dass sich Grenztruppen und die Sicherungskompanie Berlin auf die Lauer legten, um eventuelle weitere Flüchtlinge zu fassen, bevor die Tunnel dann »liquidiert« wurden, meist verfüllt, vermauert oder – wenn darüber keine Häuser standen, deren Fundamente gefährdet werden konnten – geflutet. Mehrfach wurde festgehalten, ältere Fluchttunnel sollten »ausgenutzt« werden, um erneut oder, falls noch nicht geschehen, doch noch Flüchtlinge in den Westen zu holen; allerdings war laut Tunnelkartei kein einziger derartiger Fall erfolgreich.

Zu den genaueren Umständen, unter denen diese Kartei entstand, ist bisher nichts bekannt. Fest steht, dass sie Ende der siebziger Jahre außer Gebrauch kam: Der letzte datierte handschriftliche Nachtrag stammt vom 1. August 1979 und betraf verdächtige Erdsenkungen an der Boyenstraße. Dagegen ist der versuchte Tunnelbau an der Isländischen Straße 1982 nicht mehr verzeichnet. Offensichtlich hatten auch die Stasi-Ermittler, die drei Jahre später dem Verdacht nachgingen, vom Gelände des Axel-Springer-Verlages könnte ein Tunnel nach Ost-Berlin gegraben worden sein, keinen Zugriff mehr auf die Tunnelkartei.[6]

Tief gebohrt

Viel Energie verwandte die Staatssicherheit stets darauf, »staatsfeindliche Tätigkeiten« bereits im Vorfeld zu bekämpfen. Um Fluchten aus der DDR, also Verstöße gegen §213 des DDR-Strafgesetzbuches (»Ungesetzlicher Grenzübertritt«), auch unter der Erde möglichst früh unterbinden zu können, startete das MfS umfangreiche Untersuchungen rund um West-Berlin. Schon im Frühjahr 1963 hatte die Hauptabteilung I bei der zuständigen Abteilung der Groß-Berliner Wasser- und Entwässerungswerke einen ersten Bericht über die »Grundwasserverhältnisse entlang der Staatsgrenze« angefordert. Als Ergebnis wurde am 30. Mai eine fünfseitige Aufstellung übermittelt, die allerdings nicht ganz vollständig war: »Dort wo keinerlei Kenntnis der Verhältnisse vorliegt und auch keine Möglichkeit bestand, durch vergleichende Betrachtung ungefähre Ordinaten zu liefern, sind die Spalten frei geblieben.« Jedoch hielt der Autor der Aufstellung fest: »Falls notwendig, könnten diese durch künftige Erhebungen, die sich beim Grundwasser allerdings über einen längeren Zeitraum erstrecken müssen (mindestens Beobachtungen über ein Jahr) nachgeholt werden.«

Die Zusammenstellung von 63 Messpunkten entlang der innerstädtischen Grenze zeigte von Süden nach Norden genau, wo unterirdische Fluchten möglich erschienen. Besonders geeignet für Tunnel waren laut Grundwassererhebung zum Beispiel der Städtische Friedhof Altglienicke und die benachbarte Siedlung Grüneck im Südosten der Stadt mit gut fünf Metern zwischen Grundwasser und Oberfläche, außerdem die gesamte Grenze entlang des Stadtbezirks Mitte mit trockenem Boden in einer Stärke von 3,9 Metern (Sebastianstraße) bis 5,2 Metern (Potsdamer Platz). Nirgendwo an der Sektorengrenze aber war der Abstand so groß wie an der nordöstlichen Hälfte der Bernauer Straße zwischen Strelitzer und Eberswalder Straße: Hier standen potenziellen Tunnelgräbern zwischen 13 und 15 Höhenmeter trockenes Erdreich zur Verfügung.

Weiter Richtung Norden stieg der Grundwasserspiegel an, sodass etwa an der Klemkestraße zwischen Schönholz in Ost- und Reinickendorf in West-Berlin gerade einmal achtzig Zentimeter unter Bodenniveau feuchter Grund begann. Allerdings lagen die Messpunkte der Wasserbetriebe relativ weit auseinander, sodass teilweise wenige hundert Meter entfernt ganz andere Bodenverhältnisse herrschten. Am Friedhof Pankow, keinen halben Kilometer von der Klemkestraße, zum Beispiel lagen 3,5 Meter zwischen Bodenniveau und Grundwasserspiegel. Außerdem garantierte auch relativ hohes Grundwasser keineswegs, dass es keine Tunnelfluchten gab: Die Grenze entlang der Heidelberger, der Bouché- und der Harzer Straße hatte laut Wasserbetrieben einen mittleren Grundwasserstand von 2,8 bis 3,9 Metern unter Bodenniveau – trotzdem gab es hier zahlreiche versuchte und erfolgreiche Tunnelbauten.[7]

Die eher allgemeine Übersicht auf Grundlage älterer Messungen reichte den Tunneljägern bald nicht mehr. Im Frühjahr 1968 unternahmen »Kräfte der Sicherungskompanie« in bestimmten »tunnelgefährdeten Abschnitten Bohrungen zur Feststellung der

Grundwassertiefe«. Die Ergebnisse wichen zum Teil deutlich von der Mitteilung der Wasserbetriebe ab – und zwar durchweg in Richtung niedrigeren Grundwassers, also besserer Verhältnisse für potenzielle Tunnelgräber. Für die Sebastianstraße (fünf versuchte Tunnelbauten) wurde nun ein Grundwasserspiegel von 5,80 Metern ermittelt, für die »Zimmerstraße rechts der Mauerstraße« sogar 6,30 Meter.

Um wirklich zuverlässige Daten zu erhalten, begann ein großes Bohrprogramm, bei dem auch die Schichtung des Grundes genau erfasst wurde; nach Aktenlage wurden mindestens 352 Probebohrungen vorgenommen. An der Scharnhorststraße in Mitte wurden nicht weniger als elf verschiedene Sandschichten bis in eine Tiefe von 15 Metern unterschieden, bei einem Grundwasserspiegel von 5,60 Metern. Dass hier ein Tunnel gegraben werden könnte, war bei so instabilem Boden sehr unwahrscheinlich.

Bedenklich dagegen dürften den Stasi-Bodenforschern die Ergebnisse an der Schönholzer Straße erschienen sein, der ersten Parallelstraße zur Bernauer Straße auf östlicher Seite des Todesstreifens, zwischen Brunnen- und Ruppiner Straße: Hier fanden sie bis in eine Tiefe von mehr als 17 Metern Lehmmergel, also sehr stabilen Grund, bei gleichzeitig sehr niedrigem Grundwasser von maximal 15,52 Metern unter Bodenniveau.

Mutmaßlich weil sich aus diesen Ergebnissen im Falle eines Falles kaum schnelle Erkenntnisse ableiten ließen, verfasste ein namentlich nicht bekannter Offizier der Hauptabteilung I wahrscheinlich zwischen 1976 und 1984 detaillierte Beschreibungen »tunnelgefährdeter Abschnitte«. Die Sebastianstraße hielt er für weiterhin gefährdet, weil »die [West-Berliner] Wohnhäuser von der Grenzmauer ca. drei Meter entfernt stehen. Durch die teilweise nicht genutzten Kellerwohnungen bestehen günstige Voraussetzungen für den Ausgangspunkt einer Tunnelprovokation.« Während die Heidelberger Straße durch den betonierten Tunnelsperrgraben bis auf Grundwasserniveau als sicher galt, blieben in der Harzer und der Bouchéstraße hohe Risiken, nämlich die »relativ kurzen Entfernungen, die bei einem Tunnelbau zu überwinden sind« und »die Unübersichtlichkeit der Kellerräume in den Westberliner Altbauten«.[8]

Eine ganz normale Saison der Tunneljäger

Handschriftliche Dokumentation von Ermittlungen der HA I über mutmaßliche Fluchttunnel in den ersten neun Monaten 1980, geführt bei der Sicherungskompanie des MfS

Chausseestraße 92 am 16. Januar 1980
Information: Durch Genossen des GR-33, bei einer Kellerbegehung. Verdacht auf den Bau eines Tunnels.
Ursache: ein nicht vollständig aufgefüllter Keller. Mauerdurchbruch entstand bei Klempnerarbeiten (Verlegung von Abflussrohren).
Maßnahmen: Auffüllen des Hohlraumes, Vermauern des Durchbruchs.

Egon-Schultz-Straße am 12. Februar 1980
Information: Erdsenkung auf dem Rasen vor der PTA [»pioniertechnischen Anlage« der Grenzsperranlagen].
Ursache: Unterspülung durch Regen, Nachrutschen der Erde in einer Steinaufschüttung.
Maßnahmen: Erdsenkung wurde aufgefüllt.

Eberswalder Straße am 11. März 1980
Information: GR-33.
Ursache: ein nicht ganz verfüllter Tunnel vom 31. Juli 1965.
Maßnahmen: In Absprache mit dem Genossen Glöckner und dem Stabschef GR-33 Oberstleutnant Braunschweiger wurde festgelegt: 1. im Zuge der Bauarbeiten an den neuen PTA werden die Panzerhöcker entfernt und die tragende Betondecke der Panzerhöcker eingeschlagen, 2. die so entstehende Erdsenkung wird mit Kies aufgefüllt.

Schönholzer Straße am 13. Mai 1980
Information: GR-33 beim Bau der Hauptlinie PTA.
Ursache: Nachrutschen von Erdreich in einen nicht vollständig verfüllten Keller.
Maßnahmen: 1. Verfüllen des Kellers
          2. Information des GR-33.

Chausseestraße/rechts am 17. Mai 1980
Information: Genosse L. Sicherungskompanie.
Ursache: Klärung durch Ermittlungsgruppe. Es konnten keine Hinweise auf einen Tunnelbau erbracht werden. Durch Ausspülung von Regenwasser entstanden.

Luisenfriedhof Juli 1980 [gemeint wahrscheinlich: Friedhof Liesenstraße]
Information: –
Ursache: Gruftdecke eingebrochen.
Maßnahmen: –

Schulzestraße/Wollankstraße am 15. Juli 1980
Information: GR-33, beim Umbau der PTA aufgefunden.
Ursache: jeweils zwei hintereinander liegende Kellergewölbe zwischen Ende der Panzersperre und der Hauptlinie PTA. Kellergewölbe sind noch nicht eingebrochen.
Bemerkung: Durch das Kellergewölbe zieht sich das Lichttrassenkabel der Grenztruppen. Demnach müssten diese Keller schon seit Jahren bekannt sein.
Maßnahmen: 1. die tragenden Kellerdecken werden eingeschlagen,
2. die damit entstehenden Kellerräume werden mit Schutt und Kies aufgefüllt.

Rosenthalstraße 52a am 31. August 1980
Information: Bezirksverwaltung Berlin. Ein ungesicherter Kanal soll nach Westberlin führen.
Maßnahmen: Einsatz einer Einsatzgruppe von der Sicherungskompanie, in Zusammenarbeit mit der Bezirksverwaltung zur Klärung des Hinweises.
Information hat sich nach einer Kontrolle nicht bestätigt. Es wurde festgestellt: Mitarbeiter der Bezirksverwaltung gehen noch mal dem Ursprung der Information nach und prüfen deren Richtigkeit,
2. ergeben sich neue Momente, so wird die Sicherungskompanie verständigt.

Dresdner Straße am 2. September 1980
Information: Erdeinbruch.
Ursache: Nachrutschen von Erde in einem nicht vollständig verfüllten Keller.
Maßnahmen: seitens Sicherungskompanie keine.

Buchholzer Straße am 4. September 1980 (Kfz-Abstellplatz)
Information: Hinweis auf einen ungesicherten Kanal nach Westberlin.
Maßnahmen: Einsatzgruppe der Sicherungskompanie zur Klärung der Information eingesetzt. Information hat sich nicht bestätigt.

BStU MfS HA I 3993, Bl. 123–128 (leicht gekürzt)

Der vermeintliche »Springer-Tunnel«

Immer im Hochsommer nahm die Nervosität beim Grenzkommando Mitte und bei der Hauptabteilung I der Stasi zu, denn jedes Jahr kurz vor und am 13. August konnte es in West-Berlin zu öffentlichkeitswirksamen Aktionen gegen die Mauer kommen. So elektrisierte der Befehl, der am Nachmittag des 5. August 1985 eintraf, die Abteilung Abwehr des Grenzkommandos Mitte in Karlshorst. Er kam von weit oben in der Hierarchie des Ministeriums, von Mielkes Stellvertreter Generalleutnant Gerhard Neiber.

Umgehend versammelten sich um 17 Uhr fünf Stasi-Offiziere bei Abteilungschef Oberstleutnant Siegfried L. zur Krisensitzung. Der Grund wurde im Protokoll festgehalten: »Inoffiziell wurde der Abteilung XXII bekannt, dass eine extremistische, offensichtlich ausländische Organisation im Bereich des Grenzabschnitts Grenzregiment 35 östlich der Grenzübergangsstelle Friedrichstraße einen Tunnel über die Staatsgrenze nach Berlin (West) für terroristische Zwecke benutzen würde.« Im Klartext hieß das: Ein IM hatte der für »Terrorabwehr« zuständigen MfS-Abteilung gesteckt, zwischen Friedrich- und Kommandantenstraße gebe es einen Fluchttunnel.

Die Informationen waren beunruhigend: Der Tunnel, drei Meter tief und »nicht im geraden Weg« verlaufend, bestünde schon seit rund fünf Jahren; er besitze eine Stromversorgung, könne aber nur kriechend benutzt werden und sei erst vor wenigen Monaten nach einem Wassereinbruch gesichert worden. Auch konnte der Informant relativ genaue Angaben machen, wo der Eingang des Tunnels zu finden sei: Man müsse »um ein Haus herum zum Hintereingang« und von dort in die erste Etage gehen, »in die Wohnung eines DDR-Bürgers«, von der aus es einen Abstieg über eine Treppe in eine Garage gäbe.

Die Stasi-Runde legte »Sofortmaßnahmen« fest: Eine Arbeitsgruppe sollte über Nacht »alle bisher im genannten Grenzabschnitt vorgetragenen Angriffe auf die Staatsgrenze mittels Tunnelvortrieb« analysieren, die »grenzüberschreitende Kanalisation« überprüfen und eine »erste Inaugenscheinnahme des genannten Grenzabschnittes und der angrenzenden Häuser« vornehmen.

Bis zum nächsten Morgen um sieben Uhr hatten MfS-Oberstleutnant Horst F. und sein Kollege Hauptmann H. Zeit, diese ersten Aufträge auszuführen. Ein Blick in ihre eigenen Akten zeigte ihnen, »dass im genannten Grenzabschnitt in der Vergangenheit bisher ein Tunnel von Westberliner Gebiet aus über die Staatsgrenze vorgetrieben« worden war, im Juni 1962. Weiter heißt es: »Bei der Liquidierung des Tunnels wurde der Angehörige der bewaffneten Kräfte Reinhold Huhn ermordet.«[9]

Bei F. und H. läuteten wahrscheinlich alle Alarmglocken, als sie bei ihrer Aktenrecherche auf Reinhold Huhns Tod stießen. Denn der vermutete neue Tunnel schien genau auf das Berliner Grundstück des Axel Springer Verlages zu führen. Und just von diesem Gelände aus hatte im Frühsommer 1962 Rudolf Müller seinen Tunnel gegraben. Deshalb und wegen seines beharrlichen Festhaltens am Ziel der deutschen Einheit war Axel Springer für das MfS so etwas wie der leibhaftige Teufel. In Honeckers Reich traute man ihm alles Böse zu, insbesondere alles, was der DDR schaden konnte – warum also nicht auch einen weiteren Fluchttunnel?

Die Untersuchungen der MfS-Gruppe ergaben weiter, dass auf Ost-Berliner Seite nach der Beschreibung des Spitzels nur zwei Häuser infrage kamen: das Gebäude Reinhold-Huhn-Straße

(Schützenstraße) 14 östlich der Markgrafenstraße und das Haus 11/12 wenige Meter westlich davon. »Die Beschaffenheit des Untergrundes im genannten Grenzabschnitt ist für die Anlage eines Tunnels geeignet«, hielten F. und H. fest. Solche Arbeiten aber ließen sich, anders als Anfang der 1960er Jahre, nur mit großem Aufwand verbergen. Immerhin gab es auf westlicher Seite kaum mehr verwilderte Trümmergrundstücke und nur wenige Baustellen am Mauerstreifen, auf denen man viele Kubikmeter Erdaushub unauffällig »verschwinden« lassen konnte. Die Druckerei des Springer Verlags allerdings hatte naturgemäß stetigen Lkw-Verkehr – immerhin wurden hier täglich mehrere hunderttausend Zeitungen gedruckt. Dazwischen ließen sich, so vermuteten die MfS-Ermittler, leicht einige mit Erde beladene Laster einschieben.

Mindestens ebenso wichtig wie die Prüfung des möglichen Ausgangspunktes des Tunnels in West-Berlin war eine zweite Frage: Konnte man von Mitte aus die infrage kommenden Häuser direkt am Rande des Sperrgebiets problemlos und unkontrolliert erreichen? Noch am Abend des 5. August 1985 prüften Männer des Tunnelzugs der »Sicherungskompanie Berlin« in Zivil, ob ihnen das gelang. Beide Objekte seien »offen und für jedermann zugänglich« vorgefunden worden.

In den folgenden Tagen trieben die MfS-Offiziere ihre Untersuchung voran. Oberstleutnant V. von der Hauptabteilung XXII/8 befragte den IM und fasste dessen Aussagen am 10. August in einem Vermerk für seine Kollegen von der HA I zusammen: »Die Breite ist so bemessen, dass ein USA-Sturmgewehr Marke M 16 quer transportiert werden kann. Der Tunnel verläuft nicht gradlinig; man kann an mehreren Stellen aufrecht gehen. Der Tunnel ist beleuchtet mit mindestens drei Lampen.« Auf westlicher Seite bestehe der Tunnel streckenweise aus ineinandergeschobenen Benzin- oder Dieselfässern. Beide Eingänge seien gegen Einsicht durch eine Werkstatt, Garage oder Ähnliches gedeckt; der Winkel, den der Tunnel vom Haus in Mitte aus nehme, betrage etwa 30 bis 40 Grad. Eine besondere Gefahr sei zudem, dass der Stollen »bei Gefahr geflutet« werden könne; »das dazu benötigte Wasser befindet sich in einem Bassin in der Nähe des Tunnels«.

V. ging mit seinem Informanten auf Lokaltermin und fertigte

darüber eine »Ergänzung zum Vermerk«, datiert auf den 11. August: »Nach einer Begehung vor Ort lokalisierte der Hinweisgeber den Einstieg auf dem Grundstück Berlin-Mitte, Reinhold-Huhn-Straße 14.« Außerdem wusste er jetzt noch zu berichten, dass sich der »Tunneleinstieg auf West-Berliner Seite« auf einem Grundstück befinde, »dessen Eigentümerin/Nutzerin« eine spanische Staatsbürgerin sei. Also doch kein Tunnel zum Springer-Gelände? Trotzdem näherte sich am 12. August zur Mittagszeit, zwischen 12 und 14 Uhr, ein Stasi-Mitarbeiter dem Verlag von Westen her und fotografierte eine zwei Dutzend Bilder umfassende »Dokumentation«. Er hielt fest, es gebe keine Hinweise auf die genannte »spanische Staatsbürgerin«. Allerdings sei ein seltsames Gebäude auffällig: »Hinter diesem Parkplatz in Richtung Staatsgrenze steht ein ca. zehn Meter hohes Gebäude in den ungefähren Ausmaßen von 20 mal 20 Metern. Es besitzt keinerlei Fenster, nur drei für Lkw geeignete Einfahrten zur Kochstraße, zur Markgrafenstraße und zur Staatsgrenze.« Das Gebäude gehöre einer Firma G. Schürfeld & Co. aus Hamburg. Außerdem sei ein Schild mit der Aufschrift: »Für Unbefugte Betreten verboten« aufgestellt. Auch von den Grenztürmen aus schossen Stasi-Leute zahlreiche aktuelle Fotos.[10]

Die Arbeit der Stasi-Kommission führte am 11. August 1985 zu einem fünfseitigen »Plan der Maßnahmen zur Überprüfung des Vorhandenseins einer passierbaren unterirdischen Verbindung vom Wohnobjekt Berlin, Hauptstadt der DDR, Reinhold-Huhn-Straße 14 nach Berlin (West)«. Als »Tag X« legte der stellvertretende Abteilungsleiter Oberst Günter N. den 13. August fest, Einsatzbeginn fünf Uhr morgens. Die Überprüfung sollte »streng konspirativ« verlaufen, sowohl gegenüber der Bevölkerung als auch gegenüber den Grenztruppen. »Zur Legendierung notwendig werdender Bohrarbeiten am 13. August werden im Abschnitt Charlottenstraße durch Kräfte der Grenztruppen Lichtmaste/ Rohre feindwärts des Grenzsignalzauns abgelegt« – also auf dem eigentlichen Todesstreifen. »Bei Feststellung von Hinweisen, die die Existenz eines Tunnels erhärten, werden alle Handlungen sofort eingestellt.« Die Stasi wollte keinesfalls die Chance aufs Spiel setzen, Fluchthelfer und Fluchtwillige festzunehmen. Das wäre ein Triumph gewesen, gerade am Jahrestag des Mauerbaus.

Am gleichen 11. August allerdings meldete Oberstleutnant L. Zweifel an den Informationen des Spitzels an: »Die Länge eines USA-Sturmgewehrs M 16 beträgt 98,5 Zentimeter und lässt sich somit nicht quer durch Diesel- oder Benzinfässer transportieren.« Auch weitere Ungereimtheiten führte der MfS-Offizier auf, etwa dass alle in Frage kommenden Keller unregelmäßig von den Grenztruppen kontrolliert würden. Auch konnte an der vom IM genannten Stelle kein Tunneleinstieg gefunden werden. L. zog den Schluss: »Wesentliche Bestandteile der Informationen haben sich eindeutig nicht bestätigt.« Trotzdem schlug er vor: »Die im genannten Grenzabschnitt objektiv aus dem Gelände bzw. Erdreich (Grundwasserspiegel und dergleichen) abzuleitenden Möglichkeiten des Baus eines Tunnels machen es notwendig, trotz erheblicher Widersprüche der Informationen der Abteilung XXII, das Haus Reinhold-Huhn-Straße 14 einer gründlichen materiellen Prüfung zu unterziehen.«[11]

Am 24. Jahrestag des Mauerbaus kam nach acht Tagen Arbeit beinahe rund um die Uhr die Ermittlung zum Höhepunkt: Stasi-Offiziere und Grenzsoldaten stemmten in zwei Innenhöfen und sieben Kellerräumen des Hauses Reinhold-Huhn-Straße Nr. 14 die Böden auf und durchbrachen Wände. Sie wühlten sich durch mit Trümmerschutt verfüllte Lichtschächte, vermaßen die Räume zentimetergenau und klopften Putz vom Mauerwerk ab. Nach dieser Brachialdurchsuchung wurden alle geöffneten Stellen mit Beton verschlossen – damit kein DDR-Bürger auf die Idee kommen konnte, sich aus dem nun kontrollierten Haus seinerseits in die Freiheit zu buddeln.

Fünf Seiten und zwei genaue Zeichnungen umfasste der Bericht, doch das Ergebnis war eindeutig: »Zusammenfassend ist festzustellen, dass die Kontrolle des Wohnhauses Reinhold-Huhn-Straße 14 mit den Schwerpunkten Lager- und Kellerräume umfassend durchgeführt wurde und die eindeutige Aussage zulässt, dass vom oben genannten Objekt kein Tunneleinstieg vorhanden ist.« Der IM-Bericht hatte sich als unzutreffend erwiesen. Gut möglich, dass sich der Spitzel ins Fäustchen lachte – doch darüber ist nichts bekannt.[12]

Verdrängte Erinnerung

Tilgung der Spuren

Nach dem friedlichen Fall der Mauer am 9. November 1989 konnte der Todesstreifen vielen Politikern und den meisten Berlinern gar nicht schnell genug verschwinden. Schon im Januar 1990 gab es im angeblichen »antifaschistischen Schutzwall« zahlreiche Lücken: Allein zwischen dem 10. und dem 14. November wurden zehn neue Grenzübergänge zwischen Ost- und West-Berlin geschaffen, indem an besonders symbolträchtigen oder verkehrswichtigen Stellen einige Mauersegmente weggehoben wurden. Drei weitere Übergänge folgten im Dezember, darunter am Brandenburger Tor; seit Weihnachten durften West-Berliner und Bundesbürger ohne Visum in die DDR einreisen. Im Februar 1990 hatten schon an zahlreichen Stellen der einstigen Sektorengrenze Abbrucharbeiten begonnen, wie ein Film über einen »Mauerflug« bald nach Öffnung der Grenze zeigt: »Überall entlang der Mauer beobachten wir den beginnenden Abriss der Grenzanlagen.«

Wenig später hielten Kameraleute von »Spiegel-TV« fest, dass längst ein völlig freier »Grenzverkehr« möglich war – unter den Augen der DDR-Grenzsoldaten: »Das ist zwar immer noch illegal, gefährlich aber ist es nicht mehr.« Ungefähr zur gleichen Zeit waren an der innerstädtischen Sperranlage weitere Arbeiten in vollem Gange: »Teile der ›Staatsgrenze zu Westberlin‹ sind zwar bereits zu gewinnbringenden Souvenirs mutiert, die Hinterlandmauer aber erstrahlt noch in frischem Weiß. Und unter den ungläubigen Blicken der werktätigen Bevölkerung wird zur Abwechslung mal Beton entfernt. Wahrscheinlich plant man einen neuen Grenzübergang – sauber, modern und gut kontrollierbar.« Doch die letzte SED-Regierung unter Hans Modrow hatte bereits, ganz kapitalistisch gedacht, einen Auftrag für die Verwertung von Mauerstücken erteilt – an die DDR-Außenhandelsfirma »Limex«, die bemalte und mit »Echtheitszertifikat« ausgestattete Segmente weltweit verkaufte. In den folgenden Monaten beschleunigte man die Abrissarbeiten, obwohl noch bis zur Währungsunion zwischen Bundesrepublik und DDR am 1. Juli 1990 an den Grenzen offiziell kontrolliert wurde.

Westliche Effizienz bereitete dem »antifaschistischen Schutzwall« dann das völlige Ende. Am 4. Oktober 1990 kam der Bundeswehroberst Rolf Ocken aus Hamburg in die Hauptstadt – mit zwei Aufgaben: die DDR-Grenztruppen aufzulösen und Berlin von dem »Ungetüm Mauer zu befreien, das zwar löchrig und licht geworden war, aber noch unübersehbar das Stadtbild prägte«. Von den einst 45000 Segmenten, jedes davon 3,60 Meter hoch, 1,20 Meter breit, zwischen 25 und 15 Zentimeter stark und 2,75 Tonnen schwer, stand zu dieser Zeit noch knapp die Hälfte.

Der Befehl an den Pionier-Offizier war eindeutig: Bis zur ersten gesamtdeutschen Wahl am 2. Dezember hatte auch der Rest zu verschwinden, mindestens aus dem bewohnten Stadtkern. Die Voraussetzungen dafür waren schlecht: Es fehlte an geeigneter Technik und an geschultem Personal, weil Baufirmen die Fachkräfte abwarben, die bis vor weniger als einem Jahr für Ausbau und Erhalt der Sperren zuständig gewesen waren. Ocken reaktivierte einige der alten Ausbildungseinrichtungen der DDR-Grenztruppen und ließ bereits ausgemusterte Lehrkräfte zu Kranfahrern ausbilden. Zusätzlich beantragte er Verstärkung durch Pioniere des Bundeswehrkommandos Ost.

Mit vereinten Kräften gingen die Arbeiten schneller voran: »Zum Glück war das Wetter gut, und wir haben bis in die Nacht mit Scheinwerfern gearbeitet.« Den Tagesablauf hielt er akribisch für sein Diensttagebuch fest, weil ihm das Einmalige der Situation bewusst war. Und er schaffte es: Am 30. November 1990, pünktlich vor der Wahl, wurde das letzte Mauerteil im bebauten Stadtkern entfernt; das Fernsehen übertrug die Aktion an der Provinzstraße in der Nähe des S-Bahnhofs Schönholz live.

Glücklich war Oberst Ocken über seinen Auftrag aber nicht. Schon im Herbst 1990 teilte er die Meinung, dass die Mauer an mehreren prägnanten Stellen als weltgeschichtliches Mahnmal hätte stehen bleiben sollen: »Es ist nicht so gewesen, dass wir damals nicht daran gedacht haben.« Er schrieb an Verteidigungsminister Gerhard Stoltenberg, an Jörg Schönbohm, den Chef des Bundeswehrkommandos Ost, sowie an Helmut Kohl und empfahl, wenigstens vorerst nicht alles abzureißen. »Mehr konnte ich mit meinen Möglichkeiten nicht tun.« Helmut Trotnow, seinerzeit am Deutschen Historischen Museum zuständig für ein Projekt »Gedenkstätte Berliner Mauer«, unterstützte Ocken – ohne Erfolg. Das Problem sei der Senat gewesen, klagte Trotnow noch anderthalb Jahrzehnte später. »In Berlin fehlte der politische Wille.« Der Bundeswehroberst sagte es diplomatischer: »Es war kein Einvernehmen zu erzielen. Anwohner oder Besitzer sagten immer wieder: Ja, lasst Teile der Mauer zum Gedenken stehen. Aber nicht hier!«[1]

Die Berliner Mauer verschwand 1990/91 so weitgehend, dass knapp zwei Jahrzehnte nach der friedlichen Revolution in der DDR an den meisten Stellen der einst geteilten Stadt nur noch mit akribischen architekturhistorischen Methoden ihre Spuren zu finden sind. Zwar leitete die Berliner Politik Mitte der neunziger Jahre offiziell eine Kehrtwende ein. Der zuständige Senator Volker Hassemer verkündete 1995: »Wir haben die Verpflichtung, Dokumente dieses Irrsinns zu wahren, um uns gegen jeden Ansatz der Wiederkehr zu wappnen. Das Wort von der Unglaublichkeit des Mauerbaus müssen wir ernst nehmen. Es wird uns bald niemand glauben wollen, dass so etwas in eine Großstadt gestellt wurde.«

Doch aus diesem klaren Bekenntnis folgte wenig: Bis am 13. August 1998 an der Bernauer Straße ein Denkmal zur Erinnerung an die Teilung der Stadt eingeweiht wurde, waren an zahlreichen anderen Stellen der Stadt Spuren der Mauer vernichtet worden. Der Entwurf des Stuttgarter Architekturbüros Kohlhoff & Kohlhoff, der nach zehn Jahren allgemein als »ästhetisch wie inhaltlich missglückt« und als in seiner »Abstraktheit gescheitert« gilt, soll bis zum 50. Jahrestag des Mauerbaus 2011 um eine Gedenklandschaft ergänzt werden.

1999 und 2003 wurde in zwei Abschnitten ein Dokumentationszentrum gegenüber dem Denkmal eingerichtet. Es leistete mehrere Jahre lang verdienstvolle Arbeit, bevor es 2007/08 tief in die geschichtspolitischen Auseinandersetzungen in der Bundeshauptstadt und damit außer Tritt geriet. Erst im Sommer 2006 schaffte es die Senatskulturverwaltung, an Berlins weltweit bekanntester Kreuzung, dem einstigen Grenzübergang Checkpoint Charlie an der Friedrichstraße, wenigstens eine Open-Air-Ausstellung zu eröffnen. Die Ironie der deutschen Zeitgeschichte wollte es, dass mit dem damaligen Kultursenator Thomas Flierl ausgerechnet ein ehemaliges Mitglied der SED diese Schau an 300 Metern Bauzaun einweihte.[2]

Angesichts des offensichtlich so schweren Gedenkens an die Mauer in Berlin kann es kaum überraschen, dass bisher nirgends in der Bundeshauptstadt Spuren der Fluchttunnel gesichert worden sind. Im Gegenteil: Teilweise gedankenlos, mitunter aber auch gezielt wurden ihre Reste getilgt; erst mit mehr als anderthalb Jahrzehnten Verspätung sind wenigstens an einigen Stellen Gedenktafeln für das historisch einzigartige Phänomen der unterirdischen Fluchten von der Diktatur in die Freiheit aufgestellt worden.

Gedankenlos war die Beseitigung der Tunnelreste zum Beispiel unter der Zimmerstraße. Noch auf einem Foto der DDR-Grenztruppen aus dem Frühjahr 1989 zeichnete sich der Verlauf des Fluchttunnels der Brüder *Hinz* und ihres Freundes *Peter Schmidt* von der Jahreswende 1971/72 auf dem Asphalt der ungenutzten Straße deutlich ab. Nach der Wiederherstellung der wichtigen Ost-West-Verbindung 1990/91 blieb davon nur die noch sichtbare Betonierung des Tunneleinstiegs durch die Grenztruppen. An eine Markierung des einstigen Fluchtstollens quer über den Asphalt oder an eine Tafel dachte seinerzeit niemand; es gibt sie bis in den Sommer 2008 noch nicht.

Ebenfalls beseitigt wurde der Rest des Tunnels, den Rudolf Müller 1962 am anderen Ende der Zimmerstraße gegraben hatte; hier immerhin erinnert seit 2007 eine Stele an die Brisanz der Konfrontation in Mitte. Anders an der Sebastianstraße, keine zwei Kilometer weiter: Hier verweist seit dem 12. August 2009 eine längst überfällige Gedenk- und Informationstafel an die Geschehnisse um den Fluchthelfer Siegfried Noffke, der hier in eine tödliche Falle der Stasi tappte. Sie wurde vom Verein Berliner Unterwelten, der schon andere zeithistorische Orte wie Hitlers »Führerbunker«

oder die Krolloper, den Sitz des gleichgeschalteten Reichstages im Dritten Reich, im Stadtbild mit historisch-kritischen Tafeln dokumentierte, gestaltet und aufgestellt.

An der Heidelberger Straße verschwand der »Tunnelsperrgraben« spurlos. Immerhin stand hier bis 1990 direkt an der Mauer ein Holzkreuz für Heinz Jercha; seit dem 13. August 2001 erinnert nun eine Stahltafel an den Fluchthelfer. Der Text ist allerdings unangemessen neutral: »Am 27. März 1962 starb hier Heinz Jercha, der durch einen Fluchttunnel 25 Menschen in die Freiheit führte. Er selbst musste dafür sein Leben lassen.« In Wirklichkeit wurde Jercha von MfS-Mitarbeitern erschossen. Dass die Tafel an der falschen Stelle steht, nämlich gegenüber dem Haus Heidelberger Straße 29 und nicht vor dem Haus Nr. 35, wo der Tunnel von Ende März 1962 tatsächlich verlief, ist gegenüber der Tatsachenverzerrung des »Gedenk«-Textes zu vernachlässigen.

Als im Oktober 2004 bei der Verlegung neuer Wasserleitungen ein Rest von Harry Seidels Tunnel aus dem Bierkeller des »Heidelberger Kruges« hinüber in die Elsenstraße gefunden wurde, registrierten die Berliner Zeitungen das interessiert, aber ohne Empathie. Der Leiter des örtlichen Heimatmuseums, Claus-Dieter Sprink, nahm den Fund in Augenschein: »Man kann mit der Taschenlampe weit in den Gang hineinleuchten.« Er zeigte sich beeindruckt: »Auf halber Strecke umzukehren war unmöglich […]. Wer diesen Weg wagte, musste viel Mut und einen unbändigen Willen zur Freiheit haben.« Dennoch wurde der Fund nicht gesichert, sondern zugeschüttet: »Sonst besteht die Gefahr, dass die Straße einbricht.« Eine kleine Gedenktafel wurde in den Bürgersteig eingelassen, genau vor dem früheren Standort des Hauses, in dessen Keller einst der Fluchttunnel geendet hatte – das längst geräumte Gebäude selbst hatten die DDR-Grenztruppen 1985 abreißen lassen. Im Frühjahr 2008 wurde schließlich ein Stück der Heidelberger Straße zwischen Wildenbruch- und Elsenstraße als Fußweg gärtnerisch neu gestaltet, mit schwerem Gerät. Es ist nicht bekannt, dass sich dabei jemand um die Reste der mindestens vier in diesem Bereich versuchten Fluchttunnelbauten – darunter einer, bei dem tatsächlich ein Durchbruch erreicht wurde – gekümmert hätte.

Auch an der Bernauer Straße wurden nach 1990 Reste von

Fluchtstollen beseitigt. Wo einst der »Tunnel 57« von der Bernauer Straße 97 in die Strelitzer Straße 55 verlief, entstanden ab 2005 Neubauwohnungen; der gesamte Grund wurde tief ausgeschachtet, dabei wurden mutmaßlich große Teile dieses Fluchttunnels beseitigt. Neugierige Journalisten, die sich den Ort genau anschauen und dokumentieren wollten, wurden mindestens zweimal von Bauarbeitern verscheucht; eine freundliche Anfrage an den Eigentümer blieb unbeantwortet. Auf gemeinsame Initiative eines ehemaligen Fluchthelfers und eines früheren DDR-Bürgers wurde 2004 immerhin eine Tafel aufgehängt. In bewusst um Neutralität bemühtem Ton heißt es da:

»Im Hof dieses Hauses endete ein von West-Berlin aus gegrabener 145 Meter langer Tunnel, durch den 57 Männern, Frauen und Kindern in den Nächten des 3. und 4. Oktober 1964 die Flucht in den Westen gelang. Nach Verrat der Fluchtaktion an das Ministerium für Staatssicherheit der DDR kam es auf dem Hof zu einem Schusswechsel zwischen Grenzsoldaten und Fluchthelfern. Dabei kam der Unteroffizier der Grenztruppen der Nationalen Volksarmee Egon Schultz (geboren 4. Januar 1943 in Groß-Jestin/Kreis Kolberg) am 5. Oktober ums Leben. Egon Schultz wurde in der DDR als Held idealisiert; die Fluchthelfer galten als Agenten und Mörder. Erst nach dem Fall der Mauer stellte sich heraus, dass die tödlichen Schüsse aus der Waffe eines Kameraden abgegeben wurden. Dieser Sachverhalt war den DDR-Verantwortlichen von Anfang an bekannt.«

Ob unter dem ehemaligen Todesstreifen an der Bernauer Straße noch Reste des »Tunnel 57« zu finden sind, ist unklar. Auf ganzer Länge jedenfalls ist das Bauwerk von der Stasi offenbar nicht zerstört worden. Vom nicht weit entfernt gegrabenen »Tunnel 29« fand ein Team von »Spiegel-TV« mit Hilfe der Fluchthelfer Ulrich Pfeifer und Domenico Sesta im Herbst 2000 einige Meter dieses Stollens.[3] Während die alte Fabrik in West-Berlin, von der dieser Fluchttunnel ausging, schon seit Jahrzehnten abgerissen ist, steht auf ehemals Ost-Berliner Seite noch das Haus Schönholzer Straße 7, in dem der Tunnel endete. Sogar das Loch im Kellerboden war bis zur Modernisierung des Hauses in 2008/2009 noch erkennbar. Erst seit dem 14. September 2009 erinnert hier eine weitere vom Berliner Unterwelten e.V. gestiftete Gedenktafel an die legendäre Tunnelflucht.

Wann genau die Reste der Fluchttunnel im Norden Berlins beseitigt wurden, steht nicht fest. Die Oranienburger Chaussee ist heute eine viel befahrene Verbindungsstraße. Die Häuser der Familie Becker und des Ehepaars Thomas wurden bald nach ihren erfolgreichen Fluchten durch den »Tunnel 28« und den »Rentner-Tunnel« abgerissen; bis 1989 lag hier der Todesstreifen. Heute stehen an derselben Stelle moderne Geschäftshäuser; irgendwelche Hinweise auf die beiden erfolgreichen Massenfluchten gibt es nicht.

2006 wurden die Reste eines weiteren, des letzten erfolgreichen Stollens beseitigt: Bei der Umgestaltung des Grundstücks Waldmüllerstraße 3 im Potsdamer Ortsteil Glienicke gruben Bauarbeiter den Grund um, auf dem einst das Haus Waldmüllerstraße 1 gestanden hatte – und zerstörten dabei zugleich die im Boden wahrscheinlich noch erhaltenen Reste des Fluchttunnels der Familie *Wagner* vom August 1973.

Auch der an die Stasi verratene und zu Pfingsten 1975 aufgebaggerte Tunnel unter dem Bethaniendamm zwischen Kreuzberg und Mitte ist restlos verschwunden – eine Folge der städtebaulich notwendigen Wiederherstellung des Luisenstädtischen Kanals als Grünanlage. Dennoch hätte man diesen Ort wenigstens markieren können.

Ob noch Spuren der verschiedenen Tunnel zwischen Bahnhof Schönholz und dem Städtischen Friedhof Pankow zu entdecken sind, ist offen; dagegen spricht, dass die Straße Am Bürgerpark, die ehemalige Bahnhofstraße, aufwendig hergerichtet und der Streifen, der ehemals zum Friedhof gehörte, zu einer Parkanlage umgestaltet wurde. So sind nahezu alle Spuren der Fluchtstollen aus der Erinnerung getilgt worden. Was jedenfalls die Mauer allgemein angeht und speziell die Versuche, sie unterirdisch zu durchbrechen, hat sich Deutschland bisher eher geschichtsvergessen als geschichtsversessen gezeigt.

Der Rechtsstaat scheitert

Die Justiz der Bundesrepublik hat sich bemüht, auf rechtsstaatliche Weise das Unrecht der SED-Diktatur aufzuarbeiten. Zwischen dem 4. Oktober 1990 und der endgültigen Verjährung aller Taten außer Mord im engen juristischen Sinne am 3. Oktober 2000 wurden über 75 000 Verfahren gegen mehr als 100 000 beschuldigte DDR-Funktionäre, Stasi-Offiziere und Mauerschützen angestrengt. Die Gesamtkosten dürften bei einigen Milliarden Euro gelegen haben; tausende Juristen sind ein Jahrzehnt lang ausschließlich oder vorwiegend mit solchen Verfahren beschäftigt gewesen. Das Ergebnis enttäuscht allerdings auf ganzer Linie: Abermals hat sich – wie bei der Aufarbeitung der NS-Verbrechen durch die westdeutsche Justiz ab 1949 – gezeigt, dass ein Rechtsstaat, der seine eigenen Maßstäbe ernst nimmt, überfordert ist, eine politisch wie moralisch befriedigende Bestrafung von totalitärem Unrecht zu leisten.

Zwar interpretierten die führenden deutschen Experten für juristische Zeitgeschichte, Klaus Marxen und Gerhard Wehrle, in ihrer einschlägigen Zusammenfassung die Lage genau entgegengesetzt: »Es zeigt sich, dass die Strafjustiz ihrer Aufgabe im Wesentlichen gerecht geworden ist und damit einen wichtigen Beitrag zur Aufklärung und Anerkennung von DDR-Unrecht geleistet hat.« Jedoch sprechen die Fakten eine andere Sprache: Von den 100 000 Personen, gegen die ermittelt worden war, wurde nur jeder 58. Beschuldigte angeklagt oder durch einen Strafbefehl sanktioniert, und sogar nur jeder 133. Beschuldigte erhielt schließlich rechtskräftig eine Strafe, die zudem oft zur Bewährung ausgesetzt wurde.

Damit ist die Verurteilungsquote beim DDR-Unrecht noch erheblich schlechter als bei den Verfahren wegen NS-Verbrechen: Zwischen 1949 und 1999 waren in der Bundesrepublik gegen insgesamt 106 496 Personen Vorermittlungs- und Ermittlungsverfahren geführt worden; von ihnen wurden 6495 Angeklagte rechtskräftig verurteilt, also immerhin jeder 16. Beschuldigte, und zwar überwiegend zu mehrjährigen Haftstrafen. Angesichts der scharfen und in vielen Fällen berechtigten Kritik an der »kalten Amnestie« gegenüber NS-Tätern überrascht es, dass die noch viel weniger befriedigende Verfolgung des DDR-Unrechts zu keinerlei Aufschrei in der Öffentlichkeit geführt hat. Nur ausnahmsweise benannten kritische Publizisten das erneute Versagen der rechtsstaatlichen Justiz beim Namen, so zum Beispiel Hubertus Knabe, der zutreffend den »Täterschutz durch Gerichte« beklagte.

Die Juristen Marxen und Wehrle dagegen beschönigten das Versagen der Gerichte: »Die Sanktionspraxis vermittelt insgesamt den Eindruck, dass das DDR-Unrecht von den Gerichten als mittelschwere Kriminalität eingestuft wurde. [...] Diese Wirkungen werden nicht dadurch beeinträchtigt, dass häufig vergleichsweise milde Strafen ergingen. Wenn Grenzsoldaten wegen vorsätzlicher Tötung in der Regel nur zu einer Bewährungsstrafe verurteilt wurden, so ist dies ein Beleg dafür, dass die Justiz die individuelle Schuld sorgfältig gewichtet hat.«[4]

Symptomatisch für das Scheitern des bundesdeutschen Rechtsstaates bei der Aufarbeitung des SED-Unrechts ist der Vergleich der beiden einzigen Verfahren wegen Tötungen an der Grenze, die rechtskräftig mit Schuldsprüchen wegen Mordes endeten. Bei dem einen Fall handelte es sich um eine Exzesstat und damit um einen klaren Mord: Der NVA-Unteroffizier Rolf-Dieter H. hatte am 18. Oktober 1965 gegen 2.50 Uhr morgens Dienst am Todesstreifen zwischen Kleinmachnow und West-Berlin, als der 23-jährige Walter Kittel mit einem Freund versuchte, die Grenzsperren zu überwinden. Die beiden wurden von zwei anderen Grenzsoldaten unter H.s Kommando entdeckt, die Sperrfeuer gaben und die Flüchtlinge so zum Aufgeben zwangen. Kittel und sein Freund gehorchten mit erhobenen Händen der Aufforderung der Posten, umzudrehen. Auf Befehl eines der beiden Posten stiegen beide Flüchtlinge in den Sperrgraben zurück. »Zur Mahnung« gaben die beiden DDR-Grenzsoldaten dennoch aus ihren Maschinenpistolen mehrere Dauerfeuer-Salven in den Graben ab. Hierdurch wurde Kittels Freund schwer verletzt. Rolf-Dieter H., der vom Geschehen etwa 500 Meter entfernt war, ließ sich zum Ort des versuchten »Grenzdurchbruchs« fahren, wo seine beiden Untergebenen mit ihren Maschinenpistolen im Anschlag die im Graben liegenden Flüchtlinge in Schach hielten. Einer der beiden Posten unterrichtete seinen Vorgesetzten, dass zwei Flüchtlinge gestellt worden seien, auf Befehl zurückgekommen seien und sich jetzt im Graben befänden.

Nun übernahm H. das Kommando und befahl den Flüchtlingen: »Rauskommen!« Seine Entfernung zu Kittel und dessen schwer verletztem Freund betrug höchstens 25 Meter. Der Angeschossene rief: »Ich kann nicht, ich bin verletzt!« Walter Kittel dagegen stand auf, um den Grenzposten entgegenzugehen. In diesem Augenblick gab Rolf-Dieter H. aus seiner Kalaschnikow, die er auf Dauerfeuer gestellt hatte, mindestens drei Feuerstöße mit mindestens 15 Schüssen ab. Er schoss, bis Kittel umfiel, von mehreren Kugeln tödlich in den Leib getroffen. Entweder vor oder nach den tödlichen Schüssen schrie der Postenführer sinngemäß: »Ich habe mir geschworen, hier kommt keiner mehr lebend raus.« Alle am Scheitern des Fluchtversuchs beteiligten Grenzsoldaten wurden von ihren Vorgesetzten belobigt und ausgezeichnet; dem Täter brachten die tödlichen Schüsse auf einen wehrlosen Mann die Beförderung zum Feldwebel ein.

1992 wurde Rolf-Dieter H. zunächst wegen Totschlages zu sechs Jahren Gefängnis verurteilt. Auf die Revision der Staatsanwaltschaft hin kassierte der Bundesgerichtshof dieses Urteil und verurteilte *Heinz* wegen »heimtückischer Tötung«, also wegen Mordes, zu zehn Jahren Haft – der, wie die zuständigen Richter des 5. BGH-Strafsenates ausdrücklich feststellten, »niedrigsten gesetzlichen Strafe«.[5]

Dieses Urteil war angesichts der Umstände zwar ungewöhnlich milde, wäre aber möglicherweise noch zu vertreten gewesen – hätte nicht derselbe Strafsenat des Bundesgerichtshofs, wenn auch in abweichender Besetzung, sieben Jahre später in einem Revisionsverfahren wegen eines anderen gewaltsamen Todesfalls an der Grenze zu West-Berlin abermals auf Mord entschieden. Dieser zweite Schuldspruch richtete sich nicht gegen einen DDR-Grenzer, der einen Flüchtling umgebracht hatte, sondern gegen einen Fluchthelfer, der in einer eindeutigen Notwehrsituation geschossen hatte. Schuldig gesprochen wurde Rudolf Müller, der am 18. Juni 1962 seine Frau, die beiden gemeinsamen Kinder sowie seine Schwägerin durch einen Tunnel aus Mitte nach Kreuzberg geholt hatte und, von dem DDR-Grenzsoldaten Reinhard Huhn mit einer schussbereiten Maschinenpistole bedroht, spontan von der mitgebrachten Pistole Gebrauch gemacht und geschossen hatte. Ein nach heftiger DDR-Propaganda in West-Berlin damals eingeleitetes Ermittlungsverfahren wurde nach kurzer Zeit niedergeschlagen; Müller hatte auf Empfehlung eines Staatsschutzbeamten den zunächst zugegebenen Todesschuss in Notwehr später abgestritten.

Nach der deutschen Einheit wurde Müller jedoch angeklagt. Das Schwurgericht Berlin verurteilte ihn 1999 wegen Totschlages zu einer ungewöhnlich milden Strafe von einem Jahr Gefängnis auf Bewährung. Dagegen legten sowohl der Verurteilte als auch der Nebenkläger, der Bruder von Reinhold Huhn, Rechtsmittel ein – mit entgegengesetztem Ziel: Müller wollte einen Freispruch erreichen, weil er in Notwehr gefeuert hatte; der Nebenkläger wollte eine Bestrafung ohne Bewährung durchsetzen. Der Bundesgerichtshof, offenkundig bemüht um ein salomonisches Urteil, änderte in der Revisionsverhandlung am 5. Juli 2000 zwar nicht das Strafmaß, sprach Rudolf Müller aber des Mordes schuldig. Zur Begründung führte der 5. Strafsenat allen Ernstes aus:

»Die Tötung des Grenzpostens war nicht durch Notwehr geboten. Bei seinem konkreten Einsatz handelte der getötete Grenzposten gemäß einer für ihn verbindlichen Befehlslage. Diese beruhte auf der Grenzregelung der DDR, die – ungeachtet ihrer Menschenrechtswidrigkeit – nicht insgesamt als ungültig anzusehen ist.«

Diese Argumentation war schon in sich widersinnig, da das Grenzregime der DDR eben menschenrechtswidrig war und daher nach Maßstäben eines Rechtsstaates ungültig sein musste. Trotz entsprechender Feststellungen zahlloser westdeutscher Politiker und Gerichte in den 28 Jahren der Mauer befanden die Richter in Müllers Fall:

»Dagegen ist die willkürliche und rechtsstaatswidrige Vorenthaltung der Ausreisefreiheit der DDR-Behörden kein notstandsfähiger Zustand, weil die Ausreisefreiheit kein Freiheitsgut im Sinne von Paragraph 35 StGB ist. Dem Angeklagten und seinen erwachsenen Angehörigen war die Hinnahme der Gefahr für die Fortbewegungsfreiheit zuzumuten, weil sie die Gefahr selbst verursacht haben. [...] Einen Anspruch darauf, das Recht der Freizügigkeit an jeder gewollten Stelle auszuüben, gibt es aber nicht. Es ist nicht rechtsstaats- und menschenrechtswidrig, die Bevölkerung für das Verlassen des Landes auf bestimmte Grenzübergänge zu verweisen. Auch die Bundesrepublik darf nicht an jeder Stelle verlassen werden.«

Einer Verhöhnung kam es gleich, dass die Richter Müller vorhielten, er hätte »gegenüber rechtmäßigen, behördlichen Maßnahmen [...] eine Duldungspflicht« gehabt. Zudem ignorierte der Bundesgerichtshof, dass keine drei Monate vor Müllers Notwehr der West-Berliner Tunnelgräber Heinz Jercha von Stasi-Männern erschossen worden war und dass allein in den vorangegangenen 13 Tagen zwei Ost-Berliner von DDR-Grenzern getötet wurden. Dessen ungeachtet begründete die Vorsitzende des Strafsenates, die heutige Generalbundesanwältin Monika Harms, die Verschärfung des Urteils mit der »überragenden Bedeutung des Rechtsgutes Leben«, das Rudolf Müller nicht geachtet habe. Gleichzeitig nahm sie für ihr Gericht in Anspruch, mit dem einzigartig geringen Strafmaß für einen angeblichen Mord eine »Ahndung, die befrieden soll« gewählt zu haben. Das Gegenteil war richtig: Mit dem Urteil des 5. Strafsenates wurde der Fluchthelfer Müller rechtlich gleichgestellt mit dem kaltblütigen Mörder Rolf-Dieter H..

Ein Skandal, den das zu Unrecht verurteilte Justizopfer nicht auf sich beruhen lassen wollte: Er rief das Bundesverfassungsgericht an. Doch das höchste deutsche Gericht nahm die Verfassungsbeschwerde nicht zur Entscheidung an; sie sei unbegründet:

»Die Strafgerichte haben dem Freiheitsrecht des Beschwerdeführers das Lebensrecht des getöteten Grenzsoldaten als kollidierendes Grundrecht gegenübergestellt und auf dieser Grundlage angenommen, die vorsätzliche Tötung des Soldaten sei weder gerechtfertigt noch entschuldigt. Dies ist von der Verfassung her nicht zu beanstanden; denn das Recht auf Leben ist durch Art. 1 Abs. 1 und Art. 2 Abs. 2 Satz 1 GG geschützt. Es kann im Blick auf seinen besonders hohen Rang als kollidierendes

Rechtsgut auch dem Recht des Beschwerdeführers auf Schutz seiner Freiheit vor drohenden rechtsstaatswidrigen Handlungen der DDR-Organe Grenzen setzen.«

Selbst das Bundesverfassungsgericht ließ sich also nicht von der Tatsache beeindrucken, dass DDR-Grenzer gerade im Sommer 1962 erst schossen und dann fragten.

Skandalös musste es Rudolf Müller auch erscheinen, dass die zuständige Kammer des 2. Senates des Verfassungsgerichtes, immerhin besetzt mit der Präsidentin Jutta Limbach und zwei weiteren renommierten Richtern, weiter feststellte:

»Die Bewertung der Tat als Heimtückemord ist im Übrigen verfassungsrechtlich unbedenklich. Die Annahme, der Grenzsoldat Reinhold Huhn sei arglos gewesen, beruht nicht auf einer willkürlichen Unterstellung. Vielmehr hatte der Zeuge H. bekundet, er und sein Kamerad Huhn seien von einer normalen Personenkontrolle ausgegangen.«

Doch »normale Personenkontrollen« durch DDR-Posten konnten direkt an der Grenze zwischen Ost- und West-Berlin 1962 eben doch zu tödlicher Gewalt, mindestens aber zu menschenrechtswidrigen langjährigen Haftstrafen in Gefängnissen wie Bautzen oder Berlin-Rummelsburg führen. Der Form halber schloss das Bundesverfassungsgericht sein Urteil mit der sachlich richtigen Feststellung: »Diese Entscheidung ist unanfechtbar.« Nicht auf diese Situation gemünzt, aber dennoch den Fall Müller treffend, hat sich die frühere Bürgerrechtlerin Bärbel Bohley einmal enttäuscht geäußert: »Wir wollten Gerechtigkeit und bekamen den Rechtsstaat.«[6]

Auch die anderen Tötungen, die Stasi-Leute und DDR-Grenzsoldaten im Zusammenhang mit Tunnelfluchten begangen hatten, blieben ungesühnt: Die Schüsse auf Siegfried Noffke wurden nach 1990 ebenso wenig juristisch aufgearbeitet wie die Tötung von Heinz Jercha an der Heidelberger Straße. Der in den Stasi-Akten ausführlich dokumentierte versuchte Mord an Harry Seidel durch die Bombe neben seinem letzten Fluchttunnel in Kleinmachnow beschäftigte nie ein ordentliches Gericht. Gegen den

DDR-Grenzposten, der auf dem Hof der Strelitzer Straße den vom Fluchthelfer Christian Zobel durch einen Pistolenschuss bereits verletzten NVA-Unteroffizier Egon Schultz mit einem Feuerstoß aus seiner Maschinenpistole getötet hatte, wurde immerhin ermittelt, doch nicht Anklage erhoben; die Wahrscheinlichkeit einer Verurteilung war ohnehin gering.

Zu Ermittlungen in diesem Fall war es erst auf Initiative des früheren SED-Wirtschaftsprofessors Siegfried Mechler gekommen, eines bekennenden Apologeten der DDR und der angeblichen »Siegerjustiz« gegen die Mauerschützen in den neunziger Jahren. »Hier war natürlich eine Einseitigkeit zu verzeichnen«, begründete Mechler seinen Vorstoß, »weil an der Grenze zwischen den beiden deutschen Staaten eben nicht nur jene Bürger ums Leben gekommen sind, die entweder illegal in die DDR hineinwollten oder herauswollten, sondern es gab auch Opfer unter den Grenzsoldaten. Und wir meinten, dass zu einer ganzheitlichen Betrachtung der Geschichte auch diese Opfer gehören. Insofern haben wir angestrebt, einen Prozess zum Thema Egon Schultz in die Wege zu leiten.«

Das frühere SED-Blatt *Neues Deutschland* griff 1993 diese Initiative auf; innerhalb weniger Monate spendeten Leser der Zeitung »rund 195 000 Mark« für die Anwaltskosten eines Prozesses gegen die ehemaligen Fluchthelfer, denen zu diesem Zeitpunkt der Tod von Egon Schultz noch angelastet wurde. Unter anderem wurde der ehemalige Tunnelbauer Hubert Hohlbein wegen »Beihilfe zum Mord« zu einer Vernehmung zitiert. Mehrere Jahre dauerten die Ermittlungen, bis zweifelsfrei feststand, dass der DDR-Grenzer von einem seiner Kameraden mit einer Geschossgarbe getötet wurde. Angesichts dieses Ergebnisses argumentierte der Anwalt von Schultzes Mutter, die West-Berliner Fluchthelfer hätten sich wenigstens eines versuchten Totschlags schuldig gemacht.

Zwar schloss sich die Berliner Staatsanwaltschaft dieser Auffassung nicht an, jedoch mit dem falschen Argument: Eine Tötungsabsicht sei weder bei Christian Zobel noch beim Todesschützen nachzuweisen. Sowohl das Verfahren gegen ihn als auch das gegen die beiden noch lebenden Fluchthelfer wurde eingestellt. Zur einzig angemessenen Einschätzung kamen die Ermittler dagegen nicht: Selbst im Falle eines tödlichen Schusses durch einen der Fluchthelfer auf einen DDR-Soldaten hätte unzweifelhaft Notwehr vorgelegen, weil die Grenztruppen ihrerseits bekanntermaßen gegen Tunnelgräber rücksichtslos von ihren Waffen Gebrauch machten und bereits mehrfach gemacht hatten. Die Ermittlungen zum Tod von Egon Schultz blieben im Ergebnis so unbefriedigend wie die Aufarbeitung des DDR-Unrechts insgesamt: Die DDR-Apologeten halten bis in die Gegenwart hinein an ihrer unhaltbaren Behauptung fest, Egon Schultz sei von Fluchthelfern »ermordet« worden, und den mutigen Tunnelgräbern blieb die angemessene Anerkennung weiter versagt.[7]

Publikumserfolg ohne Folgen

Knapp ein Jahrzehnt nach dem Fall der Mauer hatte Berlin die Geschichte seiner Teilung verdrängt. Für den Filmproduzenten Nico Hofmann war das genau der richtige Zeitpunkt, mit einem großen und teuren Projekt das Thema Fluchttunnel aufzugreifen. Er konnte den Berliner Privatsender Sat.1 überzeugen, immerhin sechs Millionen Mark in einen zweiteiligen Fernsehfilm über Mauerbau und Fluchthilfe zu investieren; noch einmal die gleiche Summe besorgte der Produzent bei Filmförderungs-Institutionen und durch den Verkauf in andere Länder. Mehr als sechzig Drehtage brauchte der Regisseur Roland Suso Richter, um das Drehbuch von Johannes W. Betz umzusetzen – davon allein fünf Wochen in einer 65 Meter langen Tunnelkulisse. Hauptdarsteller Heino Ferch vermochte dadurch zwar »in etwa« die Strapazen der echten Tunnelgräber nachzuempfinden: »Wir können die physischen Herausforderungen beim Bau eines Tunnels durch die Enge und den Dreck körperlich fühlen.« Ihren Antrieb konnte sich der TV-Star aber dennoch nicht vollständig erklären: »Ich habe mich immer wieder gefragt: Was treibt jemanden dazu, Hunderte von Stunden in dem Bewusstsein zu verbringen, dass man jederzeit in diesem Tunnel ersticken könnte? In der Gefahr zu leben, nach dem Durchstechen im Osten in einen Gewehrlauf der Volkspolizei zu schauen? So ganz dahintergestiegen bin ich nicht.« Seiner Filmpartnerin Nicolette Krebitz blieb ein anderer Aspekt der Dreharbeiten im wahrscheinlich engsten Set der jüngeren Filmgeschichte in Erinnerung: »Immer diese klaustrophobischen Situationen. Fünf Schauspieler auf engstem Raum, und auf jeden einzelnen muss man Rücksicht nehmen. Das ist viel schwieriger, als mit einer Person zu spielen.«

Das deutsche Publikum nahm den Darstellern ihr Engagement ab: Am 21. und 22. Januar 2001 schalteten durchschnittlich 6,9 Millionen Zuschauer Sat.1 ein, um den Zweiteiler zu sehen. Mit einer Quote von fast 27 Prozent konnte der Privatsender einen einsamen Rekord feiern; auch bei den Preisen räumte Roland Suso Richter ab: Mit dem Bayerischen und dem Deutschen Fernsehpreis erhielt er die beiden höchsten erreichbaren Auszeichnungen; Heino Ferch wurde für sein Spiel zudem mit der Goldenen Kamera geehrt. Das unabhängige »Lexikon des Internationalen Films« urteilte: »Ein ebenso überzeugendes wie beklemmendes Zeitporträt, das von guten Darstellern getragen wird und die Mittel des Spannungskinos wirkungsvoll zum Zwecke seiner engagierten Geschichte nutzt.«

Die Story von »Der Tunnel« lehnte sich an verschiedene reale Ereignisse an, verband sie jedoch zu einer einzigen Geschichte. Im Mittelpunkt der Handlung stand »Harry Melchior« (Heino Ferch), ein Schwimmstar der DDR und ehemaliger Bautzen-Häftling, der kurz nach dem Mauerbau mit einem Schweizer Pass am Checkpoint Charlie der DDR entkommen konnte, aber um beinahe jeden Preis seine in Ost-Berlin gebliebene Schwester und deren Tochter nachholen wollte. In diesem erfundenen Charakter flossen die beiden bekanntesten tatsächlichen Tunnelgräber zusammen: Hasso Herschel und Harry Seidel.

Mit der Flucht zweier Hauptpersonen durch die Kanalisation und »Harrys« mit einem fremden Pass am Anfang des Films kamen auch die beiden wichtigsten Fluchtwege direkt nach der Grenzsperrung vor. Die Umstände des Tunnelbaus selbst entsprachen im Wesentlichen jenen des »Tunnels 29« an der Bernauer Straße; die beiden Initiatoren dieses Fluchtprojekts, die italienischen Studenten Domenico Sesta und Luigi Spina, tauchten in der Figur des Italo-Amerikaners und Bohemiens »Vittorio (›Vic‹) Castanza« (Mehmet Kurtuluş) auf, und der Ingenieur des

Projekts, Ulrich Pfeifer, hieß im Film »Matthis Hiller« (Sebastian Koch). Außerdem integrierte das Drehbuch zusätzlich die dramatische Situation des »Tunnels 57«: Am Ende stand eine Beinahe-Katastrophe, als Stasi-Offiziere und DDR-Grenztruppen den Tunnel noch während der laufenden Flucht entdeckten. Filmgerecht wurden dabei weit mehr Kugeln verfeuert als je bei einem realen Fluchttunnel. Allerdings ersparte Johannes W. Betz seinen Zuschauern die hinterhältige Taktik der Stasi, West-Berliner Tunnelgräbern tödliche Fallen zu stellen, wie sie in den Fällen von Heinz Jercha und Siegfried Noffke zugeschnappt waren.

Doch nicht nur Versatzstücke aus realen Fluchtstollen flossen in die Geschichte ein. Um den Zuschauern das wohlige Gefühl von Déjà-vus zu geben, bauten Produzent Hofmann und Regisseur Richter zusätzlich einige Szenen ein, in denen die bekannten Bilder des Mauerbaus verarbeitet wurden. So steht die berüchtigte Szene der NVA-Schützenpanzer am Brandenburger Tor am Anfang des Films; außerdem wurde der rettende Sprung des jungen DDR-Soldaten Conrad Schumann über den lose ausgelegten Stacheldraht, der in Wirklichkeit an der Bernauer Straße stattgefunden hatte und durch ein perfektes Foto sowie eine zufällig mitlaufende Filmkamera weltberühmt wurde, in die Mitte Berlins verlegt. Eine brachiale Flucht, bei der ein Bus die Mauer direkt oberhalb des Film-Tunnels durchbrach, war eine Montage aus der gelungenen Flucht des jungen Mechanikers Wolfgang Engels mit einem Panzerspähwagen an der Heidelberger Straße direkt über den Fluchttunneln aus der Eckkneipe »Heidelberger Krug« im April 1963 und dem misslungenen Fluchtversuch von Gerd Keil, Gerhard Becker und Manfred Massenthe mit einem notdürftig gepanzerten Bus durch den Grenzübergang Invalidenstraße am 12. Mai 1963.

Am deutlichsten wurde die Technik, tatsächliche Ereignisse ins Drehbuch einzubauen, beim Tod der Filmfigur »Heiner« (Florian Panzner). Die Szene entsprach dem Tod des fluchtwilligen Ost-Berliners Peter Fechter im August 1962. Andere Handlungsstränge dagegen waren frei erfunden, um den Stoff bildschirmtauglich zu machen: Niemals zog ein West-Berliner Tunnelgräber eine NVA-Uniform an, um eine Flucht zu decken. Auch für den dramatischen Selbstmord der Generalswitwe »Marianne von

Klausnitz« (Karin Baal) unter dem Druck der Stasi gab es keine Entsprechung in der Wirklichkeit. Und soweit bekannt, kam auch kein Baby ohne seine Ost-Berliner Mutter durch einen Fluchttunnel in den Westen zu seinem leiblichen Vater. Diese Freiheiten nahm sich das Drehbuch, und zwar durchaus zu Recht. Am Ende des Sat.1-Spielfilms stand ein eingeblendeter Text: »Entlang der Berliner Mauer gab es bis Mitte der sechziger Jahre Dutzende ähnlicher Fluchttunnel, erfolgreiche und gescheiterte. Niemand kennt ihre genaue Zahl.«[8]

Der letzte Fluchttunnel von Berlin

Fast sechs Jahre nach dem Fall der Mauer gab es einen weiteren, den nun wirklich letzten Fluchttunnel von Berlin. Er hatte naturgemäß nichts mehr mit der Teilung der Stadt durch den Todesstreifen zu tun, sondern mit einem einzigartigen Banküberfall: Ein knappes Dutzend Gangster wollte den ganz großen Coup landen. Das Problem dabei war, wie stets bei einer Geiselnahme, die Flucht der Täter. Doch dafür hatte *Khaled Al-Begas*, Deutsch-Syrer, von Beruf Röntgenassistent am Rudolf-Virchow-Klinikum und Kopf der Bande, eine Idee, auf die kein Polizist so schnell kommen würde: unterirdisch.

Für die Tat hatten *Al-Begas* und seine Komplizen sich eine Commerzbank im wohlhabenden Zehlendorfer Ortsteil Schlachtensee ausgesucht. Das einzeln stehende Haus in der Breisgauer Straße 8, in dessen Erdgeschoss die Filiale lag, stammte aus der Zwischenkriegszeit und hatte einen relativ einfachen Kellerboden, der für die Zwecke der Bank nur mit wenigen Zentimetern Beton verstärkt worden war. Die Täter mieteten rund 150 Meter Luftlinie entfernt eine unverdächtige Doppelgarage in der Matterhornstraße 48. Von hier aus gruben sie monatelang – zuerst etwa fünfzig Meter, um einen unter der Matterhornstraße verlaufenden Regenwasserkanal zu erreichen, und dann etwa hundert Meter weiter aus diesem Kanal heraus noch einmal rund zwanzig Meter unter den Keller der Bankfiliale. Die beiden selbst gegrabenen Stollen waren etwa fünfzig Zentimeter breit, siebzig

Zentimeter hoch und professionell mit Schalbrettern abgestützt. Etwa zwanzig Kubikmeter Erdreich mussten die Bankräuber fortschaffen; zu Hilfe kam ihnen dabei, dass die Anwohner des Grundstücks Matterhornstraße 48 an häufige Sandfuhren gewöhnt waren. Die Schalbretter hatten sie von verschiedenen Berliner Baustellen gestohlen. Aufgefallen waren die Vorbereitungen, die spätestens im März 1994 begonnen hatten, niemandem. Wohin die Kriminellen, wahrscheinlich mit einem alten VW-Bus, das Erdreich transportierten, erfuhren die Ermittler erst viel später: auf den ehemaligen Todesstreifen in Lichterfelde-Süd.

Als der Tunnel Ende Juni 1995 bis knapp unter den Kellerboden der Bank vorangetrieben war, machten *Al-Begas* und seine Mittäter ernst: Gegen 10.30 Uhr am 27. Juni 1995 überfielen vier der Männer zwischen Mitte zwanzig und Anfang vierzig die Bank. Bewaffnet waren sie mit zwei Pump-Guns, einem Sturmgewehr und zwei Pistolen. Außerdem hatten sie schwere Brecheisen und ein Werkzeug dabei, das Bauarbeiter als »Kuhfuß« kennen. Sofort trafen die Bankräuber Vorbereitungen für eine längere Geiselnahme. Von der umgehend eingetroffenen Polizei verlangten sie 15 Millionen Mark Lösegeld, einen Fluchtwagen und einen Hubschrauber. Die Geiselnehmer verhandelten ausschließlich indirekt über den stellvertretenden Filialleiter mit den Beamten, die in Kompaniestärke und mit Spezialeinheiten vor dem Haus Aufstellung genommen hatten.

Entsprechend dem Standardprozedere versuchten mehrere Kriminalpsychologen, die Geiselnahme in die Länge zu ziehen, um die Täter zu erschöpfen, sie außerdem durch geringe Zugeständnisse in Sicherheit zu wiegen, um so schließlich bei der erwarteten Flucht mit Geiseln mit schneller und präziser Gewalt zugreifen und die Verbrecher überwältigen zu können.

Allerdings konnte dieses Kalkül hier nicht aufgehen, denn die Täter hatten gar nicht vor, die Bank durch die Eingangstür zu verlassen. Vielmehr gingen unmittelbar nach dem Überfall zwei der Täter in den Keller, wo die Bank ihren Kunden insgesamt 423 Schließfächer anbot. Sie bekamen bald Verstärkung: Zwei weitere Bandenmitglieder hatten schon im Tunnel gewartet und bohrten nun von unten ein Loch in die Kellersohle. Jetzt durchbrachen die Täter aus der Bank von oben den Fußboden und stellten so die

Verbindung zum Fluchtstollen her. Mit schwerem Werkzeug machten sich die Kriminellen dann über die Kundenschließfächer her und transportierten die Beute aus 206 aufgebrochenen Tresorfächern durch den Stollen ab: Bargeld, Goldbarren und Schmuck von unbekanntem Wert – wahrscheinlich mehr als zehn Millionen Mark.

Die Polizei bekam davon nichts mit. Nach einigen Stunden ließen die Beamten den Kriminellen zwei Plastiktüten mit insgesamt 5,6 Millionen Mark in die Bank bringen, um die Täter in dem wohligen Gefühl zu wiegen, nun »reich« zu sein. Währenddessen erlitten die 16 Geiseln Todesängste: Sie mussten enge Handfesseln tragen und stundenlang in einer sehr unbequemen Haltung liegen. Einem Kunden hatten die Räuber einen Sack über den Kopf gezogen und eine Waffe an die Schläfe gedrückt.

Gegen 23 Uhr in der Nacht gab es den letzten indirekten Kontakt zwischen Polizei und Geiselnehmern, dann herrschte Stille. Doch das Spezialeinsatzkommando wollte auch nach mehr als zwölf Stunden Dauer der Geiselnahme noch nicht zugreifen – das Risiko erschien dem SEK-Chef vor Ort, Martin Textor, zu hoch: »Wir kommen da nicht rein, aber die kommen da auch nicht raus. So dachten wir zumindest.«

Gegen halb drei Uhr früh am 28. Juni 1995 nahm die Geiselnahme dann eine unerwartete Wendung. Der stellvertretende Filialleiter rief bei der Polizei an; Textor erinnerte sich an diesen Anruf: »Er sprach erkennbar freier als zuvor und sagte, man habe die Geiselnehmer seit einiger Zeit nicht mehr gesehen. Sie könnten nur im Keller sein.« Eine günstige Situation für einen Zugriff. Trotzdem dauerte es noch, bis das SEK gegen vier Uhr morgens vorrückte; es stieß auf keinerlei Gegenwehr. Doch im Keller fanden sich nicht etwa die Geiselnehmer, sondern nur ein Loch im Fußboden, das in einen Tunnel führte. Die Täter waren samt Beute verschwunden, die Polizei schaute wortwörtlich in die Röhre.

Doch nicht einmal dieses trickreich eingefädelte Verbrechen lohnte sich: Schon am 7. Juli 1995 konnte die Polizei den ersten Verdächtigen festnehmen, der mehr als ein Jahr zuvor die Garage in der Matterhornstraße gemietet hatte. Binnen kurzer Zeit gingen auch die meisten übrigen Täter der 60-köpfigen Sonderkommission ins Netz, einschließlich des Anführers *Khaled Al-Begas*. Außer einem 23-jährigen Deutschen namens *Sebastian Vetter* waren es Angehörige zweier Großfamilien aus Syrien und dem Libanon, die teilweise schon viele Jahre in Berlin gelebt hatten. Selbst der größte Teil des gezahlten Lösegelds wurde gefunden: 5,3 von 5,6 Millionen D-Mark. Zum größten Teil verschwunden blieben dagegen die Wertsachen aus den Schließfächern. So blieb es auch Spekulation, ob es hier zum massenhaften Versicherungsbetrug kam (so hatte ein Schließfachmieter einen Schaden von Schmuck im Werte von 395 000 Mark angegeben, ein anderer den Verlust von Barem in Höhe von mindestens 1 973 220 D-Mark und 214 365 US-Dollar gemeldet) oder ob im Gegenteil Schwarzgeld und Erträge aus Steuerhinterziehung gestohlen wurden. Mutmaßlich dürfte sich beides in etwa ausgeglichen haben.

Im Sommer 1996, rund ein Jahr nach dem spektakulären Coup, wurden alle sechs Angeklagten verurteilt, zu Strafen zwischen acht und 13 Jahren. *Khaled Al-Begas* soll frühestens 2010 wieder freikommen – zu seiner Strafe kamen zwei zuvor auf Bewährung verhängte Haftzeiten hinzu. Zehn Jahre nach dem spektakulären Coup urteilte der inzwischen pensionierte SEK-Chef Textor: »Die Tunnelgangster waren die ausgebufftesten Profis, die mir in meiner Laufbahn untergekommen sind. Sie waren in der Lage, das Handeln der Polizei vorauszudenken und daraus ihre Vorteile zu ziehen, auch wenn es ihnen am Ende nichts genützt hat.«[9]

ANHANG

Abkürzungen

ABV	Abschnittsbevollmächtigter der Volkspolizei
AU	(MfS-Abteilung) Aufklärung
BA	Bundesarchiv (Koblenz)
BA-MA	Bundesarchiv-Militärarchiv (Freiburg/Br.)
BdL	Büro der Leitung/Büro des Leiters
BStU	Bundesbehörde für die Stasi-Unterlagen
BV	Bezirksverwaltung
BVB	(Ost-)Berliner Verkehrsbetriebe
BVG	(West-)Berliner Verkehrsgesellschaft
DDR	Deutsche Demokratische Republik
GM	Geheimer Mitarbeiter des MfS
GV	Grenzverletzer
HA	(MfS-)Hauptabteilung
IM	Inoffizieller Mitarbeiter des MfS
KGB	Komitet Gossudarstwennoy Besopasnosti (Komitee für Staatssicherheit, Sowjetunion)
MfS	Ministerium für Staatssicherheit
MPi	Maschinenpistole
NVA	Nationale Volksarmee (DDR)
OV	Operativvorgang
PTA	Pioniertechnische Anlage (offizieller Grenztruppenbegriff für die Sperranlagen)
RF	Republikflucht
Rias	Rundfunk im amerikanischen Sektor
SBZ	Sowjetische Besatzungszone
SED	Sozialistische Einheitspartei Deutschlands
SFB	Sender Freies Berlin
SSD	Staatssicherheitsdienst (gängige Bezeichnung für das MfS im Westen)
TNT	Trinitrotoluol (ein Sprengstoff)
Trapo	Transportpolizei
VEB	Volkseigener Betrieb (DDR)
WB	Westberlin
ZKG	Zentrale Koordinierungsgruppe

Anmerkungen

Einleitung

1 »Die Regierungen«, »13. August 1961, 1.54 Uhr« u. »1.55 Uhr: Einstellung«: zit. n. Flemming/Koch, *Die Berliner Mauer*, S. 6 f.; »Zur Unterbindung der feindlichen Tätigkeit«: *Neues Deutschland* v. 13. 8. 1961.
2 Vgl. zur Zahl der Maueropfer www.chronik-der-mauer.de; »Selbstschussanlagen«: Ritter/Lapp, *Die Grenze*, S. 70–79, 103–107; »Schießt nicht auf die eigenen Landsleute!« u. »Manche sagen, Deutsche«: zit. n. *Welt* v. 15. 8. 2007; »Auf Deserteure«: Befehl 000464 v. 15. 9. 1961 (Kopie im Archiv d. Verf.); »Bestimmungen über den Schusswaffengebrauch« u. »Wachen, Posten und Streifen«: zit. n. Koop, *Den Gegner vernichten*, S. 499 f.
3 Vgl. Sesta, *Der Tunnel*; Nooke, *Der verratene Tunnel*; Mann, *Tunnelfluchten*; Detjen, *Das Loch in der Mauer*.

Die unterirdische Grenze

1 »Dienten die Leitungen«: Kehler, *Einblicke und Einsichten*, S. 354; »Am Sonnabend«: *Tagesspiegel* v. 27. 3. 1949; »Das drahtgebundene Fernmeldewesen«: *Nachtexpreß* v. 19. 2. 1949.
2 »An der Sektorengrenze«, »Die Verschmutzung« u. »Im Übrigen«: *Berliner Morgenpost* v. 11. 2. 1955; »Bereits 24 begehbare«: Vermerk über eine am 13. 12. 1960 durchgeführte Besprechung zwischen der West-Berliner Stadtentwässerung, der Senatsverwaltung Bauen und Wohnen und den Groß-Berliner Entwässerungswerken (Kopie im Archiv der Berliner Unterwelten).
3 Vgl. BStU MfS HA I, 5750, Bl. 36–52.
4 Zur unterirdischen Grenzsicherung vgl. »Die unterirdische Grenze – Kanalisation im geteilten Berlin«. Ausstellung im Museum am Wasserwerk, Berlin-Friedrichshagen 1999.
5 »Ohne besondere Vorkommnisse«: Brief von *Ulrich Schütze* v. 8. 1. 2003; *Schütze* beklagt, dass in einer Sendung von Spiegel-TV zum 40. Jahres-

tag des Mauerbaus behauptet worden war, eine West-Berliner Schülergruppe hätte diesen Fluchtweg entdeckt. In Wirklichkeit waren es Ost-Berliner Schüler, jedoch: »Mit Rücksicht auf Einreisemöglichkeit und unsere Angehörigen in Ost-Berlin/DDR hatten wir bis zur Wende Publikation und Beweissicherung vermieden.« »Glockengasse 4711«, *Spiegel* v. 28. 3. 1962. Zur Flüchtlingsliste mit 134 Namen vgl. www.fluchthilfe.de/beitraege/kanalisation.html.

6 »Dramatische Szenen«, »Relativ spät«, »Ein pechschwarzer«: www.fluchthilfe.de/beitraege/kanalisation.html (zuletzt gesichtet am 22. 4. 2008).

7 »Noch im Kanal«, »Die Leute« u. »Zähe, übelriechende«: *Spiegel* v. 28. 3. 1962; »Über das Wasserschutzamt«: www.fluchthilfe.de/beitraege/kanalisation.html.

8 »Wir haben so«, »Eigentlich sehr ekelhaft« u. »Wenn man nicht«: Ulrich Pfeifer, zit. n. Nooke: *Der verratene Tunnel*, S. 70 f.; »Am Gleimtunnel«: *Tagesspiegel* v. 3. 11. 1961.

9 »Einer Schar junger Männer« u. »Geheim, dann rissen«: *Spiegel* v. 28. 3. 1962.

10 Zur Flucht der Boxer der BSG »Motor Teltow« vgl. Interview mit *Karsten Lehmann*, 26. 1. 2008 (die Information stammt von seinem Vater, der vor dem Bau der Mauer die »Grüne Grenze« zwischen Kleinmachnow und Zehlendorf bewachte); »Um Mitternacht rutschen«: *Spiegel* v. 11. 8. 1965; zum Kanal unter dem Lützowufer vgl. www.fluchthilfe.de/beitraege/ kanalisation.html.

11 »Aus den Gullys«: *Spiegel* v. 28. 3. 1962; »Dieter Thieme« u. »Bei der letzten Tour«: www.fluchthilfe.de/beitraege/kanalisation.html; »Im letzten Augenblick«: *Abend* v. 6. 11. 1961; »Ratten«: *Tagesspiegel* v. 31. 6. 1990.

12 »Die Bahnhöfe Walter-Ulbricht-Stadion« u. »Die Züge die U-Bahnlinie D«: Gesetzblatt der DDR II, Nr. 51 vom 13. 8. 1961, S. 334; »Auf einen durchfahrenden Zug«: *Bild* v. 19. 9. 1961; zur Einigung der U-Bahner in Ost und West vgl. *Tagesspiegel* v. 20. 9. 1961; »Das kann ich«, »Sie können mir« u. »Vorsicht – Stasi«: Interview mit *Martin Wagner* v. 28. 3. 2008; zur Flucht durch den U-Bahntunnel am 9. 4. 1966 vgl. Übersichtsplan Gedenkstätte Berliner Mauer (vorläufige Fassung); »Um dem SED-System«: www.chronik-der-mauer.de/index.php/de/Start/Detail/id/593928/page/10.

13 Zu den Schüssen auf dem »Geisterbahnhof« vgl. Berliner Mauerarchiv Hagen Koch mit Tatortfoto; zu den Sicherungen im U-Bahnverkehr vgl. *Die Welt* v. 14. 12. 1999 sowie Interview André Knorn v. 6. 11. 1999; »Laut Bau- und Betriebsordnung«: Information des Präsidiums der Volkspolizei Stab – Abteilung Operativ vom 14. 9. 1978 (Kopie im Archiv der Verf.).

14 Zur Flucht von Dieter Wendt vgl. Interview Dieter Wendt v. 6. 9. 1995 sowie *Berliner Zeitung* v. 27. 10. 2004.

Die frühen Tunnel

1 »Grundstück am Bahnhof Düppel« u. »Vierzehn Jugendliche«: Detjen, *Loch in der Mauer*, S. 442 u. 446; »Direkt südlich der Straße«: Interview mit *Karsten Lehmann*, 26. 1. 2008 (die Information stammt von seinem Vater, der vor dem Bau der Mauer die »Grüne Grenze« zwischen Kleinmachnow und Zehlendorf bewachte); vgl. BStU MfS HA I 4359, Bl. 394.
2 »Pankower Friedhofstunnel«, »Gemessenen Schritts«, »Die Trauernden legen«, »seit dem 13. August« u. »Volkspolizisten fanden einen«: *Spiegel* v. 28. 3. 1962.
3 »Um die letzten Formalitäten«: Hertle, *Die Berliner Mauer*, S. 60 f.; »Zittert, obwohl sie drei Lagen«: *B. Z.* v. 13. 8. 2006; »Wird der Tunnel von Grenzpolizisten entdeckt«: Hertle, *Die Berliner Mauer*, S. 60 f.; »In dem vorliegenden Ermittlungsverfahren«: BStU MfS ZA, AU 10297/62, HA/GA, Bd. 2, Bl. 57.
4 »Ein Grenzpolizist«: Eisenfeld/Engelmann, *13. August 1961*, S. 101; »Den Ausgang, welcher bisher«, »Unterirdische Klopfzeichen«, »Die auf eine vermutliche«, »Ich kenne noch weitere Personen«, »Diese Bande«, »Man benutzte dabei« u. »Der Aufklärungsabteilung«: BStU MfS HA I 16903, Bl. 2–7; »West-Berliner MfS-Spitzel« u. »über 100 Personen«: Eisenfeld/Engelmann, *Der 13. August 1961*, S. 100 f.; »Bei Dunkelheit«, »Mitarbeiter der Aufklärung« u. »ca. 28 Jahre, 1,65 Meter groß«: BStU MfS HA I 16903, Bl. 14.
5 Zu den Versuchen, am Friedhof Pankow einen Fluchttunnel zu graben, vgl. BStU MfS HA I, Nr. 4359, Bl. 317 und 332.
6 »Anschauungsobjekt für das subversive Verhalten«: zit. n. *Wochenblatt*, Ausgabe Pankow/Weißensee v. 29. 2. 1996 (Kopie im Archiv d. Verf.); »Als Lichtquelle«: Fotoserie Zentralbild v. 1. 2. 1962, heute BA Koblenz ohne Registratur; »Zu Beleuchtungszwecken«, »Leere Zigarettenschachteln«, »Wie sicher sich«, »Faustskizze« u. »Liebe Schwerarbeiter!«: *BZ am Abend* (Ost) v. 2. 2. 1962; »Es den Ostjournalisten« u. »Sicherheitsgründen«: *Kurier* v. 2. 2. 1962; »Der Stollenbau führte«: *Neues Deutschland* v. 2. 2. 1962.
7 »Westagenturen«: *Neues Deutschland* v. 2. 2. 1962; »Zugkatastrophe« u. »Spione unterminierten«: *BZ am Abend* (Ost) v. 2. 2. 1962; »SED-Propaganda«: *Kurier* v. 2. 2. 1962; »Das Spiel mit dem Feuer«: Inhaltsankündigung des VEB DEFA-Studios »Der Augenzeuge« für Wochenschau und Dokumentarfilme, Woche 6/1962. Die Ausstrahlung erfolgte im DDR-Fernsehen am 7. 2. 1962 unter dem Titel »Grenzprovokationen«.
8 »Diensttuender Reichsbahnangestellter«, »trichterförmige Erdsenkung« u. »Es ist eine Schweinerei«: BStU MfS HA I 3993, Bl. 12–24; zum Einsatz der Polizei vgl. Sämrow, *Bahnpolizisten*, S. 98 f.; »Dass etwa gegen 20 Uhr«, »In drei Fällen« u. »Mit altem Gerümpel«: BStU MfS HA I 3993, Bl. 12 f.

9 »Von Westberlin angelegte Agentenschleuse«: Wolf, *Bosse, Gangster, Kopfgeldjäger*, S. 116 ff.; »Feststellung der am Bau« u. »Initiatoren und Geldgeber«: BStU MfS HA I 3993, Bl. 53; vgl. *New York Times* v. 25. 2. 1962; »Um finanziell minderbemittelte Personen«, »Ein organisierendes Zentrum«, »Fahndungsersuchen«, »Funktionäre der ›Freien Universität‹« u. »Der Stollen Wollankstraße«: BStU MfS HA I 3993, Bl. 54–57; zu Girrmann, Köhler u. Thieme vgl. Gieffers, *Studentische Fluchthilfe*, Bd. 1, S. 45 f. u. Bd. 2, S. 91; vgl. *Neues Deutschland* v. 25. 2. 1962; »erreichten sie nie«: *Spiegel* v. 28. 3. 1962.
10 Zu den Grenzsperren an der Oranienburger Chaussee vgl. BStU MfS HA I 3278, Bl. 14.
11 »Was er da mache«, »Wenn wir uns«, »Um Politik«, »kapitalistischer Dekadenz« u. »Wir schaffen es nie!«: Birnie: *Durch den Tunnel*, S. 287–298.
12 »Natürlich – ein Tunnel!«, »Reihum mit Hammer und Meißel«, »Nichts war zu hören« u. »He, was machen Sie«: Birnie, *Durch den Tunnel*, S. 298–302; »Wir hatten kaum Luft zum Atmen«: *Bild* v. 30. 1. 1962; »Um Gottes willen« Birnie, *Durch den Tunnel*, S. 302.
13 »Höflicher, weißhaariger Herr«, »Herr Müller«, »Schmutzig, nach Atem ringend, zitternd«: Birnie, *Durch den Tunnel*, S. 304–317.
14 »Dass die Wohnung«, »Ausgehend ein Tunnel«, »Dass dieser Tunnel«, »So organisiert« u. »Neben den Angehörigen«: BStU MfS HA I 3278, Bl. 21 ff.
15 »Wieder Massenflucht«: *Bild* v. 25. 1. 1962; »Massenflucht aus Ulbrichts KZ«: *B. Z.* v. 25. 1. 1962; »Eine amerikanische Nachrichtenagentur«: *Berliner Morgenpost* v. 25. 1. 1962; »Flüchtlinge kamen«: UPI Nr. 168 v. 24. 1. 1962 (Kopie im Archiv d. Verf.); »Reichlich naiv« u. »Es geht ja wohl«: *Bild* v. 26. 1. 1962; vgl. *Los Angeles Times, Chicago Herald Tribune* und *New York Times* v. 25. 1. 1962; »Wo ein solches Schlupfloch«: *Welt* v. 26.1.1962; »Verrat! Die Tunnelflucht«: *Bild* v. 26. 1. 1962; »Der Bau des Tunnels«: Detjen, *Loch in der Mauer*, S. 446.
16 »Unter Führung eines 81-jährigen Mannes« u. »Die Flucht spielte sich«: *Kurier* v. 18. 5. 1962; »Ich wollte«, »Dass die alten Leute«, »Pickel, Spaten, Schaufeln« u. »Um es unseren Frauen«: *B. Z.* v. 19. 5. 1962; »Und sofort stellten die ›Maulwürfe‹«: *Berliner Morgenpost* v. 19. 5. 1962; »Er führte lange Gespräche«: *Neue Revue* v. 17. 6. 1962; »Aber der zähe Lehmboden«: *Welt* v. 19. 5. 1962.
17 »Der Genosse«, »Erstattete dem Bürgermeister«, »Nach eingehender Besichtigung«, »Aus der gesamten Anlage«, »Durch alte Säcke«, »Durch Ziegelmauer«, »Das Rentner-Ehepaar«, »Dass die Familie« u. »Ostern 1962«: BStU MfS HA I 3278, Bl. 79–91; »Durch die dazu eingesetzte«: ebd., Bl. 105; »Dieser Verdacht«: ebd., Bl. 88; »Aus dem Grenzdurchbruch«, »Eine oberflächliche« u. »Durch die ungenügende Koordinierung«: ebd., Bl. 79–91; »Schaufelten Grenzpolizisten« u. »nach eingehender Prüfung«: *Telegraph* v. 20. 5. 1962.

Untertagebau Heidelberger Straße

1 »Es war nichts zu sehen«: zit. n. Scholze/Blask, *Halt! Sperrgebiet*, S. 57; »Rechtlich gesehen«: zit. n. Mann, *Tunnelfluchten*, S. 54; »Der trockene Sand«: Veigel an die Verf., 20. 2. 2008; zum Grundwasserstand in der Heidelberger Straße vgl. BStU MfS HA I 4299, Bl. 41.

2 Zum Tunnel Kiefholzstraße (Januar 1962) vgl. BStU MfS ZAIG 10755, Bl. 144 sowie Detjen, *Loch in der Mauer*, S. 134 u. 446; zum Grundwasserspiegel in der Kiefholzstraße vgl. BStU MfS HA I 4299, Bl. 41; in der MfS-Tunnelkartei findet sich kein Eintrag zu diesem Versuch; zur Heidelberger Straße 26/27 vgl. BStU MfS HA I 3285, Bl. 6, u. Detjen, *Loch in der Mauer*, S. 422 u. 446, sowie Mann, *Tunnelfluchten*, S. 111 f., u. MfS-Tunnelkartei BStU MfS HA I 4359, Bl. 347 u. 393; zur Registrierung der Neuköllner Polizei vgl. Mann: *Tunnelfluchten*, S. 58; zum Tunnel Lohmühlenplatz (Februar 1962) vgl. BStU MfS HA I 4317, Bl. 18.

3 »West-Berlins emsigsten« u. »Der Durchbruch«: *Stern* v. 4. 11. 1962; »Ich war«, »Deshalb mussten wir« u. »Der Tunnel war«: *Berliner Zeitung* v. 8. 11. 2004; »Wenn es Ihr Wille ist« u. »Am Ende des Tunnels«: zit. n. Detjen, *Loch in der Mauer*, S. 135.

4 »Es bestand«, »Bis zu diesem Zeitpunkt« u. »Hände hoch!«: BStU MfS HA I 6086, Bl. 192–198; vgl. die genaue Tatortskizze ebd., Bl. 199–203; »Dann kam Heinz«: Veigel an die Verf., 20. 2. 2008; laut *Bild* v. 30. 3. 1962 benutzten am letzten Abend vier Flüchtlinge den Tunnel; »Die verbrecherische Mauer«: *Abend* v. 28. 3. 1962; »Der am Dienstagabend«: *Bild* v. 30. 3. 1962; »Heinz Jercha«: *B. Z.* v. 30. 3. 1962; »Wir bezeugen«: zit. n. *Berliner Morgenpost* v. 30. 3. 1962; »Vom Komplizen umgelegt«: *Berliner Zeitung* v. 12. 4. 1962, »20 Minuten nachdem«: *Berliner Zeitung* v. 16. 11. 2004.

5 »Liquidiert«: BStU MfS HA I 4317 Bl. 18 f.; vgl. Eintrag in der Tunnelkartei BStU MfS HA I 4359, Bl. 347 u. Eintrag der Polizeiinspektion Neukölln in Mann, *Tunnelfluchten*, S. 58 (Nr. 3); zur Reaktivierung dieses Tunnels vgl. BStU MfS HA I 4317 Bl. 18 f. u. BStU MfS HA IX 3225 Bl. 5 sowie Eintrag der Polizeiinspektion Neukölln in Mann, *Tunnelfluchten*, S. 58 (Nr. 3) u. Detjen, *Loch in der Mauer*, S. 136; zum Tunnel vom »Heidelberger Krug« zu »Foto Boss« vgl. BStU MfS HA I 3285, Bl. 7 u. 13 sowie BStU MfS HA IX 3225, Bl. 7; »Zwei Tage« u. »Am schwersten«: *Bild* v. 13. 6. 1962, vgl. *B. Z.* u. *Berliner Morgenpost* v. 13. 6. 1962 sowie Detjen, *Loch in der Mauer*, S. 136; »In den Schlauch zischen«: Veigel an die Verf., 20. 2. 2008; zur Sperrung vgl. BStU MfS HA I 3285, Bl. 13.

6 Zum zweiten Tunnel vom »Heidelberger Krug« aus vgl. Mann, *Tunnelfluchten*, S. 112 f.; zum Tunnel Heidelberger Straße 36 vgl. BStU MfS HA I 4317, Bl. 13 f.; Protokoll der Neuköllner Polizei zit. n. Mann, *Tunnelfluchten*, S. 58; zu den Tunneln an der Heidelberger Straße Ende Juni/Anfang Juli vgl. BStU MfS HA I 4193, Bl. 38–45; *Neues Deutsch-*

land v. 8. 7. 1962; »Vor Fertigstellung liquidiert«: BStU MfS HA I 4359, Bl. 369; vgl. *Tagesspiegel* v. 5. 10. 1962.
7 Zum Verrat dieses Tunnels vgl. BStU MfS HA I 4317, Bl. 18 f., sowie BStU MfS HA I 4359, Bl. 380; »Das war ein Holzhaus«: zit. n. Detjen, *Loch in der Mauer*, S. 138; »Da habe ich dem Uli«: Interview Herschel, 13. 3. 2008; »Und dann sagten« u. »All die Menschen«: zit. n. Köhler, *Der Tunnel* (DVD); »Es ist etwas faul« u. »Das war nur«: zit. n. May, *Grenzenlose Liebe* (DVD).
8 »Ca. 100 Bürger der DDR«: BStU MfS HA IX 3225, Bl. 3; »Terroristische Aktivitäten«: zit. n. May, *Grenzenlose Liebe* (DVD).
9 Zur Zerstörung des Tunnels vgl. *Abend* v. 18. 8. 1962 sowie *Berliner Morgenpost* v. 19. u. 22. 8. 1962; »Die günstigste Möglichkeit«: BStU MfS HA I 3285, Bl. 7; »durch Angehörige des MfS«, »Zugetragen hat sich« u. »Wie durch die«: BStU MfS HA I 4302, Bl. 4 f.; vgl. zu diesem weitgehend misslungenen Tunnel Detjen, *Loch in der Mauer*, S. 139, u. Mann, *Tunnelfluchten*, S. 101–106; »Ulbricht-Gestapo« u. »Tunnel-Tragödie«: *Berliner Morgenpost* v. 7. 10. 1962.
10 Zum Tunnel Wolfswerder vgl. BStU MfS Allg. S 307/63, Bl. 1–177; zu den vorgesehenen Flüchtlingen vgl. BStU MfS HA IX 3225, Bl. 1, sowie *Tagesspiegel* v. 8. 8. 1963.
11 »Wir begaben uns«: BStU MfS Allg. S 307/63, Bl. 10 f.; »über verschiedene Probleme«: ebd., Bl. 92; »angeregt« u. »Liebespärchen«: ebd. Bl. 42 f.; »Wenn die beiden«: ebd., Bl. 31; »Deshalb wagte Harry«: *Berliner Morgenpost* v. 7. 11. 1999; »Zünden!«, »Das Liebespärchen!« u. »Ich weiß! Zünden!«: BStU MfS Allg. S 307/63, Bl. 16; »Zu einer Schlinge«: ebd., Bl. 24.
12 »Los kommt raus!«, Na, seht ihr« u. »Nischt wie weg«: *Bild* v. 17. 11. 1962; »Die organisierten imperialistischen Grenzprovokationen«: zit. n. *Neues Deutschland* v. 28. 12. 1962; »Schandtat eines Unrechtsstaats« u. »zutiefst unmenschliche fremde Gewaltherrschaft«: *Berliner Morgenpost* v. 30. 12. 1962.
13 »Da der Gegner«: BStU MfS HA I 3285, Bl. 12; zu Breistroffer und Franzke vgl. BStU MfS HA I 4317, Bl. 18 f.; »Gegen 17.30 Uhr«: BStU MfS HA I 4193, Bl. 6 f.; zur Flucht mit dem Spähpanzer vgl. Hertle, *»Ich habe gerufen: Nicht schießen!«*, S. 162–168; zum Verlauf des Sperrgrabens vgl. BStU MfS HA I 4292, Bl. 32; »Tunnelsperrgraben«: BStU MfS HA I 16109, Bl. 38.

Konfrontation in Mitte

1 »Ich klage das Regime« u. »Jeder unserer Polizeibeamten«: Willy Brandt zit. n. www.17juni53.de/material/bpb/doku007.pdf (zuletzt gesichtet 6. 1. 2008); vgl. *B. Z.* u. *Berliner Morgenpost* v. 18. 6. 1962; »Es musste ohne Gefährdung«: Müller, *Opi, bist Du ein Mörder?*, S. 207.

2 »Mich überkam«: Müller, *Opi, bist Du ein Mörder?*, S. 212; »Die Fernsehleute«: Müller, *Tunnelflucht in Berlin*, S. 184; »Die Grenzer drüben«: Müller, *Opi, bist Du ein Mörder?*, S. 212; »Wir beobachteten«: Müller: *Tunnelflucht in Berlin*, S. 185; »In der Zeit«: BStU MfS HA IX U 23/85, Bd. 1, Bl. 133; »Es stand fest« u. »Packen wir es?«: Müller, *Opi, bist Du ein Mörder?*, S. 213; »Gratuliere zum«: zit. n. Müller, *Tunnelflucht in Berlin*, S. 184.

3 »An der Ecke«: Müller, *Opi, bist Du ein Mörder?*, S. 227; »Nach 17 Uhr« BStU MfS HA IX U 23/85, Bd. 1, Bl. 141; *Höfner* gab später an, seine Armbanduhr sei an diesem Tag kaputtgegangen und habe deshalb eine falsche Zeit angezeigt (BStU MfS HA IX U 23/85, Bd. 1, Bl. 145); »Was blieb mir«: Müller, *Opi, bist Du ein Mörder?*, S. 228; »Hallo, sind Sie«, »Schau mal« u. »Jetzt ist alles«: Müller, *Tunnelflucht in Berlin*, S. 200; »Gegen 18.50 Uhr«: BStU MfS HA IX U 23/85, Bd. 1, Bl. 142; »Halt, stehen bleiben« u. »Mensch, mach doch keinen«: Müller, *Opi, bist Du ein Mörder?*, S 233 f.

4 »Beim Abdrücken«: Müller, *Tunnelflucht in Berlin*, S. 207; vgl. zur Obduktion BStU MfS HA IX U 23/85, Bd. 2, Bl. 109–112; »Ich sprang sofort«: BStU MfS HA IX U 23/85, Bd. 1, Bl. 143; »Dann ein ungeheurer Lärm«, »Die schießen über die Mauer« u. »Sie haben nicht geschossen«: Müller, *Opi, bist Du ein Mörder?*, S 236 u. 240; »Einmal. Der Mann«: Rudolf Müller, zit. n. *Spiegel* v. 4.7.1962; »Ich habe mit Befremden«: Egon Bahr, zit. n. *Spiegel* v. 18.7.1962.

5 »Berlin: Vopo«: *Bild* v. 19.6.1962; »Meuchelmörder«, »Grenzzwischenfall« u. »Agentenschleusen zu schaffen«: *Neues Deutschland* v. 20. u. 21.6.1962; vgl. *Berliner Zeitung* v. 19. bis 22.6.1962; Pressekonferenz am 20.6.1962 vgl. A 0901/13/1 M, BA Koblenz, Fotosammlung Zentralbild; »Das Verhalten« u. »Bei der Kontrolle«: BStU MfS HA I 5846 Bl. 50 f.; »Hier standen« u. »Wir starrten«: Müller, *Tunnelflucht in Berlin*, S. 211 f.

6 »Angriffe auf die Staatsgrenze Berlin«: *Neues Deutschland* v. 8.7.1962; »Zu diesem Zweck«: BStU MfS BV Berlin 10009/61 »Pankow« I, Bl. 2; »Im Hause Nr. 81«, »Anschließend an dieses Gebäude« u. »Auf dem Hof«: ebd., Bl. 9.

7 »Von welchen aus«: BStU MfS HA I 6086, Bl. 221; »Die Überprüfung«: ebd., Bl. 254; »Nach seiner Einschätzung«: BStU MfS BV Berlin 10009/61 »Pankow« I, Bl. 3.

8 »Was machen Sie«, »Ich baue« u. »Wenn es mal« Interview Hötger, 25.3.2008; »Das Ziel der weiteren Maßnahmen« BStU MfS HA I 6086, Bl. 243; »Bis zu diesem Zeitpunkt« BStU MfS BV Berlin 10009/61 »Pankow« I, Bl. 57; »Liquidierung«: BStU MfS HA I 6086 Bl. 261; zur Planung der Festnahme: vgl. BStU MfS BV Berlin 10009/61 »Pankow« I, Bl. 62.

9 »Als die Schleusung«: BStU MfS HA I 6086, Bl. 209; »Gegen 12.15 Uhr«: ebd., Bl. 251; »Nachdem von der Festnahmegruppe«: ebd., Bl. 249;

»Wenn du mir« u. »Das weiß ich«: Interview Hötger, 25. 3. 2008; »Der am schwersten« u. »Noffke ist seinen Verletzungen«: BStU MfS HA I 6086, Bl. 260 f.
10 *New York Times* v. 29. 6. 1962; »Die ›Berliner Morgenpost‹«: *Berliner Morgenpost* v. 8. 7. 1962; vgl. *Welt am Sonntag* u. *Tagesspiegel* v. 8. 7. 1962 sowie *B. Z.* und *Bild* v. 9. 7. 1962; »Im Verlaufe«, »Im Juni 1962« u. »Aufgrund seiner«: BStU MfS BV Berlin 10009/61 »Pankow« I, Bl. 82 f., »Da mussten wir das Graben«: Interview Hötger, 25. 3. 2008.

Großprojekte an der Bernauer Straße

1 »Schwerpunktabschnitt«: BStU MfS HA I 4359, Bl. 297; »Tunnelschleusungen« u. »Versuchten Tunnelschleusungen«: ebd., Bl. 394 f.; »Grenzgängers«: Detjen, *Loch in der Mauer*, S. 442 f. u. 447; »Den Grenzsicherungskräften der DDR« u. »Auf dem Gelände«: *Neues Deutschland* v. 8. 7. 1962.
2 »Ständiger Beobachter« u. »Durch einen Angestellten«: BStU MfS HA I 4312, Bl. 8; »Versuchte Tunnelschleusungen«: MfS BStU HA I 4359, Bl. 294; Tunnel v. 31. 7. 1962 vgl. ebd., Bl. 311; »Zu einem 80 Meter« u. »Die Arbeiten«: *Tagesspiegel* v. 2. 8. 1962; »Als sie sich im Sowjetsektor«: *Berliner Morgenpost* v. 18. 1. 1964; »Der Musiker *Hans Biermann*«, »Zwei Jahre und acht Monate Zuchthaus« u. »Hauptangeklagte *Karlau*«: *Tagesspiegel* v. 19. 1. 1964; »Dass sie von kommunistischen«: *Telegraf* v. 1. 5. 1965; »Aus Richtung West-Berlin« u. »Die Staatsgrenze«: BStU MfS HA I 4359, Bl. 346.
3 »400 foot«: *New York Times* v. 19. 9. 1962; »Wieder Massenflucht«: *Berliner Morgenpost* v. 19. 9. 1962; »In der Nacht zum Sonnabend«: *B.Z.* v. 19. 9. 1962; »Das war unser Tunnel!«: *Bild* v. 20. 9. 1962; zu den 59 Flüchtlingen vgl. *Welt* u. *Tagesspiegel* v. 12. 10. 1962 u. *Süddeutsche Zeitung* v. 13./14. 10. 1962; »30 Flüchtlinge«: Gieffers, *Studentische Fluchthilfe*, Bd. 1, S. 70.
4 »Vier Monate lang«: *Spiegel* v. 24. 10. 1962; »Am Tunnel wartete« u. »Die Flucht von«: *Kurier* v. 17. 11. 1962; »Dramatischsten Bilder des Jahres«: *Stern* v. 16. 12. 1962; »Die NBC verdankte«, »Allein der privaten Dokumentation« u. »Denn immerhin«: *Spiegel* v. 24. 10. 1962; »Den meisten der«: *Telegraf* v. 14. 10. 1962.
5 »Ich sagte« u. »Die richtigen ernsthaften Leute«: Interview Hasso Herschel, 13. 3. 2008; »Zum Beispiel werden«: *Tagesspiegel* v. 12. 10. 1962; zur Ausstrahlung vgl. *New York Times* v. 5. 10. 1962; »Böser Fehltritt« und »Niederträchtige Verallgemeinerung«: *Abend* v. 12. 10. 1962; »Dass sie über die deutsche Botschaft«: *Tagesspiegel* v. 14. 10. 1962; »Gegen eine Sendung« u. »An der Uraufführung«: *Berliner Morgenpost* v. 16. 10. 1962, vgl. *Berliner Morgenpost* v. 18. 10. 1962; »Fassungslos«: *Tagesspiegel* v. 17. 10. 1962; »NBC finanzierte Grenzprovokationen«:

Neues Deutschland v. 19. 10. 1962; »US-Monopolkreise«: *Neues Deutschland* v. 20. 10. 1962; zur Einreisesperre für die NBC vgl. *Abend* v. 19. 10. 1962; »Unter Inanspruchnahme« u. »Durch einflussreiche Bürger«: *Neues Deutschland* v. 21. 10. 1962; »Die für Ende des Monats«: *Tagesspiegel* v. 20. 10. 1962; »Energischer Protest«: *Neues Deutschland* v. 25. 10. 1962; »Die meisten Gesichter« *Berliner Morgenpost* v. 12. 12. 1962; »Als besonders bewegend«: *Tagesspiegel* v. 12. 12. 1962; Titelgeschichte im *Stern* v. 16. 12. 1962; »An eine Beschlagnahmung«: *Volksblatt* v. 12. 12. 1962; »Mühevollen Fluchtvorbereitungen« *Berliner Morgenpost* v. 12. 6. 1963.

6 »Ich war von Anfang an«: Interview Hasso Herschel, 13. 3. 2008; »In der Regel habe«: Pfeifer, zit. n. Nooke, *Der verratene Tunnel*, S. 72; »Soweit ich mich erinnere«: Neumann, zit. n. ebd., S. 65; »Zum Schluss« u. »Fast jeder« Rudolph: zit. n. ebd., S. 56; »Wegen des Wassereinbruchs«: Interview Hasso Herschel, 13. 3. 2008.

7 »Es sollte der aufregendste«: Sesta, *Der Tunnel*, S. 195; »Wir waren zu viert«: Neumann, zit. n. Nooke, *Der verratene Tunnel*, S. 66; »Kein Spitzel und kein Verräter«: Köhler, *Der Tunnel* (DVD).

8 »Mensch, das müssen« u. »Ich glaube, 60 Meter«: Thieme, zit. n. Gieffers, *Studentische Fluchthilfe*, Bd. 2, S. 62 f.; »Auch mit dem Gedanken im Hinterkopf«: ebd., Bd. 1, S. 72; »Sofort mal zu kommen« u. »Ich rase raus« Köhler: zit. n. ebd., Bd. 2, S. 33; »Die Sache aufzugeben«: ebd., Bd. 1, S. 72.; »Über einen ehemaligen«: BStU MfS HA I 4359, Bl. 386.

9 »Fünf Meter«: BStU MfS HA I 4359, Bl. 307; »Gruppe Dehn«: ebd., Bl. 358; »Eine Gruppe von 16 Ost-Berlinern«: *B.Z.* v. 12. 6. 1963; »19 zu allem entschlossene«, »Die Frischluftzufuhr«: *B.Z.* v. 6. 1. 1964.

10 »Ja, und dann« u. »Wir hatten dort«: Neumann, zit. n. Nooke, *Der verratene Tunnel*, S. 66; »Abgestützt haben wir«: Interview Hasso Herschel, 13. 3. 2008; »Bevor wir anfingen«, »Gearbeitet wurde« u. »Waschen konnten wir«: Rudolph, zit. n. Nooke, *Der verratene Tunnel*, S. 57 ff.

11 »Beim Durchbruch« u. »Natürlich haben wir«: Rudolph, zit. n. Nooke, *Der verratene Tunnel*, S. 59 f.; »Und ich hatte dann nur«: Interview Hasso Herschel, 13. 3. 2008; »Zwischen einem Jahr«: Nooke, a. a. O., S. 32.

12 »Einer Art Panikreaktion«, »Doch noch vorher rauszukriegen«, »Der erste Tunnel« u. »Fuchs ist mit«: Neumann, zit. n. Nooke, *Der verratene Tunnel*, S. 67 f.; »Wir kamen recht gut«, »Jede Fluchtbewegung«, »Solange die Passierscheinaktion«, »Herr Albertz empfiehlt« u. »Wenn Sie den Empfehlungen«: *Die Zeitung – Ein deutsches Magazin* v. 30. 4. 1964 (Kopie im Archiv der Verf.).

13 »Als es so weit« u. »Wir waren dann«: Neumann, zit. n. Nooke, *Der verratene Tunnel*, S. 68; »Wir wollen fliehen«, »Ja, ihr müsst«, »Aus Lumpen« u. »Menschen und Dreck«: *Die Zeitung – Ein deutsches Magazin* v. 30. 4. 1964 (Kopie im Archiv der Verf.); »8. Januar 1964«: *B. Z.*

v. 24. 1. 2001; zur »Liquidation« des Tunnels vgl. BStU MfS HA I 4359, Bl. 331.
14 »Diesmal von einem anderen Raum« u. »Die notwendigen Gelder«: *Tagesspiegel* v. 7. 10. 1964; »Es war der anstrengendste Film«: Mauch, zit. n. Wauer, *Heldentod* (DVD); »Wir sind offensichtlich« u. »Wir waren uns«: Neumann, zit. n. ebd.
15 »Bis 0.30 Uhr« u. »Mehrmals wurde Alarm«: *B. Z.* v. 6. 10. 1964; »Ich erinnere mich«: *Super-Illu* v. 8. 2. 2001; »Reinhard ging also« u. »Und ich bin sofort«: Neumann, zit. n. Wauer, *Heldentod* (DVD); »Plötzlich höre ich«: *Super-Illu* v. 8. 2. 2001; »Und dann kam plötzlich«: Neumann, zit. n. Wauer, *Heldentod* (DVD).
16 »Mordschützen und ihre Hintermänner«: Honecker, zit. n. Wauer, *Heldentod* (DVD); »Widerliches Geschäft« u. »Wer nicht zahlt«: zit. n. Detjen, *Ein Loch in der Mauer*, S. 218 f.; »Helden oder Gangster«: *Zeit* v. 6. 11. 1964; »Meisterstück des Thesenjournalismus« u. »Gegen das gerichtlich«: Detjen, *Ein Loch in der Mauer*, S. 220; »Ich habe den Vopo erschossen«: *Quick* v. 25. 10. 1964; »Vielmehr lassen«: *Berliner Morgenpost* v. 9. 11. 1965.
17 »Hinweise«: BStU MfS HA I 4359, Bl. 311, Bl. 331 u. Bl. 398; »Ein Bauarbeiter aus West-Berlin«: *Berliner Morgenpost* v. 13. 5. 1970; »War etwa einen Meter«: *Berliner Morgenpost* v. 15. 5. 1970; »Je drei Genossen«, »Ständige Kontrolle« u. »Den Regeln«: BStU MfS HA I 4295, Bl. 6 f.; »Auf einer Breite« u. »den Erfordernissen«: ebd., Bl. 20; »Tunnelgefährdeten Abschnitt« u. »In Auswertung«: ebd., Bl. 8; »Gegen 15.45 Uhr«, »die Bernauer Straße«, »Wenn in der Folgezeit« u. »Senkung der Grenzmauer«: ebd., Bl. 23 f.
18 »Ich dachte«: Interview Hasso Herschel, 13. 3. 2008; »Das war ein Tunnel«: Pfeifer, zit. n Brincker, *Grenzenlose Liebe – Rendezvous im Schatten der Mauer* (DVD); »So neun Wochen«, »Der zweite Beobachtungsposten« u. »Das war vielleicht abends«: Interview Hasso Herschel, 13. 3. 2008; »Grenzwächter entdeckten«: *Bild* v. 26. 2. 1971; »Wurden die Tunnelbauer«: *Welt* v. 26. 2. 1971; »Bekämpfung der organisierten Fluchthilfe«: Auerbach u. a., *Hauptabteilung XX*, S. 114; »Telegrafisch, telefonisch oder persönlich«: BStU MfS ZKG 11992, Bl. 6; »Im System der ständigen Kontrolle«: BA-MA GT 5788, Bl. 4 f.; »Liquidierung des Tunnels« u. »Keine Kuriere«: BStU MfS ZKG 11992, Bl. 7.

Der »Köppen-Tunnel«

1 Dieses und alle folgenden Zitate, sofern nicht anders angegeben, aus Interview Klaus Köppen, 20. 6. 2007 (transkribiert von Ingmar Arnold).
2 »Maßgeblich am Bau«: Verfügung auf Einleitung eines Strafverfahrens v. 11. 4. 1963, Stasi-Akte Horst Breistroffer (ohne Signatur), Kopie im

Archiv der Verfasser; vgl. Antrag des Generalstaatsanwaltes der DDR auf Haftbefehl v. 11. 4. 1963, ebd.
3 »Wie die West-Berliner«: *Tagesspiegel* v. 16. 9. 1964. Am gleichen Tag berichtete auch, nicht ganz so ausführlich, *Die Welt* über den Vorfall.
4 »Durch die Schleusergruppe« BStU MfS HA I 4355, Bl. 2; »Durch IM«, »So wurden«, »Durch eine« u. »noch ca. 130 Meter«: ebd., Bl. 23–27; »Den Namen«: Interview Klaus Köppen v. 20. 6. 2007; »Am Bau des Tunnels«, »a) Dekonspiration«, »die Gruppe des Unterfeldwebels« u. »Betreffs des Tunnelobjektes«: BStU MfS HA I 4355, Bl. 46–48; zum Weiteren ebd. Bl. 50–54.
5 »Und Ende 1964« zit. n. »Flucht und Fluchthilfe im Spannungsfeld der deutsch-deutschen Beziehungen« in: www.soc.unitn.it/sus/attivita_del_dipartimento/convegni/maggio2006/gcabstracts/Detjen.htm; »Der Artikel sollte« u. »noch einmal bei dem GM«: zit. n. Knabe, *Der diskrete Charme der DDR*, S. 230.

Rund um Berlin

1 Zum Ausbau der Berliner Mauer Mitte 1962 vgl. Bundesministerium für gesamtdeutsche Fragen (Hrsg.): Verletzungen der Menschenrechte, S. 17 f.; zu den Tunnelhinweisen des MfS im zweiten Halbjahr 1962 vgl. BStU MfS HA I, 4359, Bl. 394 f. u. passim.
2 Zur Flucht aus dem VEB Bergmann-Borsig vgl. *Berliner Morgenpost* u. *B. Z.* v. 13. 6. 1962 sowie BStU MfS HA I 4359, Bl. 314; »Nur in Richtung Staatsgebiet«: zit. n. Koop, *Den Gegner vernichten*, S. 500; »In Richtung Westberlin«: zit. n. ebd., S. 489.
3 »Operative Maßnahmen«: BStU MfS HA I 4359, Bl. 332; vgl. zu diesem Areal BStU MfS HA I 4292, Bl. 30; »S-Bahnhof/Friedhof Schönholz« u. »Die Veröffentlichung dieser Angaben«: *Neues Deutschland* v. 8. 7. 1962; »Operative Maßnahmen«: BStU MfS HA I 4359, Bl. 357; »Dabei war er so«: Detjen, *Loch in der Mauer*, S. 146; »Gruppe Fuchs« u. »Scheiterten an der ehemaligen«: BStU MfS HA I 4359, Bl. 324; zum gescheiterten Tunnel zur Melchiorstraße vgl. Hildebrandt, *Die Mauer*, S. 61; »Gruppe Keuch« u. »Zuschüttung«: BStU MfS HA I 4359, Bl. 332; vgl. BStU MfS HA I 4292, Bl. 30.
4 »Massiver Laubenbauweise«, »Der Tunnel« u. »Dass in Schubfächern«: BStU MfS HA I 4189, Bl. 3; »Dann haben wir« u. »Sperren Sie mal«: SFB-»Abendschau« v. 14. 3. 1963; vgl. *Chicago Tribune* v. 14. 3. 1963.
5 »Schön zu arbeiten«: SFB-»Abendschau« v. 14. 3. 1963; »Wurde der Hermsdorfer Tunnel«: *Kurier* v. 13. 3. 1963; »Gestatten Sie mir« SFB-»Abendschau« v. 14. 3. 1963; »Im Haus selbst« u. »grobe Skizze«: BStU MfS HA I 4189, Bl. 6 f.; »Den Fernsehapparat«: ebd., Bl. 10.
6 Zu den Tunneln in der Sebastianstraße vgl. BStU MfS HA I 4359, Bl. 388 sowie HA I 4291, Bl. 32; vgl. Brief Veigel, 25. 2. 2008; »Teil eines

alten Tunnels« u. »versuchte Tunnelschleusung«: BStU MfS HA I 4359, Bl. 317; vgl. zur Bouchéstraße ebd., Bl. 318; vgl. zur Harzer Straße ebd., BStU MfS HA I 4292, Bl. 33; »Vermauert«: BStU MfS HA I 4359, Bl. 374; »Auf kuriose Weise«, »Seltsames«, »Eltern haften« u. »Kommunistische Agenten«, Tunnel in Lichterfelde: vgl. *Chicago Tribune* v. 21. 1. 1964; zum Tunnel unter der Kommandantenstraße vgl. BStU MfS HA I 4359, Bl. 368.

7 Zur Stallschreiberstraße vgl. BStU MfS HA I 4359, Bl. 407; »Zufällig«: *Berliner Zeitung* v. 24. 4. 1956; »Das Problem war«: Kostka, *Ist ja fantastisch*, S. 71; »Auf der Grundlage«: BStU MfS HA I 4289, Bl. 29; »USA-Wühler«: *Neues Deutschland* v. 25. 4. 1956; »Liquidierung eines vermutlichen Tunnelobjektes«: BStU MfS HA I 4289, Bl. 29; »MPi und Pistole«: ebd., Bl. 33; »Dass vom Ausbau«: ebd., Bl. 73.

Die späten Tunnel

1 Anzeige von *Karl Mayer*: BStU MfS HA I 14636, Bl. 4 f. u. 12; zum »Haus der Ministerien« vgl. Demps u. a., *Bundesfinanzministerium*, S. 43–46; »Wanddurchbruch mit davor liegender Erdaufschüttung«: BStU MfS HA I 14636, Bl. 4; zum Zeitpunkt 6.15 Uhr vgl. ebd. Bl. 12.

2 »Etwa um 6.30 Uhr«: Fluchttagebuch, Bl. 8 f. (Archiv der Verf.); »Von offizieller Seite«: *Berliner Morgenpost* v. 27. 2. 1972; vgl. *Die Welt* v. 28. 2. 1972.

3 »Es muss angenommen«: BStU MfS HA I 14636, Bl. 12; zur VW-Motorhaube vgl. *Berliner Morgenpost* v. 27. 2. 1972.

4 »Den Problemen der Sicherung«: Information v. 24. 2. 1972, in: BStU MfS HA I 14636, Bl. 17; »Dabei hatte er Gelegenheit«: ebd.; »zuständigen Kaderabteilung der Bewag«: ebd., Bl. 18; »Keine Passierscheine« u. »Die neu eingebaute Kellertür«: ebd., Bl. 19 f.; zum Schlüsselbund und der Plombierzange vgl. *Quick* v. 8. 3. 1972.

5 »*Schmidt* muss«: BStU MfS HA I 14636, Bl. 12; »Wie wir nach zwei Stunden« u. »Einigermaßen weicher Sand«: Fluchttagebuch, Bl. 1 f. (Archiv der Verf.).

6 »Wir arbeiteten bis Sonntag« u. »Im Stollen vorn«: Fluchttagebuch, Bl. 5–7 (Archiv der Verf.); zu den Werkzeuge vgl. *Quick* v. 8. 3. 1972; »Da war die Stimmung« u. »Aber wir ließen uns«: Fluchttagebuch, Bl. 7 f. (Archiv der Verf.).

7 »Auf der Grundlage«: Schreiben von Generalmajor Wichert an MfS HA I v. 24. 2. 1972, BStU MfS I 14636, Bl. 14; »verfüllt«, Karte der »Tunnelkartei« zur Zimmerstraße: BStU MfS HA I 4359, Bl. 426; »Die Nachricht ist«: Mitschrift der DLF-Sendung v. 28. 2. 1972, 19.05 Uhr, BStU MfS HA I 1997, Bl. 18 f.; »Drüben kann man nicht«: *Quick* v. 8. 3. 1972; »Drüben war ständig«: *Bild am Sonntag*, 7. Juni 1987.

8 Alle Zitate Bericht über Beginn eines Tunnelbaus, 12. 3. 1972: BA/MA GT 5785, Bl. 61–64.
9 »Nicht gefährdetes Tunnelobjekt«: zit. n. Strehlow, *Der gefährliche Weg*, S. 90; »Die bisherigen«: Bericht zum Grenzdurchbruch, 26. 7. 1973 BA/MA, GT 5793, Bl. 69.
10 Alle Zitate nach Strehlow, *Der gefährliche Weg*, S. 90–93, außer »engen Kontakt zum Pfarrer« und »starke westliche Orientierung«: Bericht zum Grenzdurchbruch, 26. 7. 1973 BA/MA GT 5793, Bl. 62; vgl. *Berliner Morgenpost*, *Bild* u. B. Z. v. 9. 8. 1973 sowie *Bild* u. B. Z. v. 10. 8. 1973.
11 »Die beiden Männer kannten«: *Bild* (Berliner Ausgabe) 9. 8. 1973; »Begünstigt wurde diese Straftat«: Strehlow, *Der gefährliche Weg*, S. 93.
12 Zum »Georg-von-Rauch-Haus« vgl. www.Rauchhaus1971.de (gesichtet 13. 9. 2007); zum IM-Bericht vgl. BStU MfS HA I 4359, Bl. 313; »Kräfte des Zusammenwirkens« u. »zur Feststellung«: BA/MA GT 6873, Bl. 26; »Fachmännisch abgestützt«: *B. Z.* v. 20. 5. 1975; »Wir wissen nichts«: *Bild* v. 20. 5. 1975; vgl. *Die Welt* v. 21. 5. 1975.
13 »›Tunnel 21‹ hat Schwächen«: *New York Times* v. 25. 3. 1981; »Völlig unnötigerweise«: *Washington Post* v. 25. 3. 1981; »Guten Gebrauch« u. »Es wäre besser«: *Los Angeles Times* v. 25. 3. 1981; vgl. Lindquist: *Berlin Tunnel 21*, passim.
14 »Entschloss sich aber«, »Die Staatsgrenze der DDR«, »Versprechen, in ihrem Keller« u. »Grenzaufklärungshandlungen«: BStU MfS HA I 4301, Bl. 1–4 u. 12; »In einem kurzen Gespräch«: MfS AU 9492/83, Bd. 1, Bl. 248.
15 »Offenbarten sie sich«, »Gegenüber der geplanten Durchbruchstelle«, »Dabei wurde eingeschätzt« u. »Der Tunnel ist«: BStU MfS HA I 4301, Bl. 1–5; vgl. Gutachten des Bauingenieurs P., BStU MfS AU 9492/83, Bd. 13, Bl. 27–33; »Sofortiger Lieferung«: BStU MfS AU 9492/83, Bd. 13, Bl. 36.
16 »Die Verbindungen der Beschuldigten«, »Straftatbegünstigende Bedingungen« u. »Die Ergebnisse des Ermittlungsverfahrens«: BStU MfS HA I 4301, Bl. 7; Verteiler ebd., Bl. 8; »Wurde nach Hause entlassen«: ebd., Bl. 15.

Die Tunneljäger

1 »Generalunternehmen für Machtsicherung«: Giesecke, *Der Mielke-Konzern*, S. 19; »Dezentralisierung des Kanalisations- und Tunnelzuges«: BStU MfS HA I 5750, Bl. 51 f.; »Beide Züge«: ebd., Bl. 49; »Die Offiziere«: ebd., Bl. 48 f.; »Bedingt durch«: ebd., Bl. 47; »Nichtzulassung der Vollendung«: ebd., Bl. 42 f.; »Die Anzahl« u. »Die Auswahl«: ebd., Bl. 38; »Selbständige Diensteinheit« ebd., Bl. 41.
2 »Festgestellte Erdeinbrüche« u. »In der sicheren Handhabung«: BStU MfS HA I 16109, Bl. 1–38; Verzeichnis der Einsätze in BStU MfS HA

I 18344, Bl. 1–133; vgl. BStU MfS HA I 18345, Bl. 2–53, sowie BStU MfS HA I 11931, Bl. 1–7, BStU MfS BdL 861, Bl. 1–4, BStU MfS HA I 12915, Bl. 1–64, BStU MfS HA I 15661, Bl. 1–23, BStU MfS HA I 15950 Bl. 1–80 u. BStU MfS HA I 17043, Bl. 2–68.

3 »Zur Absicherung«: BStU MfS HA I 4312, Bl. 138; »Ehemaliges katholisches Kloster«: ebd., Bl. 147; »Die Voraussetzungen«: ebd., Bl. 141; »Die gegenwärtige Situation«: ebd., Bl. 139; »Gegenstollen«: BStU MfS HA I 4359, Bl. 311; »Günstige Voraussetzung«: BStU MfS HA I 4312, Bl. 139.

4 Zum Verlauf des zweiten Gegentunnels vgl. BStU MfS HA I 4312, Bl. 140; »Da ich den Kollegen«: ebd., Bl. 143; »Anlass dieses Gespräches«: ebd., Bl. 147; »Unterfeldwebel Cyrkel«: BStU MfS HA I 4355, Bl. 46–48; BStU HA I, Nr. 14635 und HA I, Nr. 16924.

5 Bericht des Referats VII/2 BV Berlin: BStU MfS HA IX/11 UTA 12, Bl. 60–64; »Konzeption zur weiteren Aufklärung«: BStU MfS HA IX/11 UTA 1, Bl. 5 ff. u. Bl. 27 f.; »Zwischenbericht« u. »Es muss eingeschätzt werden«: BStU MfS HA IX/11 UTA 1, Bl. 65; »Im Zeitraum« u. ein großer Luftschutzbunker«: BStU MfS HA IX/11 UTA 1, Bl. 89 f.; zu den Ergebnissen der Untersuchungen vgl. BStU MfS HA IX/11 UTA 2/1, Bl. 23–28 u. die Ermittlungskartei, ebd., UTA 26; zu den Vorschlägen vgl. BStU MfS HA IX/11 UTA 31, Bl. 10 f.

6 »Grundprinzip der politisch-operativen Arbeit«: Suckut (Hg.): *Wörterbuch der Staatssicherheit*, S. 215; vgl. zum Weiteren die Tunnelkartei der Stasi BStU MfS HA I 4359, Bl. 294–427.

7 »Staatsfeindliche Tätigkeiten«: Suckut (Hg.): *Wörterbuch der Staatssicherheit*, S. 360 f.; »Dort wo keinerlei« u. »Falls notwendig«: BStU MfS HA I 4299, Bl. 40; sämtliche Angaben zum Grundwasserspiegel ebd., Bl. 41–45.

8 »Kräfte der Sicherungskompanie« u. »tunnelgefährdeten Abschnitten«: BStU MfS HA I 4299, Bl. 39; Messergebnisse zur Sebastian- und zur Zimmerstraße ebd.; Übersicht über einzelne Bohrergebnisse ebd., Bl. 29–38; »Die begünstigenden Bedingungen« u. »Die Wohnhäuser«: ebd. Bl. 36; »die Wohnhäuser«: ebd., Bl. 42; »Relativ kurzen Entfernungen« u. »Die Unübersichtlichkeit«: ebd. Bl. 17.

9 Zur erhöhten Nervosität vgl. Hinweis auf den »Befehl des Kommandeurs des Grenzkommandos Mitte zur Erhöhung der Grenzsicherung im Zusammenhang mit dem 13. August«: BStU MfS HA I 13252, Bl. 35; »Inoffiziell wurde der Abteilung«, »Nicht im geraden Weg«, »Um ein Haus herum« u. »In die Wohnung«: BStU MfS HA I 13252, Bl. 4 f.; »Sofortmaßnahme«: ebd., Bl. 5 f.; Karte der »Tunnelkartei« zur Zimmerstraße: BStU MfS HA I 4359, Bl. 426; »Dass im genannten Grenzabschnitt« u. »Bei der Liquidierung«: BStU MfS HA I 13252, Bl. 5.

10 »Die Beschaffenheit des Untergrundes« u. »Offen und für jedermann zugänglich«: BStU MfS HA I 13252, Bl. 5 f.; Die Breite ist so« u. »Bei Gefahr geflutet«: BStU MfS HA I 13252, Bl. 32 f.; »Ergänzung zum

Vermerk«, »Nach einer Begehung« u. »Tunneleinstieg auf West-Berliner«: ebd., Bl. 34; Fotodokumentation der West-Berliner Seite ebd., Bl. 51– 60; »Hinter diesem Parkplatz«: ebd., Bl. 44– 46; Aufnahmen von den Grenztürmen ebd., Bl. 61– 67 sowie BStU MfS HA XXII 5724/3 Bl. 101 f.
11 »Plan der Maßnahmen«, »Tag X«, »Zur Legendierung« u. »Bei Feststellung von«: BStU MfS HA I 13252, Bl. 35–39; »Die Länge eines USA-Sturmgewehrs«: BStU MfS HA I 13252, Bl. 41; »Wesentliche Bestandteile«: ebd. Bl. 43.
12 »Zusammenfassend ist festzustellen«: BStU MfS HA I 13252, Bl. 82.

Verdrängte Erinnerung

1 Zu den neu geschaffenen Grenzübergängen 1989/90 vgl. http://home.arcor.de/n_schuster/grenzstempel/guest.html (zuletzt gesichtet 29. 2. 2008); »Überall entlang der Mauer«: *Mauerflug* (DVD); »Das ist zwar immer« u. »Teile der Staatsgrenze«: Jacobs, *Wo stand eigentlich die Mauer?* (DVD); »Echtheitszertifikat«: Hertle, *Chronik des Mauerfalls*, S. 278; »Ungetüm Mauer«, »Zum Glück war das Wetter«, Es ist nicht so«, »Mehr konnte ich«, »In Berlin fehlte« u. »Es war kein Einvernehmen«: *Berliner Morgenpost* v. 2. 10. 2005.
2 »Wir haben die Verpflichtung«: zit. n. Klausmeier/Schmidt, *Mauerreste – Mauerspuren*, S. 8; »ästhetisch wie inhaltlich missglückt«: *Welt* v. 21. 6. 2006; »Abstraktheit gescheitert«: *Berliner Morgenpost* v. 27. 6. 2006; vgl. zu den Problemen des Dokumentationszentrum *Berliner Zeitung* v. 19. 4. 2008.
3 »Am 27. März 1962«: Gedenktafel für Jercha an der Heidelberger Straße; »Man kann mit der Taschenlampe« u. »Sonst besteht die Gefahr«: *Welt* v. 26. 10. 2004; vgl. *Tagesspiegel* v. 27. 10. 2004; »Im Hof dieses Hauses«: Tafel an der Strelitzer Straße 55; vgl. *Berliner Morgenpost* u. *B. Z.* v. 5. 10. 2004; zur Wiederentdeckung des Tunnels vgl. Köhler: *Der Tunnel* (DVD). Der Verein »Berliner Unterwelten« ließ im April 2008 geophysikalisch nachweisen, dass noch weitere Reste des »Tunnel 29« existieren. Die Eintragung als Bodendenkmal ist beantragt.
4 »Es zeigt sich«: Marxen/Wehrle/Schäfter, *Strafverfolgung*, Klappentext; »Täterschutz durch Gerichte«: Knabe, *Die Täter*, S. 166; »Die Sanktionspraxis«: Marxen/Wehrle/Schäfter, *Strafverfolgung*, S. 55–58.
5 »Zur Mahnung«, »Rauskommen!«, Ich kann nicht« u. »Ich habe mir«: BGH 5 StR 473/93; vgl. Filmer/Schwan: *Opfer der Mauer*, S. 125, sowie Grafe, *Deutsche Gerechtigkeit*, S. 260 f.
6 »Die Tötung des Grenzpostens«: 5 StR 629/99; »Dagegen ist« u. »Gegenüber rechtmäßigen«: Urteilsbegründung, zit. n. Brief Müller v. 20. 4. 2008; »Überragenden Bedeutung« u. »Ahndung, die befrieden soll«:

zit. n. *Süddeutsche Zeitung* v. 6. 7. 2000; »Die Strafgerichte haben«, »Die Bewertung der Tat« u. »Diese Entscheidung ist unanfechtbar«: 2 BvR 1473/00; »Wir wollten Gerechtigkeit«: zit. n. Marxen/Wehrle/ Schäfter, *Strafverfolgung*, S. 3.

7 »Hier war natürlich«: Mechler, zit. n. Wauer, *Heldentod* (DVD); vgl. *Neues Deutschland* v. 6. 1. 1993; »rund 195 000 Mark«: *Neues Deutschland* v. 26. 8. 1994; »Beihilfe zum Mord«: Hohlbein, zit. n. Wauer, *Heldentod* (DVD); »Ermordet«: zit. n. www.grenztruppen-der-ddr.de/index.php?show = history&history_id = 8; vgl. Baumgarten/Freitag: *Die Grenzen der DDR*, S. 303 f.

8 »In etwa«, »Ich habe mich« u. »Immer diese klaustrophobischen Situationen«: *Welt* v. 20. 1. 2001; »Wir können«: *Welt* v. 17. 3. 2000; »Ein ebenso überzeugendes«: www.filmevona-z.de/filmsuche.cfm?wert = 514066&sucheNach = titel; zu Schumann und Engels vgl. Hertle, *Die Berliner Mauer*, S. 39 u. 72; zur misslungen Busflucht vgl. *Berliner Morgenpost* v. 13. 8. 2007; zu Fechter: Kellerhoff, *Ortstermin Mitte*, S. 170–177.

9 »Wir kommen da« u. »Die Tunnelgangster«: *Berliner Morgenpost* v. 26. 6. 2005; vgl. *Spiegel* v. 3. 7. 1995 u. v. 15. 4. 1996 sowie Arnold/Arnold/Salm, *Dunkle Welten*, S. 181–185.

Quellen und Literatur

1. Archivalien

a) BA Koblenz

B 137: 2081; 2815; 15640; 15641; 15642; 15643
B 285: 395; 396; 398; 399; 400; 443; 832
Bild 183 (Fotosammlung ADN/Zentralbild)

b) BA Militärarchiv Freiburg

GT: 5785; 5788; 5793; 6873

c) Die Bundesbeauftragte für die Unterlagen des Staatssicherheitsdienstes der ehemaligen Deutschen Demokratischen Republik (BStU)

MfS Allg. S: 307/63
MfS AU: 8795/65, Bd. 1 u. 2; 9492/83, Bd. 1 u. 13; 10297/62, Bd. 2
MfS BdL: 861
MfS BV Berlin: 10009/61 »Pankow« I u. III; Z 619
MfS HA I: 3278; 3285; 3993; 4150; 4189; 4193; 4292; 4295; 4299; 4301; 4312; 4317; 4355; 4359; 5750; 5846; 6086; 11931; 12915; 13252; 14636; 15661; 15950; 16109; 16903; 17043; 18344; 18345
MfS HA IX: 3225; 4214; U 23/85, Bd. 1 u. 2
MfS HA IX/11 UTA: 1; 2/1; 12; 26; 31
MfS ZAIG: 10754; 10755
MfS ZKG: 7917; 11987; 11992

d) Archiv Berliner Unterwelten, Berlin

Vermerk über eine am 13. 12. 1960 durchgeführte Besprechung zwischen der West-Berliner Stadtentwässerung, der Senatsverwaltung Bauen und Wohnen und den Groß-Berliner Entwässerungswerken (Kopie)
Übersichtsplan Gedenkstätte Berliner Mauer (vorläufige Fassung) mit Dokumentation der Ereignisorte ab 1961 in der Bernauer Straße, Februar 2007
Varia (Kopien)

e) Archiv der Verfasser, Berlin

Fluchttagebuch Zimmerstraße 1971/72 (Kopie)
Information des Präsidiums der Volkspolizei Stab – Abteilung Operativ, 14. 9. 1978 (Kopie)
Korrespondenz 1990–2008
Stasi-Akte Horst Breistroffer (Kopie)
Urteil des BGH, 5. Strafsenat, 20. 10. 1993 (5 StR 473/93)
Urteil des BGH, 5. Strafsenat, 6. 7. 2000 (5 StR 629/99)
Urteil des BVerfG, 3. Kammer des 2. Senates, 30. 11. 2000 (2 BvR 1473/00)
Zeitungsausschnittssammlung 1950–2007
Zeitgenössische Fotos

f) Berliner Mauerarchiv Hagen Koch

Fotodokumentation der Grenztruppen 1988/89
Karten der Grenzsicherungsanlagen um West-Berlin, Stand 1981
Varia (Kopien)

2. Interviews und briefliche Informationen

Regina C. Albrecht (Brief, 14. 4. 2008)
Egon Bahr (Interview, 15. 5. 2008)
Hasso Herschel (Interview, 13. 3. 2008)
Dieter Hötger (Interview, 25. 3. 2008)
André Knorn (Interview, 6. 11. 1999)
Klaus Köppen (Interview, 20. 6. 2007)
Karsten Lehmann (Interview, 26. 1. 2008)
Rudolf Müller (Interview, 9. 5. 2008; Briefe, 14.1., 18. 1., 25. 1., 13. 2., 25. 2., 3. 3., 10. 3., 15. 3., 12. 4., 20. 4. u. 23. 4. 2008)

Ulrich Schütze (Brief, 8. 1. 2003)
Burkhart Veigel (Interviews, 18. 2. 2008, Briefe, 19. 2. u. 21. 2. 2008)
Martin Wagner (Interview, 28. 3. 2008)
Dieter Wendt (Interview, 6. 9. 1995)

3. Gedruckte Quellen

Birnie, William A. H., »Durch den Tunnel nach West-Berlin«, in: *Readers Digest* 10/1962, S. 286–314
Gesetzblatt der DDR, Berlin [Ost] 1949–1990
Held, Gerd u. a., »Kampftraditionen und Erfahrungen des MfS aus der politisch-operativen Tätigkeit gegen den staatsfeindlichen Menschenhandel, andere Formen des organisierten Verlassens der DDR und Schlussfolgerungen für die aktuelle und perspektivische Arbeit«, Gruppen-Dissertation JHS Potsdam 1987
Müller, Rudolf, *Opi, bist Du ein Mörder?* o. O. [Schwäbisch Hall] 2004
–, *Tunnelflucht in Berlin. Eine wahre Geschichte*, Norderstedt 2007
Sesta, Ellen, *Der Tunnel in die Freiheit. Berlin, Bernauer Straße*, München 2001
Suckut, Siegfried (Hg.), *Das Wörterbuch der Staatssicherheit. Definition zur »politisch-operativen Arbeit«*, Berlin ³1996
Viergutz, Volker (Hg.), *Die Berliner Mauer 1961–1989. Fotografien aus den Beständen des Landesarchivs Berlin*, Berlin 2007
Wolf, Claus: *Bosse, Gangster, Kopfgeldjäger. Flüchtlingskampagnen und Menschenhandel. Motive und Methoden*, Berlin [Ost] 1982

4. Romane

Albrecht, Regina Cäcilia, *Nur 180 Meter – Liebe im Schatten der Mauer*, Autobiographischer Roman, Frankfurt/M. 2006
Johnson, Uwe, *Jahrestage. Aus dem Leben von Gesine Cresspahl*, Neuausgabe, 4 Bde., Frankfurt/M. 1996
Lindquist, Donald, *Berlin Tunnel 21*, Roman, New York 1978
Simmel, Johannes Mario, *Lieb Vaterland, magst ruhig sein*, München, Zürich 1965

5. Verwendete Zeitungen und Zeitschriften

Der Abend; *Berliner Morgenpost*; *Berliner Zeitung* (Ost-Berlin); *Bild* (Berlin-Ausgabe); *B. Z.*; *B. Z. am Abend* (Ost-Berlin); *Chicago Herald Tribune*; *Der Kurier*; *Los Angeles Times*; *Nachtexpress*; *Neue Revue*; *Neues Deutschland*; *New York Times*; *Der Spiegel*; *Der Stern*; *Der Tagesspiegel*; *Der Telegraf*; *Washington Post*; *Die Welt*; *Welt am Sonntag*

6. Spielfilme

Michaels, Richard, »Berlin Tunnel 21«, CBS (Sendedatum 25. 3. 1981), New York 1981

Richter, Roland Suso, »Der Tunnel«, Sat. 1 (Sendedatum 21./22. 1. 2001), Berlin 2000

Siodmak, Robert: »Tunnel 28/Escape from East Berlin«, MGM, Los Angeles 1962

7. TV-Dokumentationen

Brincker, Ulrike, »Grenzenlose Liebe. Rendezvous im Schatten der Mauer«, ARD (Sendedatum 17. 3. 2008), München 2008

Evans, Gaynelle, »Flucht aus Berlin«, Discovery Geschichte, o. O. 2006.

Gass, Karl, »Schaut auf diese Stadt«, Defa, Berlin (Ost) 1962

Gärtner, Peter, »Mauerflug. Mit einer Mi 8 von Potsdam nach Berlin im Frühjahr 1990«, Potsdam 2005

Jacobs, Bernd, »Wo stand die Mauer?«, Spiegel-TV (Sendedatum 1. 11. 2004), Hamburg 2004

Köhler, Henry, »Der Tunnel. Eine wahre Geschichte«, Spiegel-TV (Sendedatum 10. 2. 2001), Hamburg 2001

–, »Unternehmen Reisebüro«, Spiegel TV (Sendedatum 13. 8. 2001), Hamburg 2001

May, Roland, »Grenzenlose Liebe. ... und plötzlich war die Mauer da«, ARD (Sendedatum 10. 3. 2008), München 2008

Moor, Dieter, »Ex! Was die Nation erregte«, SDR (Sendedatum 21. 9. 1997), Stuttgart 1997

Ott, Gudrun, »Abgerissen und vergessen. Wo stand eigentlich die Berliner Mauer?«, ARD (Sendedatum 12. 8. 1996), Berlin 1996

Vetter, Marcus, »Der Tunnel – die wahre Geschichte«, SWR (Sendedatum 6. 11. 1999), Stuttgart 1999

Wauer, Britta, »Heldentod. Der Tunnel und die Lüge«, ZDF (Sendedatum 12. 9. 2001), Berlin 2001

8. Websites

http://home.arcor.de/n_schuster/grenzstempel/guest.html
www.17juni53.de
www.berlin.de/mauer
www.berliner-mauer-dokumentationszentrum.de
www.chronik-der-mauer.de
www.fluchthilfe.de
www.grenztruppen-der-ddr.de

www.soc.unitn.it/sus/attivita_del_dipartimento/convegni/maggio2006/gcabstracts/Detjen.htm

9. Literatur

Arnold, Dietmar, und Eku Wand, »Berlin im Untergrund. Eine interaktive Zeitreise unter den Potsdamer Platz«, CD-ROM Berlin 2001
–, Ingmar Arnold und Frieder Salm, *Dunkle Welten. Bunker, Tunnel und Gewölbe unter Berlin*, Berlin ^{8}2007
– und Reiner Janick, *Neue Reichskanzlei und »Führerbunker«. Legenden und Wirklichkeit*, Berlin 2005
Baumgartner, Gabriel, und Dieter Hiebig, *Biographisches Handbuch der SBZ/DDR 1945–1990*, München u. a. 1996
Behling, Klaus, und Christian Behling, *Berlin im Kalten Krieg. Schauplätze und Ereignisse*, Berlin 2008
Demps, Laurenz, Eberhard Schultz und Klaus Wettig, *Bundesfinanzministerium. Ein belasteter Ort?*, Berlin 2001
Detjen, Marion, *Ein Loch in der Mauer. Die Geschichte der Fluchthilfe im geteilten Deutschland 1961–1989*, München 2005
Diederich, Torsten, u. a. (Hg.): *Im Dienste der Partei. Handbuch der bewaffneten Organe der DDR*, Berlin 1998
Effner, Bettina, und Hege Heidemeyer (Hg.), *Flucht im geteilten Deutschland. Erinnerungsstätte Notaufnahmelager Marienfelde*, Berlin 2005
Eisenfeld, Bernd, und Roger Engelmann, *Mauerbau, Fluchtbewegung und Machtsicherung*, Bremen 2001
Flemming, Thomas, und Hagen Koch, *Die Berliner Mauer. Geschichte eines politischen Bauwerks*, Berlin 1999
–, *Berlin im Kalten Krieg. Der Kampf um die geteilte Stadt*, Berlin 2008
Gieffers, Susanne, *Studentische Fluchthilfe 1961–1963/64. Die »Girrmann«-Gruppe*, 2 Bde., Magisterarbeit FU Berlin 1997
Gieseke, Jens, *Der Mielke-Konzern. Die Geschichte der Stasi 1945–1990*, München 2006
Hertle, Hans-Hermann, *Die Berliner Mauer – Monument des Kalten Krieges*, Berlin 2007
Hildebrandt, Rainer, *Es geschah an der Mauer*, Berlin ^{18}1992
Kaminsky, Annette (Hg.), *Orte des Erinnerns. Gedenkzeichen, Gedenkstätten und Museen zur Diktatur in SBZ und DDR*, Bonn 2004
Kehler, Ernst, *Einblicke und Einsichten*, Berlin 1989
Kellerhoff, Sven Felix, *Mythos Führerbunker. Hitlers letzter Unterschlupf*, Berlin ^{2}2006
Klausmeister, Axel, und Leo Schmidt, *Mauerreste – Mauerspuren. Der umfassende Führer zur Berliner Mauer*, Berlin, Bonn ^{2}2005
Knabe, Hubertus, *Die unterwanderte Republik. Stasi im Westen*, Berlin 1999
–, *Der diskrete Charme der DDR. Stasi und Westmedien*, Berlin 2001

Mahncke, Dieter, »Das Berlin-Problem. Die Berlin-Krise 1958–1961/62, in: Deutscher Bundestag (Hg.): *Materialien der Enquete-Kommission »Aufarbeitung von Geschichte und Folgen der SED-Diktatur in Deutschland*, Bd. V/2, Baden-Baden 1995, S. 1766–1821

Mann, Ulf, *Tunnelfluchten. Grenzgänger, Wühlmäuse, Verräter*, Berlin 2005

Marxen, Klaus, Gerhard Wehrle und Petra Schäfter, *Die Strafverfolgung von DDR-Unrecht. Fakten und Zahlen*, Berlin 2007

Müller, Bodo, *Faszination Freiheit. Die spektakulärsten Fluchtgeschichten*, Berlin 2000

Nooke, Maria, *Der verratene Tunnel. Geschichte einer verhinderten Flucht im geteilten Berlin*, Bremen 2002

Rühle, Jürgen, und Gunter Holzweißig, *13. August 1961. Die Mauer von Berlin*, Köln 1981

Scholze, Thomas, und Falk Blask, *Halt! Grenzgebiet! Leben im Schatten der Mauer*, Berlin [3]2006

Shell, Kurt L., *Bedrohung und Bewährung. Führung und Bevölkerung in der Berlin-Krise*, Köln, Opladen 1965

Strehlow, Hannelore, *Der gefährliche Weg in die Freiheit. Fluchtversuche aus dem ehemaligen Bezirk Potsdam*, Potsdam 2004

Werkentin, Falco, *Politische Strafjustiz in der Ära Ulbricht*, Berlin 1995

Danksagung

Ohne die Unterstützung der Tunnelgräber hätte dieses Buch nie entstehen können. Die Autoren danken daher besonders herzlich den Zeitzeugen Dr. Burkart Veigel, Hasso Herschel, Dieter Hötger, Klaus Köppen und Rudolf Müller. Unterstützung bekamen wir auch von zahlreichen Mitarbeitern der Birthler-Behörde (BStU), des Friedrich-Meinecke-Instituts der Freien Universität Berlin, des Infopools der Axel Springer AG und der Zeitungsgruppe Berlin. Für Hilfestellung bei Recherchen, Transkriptionen und Korrekturlesen danken wir Ingmar Arnold, Marie Borkowski-Foedrowitz, Dr. Hans-Hermann Hertle, Hagen Koch, Dr. Maria Nooke, Jaqueline und Mario Schüler, Kerstin Spree, Claudia Stietzel und Jascha Wozniak. Sehr hilfreich waren auch Dr. Bärbel Fest (Polizeihistorische Sammlung) sowie Jelena Butter und Dieter Lange vom Museum im Wasserwerk Friedrichshagen. Für die versierte verlegerische Betreuung danken wir Susan Bindermann, Hans-Ulrich Seebohm und Christian Seeger sowie für die rechtliche Beratung Dr. Sven Krüger.

Übersicht der Fluchttunnel von Berlin

In dieser Tabelle sind alle Tunnel verzeichnet, die entweder durch eindeutige Aussagen von Zeitzeugen, durch einen Eintrag in der Stasi-Tunnelkartei oder andere MfS-Akten, durch Unterlagen der West-Berliner Polizei oder durch zutreffende Berichte in der Presse als tatsächlich unternommen bestätigt sind. Allerdings liegen nicht zu allen Fluchttunneln weitere Informationen vor. Verzeichnet sind alle ernsthaft begonnenen bekannten Tunnel, unabhängig davon, ob sie Erfolg hatten oder scheiterten. Hinweise des MfS auf mutmaßliche Fluchttunnel, die sich nicht bestätigten, sind ebenso wenig aufgenommen wie Spekulationen und versehentlich oder bewusst irreführende Angaben aus westlichen Quellen.

Nr.	Zeitpunkt der Flucht/der Entdeckung	Verlauf des Flucht-tunnels	Richtung (O=Ost W=West)	Zahl der Flüchtlinge	Bemerkungen
1	12. 10. 1961	Klein-machnow, Haus An der Stammbahn → Kleingarten-kolonie	O→W	5 bis 14	Gegraben von Jugendlichen
2	Dez. 1961; entdeckt spätestens am 21. 12. 1961	Güterbahnhof Schönholz → Städtischer Friedhof Pankow	W→O	28	Gegraben von Studenten der TU Berlin
3	Dez. 1961	An einem Güterbahnhof (möglicherweise Schönholz)	W→O	5	Nichts Näheres bekannt (evtl. identisch mit Nr. 2)

Nr.	Zeitpunkt der Flucht/der Entdeckung	Verlauf des Flucht-tunnels	Richtung (O=Ost W=West)	Zahl der Flüchtlinge	Bemerkungen
4	Dez. 1961	unbekannt	O→W	4	Nichts Näheres bekannt (evtl. identisch mit Nr. 2)
5	24.1.1962	Glienicke, Oranienburger Chaussee 13 → andere Straßenseite	O→W	28	»Tunnel 28«; initiiert von den Brüdern Becker
6	Januar 1962	Wollankstr.	W→O	Vor Fertigstellung entdeckt	Von der DDR zur Propaganda missbraucht
7	Januar 1962	Kiefholzstr.	W→O	Aufgegeben	Nichts Näheres bekannt
8	7.2.1962	Dreilinden	O→W	Aufgegeben	Versuch, einen Zugang zu einem Kanal unter der Grenze zu bekommen
9	7.1.1962	Kleinmachnow	O→W	Vor Fertigstellung entdeckt	Nichts Näheres bekannt
10	22.2.1962	Heidelberger Str. 26/27 → Heidelberger Str. 83	W→O	Erfolgreich durchgebrochen, dann aufgeflogen	Mehrere Festnahmen: ein Fluchthelfer, mehrere Fluchtwillige
11	Ende Februar/ Anfang März	Lohmühlenplatz	O→W	Abgebrochen	Nichts Näheres bekannt
12	27.3.1962	Sebastianstr. → Dresdener Str.	O→W	Unvollendet	Nichts Näheres bekannt

Nr.	Zeitpunkt der Flucht/der Entdeckung	Verlauf des Flucht-tunnels	Richtung (O=Ost W=West)	Zahl der Flüchtlinge	Bemerkungen
13	27.3.1962	Heidelberger Str. 35 → Heidelberger Str. 75	W→O	Mind. 35, vielleicht bis zu 57	Der erste Tunneltote: Heinz Jercha wird von MfS-Leuten erschossen
14	5.4.1962	Heidelberger Str. 26/27 → Elsenstr. 41	W→O	Vor Fertigstellung entdeckt	Am 7. April von der Stasi »liquidiert«
15	5.5.1962	Glienicke, Oranienburger Chaussee 22 → andere Str.nseite	O→W	12	»Rentnertunnel«, Initiator Max Thomas war 81 Jahre alt
16	19.5.1962	Heidelberger Str. 26/27 → Heidelberger Str. 83	W→O	Unvollendet	Tunnel brach während des Baus ein
17	10./11.6.1962	Heidelberger-Str. 28 → Heidelberger Str. 81	W→O	Mind. 18, vielleicht bis zu 55	»Pfingsttunnel«
18	11./12.6.1962	Fabrikgelände VEB Bergmann Borsig → S-Bahndamm Richtung Frohnau	O→W	3	Über Pfingsten
19	14.6 1962	Lohmühlenplatz	W→O	Abgebrochen	Nichts Näheres bekannt
20	15.6.1962	Güterbahnhof Schönholz → Städtischer Friedhof Pankow	W→O	Von der Stasi »durch operative Maßnahmen« verhindert	Nichts Näheres bekannt

Nr.	Zeitpunkt der Flucht/der Entdeckung	Verlauf des Fluchttunnels	Richtung (O=Ost W=West)	Zahl der Flüchtlinge	Bemerkungen
21	18. 6. 1962	Zimmerstr. (Baustelle Springer-Verlag) → Zimmerstr. 56	W→O	4	Tunnel von Rudolf Müller, DDR-Grenzer Reinhold Huhn in Notwehr erschossen
22	Mitte/Ende Juni 1962	Sebastianstraße 81 → Heinrich-Heine- Str. 45	W→O	Zufällig entdeckt, aufgegeben	Nichts Näheres bekannt
23	28.6. 1962	Sebastianstraße 82 → Heinrich-Heine-Str. 48/49	W→O	Fertiggestellt; MfS stellt den Fluchthelfern eine Falle	Der Fluchthelfer Siegfried Noffke ermordet, sein Freund Dieter Hötger schwer verletzt und festgenommen
24	29. 6 1962	Heidelberger Str. 36 → Brachfläche Heidelberger Str. 73	W→O	Vor Fertigstellung entdeckt	Nichts Näheres bekannt
25	04. 7. 1962	Schwedter Str. → Bahngelände nahe Kopenhagener Str.	O→W	7	Aus einer Garage gegraben
26	17.7. 1962	Behala-Lagerhäuser an der Schillingbrücke → Köpenicker Str.	W→O	Vom MfS durch »operative Maßnahmen« verhindert	Nichts Näheres bekannt

Nr.	Zeitpunkt der Flucht/der Entdeckung	Verlauf des Flucht-tunnels	Richtung (O=Ost W=West)	Zahl der Flüchtlinge	Bemerkungen
27	07. 8. 1962	Kiefholz-str. 388/ Puderstr.	W→O	Fertig-gestellt, aber bereits vorher verraten und dann aufgegeben	Gemeinsamer Tunnel von Harry Seidel, Girrmann-Gruppe sowie Hasso Herschel und Ulrich Pfeifer; mehr als 80 Fest-nahmen auf DDR-Seite
28	August/ September 1962	Ehemaliges Stellwerk Gü-terbahnhof Ge-sundbrunnen → Kopenhagener Str.	W→O	Abgebrochen	Gruppe Fuchs
29	August/Sept. 1962	Lohmühlen-platz	W→O	Aufgegeben	Nichts Näheres bekannt
30	14./15. 9. 1962	Bernauer Str. 78 →Schön-holzer Str. 7	W→O	29	»Tunnel 29«; einer der beiden berühm-testen Tunnel überhaupt; Domenico Sesta, Luigi Spina, Hasso Herschel, Ul-rich Pfeifer u.a.
31	Ende September 1962	Heidelberger Str. 28 → Elsenstr. 40	W→O	Abgebrochen	Kurz vor Fer-tigstellung wurde bekannt, dass der angeb-liche flucht-willige Besitzer des Zielkellers gar nicht flüchten wollte

Nr.	Zeitpunkt der Flucht/der Entdeckung	Verlauf des Fluchttunnels	Richtung (O=Ost W=West)	Zahl der Flüchtlinge	Bemerkungen
32	6. 10. 1962	Heidelberger Str. 28 → Elsenstr. 86	W→O	Fertig gestellt, dann aufgeflogen; nur zwei Flüchtlinge	Festnahme von *Eberhard Wittmann*
33	Herbst 1962	Boyenstr.	W→O	Abgebrochen	Fuchs-Gruppe
34	8. 10. 1962	Bernauer Str. 87 → Rheinsberger Str.	W→O	Abgebrochen	Girrmann-Gruppe, Gegentunnel
35	14. 11. 1962	Dreilinden, Baustelle Neuruppiner Str. → Wolfswerder 29	W→O	Fertiggestellt; verraten	Harry Seidel festgenommen
36	14. 11. 1962	Anklamer Str. 53	O→W	Nach nur fünf Metern Vortrieb entdeckt	Nichts Näheres bekannt
37	11. 12. 1962	Adalbertstr./ Bethaniendamm	W→O	Abgebrochen	Gruppe Fuchs
38	23. 12. 1962	Güterbahnhof Schönholz → Städtischer Friedhof Pankow	W→O	Erfolgreich	Gruppe Keuch
39	18. 2. 1963	Bernauer Str. 78	W→O	Fertiggestellt; viele Festnahmen	Der »verratene Tunnel« von Hasso Herschel und Ulrich Pfeifer
40	21. 2. 1963	Groß-Ziethen	W→O	Abgebrochen	Nichts Näheres bekannt
41	10. 3. 1963	Ottostr. → Veltheimstr.	O→W	13	Familie Aagaard und Bekannte

Nr.	Zeitpunkt der Flucht/der Entdeckung	Verlauf des Flucht-tunnels	Richtung (O=Ost W=West)	Zahl der Flüchtlinge	Bemerkungen
42	26. 3. 1963	Sebastianstr. → Heinrich-Heine-Str.	W→O	Aufgegeben	Nichts Näheres bekannt
43	März/April 1963	Schwedter Str. 86 (Bahngelände)	W→O	Abgebrochen	Gruppe Fuchs
44	9. 4. 1963	Heidelberger Str. 35 → Heidelberger Str. 75	W→O	7 bis 13	Der letzte erfolgreiche Tunnel unter der Heidelberger Str.
45	9. 5. 1963	Sebastianstr. → Heinrich-Heine-Str.	W→O	Aufgegeben	Nichts Näheres bekannt
46	20. 5. 1963	Güterbahnhof Schönholz → Städtischer Friedhof Pankow	W→O	Vor Fertigstellung entdeckt	Nichts Näheres bekannt
47	23. 5. 1963	Kremmener Str. 15	O→W	Vor Fertigstellung entdeckt	Zahlreiche Verurteilungen
48	24. 5. 1963	Bouchéstr.	W→O	Vor Fertigstellung entdeckt	Nichts Näheres bekannt
49	Ende Mai 1963 (?)	Onckenstr. 18 → Harzer Str. 8	W→O	Vor Fertigstellung entdeckt	Nichts Näheres bekannt
50	5. 6. 1963	Ehemaliger Güterbahnhof Bernauer Str. → Eberswalder Str. (?)	W→O	Abgebrochen (eingestürzt)	Nichts Näheres bekannt

Nr.	Zeitpunkt der Flucht/der Entdeckung	Verlauf des Fluchttunnels	Richtung (O=Ost W=West)	Zahl der Flüchtlinge	Bemerkungen
51	28. 6. 1963	Bernauer Str. → Eberswalder Str./ Ecke Veteranenstr.	W→O	Vor Fertigstellung entdeckt	Mehrere Fluchthelfer festgenommen und zu langen Haftstrafen verurteilt
52	15. 9. 1963	Legiendamm→?	W→O	Abgebrochen	Gruppe Wagner
53	11. 12. 1963	Lichterfelde → Seehof	W→O	Vor Fertigstellung entdeckt	Nichts Näheres bekannt
54	8. 1. 1964	Bernauer Str. 97 → Strelitzer Str. 54	W→O	3	Der Kohlenplatztunnel«; Gruppe Fuchs
55	21. 1. 1964	Gleimstr.	W→O	Vor Fertigstellung entdeckt	Nichts Näheres bekannt, Fortsetzung s. 57
56	6. 2. 1964	Kommandantenstr.	W→O	Abgebrochen	Wagner (?)
57	Mitte September	Garagenhof an der Gleimstr.	W→O	Abgebrochen	Klaus Köppen; Horst Breistroffer
58	3./4. 10. 1964	Bernauer Str. 97 → Strelitzer Str. 55	W→O	57	»Tunnel 57«; Schießerei zwischen Fluchthelfern und DDR-Grenzern; Egon Schultz wird von einem seiner Kameraden versehentlich erschossen

Nr.	Zeitpunkt der Flucht/der Entdeckung	Verlauf des Fluchttunnels	Richtung (O=Ost W=West)	Zahl der Flüchtlinge	Bemerkungen
59	April 1965	Bernauer Str. 110/Ackerstr. 44 → Ackerstr. 42 (?)	W→O	Vor Fertigstellung entdeckt	Gegenstollen des MfS
60	Ende April 1965	Bernauer Str. → Schwedter Str.	W→O	Vor Fertigstellung von der West-Berliner Polizei geschlossen	Nichts Näheres bekannt
61	9. 9. 1966	Stallschreiberstr.	W→O	Auffindung eines älteren Tunnels; nicht erfolgreich	Nichts Näheres bekannt
62	26. 3. 1970	Güterbahnhof Bernauer Str. → Eberswalder Str.	W→O	Abgebrochen	Nichts Näheres bekannt
63	2. 5. 1970	Bernauer Str. 80 → Schönholzer Str. 20	W→O	Vor Fertigstellung entdeckt	Verraten
64	25. 2. 1971	Brunnenstr. 137/ Ecke Bernauer Str. → Brunnenstr. 142	W→O	Vor Fertigstellung entdeckt	Hasso Herschel, Ulrich Pfeifer
65	29. 12. 1971	Kiefholzstr./ Kolonie »Einsamkeit« Dammweg	offen	Abgebrochen	Nichts Näheres bekannt
66	9. 1. 1972	Zimmerstr. 92/93 → Zimmerstr.	O→W	3	Zwei Brüder und ein Freund

Nr.	Zeitpunkt der Flucht/der Entdeckung	Verlauf des Flucht- tunnels	Richtung (O=Ost W=West)	Zahl der Flüchtlinge	Bemerkungen
67	12. 3. 1972	Kolonie Harmonie → Britzer Zweig- kanal	offen	Abgebrochen	Nichts Näheres bekannt
68	6. 8. 1973	Wald- müllerstr. 1 → Jagdschloss Klein-Glienicke	O→W	9	Zwei Brüder mit ihren Familien
69	April/Mai 1975	Schwestern- heim Marian- nenplatz 1a (»Georg-von- Rauch-Haus«) → Melchiorstr. 45/46	W→O	Vor Fertig- stellung aufgeflogen	Nichts Näheres bekannt
70	20. 4.1982	Isländische Str. 11 → Bahngelände	O→W	Verraten; Tunnel wurde 5,50 Meter lang	Der letzte bekannte Fluchtversuch unter der Erde

Bildnachweis

1 Archiv Museum im Wasserwerk
2 Klaus Lehnartz
3, 4, 5, 9, 11, 12, 15, 27, 33, 43   BStU Repro sfk
6 Keystone
7, 8, 14   Axel Springer Archiv
10 Falk Blask
13, 24, 25, 29, 40, 41, 42   Archiv Berliner Unterwelten
16 dpa
17, 18, 20, 21, 23, 26, 28, 30, 31, 32, 36, 37   Polizeihistorische Sammlung Berlin
19 Landesarchiv Berlin
22 Rudolf Müller
34 Ullstein Bild
35 Hagen Koch
38, 39   Klaus Köppen

Fluchttunnel im Bereich Kreuzberg

〰️ Mauerverlauf
Ziffern: siehe Tunnelübersicht S. 279
◄┈┈┈┤ von Ost nach West, unvollendet
├╌╌╌► von West nach Ost, vollendet, aber nicht erfolgreich
├┈┈┈► von West nach Ost, unvollendet